Springer
Berlin
Heidelberg
New York
Barcelona
Hongkong
London
Mailand
Paris
Singapur
Tokio

Die Reihe Xpert.press des Springer-Verlags
vermittelt Professionals in den Bereichen
Betriebs- und Informationssysteme, Software
Engineering und Programmiersprachen aktuell
und kompetent relevantes Fachwissen über
Technologien und Produkte zur Entwicklung
und Anwendung moderner Informations-
technologien.

Stephan Fischer
Christoph Rensing
Utz Rödig

Open Internet Security

Von den Grundlagen
zu den Anwendungen

Mit 111 Abbildungen und 27 Tabellen

 Springer

Dr. Stephan Fischer
Dipl. Wirtsch.-Inf. Christoph Rensing
Dipl.-Ing. Utz Rödig

Technische Universität Darmstadt
Industrielle Prozess- und Systemkommunikation KOM
Merckstraße 25, 64283 Darmstadt
{Stephan.Fischer, Christoph.Rensing, Utz.Roedig}@kom.tu-darmstadt.de
http://www.kom.e-technik.tu-darmstadt.de/

ISBN 3-540-66814-4 Springer-Verlag Berlin Heidelberg New York

Die Deutsche Bibliothek - CIP-Einheitsaufnahme
Fischer, Stephan: Open Internet Security: von den Grundlagen zu den Anwendungen/
Stephan Fischer; Christoph Rensing; Utz Rödig. - Berlin; Heidelberg; New York;
Barcelona; Hongkong; London; Mailand; Paris; Singapur; Tokio: Springer, 2000
(Xpert.press)
ISBN 3-540-66814-4

Springer-Verlag ist ein Unternehmen der Fachverlagsgruppe BertelsmannSpringer.
© Springer-Verlag Berlin Heidelberg 2000
Printed in Germany

Umschlaggestaltung: Künkel + Lopka, Heidelberg
Satz: Belichtungsfertige Daten von den Autoren
Gedruckt auf säurefreiem Papier   SPIN: 10753150   33/3142 GF   543210

Widmung

Für Ines.
    Stephan Fischer

Für all diejenigen, die mir meinen Ausbildungs- und Lebensweg bis zur Erstellung dieses Buchs ermöglicht und mich auf diesem Weg begleitet haben.
    Christoph Rensing

Für mich.
    Utz Rödig

Vorwort

In den letzten Jahren ist die weltweite Vernetzung von Rechnern, getrieben durch das Internet und die schnelle Verbreitung des World Wide Web (WWW), stark angestiegen. Es existieren heute kaum noch Unternehmen, die nicht auf die Nutzung des Datenaustauschs über Netzwerke zurückgreifen. Die Welt stellt sich im Internet als eine Menge von miteinander verbundenen lokalen Netzen dar, auf die Endanwender auch per ISDN oder Modem extern zugreifen können.

Ziel dieses Buchs ist es, dem Leser zu erläutern, wie die Gefahren, die durch eine Kommunikation über das Internet entstehen können, beurteilt werden können. Der Leser sollte daher die Risiken kennenlernen, die bei der Internet-Kommunikation auftreten können, aber auch die Ansätze vermittelt bekommen, mit denen eine weitgehende Sicherheit bei der Internet-Kommunikation erreicht werden kann.

Um die verschiedenen Sicherheitskonzepte in einen formalen Rahmen einordnen zu können, orientiert sich die Struktur dieses Buchs am Schichtenmodell, das von der International Organization for Standardization im ISO-Open-Systems-Interconnection-Modell vorgeschlagen und standardisiert wurde. Nach der Erläuterung dieses Modells bzw. der auf den verschiedenen Schichten angesiedelten Sicherheitsmechanismen und Sicherheitsdienste wird der praktische Einsatz der dargestellten Konzepte anhand von ausgewählten Beispielen (bspw. der *IP-Telefonie* und dem *Internet-Banking*) demonstriert. Mit Hilfe der übergreifenden Anwendungen, aber auch mit Hilfe einer Vielzahl von Beispielen auf Ebene der einzelnen Schichten (bspw. *Secure Socket Layer, SSL* oder *IPsec*), soll der Leser in die Lage versetzt werden, das Zusammenspiel der verschiedenen Komponenten nachvollziehen zu können.

Für wen ist dieses Buch?

Betrachtet man die in letzter Zeit erschienene Literatur zum Thema *Sicherheit in Rechnernetzen*, so kann diese durch folgende Charakteristika beschrieben werden:

- Zielgruppen sind häufig Informatiker bzw. Systemadministratoren.
- Die Problematik wird in einem sehr großen Detailgrad beschrieben. Gerade für weniger erfahrene Anwender stellt sich hierbei das Problem, aus einer Vielzahl vorgestellter Alternativen die für ihn relevanten herauszufinden, da meist die notwendigen Grundkenntnisse nicht vermittelt werden.
- Einige Bücher beschreiben verschiedenste Varianten von Attacken auf Netzwerke. Es ist aber für den Anwender nur schwer erkennbar, welche Möglichkeiten existieren, um Netzwerke mit einem zufriedenstellenden Sicherheitsgrad zu betreiben.

Das vorliegende Buch setzt sich das Ziel, Sicherheitsstrategien für die Internet-Kommunikation für einen Zielkreis vorzugeben, der nicht zwingend nur aus Informatikern besteht. In diesem Umfeld sollen Sicherheitsstrategien sowie die Risiken ihrer Anwendung verständlich erklärt werden. Zu unserer Zielgruppe zählen wir daher neben Studenten (der Informatik und der Elektrotechnik/Informationstechnik) alle, die an Sicherheitskonzepten im Internet Interesse und Gefallen finden.

Das Buch soll auch bewusst als Grundlage verstanden werden, die dem Neuling einen verständlichen Einstieg ermöglicht, dem erfahrenen Anwender aber auch genügend Referenzen anbietet, um Spezialgebiete weiter zu vertiefen. Wir verstehen dieses Buch daher auch nicht als Referenzwerk für Sicherheit, das umfassend zu jedem Sicherheitsmechanismus jedes technische Detail darstellt.

Danksagung

Besonderen Dank schulden wir *Ralf Steinmetz*, dem Inhaber des Lehrstuhls für Industrielle Prozess- und Systemkommunikation an der Technischen Universität Darmstadt. Herr Steinmetz war uns nicht nur ein wertvoller Ratgeber, sondern ist durch sein außergewöhnliches Engagement auch maßgeblich dafür verantwortlich, dass wir Autoren überhaupt die Anstrengung unternommen haben, ein derartiges Buch zu verfassen.

Auch den Studenten des Lehrstuhls, die für uns als Hilfskräfte, als Diplom- und Studienarbeiter tätig sind, danken wir, da auch durch ihr Wirken das Wissen, das in diesem Buch steckt, entstehen konnte.

An dieser Stelle möchten wir uns auch bei Rolf Oppliger bedanken, aus dessen Werken wir bei der Konzeption dieses Buchs an mancher Stelle wertvolle Anregungen gewonnen haben.

Ebenfalls danken möchten wir Reinhard Bertram und Achim Steinacker, die als Mit-Autoren des Buchs *Open Security – Von den Grundlagen zu den Anwendungen* die Basis für dieses Werk gelegt haben.

Darmstadt, im Winter 1999/2000

Stephan Fischer, Christoph Rensing und Utz Rödig

Inhaltsverzeichnis

Network Layer Security 143

Transport Layer Security 215

Application Layer Security 249

Ausgewählte Kommunikationsanwendungen im Internet 277

Literaturverzeichnis 337

Index 347

Abkürzungsverzeichnis 361

Einleitung

In diesem ersten einleitenden Kapitel wird zunächst die Bedeutung der Internet-Kommunikation betrachtet. Diese Art der Kommunikation ist durch eine Vielzahl von Sicherheitsbedrohungen und Angriffsformen gefährdet. Als Motivation werden in diesem Kapitel wichtige Sicherheitsrisiken erläutert. In diesem einleitenden Kontext werden anschließend der Aufbau und der Inhalt dieses Buchs sowie die Lesergruppe, die wir Autoren ansprechen wollen, erklärt.

Im zweiten Teilkapitel werden die Konzepte, die dem Internet und der Internet Engineering Task Force (IETF) zugrunde liegen, vorgestellt. Die Funktionsweise des Internets wird in einer Übersicht betrachtet, um zu verdeutlichen, welche Sicherheitsrisiken im Detail aus der Verwendung dieses Netzwerks resultieren können.

Im dritten Teilkapitel werden neben wichtigen Internet-Diensten (E-Mail, Dateitransfer und Telnet) die Protokolle bzw. deren Zusammenspiel betrachtet. Ein *Protokoll* ist ein Verhaltensmuster, das den Ablauf einer Kommunikation beschreibt. Es liegt auf der Hand, dass die Verwendung von Protokollen zu Sicherheitslücken führen kann.

Den Abschluss der Einleitung bildet eine Betrachtung der Grundlagen der Kommunikationssicherheit aus konzeptioneller Sicht.

Der Leser sollte nach der Lektüre der Einleitung die Funktionsweise des Internets sowie der Dienste, die im Internet zur Verfügung stehen, verstehen. Des Weiteren sollten die Grundlagen der Kommunikationssicherheit bekannt sein, um spezielle Sicherheitsprobleme und deren Lösungen, die in den folgenden Kapiteln diskutiert werden, verstehen zu können. Diese Einleitung sollte daher als konzeptioneller Rahmen aufgefasst werden, in den sowohl die in den folgenden Kapiteln vorgestellten Sicherheitsmechanismen als auch die am Ende des Buchs vorgestellten Anwendungsbeispiele eingeordnet werden können.

1.1 Internet und Sicherheit

Im Folgenden wird zunächst die Bedeutung der Internet-Kommunikation erläutert. Betrachtet man die Gefahren der Internet-Kommunikation unter sicherheitsrelevanten Gesichtspunkten, so lassen sich verschiedene Sicherheitsproblematiken und deren Lösung ableiten, die im Folgenden diskutiert werden.

1.1.1 Bedeutung der Internet-Kommunikation

In den letzten Jahren ist die weltweite Vernetzung von Rechnern, getrieben durch das Internet und die schnelle Verbreitung des World Wide Web (WWW), stark angestiegen. Es existieren heute kaum noch Unternehmen, die nicht auf die Nutzung des Datenaustauschs mittels lokaler Netzwerke (Local Area Networks, LANs) zurückgreifen. Die Welt stellt sich im Internet als eine Menge von miteinander verbundenen lokalen Netzen dar, auf die Endanwender auch per ISDN oder Modem extern zugreifen können.

Die schnell fortschreitende Vernetzung und die damit verbundene Versorgung mit Informationen hat große Vorteile. Anwender können auf verteilte Daten, die bspw. auf File-Servern gespeichert sind, zugreifen, Rechenlasten auf schwächer ausgelastete Maschinen verteilen und Daten austauschen. Mussten früher viele Dokumente per Fax oder mit der Post versendet werden, so kann man diese heute in Sekundenbruchteilen auf dem elektronischen Weg erhalten. Der Erfolg oder Misserfolg eines Unternehmens wie auch die Effizienz einzelner Mitarbeiter hängen immer stärker von der Fähigkeit ab, relevante Information effizient zu filtern und zur Verfügung zu stellen. Zusätzlich ergeben sich durch den Einsatz von Netztechnologien neue Anwendungsgebiete, wie z. B. die Tele-Arbeit. Weltweit kann daher mittels Internet auf eine Fülle von Daten zugegriffen werden.

Der Zugriff über das Internet birgt aber auch den großen Nachteil des Datenmissbrauchs. In diesem Zusammenhang kann ein miteinander kommunizierender Verbund von Rechnern potentiell als eine Menge von *Angreifern* betrachtet werden, da prinzipiell ohne Sicherheitsvorkehrungen Zugriffe auf Daten ausgeführt werden können, die der jeweilige Inhaber der Daten nicht wünscht. Dadurch gewinnt der Begriff *Sicherheit* speziell in Datennetzen eine immer größere Bedeutung. Meyers großes Taschenlexikon definiert den Begriff *Sicherheit* wie folgt:

Zitat

„Sicherheit, Zustand des Unbedrohtseins, der sich objektiv im Vorhandensein von Schutz [einrichtungen] bzw. im Fehlen von Gefahr [enquellen] darstellt und subjektiv als Gewissheit von Individuen oder sozialen Gebilden über die Zuverlässigkeit von Sicherungs- und Schutzeinrichtungen empfunden wird."
(Meyers großes Taschenlexikon Band 20, Bibliographisches Institut & F. A. Brockhaus AG, Mannheim 1987).

Sicherlich kann man nicht davon ausgehen, dass bei der Internet-Kommunikation keinerlei Gefahren gegeben sind. Es muss daher das Ziel von Sicherheitsstrategien in Rechnernetzen sein, die vorhandene Infrastruktur und die darauf gespeicherten Daten bei lokalen Zugriffen und bei Übertragungen so gut wie möglich zu schützen.

Grundsätzlich unterscheidet man zunächst die *Absicherung einzelner Rechner* im Betrieb lokaler Netze, die *Absicherung dieser Netze nach außen* und die *Übertragung vertraulicher Daten über offene Netze* wie das Internet, also über Netze, über die man als Benutzer keine vollständige Kontrolle hat.

Der Bereich der lokalen Netze lässt sich in die Sicherheit von Computern selbst, auch wenn sie an offene Netzwerke angeschlossen sind, und die Sicherheit der Kommunikation über derartige Netze untergliedern. Dabei ist es stets das Ziel, mögliche Angriffe von Dritten (zu Angriffen siehe Kapitel 1.1.4) weitestgehend zu verhindern oder zumindest zu erschweren.

Ziel dieses Buchs ist es, dem Leser die Möglichkeiten zu erläutern, mit denen speziell die Gefahren, die durch eine Kommunikation über das Internet entstehen können, beurteilt werden können. Der Leser sollte daher die Gefahren kennenlernen, die bei der Internet-Kommunikation auftreten können, aber auch die Ansätze vermittelt bekommen, mit denen eine weitgehende Sicherheit bei der Internet-Kommunikation erreicht werden kann.

Aspekte der *Systemsicherheit*, also z. B. die Sicherheit einzelner Rechner und die Sicherheit der auf ihnen gespeicherten Daten oder der Schutz eines lokalen Netzes vor einem Angriff von Außen (z. B. mittels einer Firewall) werden hingegen in diesem Buch nur am Rande betrachtet.

1.1.2 Aufbau des Buchs

Um die verschiedenen Sicherheitskonzepte in einen formalen Rahmen einordnen zu können, ist die Struktur dieses Buchs nach der einführenden Darstellung der erforderlichen Grundlagen am Schichtenmodell orientiert, das von der International Organization for Standardization im ISO-Open-Systems-Interconnection-Modell (ISO-OSI-Modell) vorgeschlagen und standardisiert wurde (siehe Kapitel 1.3). Nach der Erläuterung dieses Modells bzw. der auf den verschiedenen Schichten angesiedelten Sicherheitsmechanismen und -dienste wird der praktische Einsatz der dargestellten Konzepte anhand von ausgewählten Beispielen demonstriert. Mit Hilfe der Beispiele soll der Leser in die Lage versetzt werden, das Zusammenspiel der verschiedenen Komponenten nachvollziehen zu können.

Im Folgenden werden zunächst die Grundlagen des Internets, der in diesem Netz verfügbaren Dienste und der Internet Engineering Task Force (IETF), also der Organisation, die für die Entwicklung und Standardisierung des Internets verantwortlich ist, vorgestellt. Im Anschluss daran werden die Grundlagen der Kommunikationssicherheit betrachtet, um die in diesem Buch behandelten Themen in den Gesamtkontext der Sicherheit in Rechnernetzen einordnen zu können.

Kapitel 2 dient der Erläuterung von Grundlagen, die im Bereich der Netzwerksicherheit von Bedeutung sind. Nach einer einführenden Darstellung der Prinzipien der Verschlüsselung werden speziell die Zertifizierung und die Verwendung digitaler Signaturen im Internet erläutert. Diese Darstellung umfasst auch die Beschreibung von Architekturen, mit denen Zertifikate im Internet erstellt und verwaltet werden können.

In Kapitel 3 werden Mechanismen betrachtet, die auf der Ebene des Data Link Layers dazu eingesetzt werden können, um Sicherheitsrisiken auszuschalten oder zu minimieren. Hierzu zählen das Point-to-Point-Tunneling-Protokoll und das Layer 2-Tunneling-Protokoll.

In Kapitel 4 werden Sicherheitskonzepte auf der Ebene des Internet Layers betrachtet. Nach einer ausführlichen Darstellung der IP-Security werden im Rahmen dieses Kapitels auch Sicherheitskonzepte im Internet-Protokoll (IP) in der Version 6 und das Internet Key Management Protocol (IKMP) erläutert.

Kapitel 5 widmet sich der Darstellung von Sicherheitsmechanismen auf der Ebene des Transport Layers. Nach einer ausführlichen Erläuterung der Funktionsweise des Secure Socket Layers (SSL) werden die Transport Layer Security (TLS) und Sicherheits-Proxies für eine starke Chiffrierung vorgestellt. Daran schließt sich die Darstellung der Server Gated Cryptography und der Secure Shell (ssh) an. Die Erläuterung der Funktionsweise der Private Communication Technology (PCT) schließt dieses Kapitel ab.

In Kapitel 6 werden die Mechanismen vorgestellt, die einer Absicherung des Application Layers dienen. Hierzu werden insbesondere die Konzepte dargestellt, die zur Absicherung von WWW-Transaktionen, von E-Mail und Dateitransfer eine entscheidende Rolle spielen. Nach Abschluss der Lektüre der ersten 6 Kapitel kennt der Leser – nach dem Schichtenmodell der OSI sortiert – die Mechanismen und Konzepte, die im Bereich der Internet-Sicherheit eine Rolle spielen.

Um zu verdeutlichen, wie die betrachteten Mechanismen zusammenspielen, werden in Kapitel 7 ausgewählte Kommunikationsanwendungen betrachtet, die spezielle Sicherheitsfragen aufwerfen. In diesem Rahmen werden die Internet-Telefonie und das Internet-Banking diskutiert.

1.1.3 Zielkreis dieses Buchs

Betrachtet man die in letzter Zeit erschienene Literatur zum Thema *Sicherheit in Rechnernetzen*, so kann diese durch folgende Charakteristika beschrieben werden:

- Zielgruppen sind häufig Informatiker bzw. Systemadministratoren.
- Die Problematik wird in einem sehr großen Detailgrad beschrieben. Gerade für weniger erfahrene Anwender stellt sich hierbei das Problem, aus einer Vielzahl vorgestellter Alternativen die für ihn relevanten herauszufinden, da meist die notwendigen Grundkenntnisse nicht vermittelt werden.
- Einige Bücher beschreiben verschiedenste Varianten von Attacken auf Netzwerke. Es ist aber für den Anwender nur schwer erkennbar, welche Möglichkeiten existieren, um Netzwerke mit einem zufriedenstellenden Sicherheitsgrad zu betreiben.

Das vorliegende Buch setzt sich daher das Ziel, Sicherheitsstrategien für die Internet-Kommunikation für einen Zielkreis vorzugeben, der nicht zwingend nur aus Informatikern besteht. In diesem Umfeld sollen Sicherheitsstrategien sowie die Risiken deren Anwendung verständlich erklärt werden. Zu unserer Zielgruppe zählen wir daher neben Studenten (der Informatik und der Elektrotechnik/Informationstechnik) alle, die an Sicherheitskonzepten im Internet Interesse und Gefallen finden.

Das Buch soll auch bewusst als Grundlage verstanden werden, die dem Neuling einen verständlichen Einstieg ermöglicht, dem erfahrenen Anwender aber auch genügend Referenzen anbietet, um Spezialgebiete weiter zu vertiefen. Wir verstehen dieses Buch daher auch nicht als Referenzwerk für Sicherheit, das umfassend zu jedem Sicherheitsmechanismus jedes technische Detail darstellt.

1.1.4 Sicherheitsbedrohungen und Angriffsformen

Die Einbindung eines Rechners oder eines lokalen Netzwerks in ein offenes Netzwerk kann ohne den Einsatz von Schutzmechanismen erhebliche Sicherheitsrisiken aufweisen. Bei der Realisierung von Schutzmechanismen wird grundsätzlich jeder auf das Netz zugreifende Benutzer als potentieller Angreifer angesehen. Man mag dies als restriktiv ansehen – nur dies erlaubt aber die Realisierung einer sicheren Umgebung. Im Bereich der Kommunikation in lokalen Netzwerken und im Internet, die Gegenstand des Buches sind, sind folgende Gefahren denkbar:

- Vertrauliche Botschaften werden abgefangen. Die so „gestohlene" Information kann evtl. gegen den Absender eingesetzt werden.
- Gefälschte Absenderfelder einer Botschaft können dem Absender Schaden zufügen.
- Abgefangene und veränderte Daten sind schwer als solche zu erkennen.
- Der Einbruch in Netzwerke und die Ausspähung bzw. Zerstörung von Daten, wie auch die Behinderung der Funktionsfähigkeit dieser Netze, kann Unternehmen wie auch Einzelpersonen schweren Schaden zufügen.
- Die unrechtmäßige Nutzung von Ressourcen, wie bspw. der Rechenzeit, können den Anwender in der täglichen Arbeit behindern.

Ein Angreifer bedient sich unterschiedlicher Verfahren, um einen Angriff auszuführen. Eine Auswahl der möglichen Formen von Attacken, die in einem Netzwerk erfolgen können, sind:

- Passwort-Attacken
- Attacken auf Software-Schwachstellen
- Attacken auf Shared Libraries
- Netzwerkspionage und Paketschnüffeln
- Attacken auf abgesicherte Übertragungen
- IP-Spoofing
- Soziale Attacken, die aufgrund persönlicher Bekanntschaft erfolgreich sind.

Passwort-Attacken sind als Angriffsmöglichkeit auf Rechner bereits seit langem bekannt. Hierbei verwendet man Wörterbücher und testet mittels eines Skripts Passwort für Passwort aus, bis man das richtige gefunden hat. Alternativ kann der Angreifer aber auch mittels einer sog. *Brute-Force-Attacke* alle möglichen

Zeichenkombinationen von einem Rechner automatisch ausprobieren lassen. Diese Angriffsformen gefährden insbesondere Systeme, die den Benutzer nicht nach einer bestimmten Anzahl von Fehlversuchen der Passworteingabe aussperren. Auch wenn diese Funktionalität realisiert ist, bleibt eine andere Gefährdung bestehen. Ein Angreifer kann durch eine vielfache Fehleingabe bewusst alle Benutzer aus dem System aussperren. Dies ist bspw. auch ein Grund dafür, dass Windows NT den Zugriff auf den Administrator-Account nicht nach einer beliebigen Anzahl von Fehlversuchen sperrt.

Mit einer zweiten Form von Passwort-Attacken kann man einen generellen Zugriff auf öffentlich verfügbare Passwörter erhalten. Dazu muss der Angreifer die durch das Betriebssystem verwendete Schlüsselroutine dechiffrieren. Dies ist in verschiedenen Systemen unterschiedlich schwierig. Windows NT verwendet aus Gründen der Abwärtskompatibilität oftmals das Passwort in einer Form mit schwächerer Verschlüsselung. Zur Verschlüsselungsroutine von UNIX und auch von Windows NT ist allerdings bisher noch keine Entschlüsselungsroutine bekannt. Die Verschlüsselung von Passwörtern wird im Folgenden anhand eines Beispiels im Detail betrachtet.

Auf einem Linux-System werden Benutzerinformationen inklusive der Passwörter in der Datei /etc/passwd gespeichert, wenn keine Shadow-Suite installiert ist (siehe später). Ein Passwort wird stets in einer verschlüsselten Form gespeichert. Ein Experte der Kryptographie würde allerdings dieses Format eher als kodiert und weniger als verschlüsselt bezeichnen, da durch Verwendung der dort eingesetzten Funktion crypt der Text auf den Wert Null gesetzt wird und das Passwort der Schlüssel ist. Der Algorithmus, der zur Kodierung eines Passwort-Feldes verwendet wird, wird üblicherweise als *Ein-Wege-Hash-Funktion* bezeichnet (dazu siehe bspw. Kapitel 2.1). Eine Hash-Funktion bildet Daten aufeinander ab, wobei diese Abbildung unidirektional durchgeführt wird. Der Versuch, die abgebildeten Daten wieder auf die Originaldaten abzubilden, ist außerordentlich schwierig. Hat ein Benutzer ein Passwort ausgewählt, so wird dieses mit einem Zufallswert kodiert, der auch als *Salt* bezeichnet wird. Somit wird sichergestellt, dass jedes Passwort auf 4096 verschiedene Arten gespeichert werden könnte. Der Salt-Wert wird zusammen mit dem kodierten Passwort gespeichert. Meldet sich ein Benutzer am System unter Verwendung seines Passworts an, so wird zunächst der Salt-Wert wieder geladen. Das vom Benutzer eingegebene Passwort wird nun mit dem Salt-Wert kodiert, woraufhin der kodierte Wert mit dem im System gespeicherten Passwort, das ebenfalls mit dem Salt-Wert kodiert wurde, verglichen wird. Stimmen beide Werte überein, so ist ein Benutzer authentifiziert. Es ist zwar sehr aufwendig, aber machbar, aus dem mit dem Zufallswert kodierten Passwort das Original-Passwort zu berechnen. Auf einem System, auf dem eine Vielzahl von Benutzern arbeiten, sind jedoch meist einige Passwörter unklug gewählt, bspw. in Form von Namen oder sonstigen Angaben. Ein Angreifer kann nun ein Wörterbuch, das aus derartigen Namen und Angaben besteht, kodieren, indem er alle möglichen 4096 Salt-Werte verwendet. Er kann dann die kodierten Passwörter in der Datei /etc/passwd mit der Wörterbuch-Datenbank vergleichen. Wird eine Übereinstimmung gefunden, so ist ein Passwort bekannt und der Angriff möglich. Derartige Attacken werden auch als *Wörterbuchat-*

tacke bezeichnet. Betrachtet man Passwörter, die aus 8 Zeichen bestehen, so können diese in Form von 4096 13 Zeichen-lange Zeichenketten kodiert werden. Ein Wörterbuch aus 400000 Wörtern, Namen, Passwörtern und Variationen von diesen müsste also von einem Angreifer lediglich sortiert werden, woraufhin dann der Test auf Übereinstimmung erfolgen kann. Da die Datei /etc/passwd neben dem Passwort auch Informationen wie die Benutzer-ID oder die Gruppen-ID enthält, die von vielen Systemprogrammen gelesen werden, muss diese Datei lesbar sein. Um dieses Problem lösen zu können, speichert man die Passwörter in einer anderen Datei, üblicherweise in der Datei /etc/shadow. Diese Datei kann nicht von jedem gelesen werden. Lediglich ein Anwender mit Root-Berechtigung kann diese Datei lesen und verändern. Durch die Speicherung in einer anderen Datei kann ein Angreifer daher daran gehindert werden, Zugriff auf die Passwörter zu erhalten und eine Wörterbuch-Attacke auszuführen. In einigen Fällen ist es allerdings wenig sinnvoll, die Shadow Suite zu verwenden, bspw. wenn auf einem Rechner keine Benutzer-Accounts existieren. Dies kann dann vorkommen, wenn ein Rechner in einem LAN läuft und die *Network Information Services* (NIS) verwendet, um auf Benutzernamen und auf Passwörter zuzugreifen, die auf anderen Maschinen des Netzwerks gespeichert sind. Wenig Sinn macht die Verwendung der Shadow Suite weiterhin, wenn der Rechner als *Terminal Server* verwendet wird, der Benutzer mittels des *Network File System* (NFS) oder mittels NIS verifiziert.

Jedes *Betriebssystem* weist Schwachstellen auf, die angreifbar sind. Die Wahrscheinlichkeit, dass derartige Fehler in der Betriebssystemsoftware durch eine große Menge potentieller Angreifer unabhängig voneinander gefunden wird, ist jedoch gering. Im Internet sind inzwischen allerdings an vielen Stellen sog. *Exploits* veröffentlicht, die es prinzipiell jedem Angreifer ermöglichen, solche Fehler kennenzulernen und auszunutzen, um sich Rechte zu verschaffen, mit denen er dann Daten ausspähen, vernichten oder manipulieren kann.

Angriffe auf *Shared Libraries* finden auf UNIX- und Windows-Systemen statt. Eine *Shared Library* ist hierbei eine Menge von in einer Bibliothek gespeicherten Routinen, die das Betriebssystem bei Bedarf aus einer Datei in den Hauptspeicher lädt. Diese werden bspw. unter Windows *DLL-Dateien* genannt. Tauscht man nun einzelne Routinen dieser Bibliothek gegen solche aus, die Angreifern spezielle Rechte einräumen, so sind Angriffe an dieser Stelle möglich. Ein Schutz vor dieser Art von Attacken ist eine regelmäßige Konsistenzprüfung aller Shared Libraries. Dies sollte generell im Rahmen einer Konsistenzüberprüfung des verwendeten Dateisystems geschehen. Unter UNIX existieren hierzu bspw. verschiedene Hilfsmittel, die dies unterstützen, zum Beispiel *Tripwire*.

Paketschnüffeln (*Packet Sniffing*) findet auf dem Weg von einem Quell- zu einem Zielrechner statt, indem ein Angreifer Pakete, die über Zwischenrechner übertragen werden, entweder auf einem Zwischenrechner oder auf einer Leitung kopiert und auswertet. Als Grundlage der meisten Netzwerke ist die Paketvermittlung ein potentielles Sicherheitsrisiko, da der gesendete Datenstrom nicht kontrollierbare Vermittlungsrechner (Router) durchläuft. Eine Garantie dafür, dass die Router die Daten korrekt weiterübertragen bzw. nicht abgehört werden, kann dabei bspw. im Internet-Protokoll nicht gegeben werden. Dies impliziert, dass zu übertragende Daten verschlüsselt werden sollten. Häufig führt aber gerade dies zu Problemen, wenn der Zielrechner keine Entschlüsselung durchführen kann. Ohne Verschlüsselung kann man theoretisch alle Pakete, die über einen Zwischenrechner übertragen werden, nach Vorkommen von Benutzernamen oder Kreditkartennummern durchsuchen, indem Mustervergleiche ausgeführt werden. Da in jedem Paket der Zielrechner vermerkt ist, kann ein Angriff nach erfolgreichem Aufspüren eines dieser Pakete erfolgen. Besondere Probleme verursachen hierbei bspw. FTP und Telnet, aber auch eine Reihe weiterer Protokolle, die ebenfalls Passwörter unverschlüsselt übertragen.

Angriffe auf eine *Übertragung mit einer Vertrauensstellung* (Trust Relationship) finden vor allem in Systemen statt, die diese Art der Datenübermittlung erlauben. Hierzu zählen UNIX und Windows NT. Eine Übertragung mit einer Vertrauensstellung erlaubt es Benutzern, sich auf vorab bekannten Maschinen ohne Passwort anzumelden. Die Kenntnis dieser Maschinen erhält das System über eine speziell dafür angelegte Datei. Unter UNIX ist dies die Datei .rhosts im Home-Directory des Benutzers. Errät ein Angreifer nun eine Rechner-Benutzer-Kombination, die dieses Schema zulässt, so ist ein Eindringen möglich. Besonders einfach wird dies, falls die Datei, die diese Namen enthält, an leicht zugänglichen Stellen abgelegt ist. Ein Schutz ist allerdings einfach zu realisieren, wenn man diese Art des Zugriffs verbietet. Dies kann z. B. unter UNIX durch das Abschalten der sogenannten r-Kommandos geschehen.

IP-Spoofing betrifft die Adressierung der Pakete z. B. in TCP/IP. Da in Paketen die Quell- und die Zieladresse eines Pakets angegeben sind, kann man Pakete abfangen bzw. Übertragungen umleiten, wenn man sich als Zielrechner ausgibt. Der eigentliche Zielrechner wird durch Überfluten mit Netzwerkpaketen so stark verlangsamt, dass es dem Angreifer gelingt, die Pakete vorher in Empfang zu nehmen. Im lokalen Netzwerk (LAN) kann diese Form des Angriffs auch auf tieferen Netzwerkschichten erfolgen, indem die Zuordnung von IP-Adresse zur Hardware-Adresse der Netzwerkkarte, die zur Adressierung im LAN verwendet wird, ausgenutzt wird.

Sicherheitsrisiken bei der Verwendung von Internet-Diensten

Nutzt man das World Wide Web ausschließlich zur Übertragung von Webseiten, so beschränkt man sich auf Lesezugriffe. Diese stellen zunächst (außer bei lesenden *und* schreibender Ausführung von JavaScript, Java-Applets und ActiveX) kein Sicherheitsrisiko dar.

Problematisch ist allerdings, dass der Benutzer auch in diesem scheinbar harmlosen Fall überwacht werden kann. Der Ablauf der Übertragung beinhaltet, dass ein Client bei jeder Anfrage zumindest seine IP-Adresse mit überträgt. In einigen Fällen wird auch die gesamte E-Mail-Adresse des Senders übertragen. Dies kann folgende Konsequenzen haben:

- Bei Benutzung eines Internet Service Providers (ISP) kann dieser genau die Gewohnheiten seiner Benutzer überwachen.
- Der genutzte Server kann feststellen, wer ihn benutzt bzw. wie oft bestimmte Inhalte abgerufen werden.

Ein größeres potentielles Risiko besteht jedoch, wenn nicht ausschließlich Lesezugriffe stattfinden. Dies ist insbesondere der Fall, wenn externe Viewer gestartet werden. Dazu zählen u. a. auch die Programme Excel und Word der Firma Microsoft. Zum einen können die herunter geladenen Dokumente Viren enthalten, die vor allem auf PC-Systemen gefährlich werden können. Weiterhin besteht die Gefahr, dass Dokumente Makros (oder Visual-Basic-Applications) enthalten. Diese können auf PCs großen Schaden anrichten, da bspw. für die lokalen Daten unter Windows 98 meist weder Schreib- noch Leseschutz besteht. Dies kann allerdings teilweise umgangen werden. So bietet bspw. das Programm Winword der Firma Microsoft einen Viewer an, der alle in Dateien enthaltenen Makros ignoriert.

Mögliche Sicherheitsrisiken einer *Kommunikation mittels E-Mail* bestehen im

- Abfangen einer E-Mail auf der Übertragungsstrecke vom Sender zum Empfänger und im
- Identifizieren des tatsächlichen Absenders der E-Mail.

Beim Versenden einer E-Mail findet auf der Übertragungsstrecke eine Zwischenspeicherung auf jedem beteiligten Rechner statt. Benutzer, die auf diesen Rechnern über entsprechende Systemrechte verfügen, sind grundsätzlich in der Lage, Mails zu lesen. Werden durch diese Benutzer zudem Filterprogramme eingesetzt, die bspw. auf Kreditkartennummern reagieren, so ist ein Datenmissbrauch ohne größeren Aufwand zu realisieren. Vertrauliche Informationen sollten daher prinzipiell nicht unverschlüsselt über Rechnernetze übertragen werden.

Eine weitere wichtige Frage ist die der Identität des Absenders. Folgende Probleme können hierbei auftreten:

- das Fälschen von Absenderadressen ist ohne größeren technischen Aufwand machbar.
- Provider überprüfen selten die Identität ihrer Kunden. Es kann daher nicht gewährleistet werden, dass die Adresse `Hans.Mustermann@provider` auch tatsächlich einem Hans Mustermann gehört.

Ziel dieses Buchs ist es, speziell die im Internet denkbaren Sicherheitsrisiken zu identifizieren und Mechanismen zum Schutz der Internet-Kommunikation anzugeben. Schutzmaßnahmen der *Systemsicherheit*, die z. B. vor Passwort-Attacken oder Attacken auf Shared Libraries oder Software-Schwachstellen schützen, sind nicht Gegenstand des Buchs und wurden daher nur kurz angerissen.

1.2 Internet

Zum Verständnis der in den folgenden Kapiteln angesprochenen speziellen Problematiken ist für einen im Betrieb von Rechnernetzen unerfahrenen Benutzer eine Erläuterung der grundsätzlichen Funktionsweisen und Probleme von Rechnernetzen aus konzeptioneller Sichtweise nötig. Hierdurch soll auch dem Laien ein grundlegendes Verständnis ermöglicht werden, ohne ihm das Studium einer großen Menge an Referenzliteratur zuzumuten. Zunächst werden daher wichtige Grundlagen, die ein Verständnis des Internets und der in diesem verwendeten Dienste erlauben, dargestellt.

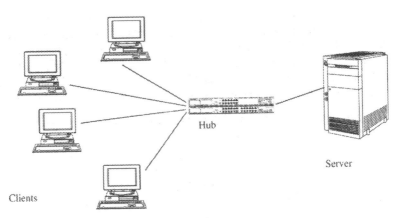

Abb. 1-1 Basiskonfiguration eines lokalen Netzwerks

1.2.1 Internet und Internet-Dienste

Aus konzeptioneller Sicht stellt sich das Internet als Netz von (lokalen und globalen) Netzwerken dar, die vor allem kommerzielle und akademische Aufgaben wahrnehmen [Com95].

Ein *lokales Netzwerk* (siehe Abb. 1-1) ist hier eine Gruppe von Rechnern, die entweder alle miteinander oder mit einem zentralen Server verbunden sind, und die sich in enger physikalischer Nachbarschaft zueinander befinden. Jeder Computer eines lokalen Netzwerks verfügt über mindestens eine Netzwerkkarte, die die physikalische Kommunikation mit anderen Rechnern ermöglicht. Zur Verteilung der Daten an die Zielrechner kann man in einem derartigen Netzwerk z. B. einen Hub einsetzen (siehe Abb. 1-1).

Ein *globales Netzwerk* verbindet einzelne Computer und lokale Netzwerke, die durch eine bestimmte räumliche Distanz voneinander getrennt sind.

Neben der Vielzahl von Netzwerken, die mit dem Internet verbunden sind, können sich Benutzer auch individuell über *Internet Service Provider* (ISP) wie z. B. America Online (AOL) oder CompuServe einwählen. Jeder Provider stellt dazu einen oder mehrere Server zur Verfügung, die direkt mit dem Internet verbunden sind und die den per Modem oder ISDN-Verbindung eingehenden Anruf entgegen nehmen. Insgesamt stellt sich das Internet daher als eine Menge globaler und lokaler Netzwerke (zuzüglich der Internet Service Provider) dar.

In den letzten 10 Jahren erfuhr das Internet ein starkes Wachstum. 1985 umfasste es gerade 1961 Hosts, 1988 schon 80.000 und im Januar 1997 16.146.000 [Kla97]. Ein *Host* ist hierbei der Rechner, der z. B. als Web-Server Daten im Internet anbietet.

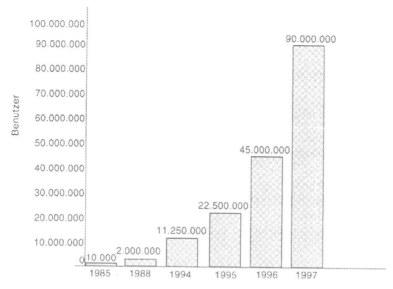

Abb. 1-2 Wachstum des Internets seit 1985 [Kla97]

Wichtiger als die Zahl der mit dem Internet verbundenen Hosts ist die Anzahl der Internet-Benutzer. In den letzten 6 Jahren hat sich die Zahl dieser Nutzer ca. alle 10 Monate verdoppelt. Abb. 1-2 zeigt diese Entwicklung.

1.2.2 Geschichte des Internets

Initiator des heutigen Internets war in den späten 60er Jahren die Advanced Research Projects Agency (ARPA), eine staatliche Einrichtung der USA. Ziel war die Entwicklung eines strategischen Long-Distance-Netzwerks, das in einer möglichen nuklearen Katastrophe funktionsfähig bleiben sollte. Die einzelnen Komponenten dieses Netzwerks mussten daher räumlich weit auseinander liegen, um die Ausschaltung des Netzes unmöglich zu machen. Dieses Netzwerk wurde ARPAnet genannt und bestand aus lokalen Netzwerken der Universitäten von Utah und Kalifornien (Santa Barbara, Los Angeles und Stanford).

1969 entwickelten die beteiligten Institutionen ein erstes paketvermitteltes Netzwerk auf der Basis des *Network Control Protocol* (NCP). Unter *Paketvermittlung* versteht man hierbei, dass ein Datenstrom in Pakete aufgeteilt übertragen wird. In diesen Paketen sind unter anderem Sender und Empfänger angegeben, auf deren Basis die Wegewahlentscheidungen innerhalb des Netzes getroffen werden. Der Datenaustausch erfolgte hierbei über Telefonverbindungen. Ziel des NCP war der Datenaustausch zwischen großen Mainframe- und Mini-Computern.

In den 70er Jahren wuchs das ARPAnet erheblich schneller als erwartet. Die hinzukommenden Einrichtungen benutzten dabei inhomogene Architekturen, die auch Satellitenübertragungen und Paketfunk mit einschlossen. Dieser Aufgabe war das NCP in seinem ursprünglichen Design nicht gewachsen. 1983 wurde NCP daher durch das *Transport Control Protocol/Internet Protocol* (TCP/IP) ersetzt (siehe auch Kapitel 1.3).

Während NCP voraussetzte, dass alle Pakete eine vordefinierte Größe und Struktur hatten, bot TCP den Vorteil, Pakete unterschiedlicher Größe und Struktur zu akzeptieren. Daher konnten nun unterschiedlichste Netzteilnehmer integriert werden. Weiterhin war (und ist) TCP/IP unabhängig von Netzwerkbesonderheiten, Betriebssystemspezifikation und Paketunterschieden. IP bildet heute das Rückgrat des Internets und der darin enthaltenen lokalen und globalen Netzwerke.

1.2.3 Datenübertragung im Internet

Um mögliche Sicherheitsrisiken des Netzwerkbetriebes zu erkennen, ist eine Erläuterung der Adressierung in Netzwerken notwendig. Grundlage moderner Netzwerke ist die *Paketvermittlung*. Diese Pakete enthalten neben den Nutzdaten *Header*, in denen u. a. die Adressen des Senders und des Empfängers und die relative Position der Nutzdaten (ursprüngliche Daten des Benutzers) vermerkt sind. Mittels der relativen Position ist ein korrektes Zusammensetzen der Pakete auf der Empfängerseite möglich.

In den meisten Fällen ist der sendende Rechner nicht direkt mit dem empfangenden verbunden. In diesem Fall wird ein Paket über die zwischen Sender und Empfänger liegenden Rechner vermittelt (sog. *Routing*). Diese Vermittlung ist häufig nicht statisch, sondern entsprechend der Auslastung der einzelnen Vermittlungsrechner. Es ist also möglich, dass verschiedene Pakete desselben Datenstroms unterschiedliche Wege zum Empfänger benutzen. Dies garantiert auch, dass die Daten bei Ausfall einer Vermittlungsleitung trotzdem über eine andere übertragen werden können (falls vorhanden) und erfüllt damit eine der Grundanforderungen, die an das ARPAnet gestellt wurden. Fällt ein Rechner aus, so ermöglichen es die verwendeten Protokolle, alternative Routen zu diesem Rechner für die weitere Datenübertragung zu nutzen.

1.3 Protokolle und Dienste des Internets

Um die umfassende Funktionalität eines Netzwerks modellieren zu können, teilt man dieses in Module, sog. *Schichten*, auf. Dies erlaubt eine Verringerung der Funktionskomplexität, da in jeder Schicht genau definierte Teilprobleme behandelt werden. Ein Modell, das international weite Verbreitung gefunden hat, ist das Referenzmodell der International Organization for Standardization (ISO). Ziel dieses ISO-Modells, das auch als *Open Systems Interconnection (OSI) Reference Model* bezeichnet wird, ist die Realisierung einer standardisierten Protokollarchitektur, die eine Kommunikation von Rechnern verschiedenster Hersteller ermöglicht. Das Referenzmodell, das auch in Abb. 1-3 dargestellt ist, behandelt die Kommunikation *offener Systeme*, also solche, die für eine Kommunikation mit anderen offen sind.

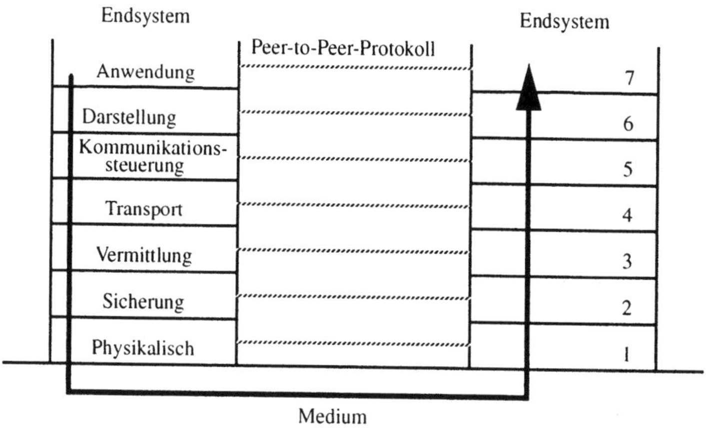

Abb. 1-3 ISO-OSI-Modell

Grundsätzlich sind im ISO-OSI-Modell zwei Arten der Kommunikation denkbar:

- die *direkte Kommunikation*, in der eine Schicht mit der über oder unter ihre liegenden Schicht über eine Schnittstelle direkt Daten austauscht oder
- die *indirekte Kommunikation*, in der eine Schicht mit einer Partnerinstanz auf dem Rechner, zu dem eine Verbindung besteht, kommuniziert. Man bezeichnet dies auch als *Peer-to-Peer-Kommunikation*. Bis auf die Kommunikation der physikalischen Schichten eines sendenden und eines empfangenden Rechners tauschen aber Peer-to-Peer-Instanzen niemals direkt Daten aus.

Die unterste Schicht (physikalische Schicht) behandelt die Hardware-Spezifikation, z. B. Anschlüsse und Kabel. Daran schließt die Sicherheitsschicht an, die ermöglicht, dass die Daten vom Sender zum Empfänger gelangen. Darauf setzt die Vermittlungsschicht auf, die unter anderem für die Wegewahl der Pakete im Netz (sog. Routing) verantwortlich ist. Über der Vermittlungsschicht ist die Transportschicht angesiedelt, die eine Ende-zu-Ende-Verbindung realisiert. In diesem Bereich ist z. B. TCP anzusiedeln. Die darauf aufsetzende Kommunikationssteuerungsschicht verwaltet z. B. die Resynchronisation von einmal unterbrochenen Verbindungen. Man kann sich vorstellen, dass beim Ausfall einer Verbindung bei einer gerade ausgeführten Banktransaktion Schwierigkeiten auftreten, die durch diese Schicht behoben werden. Da verschiedene Hardware-Hersteller Daten auf lokalen Rechnern in unterschiedlichen Formaten speichern können, muss ein Datenaustauschformat definiert werden, das die Datenkonvertierung von der lokalen Darstellung in eine Netzwerkdarstellung und zurück gewährleistet. Dies ist Aufgabe der Darstellungsschicht. Die zuoberst angesiedelte Anwendungsschicht behandelt die Realisierung anwendungsbezogener Dienste, wie die elektronische Post oder den Dateitransfer.

Es liegt auf der Hand, dass eine umfassende Erläuterung von Sicherheitskonzepten sich sinnvollerweise an diesem Schichtenmodell orientiert, da somit die komplexe Problematik der Sicherheitsfragen von Netzwerken verständlich in kleinen Modulen präsentiert werden kann.

In der physikalischen Schicht kann man beispielsweise Kabel verwenden, die ummantelt sind und in deren Ummantelung sich ein Gas (Argon) befindet. Versucht ein Angreifer, ein Kabel anzuzapfen, so entweicht Gas und ein Alarm wird ausgelöst. Auf der Ebene der Sicherheitsschicht kann man Pakete, die in ein Netz geschickt werden, verschlüsseln und auf dem nächsten Rechner der Übertragungsstrecke wieder dechiffrieren. Dies bezeichnet man auch als *Link Encryption*. Man muss sich dabei vor Augen führen, dass eine längere Übertragungsstrecke von Rechner zu Rechner durchlaufen wird. Dies impliziert, dass die Link Encryption die zu übertragenden Daten von Zwischenrechner zu Zwischenrechner absichern kann. Problematisch hierbei ist allerdings, dass Zwischenrechner wie z. B. Router, die die Wegewahl der Pakete realisieren, bei der Entschlüsselung die Daten abhören können. Da das Protokoll auf der Ebene der Sicherungsschicht nur eine Verbindung von je zwei Rechnern realisiert, müssen die Daten auf jedem Zwischenrechner der Übertragungsstrecke entschlüsselt und auf dem Weg zu einem weiteren Rechner wieder verschlüsselt werden. Es ist hierbei fraglich, ob allen Zwischenrechnern, die diese Aufgabe wahrnehmen, vertraut werden kann. Auf der Ebene der Vermittlungsschicht kann man Paketfilter einsetzen, die eine Paketfilterung zu einem lokalen Netz vornehmen und so nur einem begrenzten Teilnehmerkreis Zugang zu einem Netzwerk erlauben. Die Verschlüsselung ganzer Verbindungen ist in der Transportschicht anzusiedeln, da erst ab dieser Schicht eine tatsächliche Verbindung von einem Sender zum Empfänger (sog. *Ende-zu-Ende-Verbindung*) realisiert wird. Die Transportschicht abstrahiert damit erstmals von den zwischen Sender und Empfänger liegenden Vermittlungsrechnern. Probleme hierbei sind eine zuverlässige Authentifizierung der Partner oder auch die Garantie der Nichtreproduzierbarkeit der Daten.

Computer, die im Internet betrieben werden, verwenden meist das *Transport Control Protocol* (TCP) oder das *User Datagram Protocol* (UDP). Diese Protokolle sind auf der Ebene der Transportschicht anzusiedeln. Dienstanwendungen (bspw. E-Mail oder Dateitransfer), die über ein Netzwerk miteinander kommunizieren, sind dagegen auf der Ebene der Anwendungsschicht anzusiedeln.

1.3.1 Ports

Computer haben in der Regel eine einzige physikalische Schnittstelle zum Netz. Alle Daten, die an einen bestimmten Rechner geschickt werden, kommen über diese Verbindung an. Hierbei tritt aber bei der Schnittstelle von Schicht 3 zu Schicht 4 das Problem auf, dass auf einem Rechner verschiedene Anwendungen über das Netzwerk kommunizieren können, dass also die ankommenden Daten einer Anwendung zugeordnet werden müssen. Hierzu werden bei UDP und TCP sog. *Ports* eingesetzt.

Daten, die über das Internet übertragen werden, werden gemeinsam mit Informationen übertragen, die den Zielrechner, aber auch den Port identifizieren, für den die Daten bestimmt sind. Der Zielrechner wird über eine IP-Adresse bestimmt, die 32 bit groß ist (siehe auch Kapitel 1.3.3). Ports werden mittels einer 16 bit großen Adresse identifiziert, die bspw. TCP und UDP verwenden, um Daten an die richtige Anwendung auszuliefern.

1.3.2 Sockets

Die Kommunikation (bspw. über TCP) verwendet sog. *Sockets*, um eine definierte Schnittstelle zwischen Betriebssystem und Anwendung zu schaffen. Hierbei verbindet eine Applikation einen Socket mit einer spezifischen Port-Nummer. Dieser Vorgang wird auch als *Binden* bezeichnet und bewirkt, dass Port, IP-Adresse und Protokoll miteinander kombiniert werden (Spezifikation von Schicht 3 und Schicht 4). Ein Client kann nun über den Server-Port mit einem Server kommunizieren (siehe Abb. 1-4).

In einer Datagramm-basierten Kommunikation (bspw. UDP) enthalten die Datagramm-Pakete die Port-Nummer des Empfängers. UDP leitet die Pakete an die jeweilige Empfängeranwendung weiter (siehe Abb. 1-5).

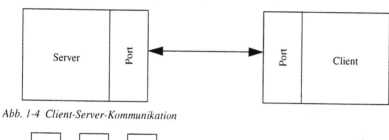

Abb. 1-4 Client-Server-Kommunikation

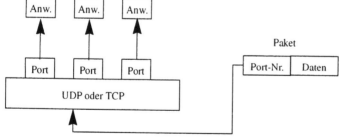

Abb. 1-5 Adressierung von Ports

Port-Nummern liegen immer im Bereich von 0 bis 65.535, da sie durch eine 16 bit-Zahl repräsentiert werden. Die Port-Nummern von 0 bis 1023 können allerdings in Abhängigkeit vom verwendeten Betriebssystem nur eingeschränkt benutzt werden, da sie von sog. *Well-Known-Services* wie HTTP, FTP oder anderen Systemdiensten verwendet werden. Diese Ports werden daher oftmals auch als *Well-Known-Ports* bezeichnet und sollten von Anwendungen nicht an einen Socket gebunden werden (wenn die Anwendungen keine Server-Funktion haben).

1.3.3 Internet Protocol (IP)

Das Internet Protocol (IP) spielt eine Schlüsselrolle in der Protokoll-Suite der im Internet verwendeten Protokolle, da alle höheren Protokolle direkt oder indirekt auf IP aufsetzen. In IP wird ein Adressraum für das Internetworking realisiert, die Vermittlung der Daten gewährleistet. Viele andere wichtige Dienste nutzen diesen Dienst.

Im Adressraum, den IP realisiert, muss jedes Netzwerk-Interface mit einer eindeutigen IP-Adresse konfiguriert werden. Üblicherweise bezeichnet man einen Rechner mit einer IP-Adresse, auch wenn eigentlich nicht der Rechner, sondern die Netzwerkschnittstelle des Rechners gemeint ist.

In der heutzutage weit verbreiteten Version 4 des Internet Protocols (IPv4) stehen zur Adressierung 4 byte zur Verfügung. IP-Adressen werden üblicherweise als Quadrupel von Zahlen geschrieben, wobei die einzelnen Einträge durch einen Punkt getrennt werden.

Weiterhin trennt man eine IP-Adresse in eine Netzwerknummer und eine Host-Nummer, ähnlich wie bei der Adressierung von Postpaketen, bei der an eine bestimmte Person in einer bestimmten Stadt Pakete gesendet werden können. Alle Maschinen, die sich im selben Segment eines Netzwerks befinden, haben daher dieselbe Netzwerkadresse, aber verschiedene Rechneradressen.

Zu Beginn der Entwicklung des Internets plante man, das erste Byte zur Adressierung des Netzwerks und die verbleibenden 3 byte zur Adressierung der Rechner zu verwenden. Es liegt auf der Hand, dass die Verbindung von lediglich 254 verschiedenen Netzwerken keinesfalls ausreichend ist, um die Vielfalt des heutigen Internets zu erfassen. Aus diesem Grund entschloss man sich, in der Adresse zu kodieren, wie viele Bytes zur Adressierung der Netzwerkadresse verwendet werden sollen. Durch diesen Ansatz können Netzwerkadressen in IP zwischen 1 und 3 byte lang sein. Die dann verbleibenden Bytes werden zur Adressierung der Rechner verwendet. Durch dieses Schema ergeben sich insgesamt 5 Adressklassen, die in Tab. 1-1 angegeben sind. Am häufigsten werden die Klassen A bis C verwendet. Die Klasse D ist für Multicast-Adressen reserviert, während die Klasse E mit einer Ausnahme derzeit nicht verwendet wird. Die einzige Adresse der Klasse E, die benutzt werden kann, ist die Adresse 255.255.255.255, die jeden Host eines physikalischen Netzwerks bezeichnet, der sich im selben Segment befindet wie der Sender.

Klasse	Bitkodierung	Netzwerkbereich	Host-Bereich
A	0	0.0.0.0 bis 127.0.0.0	0.0.0 bis 255.255.255
B	10	128.0.0.0 bis 191.255.0.0	0.0 bis 255.255

Tab. 1-1 Adressklassen des Internet-Protokolls

Klasse	Bitkodierung	Netzwerkbereich	Host-Bereich
C	110	192.0.0.0 bis 223.255.255.0	0 bis 255
D	1110	224.0.0.0 bis 239.255.255.255	–
E	1111	240.0.0.0 bis 255.255.255.255	–

Tab. 1-1 Adressklassen des Internet-Protokolls

Schreibt man eine IP-Adresse in Quadrupelform, so kann die Adressklasse sehr einfach aus der Bitkodierung abgelesen werden, indem der Wert des höchstwertigen Bytes betrachtet wird. Ist die Anzahl der Hosts, die in einer Klasse zur Verfügung stehen, nicht ausreichend, so kann die Host-Adresse weiterhin in *Subnetze* unterteilt werden.

Pakete, die von IP versendet werden sollen, werden aus Nachrichten erzeugt, die von der Transportschicht übernommen werden. Hierbei ist es durchaus die Regel, dass eine Nachricht der Transportschicht auf mehrere IP-Pakete verteilt wird. Beim Empfang muss die Nachricht dann wieder geeignet zusammengesetzt und an die empfangende Transportschicht übergeben werden.

Jedes *IP-Paket* besteht aus einem Header und den Nutzdaten, die man auch als *Payload* bezeichnet. Der Header, der in IPv4 verwendet wird, ist in Abb. 1-6 dargestellt.

Um entscheiden zu können, welche Daten des Headers aus Sicherheitsgründen geschützt werden sollten bzw. welche Felder überhaupt geschützt werden können, muss man die Bedeutung der Header-Felder genau verstehen. Der in IPv4 verwendete Header beinhaltet die folgenden Felder:

- Version

  Das 4 bit lange Feld Version gibt die Versionsnummer des verwendeten Internet-Protokolls an. Derzeit wird meist IPv4 verwendet, IPv6 ist allerdings bereits spezifiziert und entwickelt.

- Header Length

  Das 4 bit lange Feld Header Length gibt die Länge des IP-Headers an. Diese kann in Abhängigkeit von den verwendeten Einträgen variieren. Die minimale Länge eines IP-Headers beträgt 20 byte. Dies entspricht auch der am häufigsten verwendeten Größe. Es ist zu beachten, dass die Länge des Headers stets in Vielfachen von 32 bit-Worten angegeben wird. Soll daher spezifiziert werden, dass der Header 20 byte lang ist, so ist der Wert 5 in dieses Feld einzutragen.

- TOS

  Das 8 bit lange Feld TOS gibt den Diensttyp (Type of Service, TOS) bzw. die Priorität eines IP-Pakets an. In der Regel wird dieses Feld aber nicht verwendet und ist daher mit dem Wert 0 belegt.

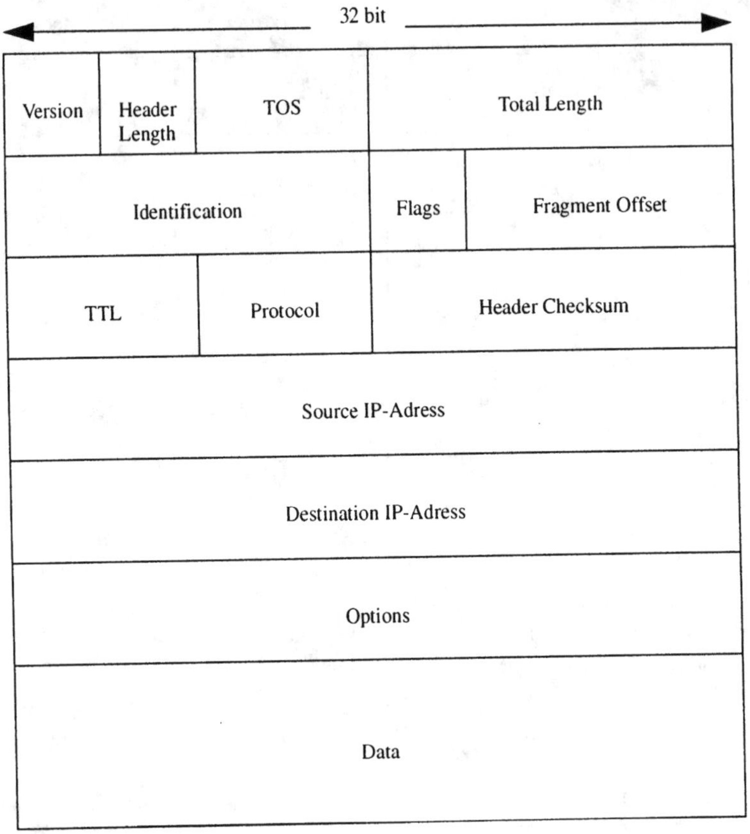

```
|◄─────────── 32 bit ───────────►|

| Version | Header | TOS |         Total Length          |
|         | Length |     |                               |
|      Identification       | Flags |  Fragment Offset   |
|    TTL    |  Protocol  |       Header Checksum          |
|                 Source IP-Adress                       |
|               Destination IP-Adress                    |
|                     Options                            |
|                       Data                             |
```

Abb. 1-6 Aufbau des Headers in IPv4

- Total Length
  Das 16 bit lange Feld Total Length gibt die Gesamtlänge des IP-Pakets einschließlich des Headers an.

- Identification, Flags und Fragment Offset
  Das 16 bit lange Feld Identification, das 3 bit lange Feld Flags und das 13 bit lange Feld Fragment Offset werden zur Fragmentierung einer Nachricht bzw. zur geeigneten Zusammensetzung beim Empfänger (sog. *Reassemblierung*) verwendet.

- TTL
  Das 8 bit lange Feld TTL gibt die Lebenszeit eines Pakets (Time To Live, TTL) an. Um zu vermeiden, dass ein Paket unendlich lange im Netz kreist, kann mit der TTL angegeben werden, wie viele Sekunden ein Paket existieren kann. Zusätzlich wird in jedem Router, den das Paket durchläuft, die TTL um eins verringert. Wird der Wert 0 erreicht, so wird das Paket von IP sofort gelöscht. Da in der Regel die Weiterleitung von einem Router zum nächsten Router in einer viel geringeren Zeit als in einer Sekunde erfolgt, gibt die TTL folglich eher die maximale Anzahl von Routern an, die bei der Wegewahl vor einem Verwerfen des Pakets

durchlaufen werden können. Mittels der TTL kann also auch eine lokale Begrenzung der Ausbreitung von Paketen eingestellt werden, wenn bspw. eine Videokonferenz über Multicast durchgeführt wird.

- Protocol

  Das 8 bit lange Feld Protocol wird zur Kennzeichnung der Protokolldaten verwendet, die das IP-Paket als Payload befördert. TCP-Daten werden hier bspw. mit dem Wert 6, UDP-Daten mit dem Wert 17 gekennzeichnet.

- Header Checksum

  Das 16 bit lange Feld Header Checksum wird zur Fehlererkennung verwendet. Hierbei muss aber beachtet werden, dass mit der Prüfsumme lediglich der IP-Header abgesichert wird, nicht aber die Payload. Eine Fehlerbehandlung der Payload muss daher in den höheren Schichten realisiert werden.

- Source IP-Address

  Das 32 bit lange Feld Source IP-Address bezeichnet die IP-Adresse des Senders des Pakets.

- Destination IP-Address

  Das 32 bit lange Feld Destination IP-Address bezeichnet die IP-Adresse des Empfängers des Pakets.

- Options

  Das Feld Options kann eine oder mehrere der folgenden Optionen beinhalten:

  - *Source-Routing*

    Durch Source-Routing kann die Wegewahl eines IP-Pakets explizit kontrolliert werden. Diese Option ist speziell für den Sicherheitsbereich von Interesse, da hiermit spezielle Angriffsformen realisiert werden können. In einer Firewall sollte diese Option daher immer ausgeschaltet werden.

  - *Route-Recording*

    Durch Route-Recording kann der Weg aufgezeichnet werden, den ein Paket vom Sender zum Empfänger genommen hat.

  - *Timestamps*

    Mittels Timestamps wird auf jedem Router, den ein Paket passiert, eine Zeitmarke hinzugefügt. Die Folge der Zeitmarken kann bspw. zu einer Verkehrsanalyse verwendet werden.

  - *Security*

    Mittels der Sicherheitsoptionen können verschiedene Sicherheitsparameter übergeben werden, die im Folgenden besprochen werden.

  - *Padding*

    Jedes IP-Paket muss auf eine Größe von Vielfachen von 4 byte ausgerichtet sein. Diese Option füllt daher die notwendige Anzahl von Bytes auf.

Nachdem ein IP-Paket erzeugt wurde, wird es an den Data Link Layer zur weiteren Verarbeitung übergeben.

1.3.4 Transport Control Protocol (TCP)

Möchten zwei Anwendungen auf eine zuverlässige Art und Weise Daten austauschen, so müssen sie eine Verbindung aufbauen und verbindungsorientiert (ähnlich wie bei einem Telefonanruf) Daten beidseitig austauschen. Das Transport Control Protocol (TCP) garantiert, dass Daten, die von einer Anwendung gesendet werden, in derselben Reihenfolge wie sie gesendet wurden fehlerfrei beim Empfänger ankommen. Tritt hierbei ein Fehler auf, so wird sichergestellt, dass dieser bemerkt und gemeldet wird. TCP stellt auf diese Art und Weise eine Punkt-zu-Punkt-Verbindung für Anwendungen bereit, die eine zuverlässige Kommunikation benötigen. Dies ist bspw. für die folgenden Anwendungen der Fall: Das Hypertext Transfer Protocol (HTTP), das File Transfer Protocol (FTP) und auch Telnet verwenden zur Datenübertragung TCP. Diese Anwendungen haben gemein, dass die Reihenfolge, in der die Daten gesendet werden, essentiell ist. Im Falle von HTTP würde eine Änderung der Reihenfolge bspw. die Ausgabe einer Webseite bewirken, in der die Hauptüberschrift möglicherweise im unteren Bereich einer Webseite zu finden wäre. Zusammenfassend kann festgehalten werden, dass TCP ein verbindungsorientiertes Protokoll ist, das einen zuverlässigen Datenfluss zwischen zwei Rechnern gewährleistet.

Bei der Datenübertragung mit TCP übernimmt der TCP-Protokoll-Stack des Senders Daten von der Anwendungsschicht, unterteilt diese in Nachrichten und überträgt die Nachrichten an das TCP-Modul des Empfängers. Dieser setzt die Nachrichten wieder zusammen und übergibt sie an die Zielanwendung.

Auch bei TCP ist es notwendig, dass der Leser die Struktur des Headers versteht, um beurteilen zu können, welche Felder gesichert werden müssen bzw. bei welchen Feldern des Headers dies überhaupt möglich bzw. sinnvoll ist. Die Felder des auch in Abb. 1-7 angegebenen TCP-Headers sind im Einzelnen:

- `Source Port Number`
  Die 16 bit lange `Source Port Number` identifiziert zusammen mit der IP-Adresse des Senders eindeutig den Prozess, der ein TCP-Paket gesendet hat.

- `Destination Port Number`
  Analog zur `Source Port Number` identifiziert die 16 bit lange `Destination Port Number` zusammen mit der IP-Adresse des Empfängers eindeutig den Prozess, an den ein TCP-Paket gesendet wird.

- `Sequence Number`
  Das 32 bit lange Feld `Sequence Number` wird dazu eingesetzt, den relativen Byte-Offset des ersten Bytes der momentan verarbeiteten Nachricht anzugeben. Dieses Feld wird allerdings nur dann ausgewertet, wenn das `SYN`-Flag (siehe unten) gesetzt ist. Die Sequenznummer wird ausgehandelt, wenn eine TCP-Verbindung eingerichtet wird. In diesem Fall kann diese Nummer eine beliebige 32 bit-Zahl sein.

- `Acknowledgement Number`
  Das 32 bit lange Feld `Acknowledgement Number` wird zur Bestätigung empfangener Daten verwendet. Der Wert dieses Feldes gibt die relative Byte-Position des letzten Bytes an, das erfolgreich empfangen wurde. Dieses Feld wird, ähnlich wie

das Feld Sequence Number, nur dann ausgewertet, wenn in diesem Fall das Flag ACK gesetzt ist (siehe unten).

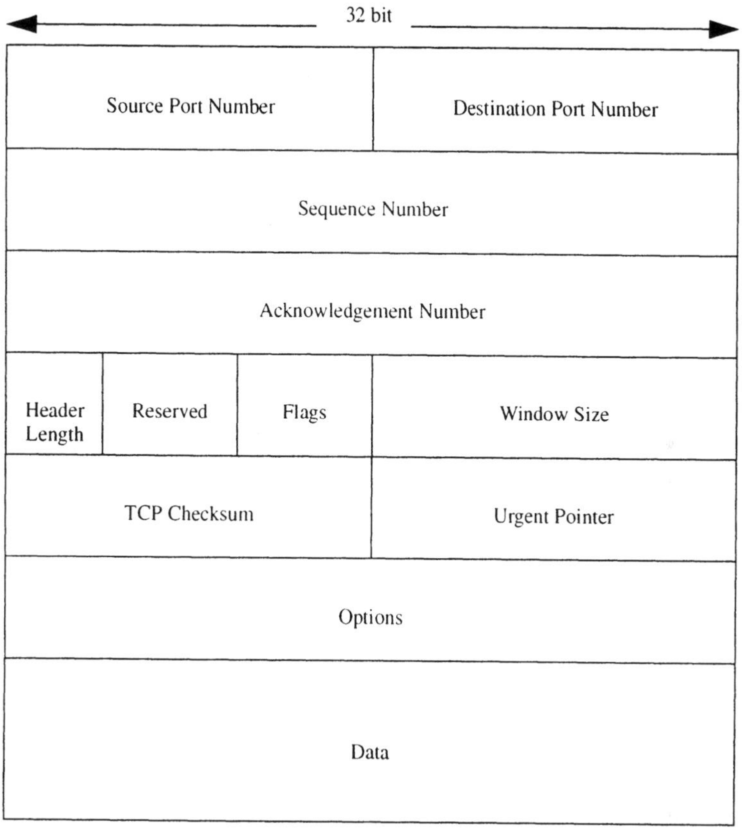

Abb. 1-7 Aufbau des Headers in TCP

- Header Length
  Das 4 bit lange Feld Header Length gibt die Anzahl der 32 bit-Worte an, aus denen der TCP-Header besteht. Dies entspricht zugleich dem Offset, den die Nutzdaten vom Beginn des Headers entfernt sind.
- Reserved
  Das 6 bit lange Feld Reserved wird derzeit nicht verwendet und steht immer auf dem Wert 0.
- Flags
  Das 6 byte lange Feld Flags wird dazu verwendet, die in Tab. 1-2 angegebenen Flags aufzunehmen. Wird die jeweilige Bit-Position auf den Wert 1 gesetzt, so gilt das Flag als gesetzt.

Flag-Position im Feld	Flag	Bedeutung
2	ACK	Wenn dieses Flag gesetzt ist, hat das Feld Acknowledgement Number Gültigkeit.
6	FIN	Dieses Flag wird zur Beendigung einer Verbindung verwendet.
3	PSH	Das Setzen dieses Flags fordert das TCP-Modul dazu auf, Daten dieser Nachricht sofort zu liefern.
4	RST	Das Setzen dieses Flags bewirkt das Rücksetzen der Verbindung aufgrund von nicht behebbaren Fehlern.
5	SYN	Ist dieses Flag gesetzt, so besitzt das Feld Sequence Number Gültigkeit.
1	URG	Dieses Flag wird dazu verwendet, Daten zu senden, ohne darauf warten zu müssen, dass der Empfänger Daten verarbeitet, die sich bereits im Strom befinden. Ist das Flag gesetzt, so ist das Feld Urgent Pointer auszuwerten.

Tab. 1-2 Flags des TCP-Headers

- Window Size
  Das 16 bit lange Feld Window Size wird dazu eingesetzt, die Anzahl an Daten-Bytes zu definieren, die der Sender zu akzeptieren bereit ist. Dieses Feld wird zur Flusskontrolle und zur Pufferverwaltung eingesetzt.

- TCP Checksum
  Das 16 bit lange Feld TCP Checksum wird zur Fehlererkennung verwendet.

- Urgent Pointer
  Das ebenfalls 16 bit lange Feld Urgent Pointer wird dazu eingesetzt, die Byte-Position von Daten in einer Nachricht anzugeben, die mit Priorität verarbeitet werden sollten.

- Options
  Das Feld Options ermöglicht die Angabe verschiedener TCP-Optionen. Dieses Feld wird allerdings selten verwendet.

- Data
  Das Feld Data enthält die Payload des TCP-Pakets. Maximale Größe dieses Feldes ist 65.535 byte.

Um eine Verbindung aufzubauen, verwendet TCP das sog. *Drei-Wege-Handshake*, bei dem auch die Sequenznummern der Kommunikationspartner initialisiert werden. Will ein Client eine TCP-Verbindung zu einem Server aufbauen, so sendet er zunächst eine SYN-Nachricht an den Server. Die SYN-Nachricht ist grundsätzlich eine

TCP-Nachricht, bei der das SYN-Flag gesetzt ist und die im Feld Sequence Number eine initialisierte Sequenznummer des Clients enthält.

Nach dem Empfang einer derartigen Nachricht antwortet der Server mit einer SYN-ACK-Nachricht, bei der sowohl das SYN-Flag als auch das ACK-Flag gesetzt ist. Im Feld Acknowledgment Number ist nun die Sequenznummer des Clients enthalten, im Feld Sequence Number die initialisierte Sequenznummer des Servers. Beide Sequenznummern sind in der Regel unterschiedlich.

Im letzten Schritt des Drei-Wege-Handshakes bestätigt der Client die Nachricht des Servers, indem er eine ACK-Nachricht sendet, in der das ACK-Flag gesetzt ist und bei der die Sequenznummer des Servers im Feld Acknowledgment Number enthalten ist. Nach dem Austausch dieser drei Nachrichten ist eine TCP-Verbindung aufgebaut. Alle drei Nachrichten enthalten nur Kontrollinformation und keine Daten.

Zum Abbau einer TCP-Verbindung wird ein *Zwei-Wege-Handshake* verwendet. Möchte einer der Kommunikationspartner eine Verbindung beenden, so sendet er eine Nachricht, in der das FIN-Flag gesetzt ist. Da eine TCP-Verbindung immer beidseitig funktioniert (*Duplex-Betrieb*), kann die Gegenseite solange weiter Daten senden, bis ebenfalls das Senden einer FIN-Nachricht die Verbindung endgültig schließt.

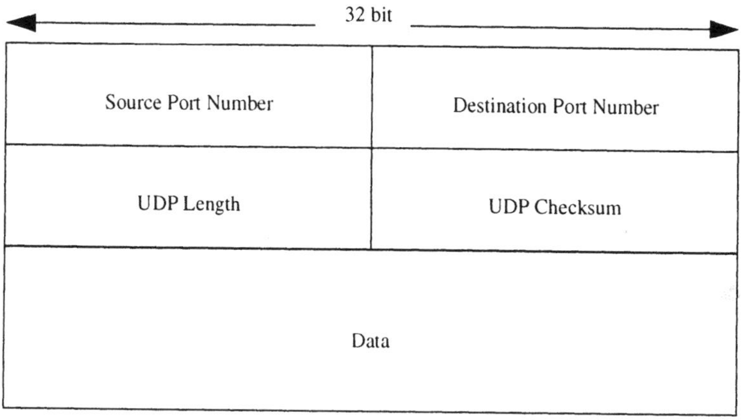

32 bit	
Source Port Number	Destination Port Number
UDP Length	UDP Checksum
Data	

Abb. 1-8 Aufbau des Headers in UDP

1.3.5 User Datagram Protocol (UDP)

Das UDP-Protokoll wird im Gegensatz zu TCP dann eingesetzt, wenn die Zuverlässigkeit der Daten keine entscheidende Rolle spielt. Im Unterschied zu TCP ist UDP verbindungslos, sendet also Datenpakete, sog. *Datagramme*, von einer Anwendung zu einer anderen. Dies ist vergleichbar mit dem Senden einer Menge von Briefen, bei denen weder die Ankunftsreihenfolge noch deren Versendeweg vorhergesagt werden können. Weiterhin kann nicht garantiert werden, dass die Nachricht vollständig beim Empfänger eintrifft, da alle Datagramme voneinander unabhängig sind und deren Auslieferung nicht garantiert ist.

Wie auch TCP-Pakete werden UDP-Pakete stets in IP-Paketen transportiert. Auch in UDP werden zur Identifikation von Sender und Empfänger Paare aus IP-Adresse und Port-Nummer verwendet. Auch UDP verwendet ein Längenfeld, das die Länge eines UDP-Pakets angibt und ein Prüfsummenfeld, das in diesem Fall aber das gesamte UDP-Paket, also Header und Payload, absichert. Der Aufbau des Headers von UDP-Paketen ist in Abb. 1-8 angegeben.

1.3.6 Unterschiede zwischen TCP und UDP

Viele Anwendungen erfordern eine garantierte zuverlässige Datenübertragung vom Sender zum Empfänger. Andere Kommunikationsformen unterliegen dieser Einschränkung allerdings nicht. Es liegt auf der Hand, dass die Verwendung von TCP daher aufwendiger ist als die von UDP, da eine Vielzahl zusätzlicher Kontrollinformationen übertragen werden müssen. Die Folge der zusätzlichen Datenübertragungen ist, dass TCP oftmals langsamer arbeitet als UDP. Wird bspw. eine Sprachübertragung durchgeführt, so ist es nicht sinnvoll, TCP zu verwenden, weil in den meisten Fällen ein erneutes Senden eines verlorengegangenen Pakets erfolglos ist, da es zu spät ankommen würde, um noch ausgegeben werden zu können. Meist wird zur Übertragung von Echtzeitdaten daher UDP eingesetzt (es sei denn, es steht eine unbegrenzte Bandbreite zur Verfügung) [Ste98].

1.3.7 Internet-Dienste

Im Folgenden sollen die im Internet häufig verwendeten Dienste *Electronic Mail (E-Mail), FTP* (Datenübertragung) und *Telnet* kurz vorgestellt werden.

Electronic Mail

Electronic Mail (E-Mail) wurde als Erweiterung der traditionellen kurzen Nachrichten der Geschäftswelt (Memos) entwickelt. Eine Mail wird von einer Person erzeugt und an eine oder mehrere Empfänger versendet. Wie in einer traditionellen Büroumgebung muss dazu ein Benutzer über ein privates Postfach verfügen, in das empfangene Mails abgelegt werden können. Jede elektronische Mailbox verfügt dazu über eine eindeutige Adresse, die E-Mail-Adresse. Diese spezifiziert zum einen den Benutzer und zum anderen den Host, an den eine Mail gesendet werden soll und hat das Format benutzer@host. Hierbei gibt host die Internet-Adresse des Hosts an, an die eine Mail gesendet werden soll.

Eine Mail besteht grundsätzlich aus einem Header, der den Absender, den oder die Empfänger und Angaben zum Inhalt der Nachricht spezifiziert, sowie aus einem Teil, der die Nachricht selbst enthält. Um Nachrichten zwischen unterschiedlichen Software-Systemen austauschen zu können, ist die Form des Headers festgelegt. Dieser enthält in jeder Zeile ein Schlüsselwort, das die Interpretation des Rests der

Zeile erlaubt. Tab. 1-3 zeigt die verschiedenen häufig eingesetzten Schlüsselwörter, die in einem derartigen Header vorkommen können.

Schlüsselwort	Bedeutung
From	Adresse des Absenders
To	Adresse des Empfängers
Cc	Adressen von Kopien, die versendet werden
Date	Datum, wann die Mail gesendet wurde
Subject	Betreff der E-Mail
Reply-to	Adresse, an die eine Antwort geschickt werden soll
X-Charset	Name des benutzten Character-Sets (z. B. ASCII)
X-Mailer	Mail-Software, die diese Mail erzeugt hat
X-Sender	Duplikat der Adresse des Absenders

Tab. 1-3 Header-Felder einer E-Mail

Eine gültige Mail könnte daher folgendes Aussehen haben:

`Code`

```
From: hans.mustermann@security.de
To: tina.mustermann@angriff.de

Date: Wed, 18 Nov 99 10:21:19 MET
Subject: Security-Buch

Hallo Tina,

dies ist ein Beispiel fuer das Buch
```

Ursprünglich wurde E-Mail nur entwickelt, um Texte zu verschicken. *Multipurpose Internet Mail Extensions* (MIME) ist ein Standard (definiert in RFC 1341 und RFC 1521), um Dateien mit binären Anhängen (*Attachments*) wie z. B. Bildern über das Internet zu versenden. MIME realisiert folgende Möglichkeiten:

- Akzente und Umlaute (z. B. Französisch, Deutsch).
- nicht lateinische Alphabete (z. B. Hebräisch).
- nicht alphabetgebundene Sprachen (z. B. Chinesisch, Japanisch).
- Nachrichten, die Audio, Video oder andere Dateiarten enthalten.

Die hinter MIME stehende Idee ist, ein fest definiertes Format zur Definition einer Nachricht zu verwenden (RFC 822). Dies wird durch folgende zwei Leitlinien erreicht:

- Definition einer Struktur für den Nachrichtentext
- Definition von Regeln für das Kodieren von Nicht-ASCII-Nachrichten, wie z. B. Bilder oder Audiodateien

Zur Realisierung und Implementierung der von MIME vorgegebenen Regeln und Strukturen müssen ausschließlich die Programme zum Erzeugen und Anzeigen von Nachrichten geändert werden. Programme zum Senden und Empfangen bleiben unverändert. Diese Modularisierung erleichterte eine weite Verbreitung von MIME in der Vergangenheit.

Vor der eigentlichen Nachricht wird in MIME ein sog. *Header* generiert. Dieser kann folgende Felder umfassen:

Header Field	Bedeutung
MIME-Version:	Identifiziert die MIME-Version
Content-Description:	Lesbare Beschreibung der Nachricht
Content-Id:	Eindeutige Nummer zur Identifikation der Nachricht
Content-Transfer-Encoding:	Art der Kodierung
Content-Type:	Typ der Nachricht

Tab. 1-4 Header-Felder in MIME

Die MIME-Version benutzt man, um eine Nachricht als MIME-Nachricht zu identifizieren. Beispiel:

Code

```
MIME-Version: 1.0
Content-Description: Ein Photo eines Hauses
```

Das MIME-Encoding legt die Art der Daten fest, die in einem MIME-Dokument versendet werden. Dies können u. a. folgende verschiedene Arten sein:

Typ	Art
ASCII-Text	7 bit ASCII
Binär	8 bit beliebig (verletzt Protokoll-Spezifikation)

Typ	Art
base64 (ASCII-Armor)	ASCII-Darstellung für (binäre) 8 bit Information

Tab. 1-5 *Kodierung in MIME*

Die Kodierungstypen ASCII und Binär sind selbsterklärend. Daher soll an dieser Stelle lediglich der Kodierungstyp base64 näher beleuchtet werden. Eine Übertragung binärer Information im regulären Datenstrom (textuell) verletzt allerdings die Protokollspezifikation regulärer E-Mail. In base64 betrachtet man binär vorliegende Information als Datenstrom, der in ASCII-Zeichen aufgespalten wird. Dazu werden jeweils 24 bit in vier 6 bit-Gruppen aufgespaltet, die als ASCII-Zeichen übertragen werden. Hierbei wird für den Wert 0 der Buchstabe A, für den Wert 1 der Buchstabe B, usw., gefolgt von den 26 kleingeschriebenen Buchstaben des Alphabets, den zehn einstelligen Ziffern, dem Pluszeichen für den Wert 62 und einem ' / '- Zeichen für den Wert 63, gesendet. Man verwendet die Kombination == bzw. =, um anzuzeigen, dass die letzte zu sendende Gruppe nur 16 bzw. 8 bit enthält. In diesem Verfahren werden Zeilenumbrüche ignoriert.

MIME verwendet u. a. folgende Typen zur Beschreibung des Inhalts einer Übertragung:

Typ	Subtyp	Beschreibung
Text	Plain	Unformatierter Text
	Richtext	Text, der einfache Formatierungskommandos in SGML enthält
Image	Gif	Bild im GIF-Format
	Jpg	Bild im JPEG-Format
Audio	Basic	Audio
Video	Mpeg	Video in MPEG-Format
Application	Octet-Stream	Uninterpretierter Byte-Strom
	Postscript	Druckbares Dokument in Postscript-Format

Tab. 1-6 *Inhaltsbeschreibung in MIME*

Typ	Subtyp	Beschreibung
Message	Rfc822	Eine MIME-Nachricht nach RFC 822
	Partial	Die Nachricht ist zur Übertragung aufgeteilt worden
	External-body	Die Nachricht muss über das Netz geholt werden
Multipart	Mixed	Unabhängige Teile in der spezifizierten Reihenfolge
	Alternative	Die gleiche Nachricht in verschiedenen Formaten
	Digest	Jeder Teil ist eine vollständige RFC 822 Nachricht

Tab. 1-6 Inhaltsbeschreibung in MIME

Code

```
From: mustermann@security.de
To: musterfrau@angriff.de
MIME-Version: 1.0
Message-Id: <199707011607.SAA20302@security.de>
Content-Type: multipart/alternative; boundary= "------------
1DA8FCD5D4D"

Dies ist die Präambel, vom User Agent ignoriert.
-----------1DA8FCD5D4D
Content-Type: text/richtext
"Bin <bold>Eulen </bold>", sagte das <italic>Walross</italic>.
Der Marabu nickte <italic>weise</italic> und sprach "Bin Eulen
auch!"

-----------1DA8FCD5D4D
Content-Type: message/external-body;
access-type="anon-ftp";
site="ftp.security.de";
directory="/pub";
name="bin_eulen_auch.snd"
Content-Type: audio/basic
content-transfer-encoding: base64
-----------1DA8FCD5D4D
```

Nachdem ein Benutzer eine Mail erzeugt hat sowie den oder die Empfänger angegeben hat, versendet die E-Mail-Software die Nachricht an die Empfänger. Dazu verwenden viele Systeme eine zweistufige Architektur: Der Benutzer interagiert mit einer E-Mail-Schnittstelle, wenn er eine Mail erzeugt bzw. Mail liest. Das zugrunde liegende E-Mail-System beinhaltet ein Programm zum Mail-Transfer, das die Details des Versendens der Mail zu einem Zielrechner übernimmt. Nachdem der Benutzer den Erzeugungsprozess der Mail beendet hat, übergibt das E-Mail-Programm die Nachricht dem Mail-Transfer-Programm, das diese dann versendet. Dieser Prozess ist in Abb. 1-9 grafisch dargestellt.

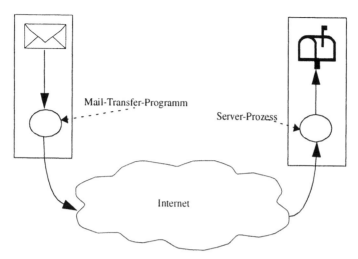

Abb. 1-9 E-Mail-Datenübertragung

File Transfer Protocol (FTP)

Der im Internet am häufigsten eingesetzte Dienst zur Dateiübertragung ist das *File Transfer Protocol* (FTP). FTP erlaubt den Transfer beliebiger Dateien und verwendet die Mechanismen zur Verwaltung von Eigentümerrechten und Zugangsbeschränkungen zu Dateien und Verzeichnissen, die das darunter liegende Dateisystem beinhaltet. Da FTP Details individueller Rechner-Hardware und Rechner-Software transparent behandelt, kann es zum Datenaustausch zwischen beliebigen Paaren von Rechnern eingesetzt werden.

FTP ist eines der ältesten Anwendungsprotokolle, die im Internet eingesetzt werden. Zu Anfang im Rahmen des ARPAnet definiert, ist FTP älter als TCP oder IP. Nach der Einführung von TCP/IP als Transportprotokoll im Internet wurde eine neue Version von FTP entwickelt, die auf der Basis von TCP/IP läuft.

FTP ist eine der am häufigsten benutzten Anwendungen des Internets. In den frühen 90er Jahren, als das World Wide Web erst wenig verbreitet war, machte der FTP-Verkehr im Internet ca. ein Drittel des gesamten Verkehrs aus. Der Anteil war damit weit höher als bspw. die Verkehrsbelastung durch E-Mail.

FTP erlaubt die interaktive Benutzung sowie den Batch-Betrieb, in dem eine Reihe von Befehlen automatisch sequentiell abgearbeitet werden. Meist ruft ein Anwender FTP interaktiv auf, indem er einen FTP-Client startet, der eine Übertragung zu einem FTP-Server aufbaut (siehe auch Abb. 1-10). Dazu werden ein Daten- und ein Kommandokanal benutzt, die über einen Port adressiert werden.

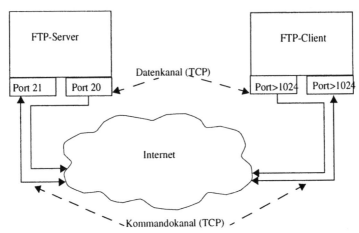

Abb. 1-10 Funktionsweise von FTP

Der *Kommandokanal* überträgt hierbei ausschließlich die zur Steuerung einer Übertragung notwendigen Kommandos. Er besteht für die Dauer der Interaktion zwischen Rechnern und kann somit während bestehender Datenübertragung Funktionen ausführen. Dies wird dadurch garantiert, dass die Kontrollverbindung von der Datenverbindung getrennt ist. Die TCP-Datenverbindung wird für jeden Datentransfer neu auf- und abgebaut. Ein *Port* ermöglicht es hierbei TCP, unter mehreren Zieladressen, die auf einem empfangenden Rechner vorhanden sind, diejenige zu bestimmen, an die die Daten geschickt werden sollen. Man erkennt in der Abbildung, dass für FTP auf der Server-Seite die Ports 20 (Datenkanal) und 21 (Kontrollkanal) reserviert sind.

Die Eingabe von Befehlen erfolgt, indem der Benutzer (z. B. im MS-DOS-Prompt oder unter UNIX) eine Kommandozeilenschnittstelle oder ein grafisches Interface (z. B. Windows oder Java) benutzt. In der Kommandozeile gibt der Benutzer einfache Befehle an. Dazu wartet der FTP-Client auf eine Befehlseingabe, führt diese aus und wartet dann auf die nächste Eingabe. Einige einfache FTP-Befehle sind in Tab. 1-7 aufgeführt.

Befehl	Bedeutung
put (mput)	Senden (Senden mehrerer Dateien) einer Datei
get (mget)	Empfangen von einer (mehrerer) Datei(en)
del	Löschen von Dateien
rename	Umbenennen von Dateien
dir	Anzeige des Verzeichnisinhalts

Tab. 1-7 FTP-Befehle

Befehl	Bedeutung
cd	Wechsel des Verzeichnisses
bin	Umschalten vom textuellen zum binären Übertragungsmodus

Tab. 1-7 FTP-Befehle

Der Zugriff auf einen entfernten Rechner setzt eine Anmeldung mit der Kombination *Benutzername/Passwort* voraus. Weiterhin kann man sich häufig auch anonym anmelden (anonymes FTP). Hierbei ist kein Passwort erforderlich. Meist wird die E-Mail-Adresse als Passwort gesendet. Dieser Mechanismus wird speziell für öffentlich zugängliche Daten verwendet.

Telnet

Ein weiterer unter Benutzung von TCP/IP verfügbarer Dienst ist Telnet. Telnet stellt eine Verbindung zu einem entfernten Rechner als ein virtuelles Terminal zur Verfügung. Dies ermöglicht ein transparentes Arbeiten auf entfernten Rechnern. Dem Benutzer wird also simuliert, dass er tatsächlich auf diesem Rechner eingeloggt wäre. Alle Zeichen, die ein Benutzer in diesem Terminalfenster eingibt, werden als solche (Zeichen) an den Rechner übertragen, auf dem das Terminal läuft. Dies impliziert, dass keine grafischen Operationen, wie z. B. Mausbewegungen oder die Anzeige von Bildern, in diesem Fenster angeboten werden. Telnet ist daher ein sehr einfaches Terminal-Protokoll. Die Datenübertragungsfunktionalität erlaubt ein Aushandeln von Optionen (Datenübertragung binär oder ASCII) und setzt auf TCP auf (TCP-Verbindung zwischen Client und Server).
Telnet läuft in den folgenden Schritten ab:

1. Ein Anwender ruft `telnet` und die Adresse des Zielrechners auf seinem Rechner auf.

2. Das Anwendungsprogramm auf dem Rechner des Benutzers als Client baut eine TCP-Verbindung zum gewünschten Server auf.

3. Das Anwendungsprogramm erwartet Tastatureingaben und sendet diese an den Server. Gleichzeitig stellt es vom Server empfangene Zeichen auf dem Terminal des Benutzers dar.

`Code`

```
[mustermann on fantasy] ~ $ telnet dream.heaven.de
Trying 131.82.138.138...
Connected to dream.heaven.de.
Escape character is '^]'.
Eingangspforte des Himmels
Abteilung Petrus
```

```
login: mustermann
Password: xxxxxx
[mustermann on dream] ~ $
```

Um die Vielfalt möglicher Benutzereingaben bearbeiten zu können, verwendet Telnet das *Network Virtual Terminal* (NVT). Hierbei übersetzt die Client-Software die Benutzereingaben in des NVT-Format und sendet diese an den Server. Große Unterschiede bestehen z. B. bei der Eingabe einer neuen Zeile. Manche Systeme verwenden hier ein *Linefeed*, andere ein *Carriage Return* und weitere gar eine Kombination aus *Linefeed* und *Carriage Return*. NVT garantiert die Abbildung dieser unterschiedlichen Eingaben auf eine standardisierte Ausgabe.

World Wide Web und Hypertext Transfer Protocol (HTTP)

Als Netzwerk für Forschungs- und Regierungsaufgaben war das Internet anfangs auf den Datenaustausch von Dokumenten und Dateien ausgelegt, nicht jedoch auf den von Grafik und komplexen Benutzerschnittstellen.

1989 schlug Tim Berners-Lee, ein Physiker am CERN das Konzept des *World Wide Web* als eine grafische Benutzerschnittstelle vor, die den Austausch von Informationen erleichtern sollte.

1992 begann das CERN, das *World Wide Web (WWW)* international bekannt zu machen. In der Folgezeit wurden bis Juli 1993 100 Webserver eingerichtet [Kla97]. Nach der Entwicklung des ersten Webbrowsers (*Mosaic*) durch das National Center for Supercomputing Applications (NCSA) bzw. den Produkten *Netscape Navigator*™ der Firma Netscape und *Internet Explorer*™ der Firma Microsoft erfuhr das World Wide Web ein rapides Wachstum. Heute sind mehr als 23 Millionen Webserver registriert.

Aus technischer Sicht ist das World Wide Web ein verteiltes, in HTML realisiertes Hypermediasystem, das interaktiven Zugriff auf Dokumente erlaubt. Ein *Hypermediasystem*, das aus Textdokumenten, Bildern, Audio- und Videoclips und Animationen sowie deren Beziehungen (Links) besteht, ist hierbei die Erweiterung eines Hypertextsystems. Ein *Hypertextsystem* ist eine Menge von Textdokumenten, in denen Verweise auf andere Dokumente enthalten sein können. Klickt man bspw. mit der Maus auf einen dieser Verweise, so wird das entsprechend referenzierte Dokument aufgerufen.

Dokumente im World Wide Web werden in der *Hypertext Markup Language* (HTML) geschrieben. HTML ist eine standardisierte Sprache, die generelle Richtlinien zur Anzeige und Gliederungsspezifikation einer Seite erlaubt. Der Namensteil *Markup Language* bezieht sich hierbei darauf, dass HTML kein spezielles Design eines Dokuments angibt, sondern nur Richtlinien dazu. Auch wenn HTML-Erweiterungen bspw. erlauben, die Schriftgröße anzugeben, liegt dies nicht in der ursprünglichen Intention von HTML und wird lediglich stark von den Herstellern von Browsern vorangetrieben. Ursprünglich konnte man nur einen Wichtigkeitsgrad angeben, um bspw. zwischen verschiedenen Überschriften und normalem Text zu unterscheiden. Die jeweilige Darstellung erfolgt dann abhängig vom jeweiligen Browser, der das Dokument anzeigt.

Ruft ein Benutzer einen Verweis in einem HTML-Dokument auf, so muss ein neues Dokument geladen werden. Dies ist keine triviale Aufgabe. Zum einen enthält das World Wide Web eine Vielzahl von Rechnern und das Dokument könnte theoretisch auf jedem dieser Rechner liegen. Weiterhin kann jeder Computer eine Vielzahl von Dokumenten speichern und drittens kann ein Dokument als Text (z. B. HTML) oder als Binärdatei (z. B. Bild) vorliegen. Da im World Wide Web zusätzlich noch eine Reihe von Diensten (z. B. Zugriff auf HTML-Dokumente, aber auch FTP) zur Verfügung stehen, musste eine Syntax entwickelt werden, die eine spezielle Seite des World Wide Web adressiert. Diese bezeichnet man als *Uniform Resource Locator* (URL). Eine URL hat die Form

Syntax

```
Protokoll://Rechner-Name:port/Dokument-Name
```

Protokoll gibt hierbei das verwendete Zugriffsprotokoll an (z. B. HTTP oder FTP), port gibt an, über welchen Port das Dokument abgerufen werden kann und Rechner-Name bzw. Dokument-Name spezifizieren die IP-Adresse des Zielrechners bzw. den Namen des gewünschten Dokuments. Ein Beispiel für eine solche URL wäre daher die Adresse

Code

```
http://www.security.de/ index.html
```

Grundlage des WWW ist das *Hypertext Transfer Protocol (HTTP)*, das den Austausch von Hypertextdokumenten zwischen einem Webbrowser und einem Webserver, der die gewünschte Seite speichert, erlaubt. Dazu arbeitet ein Server in folgenden Schritten:

1. Der Server wartet auf einen Verbindungswunsch eines Browsers, der auf eine bestimmte Seite zugreifen will.

2. Eine Verbindung zwischen Browser und Server wird aufgebaut.

3. Der Server schickt die gewünschte Seite an den Browser.

4. Die Verbindung wird wieder abgebaut.

5. Die Schritte 1 bis 4 werden wiederholt.

Da ein Browser viele Details des Dokumentzugriffs und dessen Darstellung realisiert, ist er naturgemäß in seiner Funktionalität komplexer als ein Server. Konzeptionell besteht ein Browser aus einer Menge von Clients, von Interpretern und einem Controller, der diese koordiniert. Dies ist auch in Abb. 1-11 dargestellt.

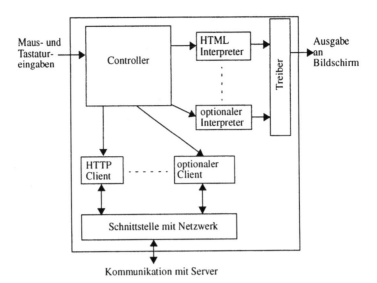

Abb. 1-11 Webbrowser

Der *Controller* ist der Hauptbestandteil eines Browsers. Er verwaltet unter anderem die Benutzereingaben und ruft andere Komponenten auf, die eine durch den Anwender angegebene Operation ausführen. Klickt der Benutzer bspw. auf eine Hypertextreferenz, so ruft der Controller einen Client auf, der das Dokument vom entsprechenden Server holt. Anschließend startet der Controller einen Interpreter, der das Dokument in geeigneter Form auf dem Bildschirm anzeigt.

Neben einem HTTP-Client und einem HTML-Interpreter enthält ein Browser weitere optionale Komponenten. Viele handelsübliche Browser beinhalten z. B. einen FTP-Client oder einen E-Mail-Client. Man erkennt nun, dass der Browser die in der URL angegebene Protokollversion dazu benutzt, den jeweiligen Client zu starten, der ein Dokument von einem entfernten Server lädt.

Ein Webserver tauscht mit einem Browser Daten über das Hypertext Transfer Protocol (HTTP) aus. Dieser Datenaustausch besteht aus einer Anforderung (*Request*), in dem der Browser Daten anfordert bzw. einer Antwort (*Response*), in der der Server Daten an den Browser überträgt. Alle HTTP-Mitteilungen bestehen aus einer Reihe von Header-Informationen und aus einem davon mit einer Leerzeile getrennten Inhalt. Die Header geben Auskunft über die Mitteilung, die Art der Anforderung oder der Antwort und über den Inhalt selbst. Sie bestehen aus einzelnen Zeilen der Form `Header-Name: Header-Wert`. Die Header müssen keiner besonderen Ordnung folgen. Ein Request hat folgenden Inhalt:

- Request-Zeile: `Methode Request-URL HTTP-Version`
- Allgemeiner-Header (Datum, MIME-Version,) und/oder
- Request-Header (Autorisierung, From, ...) und/oder
- Inhalts-Header (Allow, Content-Type, Expires, ...)

- Leerzeile
- Inhalt der Nachricht

Jeder Request beginnt mit einer auszuführenden Methode, gefolgt von einer URL und der HTTP-Version. Die wichtigsten Methoden sind in Tabelle Tab. 1-8 aufgeführt.

Methode	Beschreibung
GET	Request zum Lesen einer Webseite
HEAD	Request zum Lesen des Headers einer Webseite
PUT	Request, um eine Webseite auf dem Server zu speichern
POST	Anfügen der Daten an eine Resource (z. B. News oder Forms)
DELETE	Löschen einer Webseite
LINK	Verbinden zweier existierender Ressourcen
UNLINK	Aufheben einer Verbindung zwischen zwei Ressourcen

Tab. 1-8 Methoden in HTTP

- GET
  Der Server liefert die durch die URL identifizierte Seite zurück oder startet ein dadurch bezeichnetes CGI-Script und liefert dessen Ausgabe als Ergebnis der Methode.
- Head
  Der Browser fordert nicht den Inhalt der Seite, die durch die URL beschrieben ist, sondern nur den Antwort-Header. Dadurch erhält man Informationen über eine Seite, ohne diese übertragen zu müssen.
- PUT
  Der mit der Anforderungsmitteilung geschickte Inhalt soll unter der angegebenen URL gespeichert werden.
- POST
  bewirkt das Hinzufügen von Informationen zu der durch die URL angegebenen Adresse. POST findet hauptsächlich Anwendung beim Aufruf von CGI-Scripten, bei denen Informationen aus einem Formular einem Skript „hinzugefügt" werden.
- DELETE
  löscht die durch die URL angegebene Seite auf dem Server.
- LINK
  stellt eine Beziehung zwischen zwei Dokumenten her. Diese Methode wird aber praktisch nicht verwendet.

- UNLINK

  analog zu LINK, jedoch die Aufhebung einer derartigen Beziehung.

Der Request-Header legt zusätzliche Anforderungen an den Server fest, bspw. welche MIME-Typen (und damit die Art von Dokumenten, z. B. Bilder oder Text) der Client akzeptiert, welchen Zeichensatz (z. B. ASCII) er erwartet oder ob der Server eine Autorisierung des zugreifenden Benutzers mittels eines Passworts erlauben darf. Eine Response, mit der der Server antwortet, beinhaltet

- Status-Zeile: HTTP-Version Status-Code Reason-Parameter
- Allgemeiner-Header (Datum, MIME-Version,) und/oder
- Response-Header (Location, Server, WWW-Authenticate) und/oder
- Inhalts-Header (Allow, Content-Type, Expires,...)
- Inhalt der Seite

HTTP definiert Status-Codes, mit denen der Server den Browser über den Erfolg bzw. Misserfolg einer Operation unterrichten kann. So werden z. B. folgende Status-Codes verwendet:

- 2xx: Erfolg.
  - 200: OK.
  - 201: Created.
  - 202: Accepted.
- 4xx: Fehler beim Client.
  - 400: Falsche Syntax.
  - 401: Unautorisierter Zugriff.
  - 403: Verbotener Zugriff.
  - 404: Dokument nicht gefunden.
- 5xx: Fehler beim Server.
  - 500: Interner Server-Fehler.
  - 503: Service nicht verfügbar (temporär).

Beispiel eines HTTP-Requests

`Code`

```
GET /leute/mustermann.html HTTP/1.0
If-Modified-Since: Wed, 22 Nov 1999 12:00:00: GMT

HTTP 304 Not modified
Date: Wed, 22 Nov 1999 16:32:39 GMT
```

```
Server: NCSA/1.5.1
Last-modified: Tue, 14 Nov 1999 09:12:46 GMT
Content-type: text/html
Content-length: 2602
Connection closed by foreign host.
```

HTTP / 1.0 weist eine Reihe von Schwierigkeiten und Problemen auf. So wird z. B.
nur eine URL pro TCP-Verbindung gesendet. Enthält also ein Dokument viele Bilder und viel Text, so ist eine große Anzahl an Zugriffen nötig, um die gesamte Seite
zu übertragen. Dies ist in Abb. 1-12 grafisch dargestellt. Zur Vermeidung der Probleme von HTTP / 1.0 wurde HTTP / 1.1 (RFC 2086) entwickelt.

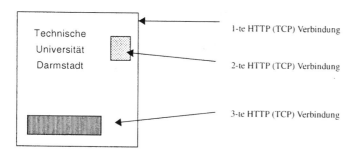

Abb. 1-12 Ablauf von HTTP / 1.0

HTTP / 1.1 weist außerdem eine *Cache-Eigenschaft* auf. Ziel des Caching ist die
Vermeidung des oftmaligen Sendens von Requests und von vollen Responses. Dies
führt zu einer Reduktion der erforderlichen Netzbandbreite.

1.4 Internet Engineering Task Force (IETF)

Man kann die Funktionsweise des Internets nicht betrachten, ohne parallel auf die
Internet Engineering Task Force (IETF) einzugehen. Die Internet Engineering Task
Force ist eine große internationale Gemeinde von Netzwerkdesignern, Netzwerkbetreibern, Herstellern von Netzwerkprodukten und Forschern. Diese heterogene
Gruppe ist mit der Entwicklung der Architektur und mit der reibungslosen Funktionsweise des Internets betraut. Aufgabe der IETF ist also insbesondere, auch Security-Protokolle zu standardisieren. Um verstehen zu können, welche Protokolle wie
standardisiert sind bzw. wo Informationen erhältlich sind, muss der Aufbau der
IETF im Detail betrachtet werden.

Nach einer längeren Zeit als informell existierende Gruppe wurde die IETF 1986
vom *Internet Architecture Board* (IAB) etabliert. Die Mitarbeit in dieser Gruppe
steht allen interessierten Kreisen offen. Über die letzten Jahre hinweg haben sich die
Teilnehmerzahlen an den öffentlichen Treffen der IETF exponentiell entwickelt.

Ungefähr jeder dritte Teilnehmer nimmt zum ersten Mal an einem derartigen Treffen teil.

Der Aufgabenbereich der IETF umfasst

- die Identifikation und Erarbeitung von Lösungsvorschlägen für operationale und technische Probleme des Internets,
- die Spezifikation der Entwicklung bzw. der Benutzung von Protokollen und entstehenden Architekturen, die derartige Probleme des Internets lösen,
- die Erarbeitung von Vorschlägen für die *Internet Engineering Steering Group* (IESG), die sich auf die Standardisierung von Protokollen und auf die Protokollverwendung im Internet beziehen,
- die Einrichtung eines Technologietransfers von der *Internet Research Task Force* (IRTF) zur Gemeinde der Internet-Benutzer und
- den Betrieb eines Forums für den Informationsaustausch zwischen der Internet-Gemeinde und Herstellern, Anwendern, Forschern, Agenturen und Netzwerkmanagern.

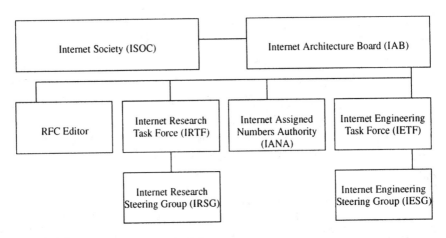

Abb. 1-13 Gruppen der Internet-Standardisierung

Um die komplexe Struktur der IETF verstehen zu können, muss man die Struktur des Rahmens betrachten, in dem die IETF residiert. In diesem Rahmen existieren vier Gruppen: die *Internet Society* (ISOC) und deren Board, das *Internet Architecture Board* (IAB), die *Internet Engineering Steering Group* (IESG) und die IETF selbst. Das Zusammenspiel dieser Gruppen ist in Abb. 1-13 dargestellt.

Die *Internet Society* (ISOC) ist eine professionelle Gesellschaft, die mit dem Wachstum und mit der Entwicklung des Internets betraut ist, mit der Art und Weise, in der das Internet verwendet werden kann, sowie mit den sozialen, politischen und technischen Angelegenheiten, die aus der Verwendung des Internets resultieren. Das Board der ISOC ist dafür verantwortlich, Regelungen mit dem IAB zu genehmigen.

Das *Internet Architecture Board* (IAB) fungiert als technischer Berater der ISOC. Es wird dazu eingesetzt, die Protokolle und die Architektur des Internets zu überwachen und im Sinne des Standardisierungsprozesses des Internets als Empfänger der Entscheidungen der IESG zu wirken. Das IAB ist weiterhin dafür verantwortlich, Vereinbarungen mit der IESG zu genehmigen.

Die *Internet Engineering Steering Group* (IESG) ist für das technische Management der Aktivitäten der IETF und für den Standardisierungsprozess des Internets verantwortlich. Als Teil der ISOC administriert die IESG diesen Prozess gemäß der Regeln und Prozeduren, die vom Board der ISOC ratifiziert wurden. Aufgabe der IESG ist es, Tätigkeiten auszuüben, die mit den sich ständig verändernden Internet-Standards zusammenhängen, bspw. die endgültige Anerkennung von Spezifikationen als Internet-Standards.

Die IETF selbst untergliedert sich in acht funktionale Bereiche: Anwendungen, Internet, IP next Generation (IPnG), Netzwerkmanagement, Betriebsanforderungen, Security, Transport- und Anwenderdienste. Jeder Bereich wird von einem oder von zwei *Area Directors* geleitet, die zusammen mit dem Vorsitzenden der IETF/IESG wiederum die IESG bilden.

Die technische Arbeit der IETF wird von den sog. *Working Groups* geleistet, die thematisch in Abhängigkeit von den acht verschiedenen Arbeitsbereichen organisiert sind (bspw. Routing, Transportmechanismen und auch Sicherheit im Internet). Diese Gruppen arbeiten meist über Mail-Listen zusammen; Treffen der IETF finden dreimal pro Jahr statt.

Jeder der Bereiche besteht aus mehreren Working Groups. Die Ziele einer Working Group können in den folgenden Bereichen gesehen werden:

- Erzeugung eines Informationsdokuments,
- Erzeugung einer Protokollspezifikation,
- Lösung von Problemen des Internets.

Aus diesem Profil folgt logischerweise, dass die meisten Working Groups nur eine begrenzte Zeit existieren. Wird das vorab definierte Ziel erreicht, so löst sich die Working Group auf. Wie bereits in der IETF gibt es auch in Working Groups keine offizielle Mitgliedschaft. Ein Mitglied einer derartigen Gruppe ist also immer derjenige, der auf der Mailing-Liste der Gruppe eingetragen ist.

Areas können auch Sitzungen in Form von sog. *Birds of a Feather* (BOF) enthalten. Derartige Gruppen haben meist dieselben Ziele wie Working Groups, haben aber oft keine festgelegte Arbeitsweise und treffen sich nur ein- oder zweimal. BOFs werden meist abgehalten, um herauszufinden, ob genügend Interesse an einem Thema besteht, um eine Arbeitsgruppe zu bilden.

Fasst man diese Struktur zusammen, so bestehen die folgenden Zusammenhänge: Die Working Groups der IETF sind in Bereiche eingeteilt, die von *Area Directors* (ADs) geleitet werden. ADs sind Mitglieder der Kontrollgruppe der IETF, der sog. *Internet Engineering Steering Group* (IESG). Die Überwachung der Architekturentwicklung des Internets wird vom sog. *Internet Architecture Board* (IAB) durchgeführt. Die IAB und die IESG werden wiederum von der Internet Society (ISOC) überwacht. Der Vorsitzende der Area Directors ist gleichzeitig Vorsitzender der IESG und der IETF und von Amts wegen Mitglied des IAB.

Die *Internet Assigned Numbers Authority* (IANA) fungiert als zentraler Koordinator der Zuweisung von eindeutigen Parametern für Internet-Protokolle. Überwacht von der Internet Society (ISOC) agiert die IANA als Kontrollinstanz, die die Parameter von Internet-Protokollen zuweist und koordiniert.

RFCs und Internet-Drafts

Grundsätzlich spielt die IETF im Bereich der Sicherheit eine große Rolle, da

1. alle standardisierten Security-Protokolle von der IETF genehmigt sind und

2. wichtige Entwürfe, die in der Folge dieses Buchs erläutert werden, als *Request for Comments* (RFCs) vorliegen, die der Leser auch über die IETF einsehen kann.

Zu Beginn der Entwicklung des Internets waren RFCs lediglich Aufforderungen zur Kommentierung von Ideen. Die frühen RFCs waren Nachrichten, die zwischen den Architekten des ARPANET-Netzwerks ausgetauscht wurden, um bestimmte Probleme gemeinsam zu lösen. Im Lauf der Jahre wurden RFCs immer formaler. Es ist längst der Zeitpunkt erreicht, dass RFCs als Standards zitiert werden, auch wenn sie keine Standards sind. Werden daher in den folgenden Teilen des Buchs RFCs zitiert, so handelt es sich grundsätzlich um entscheidende Entwicklungen im Internet. Innerhalb der RFCs existieren zwei Untergruppen:

- RFCs in Form von sog. *For Your Information* (FYI), um einen Überblick über ein Gebiet zu dokumentieren und Gebiete einzuführen. Oftmals werden FYIs im IETF-Bereich der Anwenderdienste erzeugt.
- Die Gruppe der *Standard-RFCs* (STD) wurde erzeugt, um solche RFCs zu identifizieren, die Internet-Standards bezeichnen.

Jeder RFC (also auch FYIs und STDs) besteht aus einer RFC-Identifikationsnummer. FYIs und STDs haben zusätzlich zur RFC-Nummer auch eine FYI-Nummer bzw. eine STD-Nummer. Wird ein FYI oder STD überarbeitet, so ändert sich zwar die RFC-Nummer, nicht aber die Nummer des FYIs bzw. des STDs.

Internet-Drafts sind Arbeitsdokumente der IETF. Jede Gruppe bzw. jedes Individuum kann ein Dokument als Internet-Draft zur Verteilung einreichen. Derartige Dokumente haben jeweils eine Gültigkeit von 6 Monaten und können jederzeit aktualisiert, ersetzt oder gelöscht werden. Es ist daher erforderlich, dass ein Verfallsdatum auf jeder Seite eines Internet-Drafts erscheint. Im Gegensatz zu RFCs werden Internet-Drafts üblicherweise nicht referenziert oder zitiert. Weitergehende Informationen zu RFCs und Internet-Drafts sind in folgenden Dokumenten über die IETF erhältlich:

- Request for Comments on Request for Comments [Pos89]
- F.Y.I. on F.Y.I: Einführung in F.Y.Is [MR90]

- Einführung in STDs [Pos92]
- Autorenrichtlinien für Internet-Drafts [GAI]
- Internet Activities Board (IAB) [Cer90]
- Internet-Standardisierungsprozess [Bra96]
- Offizielle Protokollstandards des Internets [Pos94]

Dokumente und Dateien

Detaillierte Beschreibungen der derzeit bestehenden Working Groups, der Internet-Drafts und der RFCs und eine Vielzahl weiterer Informationen sind über die Web-Seiten der IETF (`http://www.ietf.org`) abrufbar.

Um eine Übersicht über die Fülle von Material zu bekommen, die auf den Webseiten der IETF verfügbar sind, kann zusätzlich das Archiv der InterNIC verwendet werden. Etwa einen Monat vor einem IETF-Meeting stellen die Vorsitzenden einer Working Group bzw. einer BOF und die Area Directors in dieses Archiv die Dokumente, die für die angestrebte Diskussion relevant sind. Diese Dokumente stehen in der Regel bis zu 2 Monate nach dem Treffen zur Verfügung.

Auf dem Host mit der Adresse `ds.internic.net` werden Dokumente im Verzeichnis `/pub/current-ietf-docs` in Unterverzeichnissen abgelegt, die jeweils nach der Area und nach der Working Group benannt sind. Ein Dokument der Working Group NISI, die Teil der User Services Area ist, würde also bspw. als `current-ietf-docs/usv/nisi/nisi-doc1.txt` abgespeichert werden. Für jede Area steht auch ein Unterverzeichnis namens `bof` zur Verfügung, in dem Dokumente abgelegt werden, die in BOF-Sitzungen diskutiert werden. Ein Verzeichnis namens `plenary` wird in der Regel im Verzeichnis `/pub/current-ietf-docs` angelegt, um Dokumente zu speichern, die mit der Plenarsitzung in Bezug stehen.

1.5 Grundlagen der Kommunikationssicherheit

Nachdem nun neben Sicherheitsproblematiken, die speziell für das Internet gelten, auch wichtige Protokolle und Dienste des Internets erläutert wurden, soll im folgenden Abschnitt eine allgemeine Einordnung von Sicherheitsdiensten und Sicherheitsmechanismen vorgenommen werden. Es liegt auf der Hand, dass hierzu eine Vielzahl heterogener Aspekte beachtet werden muss. Um eine systematische Beschreibung vornehmen zu können, wird daher im Folgenden auf das Sicherheitsmodell der OSI zurückgegriffen, das von der ITU-T in der *Recommendation X.800* [ITU91] übernommen wurde. Auch wenn diese Recommendation vielleicht keine Allgemeingültigkeit besitzt, muss doch die Art und Weise, wie die sehr komplexe Thematik gegliedert ist, als mustergültig aufgefasst werden. Ein weiterer großer Vorteil von X.800 ist, dass das Modell sich eng an das bereits vorgestellte Schichtenmodell der OSI [ITU70] anlehnt. Es wurde bereits darauf hingewiesen, dass dieses Buch sich am OSI-Schichtenmodell orientiert.

1.5.1 X.800

Die Recommendation X.800 [ITU91] definiert generelle Elemente einer Sicherheitsarchitektur, die immer dann eingesetzt werden können, wenn ein Kommunikationsschutz zwischen offenen Systemen erforderlich ist. Im Rahmen des OSI-Referenzmodells werden Richtlinien und Einschränkungen definiert, die existierende Recommendations verbessern bzw. bei der Neuentwicklung von Recommendations dazu verwendet werden können, um einen konsistenten Sicherheitsansatz im OSI-Kontext zu realisieren. Die Recommendation X.800 erfüllt die folgenden Aufgaben:

- Generelle Beschreibung von Sicherheitsdiensten (siehe Kapitel 1.5.2) und Sicherheitsmechanismen (siehe Kapitel 1.5.3), die vom OSI-Referenzmodell erbracht werden können.
- Definition der Stellen im Referenzmodell, an denen die Dienste und Mechanismen eingesetzt werden können.

Die Recommendation erweitert somit das Anwendungsfeld der Recommendation X.200 (OSI-Referenzmodell), um auch die sichere Kommunikation offener Systeme abzudecken. Aus diesem Grund wurden grundlegende Sicherheitsdienste und Sicherheitsmechanismen für jede Schicht des Referenzmodells identifiziert und definiert. Zusätzlich gibt X.800 die Beziehungen der Sicherheitsdienste und -mechanismen zum Referenzmodell an. Es sei aber darauf hingewiesen, dass in Endsystemen weitere Sicherheitsaspekte bedacht werden müssen, die allerdings in hohem Maße vom Anwendungskontext abhängig sind. Sicherheitsdienste, die derartige Endsysteme unterstützen sollen, werden nicht von X.800 erfasst.

Die Sicherheitsfunktionen der OSI betreffen nur die Aspekte des Kommunikationspfades, die es Endsystemen erlauben, den sicheren Informationstransfer umzusetzen. Hierbei werden allerdings lediglich Zusätze zu den Konzepten und Prinzipien des Referenzmodells definiert, eine Modifikation von X.200 erfolgt nicht.

Die im Folgenden beschriebenen Sicherheitsdienste sind von grundlegender Natur. In der Praxis werden sie in der jeweiligen Schicht des Referenzmodells bzw. in geeigneter Kombination mit anderen Diensten und Mechanismen aufgerufen, wodurch die Sicherheitsanforderungen und/oder die Benutzeranforderungen erfüllt werden können. Die Kombination kann hierbei auch mit Diensten und Mechanismen erfolgen, die nicht von der OSI standardisiert sind. So ist es durchaus üblich, spezielle Sicherheitsmechanismen zu verwenden, um Kombinationen von grundlegenden Sicherheitsmechanismen zu implementieren.

1.5.2 Sicherheitsdienste in X.800

Im Rahmen der Recommendation X.800 werden die folgenden Sicherheitsdienste definiert:

- *Authentifizierung*
  Dieser Dienst realisiert die Authentifizierung eines Kommunikationspartners

bzw. einer Datenquelle. Der Dienst, der von einer Schicht *N* des Referenzmodells angeboten wird, garantiert der Schicht *(N+1)*, dass der Kommunikationspartner auf Ebene der Schicht *(N+1)* wirklich der ist, für den er sich ausgibt. Der Dienst kann während des Verbindungsaufbaus oder aber während des Datentransfers dazu verwendet werden, um die Identität eines oder mehrerer Partner gegenüber einem oder mehreren Partnern zu überprüfen.

- *Zugriffskontrolle*
  Dieser Dienst bietet einen Schutz gegen die nicht autorisierte Verwendung von Ressourcen, die über das OSI-Modell zugänglich sind. Hierbei werden sowohl OSI-Ressourcen als auch OSI-fremde Ressourcen geschützt, auf die mittels OSI-Protokollen zugegriffen werden kann. Eigenschaft dieses Dienstes ist weiterhin, dass verschiedene Schutzmodi angegeben werden können, die aus der Verwendung der Ressource resultieren, bspw. ein Leseschutz, ein Schreibschutz, ein Löschschutz oder auch die Verhinderung der Ausführung einer Ressource.

- *Vertraulichkeit von Daten*
  Dieser Dienst schützt Daten vor einem unberechtigten Zugriff. Hierunter fällt die Vertraulichkeit der Daten einer Verbindung auf Schicht *N*, die Vertraulichkeit von Daten, die in einer Einheit verbindungslos übertragen werden, der Schutz einzelner Felder einer Dateneinheit und der Schutz der Information, die aus dem Verkehrsfluss (Traffic Flow) gewonnen werden könnte.

- *Datenintegrität*
  Dieser Dienst verhindern aktive Angriffe auf die Integrität von Daten einer Verbindung auf Schicht *N*, die sich bspw. durch die Modifikation, durch das Einfügen oder Löschen bzw. durch Replay-Attacken ergeben können. Die OSI unterscheidet hier zwischen der ausschließlichen Feststellung eines Angriffs und zwischen der anschließenden Behebung des Fehlers. Die Integrität kann auch lediglich für ausgewählte Felder einer *Service Data Unit* (SDU) bzw. für verbindungslosen Verkehr überwacht werden.

- *Datenannahme (Non-Repudiation)*
  Dieser Dienst ermöglicht es dem Empfänger, die Herkunft der Daten zweifelsfrei festzustellen (*Proof of Origin*). Der Sender kann so nicht abstreiten, ein Paket geschickt zu haben. Analog kann aber auch der Sender zweifelsfrei feststellen, dass der Empfänger ein Paket erhalten hat (Proof of Delivery). Der Empfänger kann daher nicht fortwährend versuchen, den Empfang von Daten abzustreiten, um so eine Neuübertragung zu verursachen.

1.5.3 Sicherheitsmechanismen in X.800

Die folgenden Mechanismen können auf geeigneten Schichten dazu verwendet werden, um die bereits beschriebenen Dienste umzusetzen. In X.800 sind die folgenden Mechanismen definiert:

- *Chiffrierung*
  Die Chiffrierung von Daten gewährleistet die Vertraulichkeit von Daten bzw. von Informationen über den Verkehrsfluss. Eine Chiffrierung kann entweder reversi-

bel oder nicht reversibel arbeiten. Reversible Verfahren können entweder die symmetrische oder die asymmetrische Verschlüsselung sein (siehe auch Kapitel 2.1). Bei der symmetrischen Verschlüsselung wird ein geheimer Schlüssel dazu verwendet, um die Verschlüsselung und die Entschlüsselung durchzuführen. Die asymmetrische Verschlüsselung, die auch unter dem Namen *Public-Key-Verfahren* bekannt ist, ermöglicht eine Entschlüsselung von Daten, die mit einem öffentlichen Schlüssel chiffriert wurden, nur mit Hilfe eines privaten Schlüssels. Irreversible Algorithmen können einen Schlüssel verwenden, müssen dies aber nicht. Der hier zur Verschlüsselung eingesetzte Schlüssel kann sowohl öffentlich als auch geheim sein. Es sei abschließend darauf hingewiesen, dass die Verwendung eines Chiffrierungsmechanismus die Verwendung einer Schlüsselverwaltung voraussetzt. Eine Ausnahme hierzu bilden einige irreversible Chiffrierverfahren. Das Schlüsselmanagement wird in Kapitel 2.2 erläutert.

- *Digitale Signaturen*
  Mittels digitaler Signaturen kann eine Dateneinheit unterschrieben (zertifiziert) bzw. eine unterschriebene Dateneinheit verifiziert werden. Bei der Signatur von Daten wird eine private Information verwendet, die nur der Unterschreibende kennt. Die Verifikation einer Signatur verwendet Verfahren und Informationen, die allgemein bekannt sind, aus denen aber die Identität des Unterschreibenden zweifelsfrei festgestellt werden kann. Bei der Signatur von Daten wird entweder eine Verschlüsselung der Daten durchgeführt oder eine Prüfsumme der Daten berechnet, indem ein privater Schlüssel des Unterzeichnenden eingesetzt wird. Die wichtigste Eigenschaft der Signatur besteht darin, dass eine Signatur nur mit Hilfe der privaten Information des Unterzeichnenden hergestellt werden kann. Wird die Signatur anschließend verifiziert, so beweist die Korrektheit der Signatur auch automatisch die Identität des Unterzeichnenden.

- *Zugriffskontrolle*
  Mittels Zugriffskontrolle kann mit Hilfe der authentifizierten Identität eines Partners oder mit Hilfe von Information über den Partner bzw. Eigenschaften des Partners (bspw. Mitgliedschaft in einer Menge von Partnern) festgelegt werden, welche Zugriffsrechte diesem Partner eingeräumt werden dürfen. Versucht der Partner dann, unautorisiert auf Ressourcen zuzugreifen, so wird der Zugriff durch diesen Mechanismus zurückgewiesen und eventuell ein Alarm ausgelöst. Im Folgenden sind einige Kontrollmechanismen aufgeführt:

  - Die Information über die Zugriffskontrolle kann von Autorisierungsstellen gespeichert werden, die auf Anfrage die Zugriffsrechte eines Partners feststellen und zurückliefern. Dies impliziert aber, dass eine gegenseitige Authentifizierung der Partner gesichert sein muss.

  - Authentifizierungsinformationen (bspw. Passwörter und die korrekte Verwendung von Passwörtern) sind üblicherweise ein Beweis für die Autorisierung eines Partners.

  - Die Rechte eines Partners und der Besitz solcher Rechte gelten in der Regel auch als Beweis dafür, dass ein Partner auf eine Ressource zugreifen darf, die in Zusammenhang mit diesen Rechten definiert ist (bspw. Druckaufträge).

– Sicherheits-Label, die dazu verwendet werden können, um einen Zugriff zu garantieren oder zurückzuweisen, wenn sie einem Partner zugeordnet sind. Eine derartige Zuordnung erfolgt üblicherweise nach einer Security Policy.
– Zeitdauer des versuchten Zugriffs.
– Wegstrecke, die die Pakete des Senders zurücklegen.
– Dauer des Zugriffs.

Die Zugriffskontrolle kann sowohl an beiden Enden einer bestehenden Verbindung als auch an Zwischenpunkten durchgeführt werden. So kann leicht festgestellt werden, ob der Sender autorisiert ist, mit dem Empfänger zu kommunizieren bzw. die Kommunikationsressourcen zu verwenden. Die Anforderungen der Zugriffskontrollmechanismen der gleichen Schicht bei Sender und Empfänger müssen bei einer verbindungslosen Übertragung beim Sender vorher bekannt sein und auch aufgezeichnet werden.

• *Datenintegritätsmechanismen*
Soll die Integrität von Daten gesichert werden, so kann entweder die Integrität einer einzelnen Dateneinheit oder die Integrität eines vollständigen Stroms aus Dateneinheiten gesichert werden. Üblicherweise werden hierzu unterschiedliche Mechanismen eingesetzt, wenn auch die Sicherung eines Stroms ohne Sicherung einzelner Dateneinheiten nicht besonders sinnvoll ist.

– Die Feststellung der Integrität einer einzelnen Dateneinheit erfordert die Überprüfung beim Sender und beim Empfänger. Hierbei hängt der Sender an die Originaldaten eine Prüfsumme an, die aus den Daten berechnet wird. Diese Prüfsumme kann auch verschlüsselt werden. Der Empfänger generiert ebenfalls eine derartige Prüfsumme und vergleicht diese mit der Summe, die er vom Sender empfangen hat. Es sei darauf hingewiesen, dass durch diesen Mechanismus Replay-Attacken nicht abgefangen werden können. Derartige Angriffe müssen in entsprechenden Schichten des OSI-Modells abgewehrt werden.

– Im verbindungsorientierten Datentransfer erfordert die Sicherung der Integrität einer Sequenz von Dateneinheiten (Schutz gegen Umsortierung der Pakete, Paketverlust, Replay und Einfügen oder Modifizieren von Paketen) zusätzlich eine Nummerierung der Pakete, bspw. durch Sequenznummern oder Zeitmarken. Im verbindungslosen Modus kann durch Zeitmarken zumindest ein eingeschränkter Schutz gegen Replay-Attacken einzelner Dateneinheiten garantiert werden.

• *Mechanismen zur Authentifizierung*
Authentifizierungsmechanismen können Teil der Schicht N des OSI-Modells sein, um eine gegenseitige Authentifizierung der Kommunikationspartner durchführen zu können. Kann mit einem derartigen Mechanismus die Authentifizierung nicht erfolgreich abgeschlossen werden, so wird eine Verbindung zurückgewiesen bzw. beendet und eventuell auch eine Benachrichtigung des Benutzers durchgeführt. Werden kryptographische Techniken verwendet, so können diese mit Handshake-Protokollen derart kombiniert werden, dass Replay-At-

tacken verhindert werden. Die Wahl eines geeigneten Austauschmechanismus für Authentifizierungsinformationen kann variieren, wenn Zeitmarken und synchronisierte Zeitgeber verwendet werden, wenn Zwei- und Drei-Wege-Handshake-Protokolle (unilaterale und gegenseitige Authentifizierung) eingesetzt werden und wenn ein Auslieferungsdienst durch digitale Signaturen und Notarmechanismen realisiert wird.

Im Folgenden ist eine Auswahl an Mechanismen angegeben, die zur Authentifizierung eingesetzt werden können:

- Verwendung von Authentifizierungsinformation, bspw. von Passwörtern, die vom Sender übertragen und vom Empfänger geprüft werden.
- Kryptographische Techniken.
- Verwendung von besonderen Eigenschaften eines Partners.

- *Mechanismen zum Auffüllen von Datenverkehr (Traffic Padding)*
  Mittels Traffic Padding kann eine Verkehrsanalyse erschwert werden. Dieser Mechanismus kann aber nur dann effektiv arbeiten, wenn das Traffic Padding durch einen Vertraulichkeitsdienst geschützt wird.

- *Kontrolle der Wegewahl*
  Wege, die Pakete im Netz zurücklegen, können entweder dynamisch oder durch eine Voreinstellung festgelegt werden. Endsysteme können daher vom Netzwerk-Provider die Einrichtung einer anderen Wegstrecke verlangen, wenn Manipulationen entdeckt werden. Daten, die Security-Labels tragen, können weiterhin durch eine geeignete Security Policy daran gehindert werden, Subnetzwerke oder Links zu durchlaufen. Auch der Initiator einer Verbindung bzw. der Sender einer Dateneinheit, die verbindungslos zugestellt wird, kann Wegeeinschränkungen definieren, wodurch verhindert wird, dass bestimmte Subnetzwerke oder Links durchlaufen werden.

- *Notarmechanismus*
  Durch einen Notarmechanismus können bestimmte Eigenschaften kommunizierender Partner (bspw. die Integrität, der Ursprung, die Zeit und das Ziel der Daten) bestätigt werden. Diese Bestätigung wird üblicherweise von einer dritten Stelle durchgeführt, der die Kommunikationspartner vertrauen und die auch die notwendige Information besitzt, die dazu notwendig ist, die Bestätigung in einer beweisbaren Form durchzuführen. Jede Kommunikationsinstanz kann bspw. digitale Signaturen oder auch Verschlüsselungsmechanismen und Integritätsmechanismen dazu benutzen, um den Dienst zu nutzen, den der Notar anbietet. Wird ein Notarmechanismus aufgerufen, so findet die Datenkommunikation zwischen den Kommunikationspartnern über gesicherte Kommunikationsinstanzen und über den Notar statt.

Im Gegensatz zu den bereits beschriebenen Mechanismen sind im Folgenden solche Mechanismen beschrieben, die sich nicht auf einen speziellen Dienst beziehen.

- *Vertrauenswürdige Funktionalität*
  Mittels einer vertrauenswürdigen Funktionalität kann der Einsatzbereich von Si-

cherheitsmechanismen erweitert werden. Jegliche Funktionalität, die direkter Teil von Sicherheitsmechanismen ist oder die einen Zugriff auf solche bietet, sollte vertrauenswürdig sein. Derartige Prozeduren sind in der Regel schwierig und vor allem kostspielig zu implementieren. Probleme können aber minimiert werden, indem eine Architektur gewählt wird, die eine modulare Implementierung von Security-Funktionen erlaubt. Auf diese Art und Weise kann die Funktionalität sicherheitsrelevanter Module leicht von anderen getrennt werden.

- *Sicherheits-Label*
  Mit Ressourcen, die Dateneinheiten beinhalten, können Sicherheits-Label assoziiert sein, die bspw. den Vertraulichkeitsgrad angeben. Es ist oftmals notwendig, das Sicherheits-Label mit den Daten zusammen zu transportieren. Sicherheits-Label können entweder implizit (bspw. durch Verwendung eines bestimmten Schlüssels zur Chiffrierung der Daten) oder explizit (bspw. durch Anhängen weiterer Daten an die Originaldaten) vergeben werden. Explizite Label müssen eindeutig identifizierbar sein, damit sie geeignet überprüft werden können. Zusätzlich müssen sie auf eine sichere Art und Weise mit den Daten verbunden sein, denen sie zugeordnet sind.

- *Event-Erkennung*
  Die Erkennung sicherheitsrelevanter Ereignisse beinhaltet die Erkennung offensichtlicher Sicherheitsverletzungen, aber unter Umständen auch die Speicherung regulärer Ereignisse wie dem erfolgreichen Zugriff auf eine Ressource. Beispiele sicherheitsrelevanter Events sind:

  - spezielle Sicherheitsverletzungen
  - spezielle vorab definierte Events
  - die Überschreitung einer vorab festgelegten Anzahl von bestimmten Ereignissen

  Die Erkennung sicherheitsrelevanter Ereignisse kann bspw. eine oder auch mehrere der folgenden Aktionen auslösen:
  - lokale Benachrichtigung über Eintreten des Events
  - Benachrichtigung über Eintreten des Events bei der Gegenseite der Kommunikation
  - Aufzeichnen (Logging) des Events
  - eventuell Recovery-Aktionen

- *Audit Trails*
  Audit Trails stellen einen wichtigen Sicherheitsmechanismus dar, mit dem Sicherheitsprobleme erkannt werden können. Ein Security Audit ist eine unabhängige Untersuchung von Systemdatensätzen und Systemaktivitäten, mit der die Funktionsweise des Systems überprüft werden kann, die Übereinstimmung mit einer definierten Sicherheitsrichtlinie (Security Policy) festgestellt werden kann und mit der Änderungen in Kontrollen, Policies und Prozeduren empfohlen werden können. Ein Security Audit erfordert die Aufzeichnung sicherheitsrelevanter Informationen in einem sog. *Security Audit Trail* und die Analyse und den Be-

richt von Informationen, die im Audit Trail enthalten sind. Die Aufzeichnung derartiger Informationen wird in diesem Zusammenhang als Sicherheitsmechanismus betrachtet, die Analyse und die Generierung von Berichten entspricht der Funktionalität des Sicherheitsmanagements, das ebenfalls in X.800 spezifiziert ist. Security Audit Trails im Kontext der OSI betrachten, welche Informationen optional aufgezeichnet werden sollen, unter welchen Bedingungen diese Informationen aufgezeichnet werden und welche syntaktische und semantische Definition für den Austausch von Audit-Informationen verwendet werden soll.

- *Security Recovery*
  Die Security Recovery bedient Anfragen von Mechanismen wie bspw. dem Event Handling oder von Management-Funktionen und führt regelbasiert eine Recovery durch. Derartige Wiederherstellungsoperationen können sofort, zeitweilig oder langfristig erfolgen. Sofort auszuführende Operationen verursachen den sofortigen Abbruch einer Operation, bspw. den Abbau einer bestehenden Verbindung. Temporäre Operationen können bspw. bewirken, dass ein Partner zeitweilig als ungültig betrachtet wird. Langfristige Aktionen können bspw. die Aufnahme eines Partners in eine schwarze Liste oder die Änderung eines Schlüssels sein.

In Tab. 1-9 ist dargestellt, welche Mechanismen zur Realisierung eines Dienstes verwendet werden können.

Mechanismus / Dienst	Verschlüsselung	Signatur	Zugriffskontrolle	Integrität	Authentifizierung	Traffic Padding	Routing-Kontrolle	Notar
Gegenseitige Authentifizierung	X	X			X			
Authentifizierung der Datenherkunft	X	X						
Zugriffskontrolldienst			X					
Verbindungsorientierte Vertraulichkeit	X						X	
Verbindungslose Vertraulichkeit	X						X	
Vertraulichkeit ausgewählter Felder	X							
Vertraulichkeit des Verkehrsflusses	X					X	X	
Verbindungsorientierte Integrität mit Recovery	X			X				

Tab. 1-9 Beziehung zwischen Diensten und Mechanismen in X.800

Mechanismus / Dienst	Verschlüsselung	Signatur	Zugriffskontrolle	Integrität	Authentifizierung	Traffic Padding	Routing-Kontrolle	Notar
Verbindungsorientierte Integrität ohne Recovery	X			X				
Verbindungsorientierte Integrität ausgewählter Felder	X			X				
Verbindungslose Integrität	X	X		X				
Verbindungslose Integrität ausgewählter Felder	X	X		X				
Datenannahme (Non-Repudiation) bei der Quelle		X		X				X
Datenannahme (Non-Repudiation) bei der Auslieferung		X		X				X

Tab. 1-9 *Beziehung zwischen Diensten und Mechanismen in X.800*

Um die Bedeutung des generellen Ansatzes von X.800 genau verstehen zu können, ist in Tab. 1-10 dargestellt, welche Dienste auf welcher Schicht des OSI-Modells zum Einsatz kommen. Man erkennt nun schnell, wie generell dieses Modell einsetzbar ist und welche Bedeutung es für dieses Buch darstellt, das am Schichtenmodell orientiert ist.

Dienst	Schicht						
	1	2	3	4	5	6	7
Gegenseitige Authentifizierung			X	X			X
Authentifizierung der Datenherkunft			X	X			X
Zugriffskontrolldienst			X	X			X
Verbindungsorientierte Vertraulichkeit	X	X	X	X		X	X
Verbindungslose Vertraulichkeit		X	X	X		X	X
Vertraulichkeit ausgewählter Felder						X	X
Vertraulichkeit des Verkehrsflusses	X		X				X

Tab. 1-10 *Platzierung der X.800-Dienste im OSI-Schichtenmodell*

Dienst	Schicht						
	1	2	3	4	5	6	7
Verbindungsorientierte Integrität mit Recovery				X			X
Verbindungsorientierte Integrität ohne Recovery			X	X			X
Verbindungsorientierte Integrität ausgewählter Felder							X
Verbindungslose Integrität			X	X			X
Verbindungslose Integrität ausgewählter Felder							X
Datenannahme (Non-Repudiation) bei der Quelle							X
Datenannahme (Non-Repudiation) bei der Auslieferung							X

Tab. 1-10 Platzierung der X.800-Dienste im OSI-Schichtenmodell

Im Folgenden soll zur Wiederholung des Schichtenmodells jede Schicht kurz durchgegangen werden und die Einordnung der Sicherheitsdienste in die jeweilige Schicht erklärt werden. Es sei aber darauf hingewiesen, dass auch jede höhere Schicht die Sicherheitsdienste der niedrigeren Schichten verwenden kann.

Schicht 1 – Physical Layer

Die einzigen Sicherheitsdienste, die in der physikalischen Schicht angeboten werden, sind die Vertraulichkeit einer Verbindung und die Vertraulichkeit des Verkehrsflusses. Letztere kann entweder vollständig oder nur eingeschränkt durchgeführt werden. Eine volle Verkehrskontrolle kann nur unter bestimmten Rahmenbedingungen, bspw. in einer simultanen, synchronen Zwei-Wege-Übertragung (Punkt-zu-Punkt) durchgeführt werden. Die eingeschränkte Verkehrskontrolle kann allgemeiner eingesetzt werden, bspw. auch für eine asynchrone Übertragung.

Betrachtet man die in dieser Schicht einsetzbaren Mechanismen, so besteht der wichtigste Sicherheitsmechanismus in der Verschlüsselung des Datenstroms durch Hardware (sog. *Spread Spectrum Security*). Durch diese Form der Verschlüsselung wird der gesamte physikalische Bitstrom kodiert und eine Verkehrsvertraulichkeit umgesetzt.

Schicht 2 – Data Link Layer

Auf Ebene der Schicht 2 definiert X.800 die Dienste der verbindungsorientierten Vertraulichkeit und der verbindungslosen Vertraulichkeit.

Auch auf Ebene der Schicht 2 wird ein Verschlüsselungsmechanismus angeboten. Die zusätzliche Verschlüsselung der Daten auf dieser Schicht wird durchgeführt, bevor die regulären Übertragungsfunktionen dieser Schicht ausgeführt werden und nachdem die Empfangsfunktion der Schicht durchlaufen wird. Der Verschlüsselungsmechanismus dieser Schicht nutzt also die regulären Funktionen der Schicht 2. Aus diesem Grund ist es auch verständlich, dass die Verschlüsselungsmechanismen im Data Link Layer vom verwendeten Protokoll des Link Layers abhängen.

Schicht 3 – Network Layer

Der Network Layer realisiert den Zugriff auf Subnetze und die Zusammenführung von Subnetzen, leitet durchlaufende Pakete weiter und ist für die Wegewahl verantwortlich. Im Network Layer stehen eine Reihe von Sicherheitsdiensten zur Verfügung:

- Gegenseitige Authentifizierung
- Authentifizierung der Datenherkunft
- Zugriffskontrolle
- Verbindungsorientierte Vertraulichkeit
- Verbindungslose Vertraulichkeit
- Vertraulichkeit des Verkehrsflusses
- Verbindungsorientierte Integrität ohne Recovery
- Verbindungslose Integrität

Sicherheitsmechanismen werden von dem Protokoll (bzw. von den Protokollen) verwendet, die den Zugriff auf Subnetze, die Weiterleitung von Paketen und Wegewahloperationen durchführen. Die Sicherheitsdienste werden wie folgt durch Mechanismen umgesetzt:

- Die gegenseitige Authentifizierung wird durch eine geeignete Kombination von Prozeduren für den Authentifizierungsaustausch durchgeführt. Diese Prozeduren sind durch Verschlüsselung gesichert. Weitere Möglichkeiten bestehen im gesicherten Austausch von Passwörtern und in Signaturmechanismen.
- Der Dienst der Authentifizierung der Datenherkunft kann durch eine Verschlüsselung oder durch Signaturmechanismen umgesetzt werden.
- Die Zugriffskontrolle wird durch spezielle Zugriffskontrollmechanismen geregelt.
- Die Vertraulichkeit der Verbindung wird durch einen Verschlüsselungsmechanismus und/oder eine Routing-Kontrolle vorgenommen.
- Die verbindungslose Vertraulichkeit wird ebenfalls durch Verschlüsselung bzw. durch eine Routing-Kontrolle umgesetzt.
- Die Vertraulichkeit des Verkehrsflusses wird garantiert, indem ein Traffic Padding eingesetzt wird. Zusammen mit diesem Mechanismus wird ein Vertraulichkeitsdienst im Network Layer oder unterhalb dieser Schicht und/oder eine Routing-Kontrolle verwendet.

- Die verbindungsorientierte Integrität ohne Recovery wird bereitgestellt, indem ein Datenintegritätsmechanismus verwendet wird. Es kann vorkommen, dass dieser Dienst weiterhin durch einen Verschlüsselungsmechanismus umgesetzt wird.
- Die verbindungslose Integrität wird analog zur verbindungsorientierten Integrität realisiert.

Schicht 4 – Transport Layer

Dienste, die in der Transportschicht zur Verfügung stehen, sind:

- Gegenseitige Authentifizierung
- Authentifizierung der Datenherkunft
- Zugriffskontrolle
- Verbindungsorientierte Vertraulichkeit
- Verbindungslose Vertraulichkeit
- Verbindungsorientierte Integrität mit Recovery
- Verbindungsorientierte Integrität ohne Recovery
- Verbindungslose Integrität

Diese Dienste werden wie folgt realisiert:

- Die gegenseitige Authentifizierung wird durch eine geeignete Kombination von Prozeduren für den Authentifizierungsaustausch durchgeführt. Diese Prozeduren sind durch Verschlüsselung gesichert. Weitere Möglichkeiten bestehen im gesicherten Austausch von Passwörtern und in Signaturmechanismen.
- Der Dienst der Authentifizierung der Datenherkunft kann durch eine Verschlüsselung oder durch Signaturmechanismen umgesetzt werden.
- Die Zugriffskontrolle wird durch spezielle Zugriffskontrollmechanismen geregelt.
- Die Vertraulichkeit der Verbindung wird durch einen Verschlüsselungsmechanismus vorgenommen.
- Die verbindungslose Vertraulichkeit wird ebenfalls durch Verschlüsselung umgesetzt.
- Die verbindungsorientierte Integrität mit bzw. ohne Recovery wird bereitgestellt, indem ein Datenintegritätsmechanismus verwendet wird. Es kann vorkommen, dass dieser Dienst weiterhin durch einen Verschlüsselungsmechanismus umgesetzt wird.
- Die verbindungslose Integrität wird analog zur verbindungsorientierten Integrität realisiert.

Die Schutzmechanismen operieren derart, dass Sicherheitsdienste für individuelle Transportverbindungen aufgerufen werden können. Individuelle Transportverbindungen sind daher als von allen anderen Transportverbindungen isoliert anzusehen.

Schicht 5 – Session Layer

Im Session Layer werden keine Sicherheitsdienste angeboten.

Schicht 6 – Presentation Layer

Auf Ebene der Schicht 6 stehen Möglichkeiten bereit, die folgenden Sicherheitsdienste zu unterstützen, die die Anwendungsschicht den Anwendungsprozessen anbietet:

- Verbindungsorientierte Vertraulichkeit
- Verbindungslose Vertraulichkeit
- Vertraulichkeit ausgewählter Datenfelder

Des Weiteren unterstützt die Schicht 6 des OSI-Modells die folgenden Dienste, die von der Anwendungsschicht angeboten werden:

- Gegenseitige Authentifizierung
- Authentifizierung der Datenherkunft
- Vertraulichkeit des Verkehrflusses
- Verbindungsorientierte Vertraulichkeit
- Verbindungslose Vertraulichkeit
- Vertraulichkeit des Verkehrsflusses
- Verbindungsorientierte Integrität mit Recovery
- Verbindungsorientierte Integrität ohne Recovery
- Verbindungsorientierte Integrität ausgewählter Datenfelder
- Verbindungslose Integrität
- Non-Repudiation mit Beweis der Datenherkunft
- Non-Repudiation mit Beweis der Datenauslieferung

Die Möglichkeiten, die die Schicht 6 bereitstellt, basieren auf Mechanismen, die nur auf der Datenkodierung in einer Transfersyntax operieren. Diese Mechanismen beinhalten bspw. auch solche, die auf kryptographischen Techniken basieren.

Für die folgenden Sicherheitsdienste können unterstützende Mechanismen auf der Ebene des Presentation Layers angesiedelt werden. Diese Mechanismen arbeiten mit Sicherheitsmechanismen der Anwendungsschicht zusammen, um Sicherheitsdienste der Anwendungsschicht umzusetzen.

- Der Dienst der gegenseitigen Authentifizierung kann unterstützt werden, indem syntaktische Transformationsmechanismen (bspw. Verschlüsselung) eingesetzt werden.
- Der Dienst der Authentifizierung der Datenherkunft wird durch Verschlüsselung oder Signaturmechanismen unterstützt.
- Die verbindungsorientierte Vertraulichkeit kann durch eine Verschlüsselung unterstützt werden.

- Die verbindungslose Vertraulichkeit und die Vertraulichkeit ausgewählter Datenfelder werden ebenfalls durch Verschlüsselung unterstützt.
- Die Vertraulichkeit des Verkehrsflusses kann durch einen Verschlüsselungsmechanismus unterstützt werden.
- Die verbindungsorientierte Integrität mit oder ohne Recovery, die verbindungsorientierte Integrität ausgewählter Datenfelder und die verbindungslose Integrität (einschließlich der verbindungslosen Integrität ausgewählter Datenfelder) können durch einen Datenintegritätsmechanismus realisiert werden, in einigen Fällen auch zusammen mit Verschlüsselungsmechanismen.
- Der Dienst der Non-Repudiation mit Beweis der Datenherkunft wird durch eine geeignete Kombination aus Datenintegrität, Signaturen und Notarmechanismus unterstützt.
- Der Dienst der Non-Repudiation mit Beweis der Datenauslieferung kann ebenfalls durch eine geeignete Kombination aus Datenintegrität, Signaturen und Notarmechanismus unterstützt werden.

Verschlüsselungsmechanismen, die auf den Datentransfer angewendet werden, sind üblicherweise im Presentation Layer auch dann enthalten, wenn sie in den oberen Schichten angesiedelt sind. Einige der aufgezählten Sicherheitsdienste können alternativ auch durch Sicherheitsmechanismen realisiert werden, die vollständig im Application Layer angesiedelt sind. Lediglich Vertraulichkeitssicherheitsdienste können vollständig von Sicherheitsmechanismen umgesetzt werden, die im Presentation Layer enthalten sind.

Sicherheitsmechanismen auf der Ebene des Presentation Layers operieren bei der Übertragung als abschließender Transformationsschritt der Transfersyntax bzw. als erster Schritt des Transformationsschritts beim Empfang.

Schicht 7 – Application Layer

Der Application Layer kann die folgenden grundlegenden Sicherheitsdienste entweder einzeln oder in Kombination beinhalten:

- Gegenseitige Authentifizierung
- Authentifizierung der Datenherkunft
- Vertraulichkeit des Verkehrsflusses
- Zugriffskontrolle
- Verbindungsorientierte Vertraulichkeit
- Verbindungslose Vertraulichkeit
- Vertraulichkeit des Verkehrsflusses
- Verbindungsorientierte Integrität mit Recovery
- Verbindungsorientierte Integrität ohne Recovery
- Verbindungsorientierte Integrität ausgewählter Datenfelder

- Verbindungslose Integrität (ausgewählter Datenfelder)
- Non-Repudiation mit Beweis der Datenherkunft
- Non-Repudiation mit Beweis der Datenauslieferung

Die Authentifizierung von Partnern, die miteinander kommunizieren wollen, unterstützt die Zugriffskontrolle von OSI-Ressourcen, aber auch die Zugriffskontrolle von Ressourcen, die nicht OSI-konform sind (bspw. Dateien, Software oder Drucker) in offenen Systemen. Die Feststellung, welche speziellen Sicherheitsanforderungen in einer Kommunikationsinstanz notwendig sind (Vertraulichkeit und Integrität von Daten bzw. Authentifizierung), kann vom Security-Management der OSI durchgeführt werden, aber auch vom Management des Application Layers.

Die Sicherheitsdienste im Application Layer werden mit Hilfe der folgenden Mechanismen realisiert:

- Die gegenseitige Authentifizierung kann umgesetzt werden, indem Authentifizierungsinformationen zwischen Anwendungseinheiten ausgetauscht werden, die durch Verschlüsselungsmechanismen gesichert werden, die Teil des Presentation Layers oder niedrigerer Schichten sind.
- Die Authentifizierung der Datenherkunft kann durch Signaturmechanismen oder durch Verschlüsselungsmechanismen niedrigerer Schichten erreicht werden.
- Die Zugriffskontrolle von solchen Systemkomponenten, die in Zusammenhang mit der OSI stehen (bspw. die Fähigkeit, mit speziellen Systemen zu kommunizieren), kann durch eine Kombination aus Zugriffskontrollmechanismen erfolgen, die Teil des Application Layers oder niedrigerer Schichten sind.
- Die verbindungsorientierte Vertraulichkeit bzw. die verbindungslose Vertraulichkeit kann durch einen in einer niedrigeren Schicht angesiedelten Verschlüsselungsmechanismus erreicht werden.
- Die Vertraulichkeit ausgewählter Datenfelder kann durch Verwendung eines Verschlüsselungsmechanismus des Presentation Layers realisiert werden.
- Eine einfache Vertraulichkeit des Verkehrsflusses kann unterstützt werden, indem ein Traffic Padding im Application Layer zusammen mit einem Vertraulichkeitsdienst einer niedrigen Schicht verwendet wird.
- Die verbindungsorientierte Integrität mit oder ohne Recovery kann umgesetzt werden, indem ein Datenintegritätsmechanismus einer tieferen Schicht verwendet wird, in einigen Fällen zusammen mit einem Verschlüsselungsalgorithmus.
- Dasselbe gilt für die verbindungsorientierte Integrität ausgewählter Datenfelder, bzw. für die verbindungslose Integrität ausgewählter Datenfelder, die einen Datenintegritätsmechanismus des Presentation Layers verwenden.
- Die verbindungslose Integrität kann umgesetzt werden, indem ein Datenintegritätsmechanismus einer tieferen Schicht verwendet wird, in einigen Fällen zusammen mit einem Verschlüsselungsalgorithmus.
- Der Dienst der Non-Repudiation mit Beweis der Datenherkunft bzw. mit Beweis der Datenauslieferung kann durch eine Kombination aus Signatur und Dateninte-

gritätsmechanismen niedrigerer Schichten umgesetzt werden. Hierbei ist die Verwendung von Notaren, die als Dritte arbeiten, sinnvoll.

Wird ein Notarmechanismus verwendet, um die Non-Repudiation zu realisieren, so fungiert der Notar als vertrauenswürdige dritte Partei. Dies beinhaltet auch, dass der Notar eine Akte von Dateneinheiten anlegen kann, die in ihrer Transferform (also in der Transfersyntax) gespeichert werden, um Streit zwischen den Kommunikationspartnern zu schlichten. Dieser Dienst kann Sicherungsdienste niedrigerer Schichten verwenden.

Bisher wurden mit den Sicherheitsdiensten und mit den Sicherheitsmechanismen die Werkzeuge betrachtet, mit deren Hilfe Sicherheitskonzepte auf den verschiedenen Schichten des OSI-Modells umgesetzt werden können. Ohne ein Regelwerk sind diese Konzepte aber wenig sinnvoll. Im Folgenden ist das Security-Management von X.800 beschrieben, das den Einsatz der Dienste und der Mechanismen festlegt.

1.5.4 Security-Management in X.800

Das Security-Management der OSI regelt die Aspekte des Sicherheitsmanagements, die im Zusammenhang mit der OSI und mit Sicherheit im OSI-Management von Belang sind. Managementaspekte der OSI-Sicherheit betreffen diejenigen Operationen, die außerhalb der regulären Kommunikationsinstanzen liegen, die aber benötigt werden, um Sicherheitsaspekte der Kommunikation zu unterstützen und zu kontrollieren. Es sei zusätzlich darauf hingewiesen, dass die Verfügbarkeit von Kommunikationsdiensten vom Netzwerkdesign und/oder von Protokollen zum Netzwerkmanagement abhängt. Diese müssen so ausgewählt werden, dass ein Schutz vor Denial-of-Service-Attacken gewährleistet ist.

In offenen verteilten Systemen können eine ganze Reihe von Security Policies gelten, die von Administratoren festgelegt werden. Ziel des Security-Managements der OSI ist es daher, derartige Policies zu unterstützen. Aspekte, die von einer einzelnen Security Policy geregelt werden und die von einer einzelnen Stelle administriert werden, werden manchmal auch in sog. *Security Domains* gruppiert.

Es ist offensichtlich, dass das Security-Management der OSI sich vor allem mit der Verwaltung von Sicherheitsdiensten und Sicherheitsmechanismen der OSI beschäftigt. Ein derartiges Management erfordert die Verteilung von Managementinformation an diese Dienste und Mechanismen. Weiterhin müssen Informationen gesammelt werden, die den Betrieb der Dienste und der Mechanismen betreffen. Beispiele hierfür sind die Verteilung von kryptographischen Schlüsseln, das Setzen von Sicherheitsparametern nach Richtlinien von Administratoren, die Aufzeichnung von regulären und abnormalen Security Events (Audit Trails) und die Aktivierung bzw. die Deaktivierung von Diensten. Das Security-Management bezieht sich allerdings nicht auf die Weitergabe sicherheitsrelevanter Informationen in Protokollen, die spezielle Sicherheitsdienste aufrufen (bspw. Parameter beim Verbindungsaufbau).

Zur Verwaltung sicherheitsrelevanter Daten schlägt die OSI in der Recommendation X.800 die Verwendung einer *Security Management Information Base* (SMIB) vor. Diese Konzeption legt allerdings keinerlei Speicherungsform der Information oder eine Implementierung fest. Jedes Endsystem muss die nötige lokale Information beinhalten, um eine geeignete Security Policy umsetzen zu können. Die SMIB ist eine verteilte Informationsbasis, die Daten in dem Umfang speichert, der zur Umsetzung einer konsistenten Security Policy in einer logischen oder physikalischen Gruppe von Endsystemen notwendig ist. In der Praxis können Teile der SMIB auch in einem Netzwerkmanagement integriert sein. Zur Realisierung einer SMIB sind verschiedene Alternativen denkbar, bspw. eine Datei, eine Datentabelle oder Daten und Regeln, die in die Software oder Hardware eines Endsystems eingebettet sind.

Managementprotokolle bzw. insbesondere Protokolle zum Sicherheitsmanagement und Kommunikationskanäle, die Managementinformationen befördern, sind potentiell angreifbar. Aus diesem Grund muss besondere Sorgfalt darauf verwendet werden, dass Managementprotokolle und Informationen derart geschützt werden, dass der Schutz für andere Kommunikationsinstanzen nicht abgeschwächt wird.

Weiterhin kann das Security-Management erfordern, dass sicherheitsrelevante Informationen zwischen verschiedenen Instanzen der Systemadministration ausgetauscht werden müssen. Hierbei muss die Reihenfolge des Austauschs so organisiert werden, dass die SMIB aufgebaut oder erweitert werden kann. In einigen Fällen muss sicherheitsrelevante Information auch über Kanäle geschickt werden, die nicht OSI-konform sind, woraufhin üblicherweise die SMIB von der lokalen Systemadministration mittels Methoden aktualisiert wird, die ebenfalls nicht von der OSI standardisiert sind. In anderen Fällen kann es durchaus sinnvoll sein, derartige Daten über einen von der OSI standardisierten Kommunikationspfad auszutauschen, woraufhin die Informationen zwischen zwei Anwendungen ausgetauscht werden, die das Security-Management als Teil eines offenen Systems implementieren. Die Anwendung wird dann die übertragenen Information zur Aktualisierung der SMIB verwenden. Eine derartige Aktualisierung der SMIB kann eine vorherige Autorisierung des jeweiligen Sicherheitsadministrators erfordern.

Kategorien des OSI-Security-Managements

Innerhalb des Security-Managements der OSI werden die folgenden Kategorien unterschieden:

- Sicherheitsmanagement des Systems
- Management von Sicherheitsdiensten
- Management von Sicherheitsmechanismen

Das Sicherheitsmanagement des Systems betrifft das Management von Sicherheitsaspekten der OSI-Arbeitsumgebung. Im Folgenden sind typische Aktivitäten aufgeführt, die in diese Kategorie des Sicherheitsmanagements fallen:

- Gesamtmanagement der Security Policy einschließlich der Aktualisierungen und der konsistenten Wartung eines Systems
- Interaktion mit anderen OSI-Managementfunktionen
- Interaktionen mit dem Management von Sicherheitsdiensten und von Sicherheitsmechanismen
- Management des Event Handlings
- Management von Security Audits
- Management von Security Recoveries

Die Managementaspekte des Event Handlings betreffen die entfernte Berichterstattung über offensichtliche Versuche, die Systemsicherheit zu verletzen bzw. die Modifikation von Schwellwerten, wodurch eine Feineinstellung von Event-Reports erfolgen kann.

Das Management von Security Audits kann bspw. die im Folgenden aufgeführten Aspekte beinhalten:

- Auswahl von Events, die aufgezeichnet und/oder entfernt gesammelt werden sollen.
- Anschalten bzw. Abschalten der Aufzeichnung von Audit Trails ausgewählter Events.
- Entfernte Sammlung bestimmter Audit Records.
- Erstellung von Audit Reports.

Das Management von Security Recoveries kann die folgenden Tätigkeiten beinhalten:

- Wartung der Regeln, die abgearbeitet werden, um auf reale oder vermutete Sicherheitsverletzungen zu reagieren.
- Entfernte Berichterstattung über offensichtliche Verletzungen der Systemsicherheit.
- Interaktionen des Security-Administrators.

Das Management von Sicherheitsdiensten behandelt die Verwaltung spezieller Sicherheitsdienste. In der folgenden Liste sind typische Aktivitäten aufgeführt, die beim Management bestimmter Sicherheitsdienste auftreten:

- Bestimmung und Festlegung der beabsichtigten Schutzfunktion für einen Dienst.
- Zuweisung und Wartung von Auswahlregeln des Sicherheitsmechanismus, der angewendet werden soll, um den erforderlichen Sicherheitsdienst bereitzustellen. Die Auswahl findet hierbei nur dann statt, wenn mehrere alternative Mechanismen dazu verwendet werden können, einen Dienst zu erbringen.
- Lokale und entfernte Aushandlung verfügbarer Sicherheitsmechanismen, die eine vorherige Managementvereinbarung erfordern.

- Aufruf spezieller Sicherheitsmechanismen mittels einer geeigneten Managementfunktion eines Sicherheitsmechanismus, bspw. zur Bereitstellung von Sicherheitsdiensten, deren Verwendung der Administrator vorschreibt.
- Interaktion mit anderen Managementfunktionen von Sicherheitsdiensten und Managementfunktionen von Sicherheitsmechanismen.

Das Management von Sicherheitsmechanismen betrifft die Verwaltung spezieller Sicherheitsmechanismen. Die folgende Aufzählung beinhaltet typische Managementfunktionen von Sicherheitsmechanismen:

- Schlüsselverwaltung (siehe auch Kapitel 2.2)
- Verschlüsselungsmanagement
- Verwaltung digitaler Signaturen
- Management der Zugriffskontrolle
- Management der Datenintegrität
- Authentifizierungsmanagement
- Management des Traffic Paddings
- Management der Wegewahlkontrolle
- Management der Notarfunktionalität

Die Schlüsselverwaltung kann die folgenden Tätigkeiten beinhalten:

- Erzeugung geeigneter Schlüssel in Zeitintervallen, deren Länge sich nach dem gewünschten Sicherheitsgrad richtet.
- Festlegung, welche Partner eine Kopie eines Schlüssels erhalten sollen. Dies erfolgt üblicherweise in Übereinstimmung mit den Anforderungen an die Zugriffskontrolle.
- Schlüssel müssen auf eine sichere Art und Weise den Instanzen offener Systeme angeboten oder an diese verteilt werden.

Einige der Schlüsselverwaltungsfunktionen werden in der Regel außerhalb der OSI-Umgebung durchgeführt. Diese Funktionen umfassen die physikalische Verteilung der Schlüssel auf eine vertrauenswürdige Art und Weise.

Das Verschlüsselungsmanagement kann die folgenden Tätigkeiten beinhalten:

- Interaktion mit der Schlüsselverwaltung
- Einrichtung kryptographischer Parameter
- Kryptographische Synchronisation der Partner

Die Existenz eines Verschlüsselungsmechanismus erfordert die Verwendung einer Schlüsselverwaltung und eine untereinander abgestimmte Art und Weise, in der kryptographische Algorithmen referenziert werden.

Der Unterscheidungsgrad verschiedener Schutzarten, die man mittels der Verschlüsselung realisiert, ist dadurch festgelegt, wie viele Einheiten der OSI-Umgebung voneinander unabhängig mit Schlüsseln versorgt werden. Dies ist aber wiederum in der Regel durch die Sicherheitsarchitektur bzw. durch den Schlüsselverwaltungsmechanismus festgelegt. Eine gemeinsam verwendete Referenz auf kryptographische Algorithmen kann angefordert werden, indem entweder ein Register dieser Algorithmen verwendet wird oder indem vorherige Vereinbarungen zwischen den Partnern getroffen werden.

Das Management digitaler Signaturen kann die folgenden Aspekte umfassen:

- Interaktion mit der Schlüsselverwaltung
- Einrichtung kryptographischer Parameter und Algorithmen
- Verwendung eines Protokolls zwischen kommunizierenden Einheiten und möglicherweise auch mit einer dritten Partei

In der Regel ähneln sich das Management digitaler Signaturen und die Schlüsselverwaltung.

Die Verwaltung der Zugriffskontrolle kann die Verteilung von Sicherheitsattributen umfassen (bspw. Passwörter), aber auch Aktualisierungen von Zugriffskontrolllisten. Auch die Verwendung eines Protokolls zwischen kommunizierenden Partnern und anderen Einheiten, die den Zugriffskontrolldienst anbieten, kann hier durchaus sinnvoll sein.

Das Management der Datenintegrität kann die folgenden Aspekte umfassen:

- Interaktion mit der Schlüsselverwaltung
- Einrichtung kryptographischer Parameter und Algorithmen
- Verwendung eines Protokolls zwischen kommunizierenden Einheiten

Werden kryptographische Techniken zur Sicherung der Datenintegrität eingesetzt, so ähneln sich das Management der Datenintegrität und die Schlüsselverwaltung.

Das Authentifizierungsmanagement kann die Verteilung von beschreibenden Informationen, von Passwörtern oder Schlüsseln (mittels einer Schlüsselverwaltung) an Einheiten beinhalten, von denen eine Authentifizierung gefordert wird. Weiterhin kann ein Protokoll zwischen kommunizierenden und anderen Einheiten zur Realisierung der Authentifizierungsdienste eingesetzt werden.

Das Management des Traffic Paddings beinhaltet die Wartung von Regeln, die bei der Durchführung des Traffic Paddings angewendet werden. Beispiele hierfür sind vorab spezifizierte Datenraten, die Angabe zufälliger Datenraten oder die Spezifikation von Nachrichtencharakteristika wie der Länge und deren Variation.

Das Management der Wegewahlkontrolle beinhaltet die Definition der Links bzw. der Subnetzwerke, die im Hinblick auf verschiedene Kriterien als sicher oder vertrauenswürdig erachtet werden.

Das Management der Notarfunktion beinhaltet die folgenden Aspekte:

- Verteilung von Informationen über Notare
- Verwendung eines Protokolls zwischen Notar und kommunizierenden Einheiten
- Interaktion mit Notaren

1.6 Zusammenfassung

In diesem Kapitel wurden die Grundlagen der Internet-Sicherheit erläutert. Nach einer einleitenden Darstellung der Sicherheitsproblematik im Internet wurde die Struktur des Internets und der Internet Engineering Task Force (IETF) im Detail betrachtet. Die Funktionsweise der Protokolle IP, TCP und UDP sowie der Dienste E-Mail, FTP und Telnet wurde anschließend dargestellt. Mittels der Recommendation X.800 wurden Dienste und Mechanismen am Beispiel des OSI-Schichtenmodells erläutert, ebenso das Security-Management der OSI.

Der Leser sollte nach der Lektüre des ersten Kapitels verstanden haben, welche Sicherheitsproblematiken speziell im Internet auftreten. Besonders wichtig ist das Verständnis des Schichtenmodells der OSI, da sich dieses Buch in seinem Aufbau an diesem Modell orientiert. Die Kenntnis der einzelnen Schichten bzw. Sicherheitsaspekte der Schichten, die über Mechanismen in sog. Diensten realisiert werden, zuzüglich des hierzu erforderlichen Sicherheitsmanagements spielen daher für das Gesamtverständnis dieses Buchs eine große Rolle.

Kryptographie für das Internet

Nach der allgemeinen Einführung von Kommunikationsprotokollen und der Erläuterung des Internets sowie von Konzepten der Kommunikationssicherheit werden in diesem Kapitel die wichtigsten kryptographischen Verfahren vorgestellt, mit denen diese Konzepte realisiert werden können. Zunächst werden die kryptographischen Verfahren der symmetrischen und asymmetrischen Verschlüsselung sowie Hash-Funktionen erläutert. Daran schließt sich eine Darstellung der Problematik des Schlüsselmanagements an.

Anschließend werden Zertifikate und digitale Signaturen als komplexere kryptographische Verfahren erklärt. Zertifikate weisen die Identität eines Schlüsselinhabers nach und sind damit eine wesentliche Grundlage für den Einsatz asymmetrischer Verfahren und insbesondere digitaler Signaturen. Digitale Signaturen stellen im Internet die Voraussetzung für die Anerkennung und damit auch für die weitverbreitete Nutzung eines elektronischen Geschäftsverkehrs dar. Zum einen muss der Empfänger eines elektronischen Dokuments sicherstellen können, dass die Daten auf dem Weg vom Sender zum Empfänger nicht von einem Angreifer verändert wurden, zum anderen muss er nachweisen können, wer der Urheber einer elektronischen Nachricht ist. Nur so kann eine Rechtsverbindlichkeit des elektronischen Dokuments erreicht werden.

Im letzten Teil des Kapitels werden die rechtlichen Grundlagen für die digitale Signatur beschrieben und Konzepte für die Errichtung von Zertifizierungsinfrastrukturen im Internet und deren derzeit wichtigste Realisierungen vorgestellt.

2.1 Verschlüsselung

Um zu verhindern, dass Unberechtigte Daten während der Übertragung abhören oder eventuell sogar modifizieren, bietet sich eine Verschlüsselung der Daten an, die es nur den (berechtigten) Kommunikationspartnern erlaubt, die verwendeten Daten zu lesen und auch zu verstehen. Übertragen werden also nicht länger Daten im Klartext, sondern chiffrierte Daten. Die Verschlüsselung von Daten realisiert also die Vertraulichkeit einer Übertragung, da die Inhalte nur dem Besitzer bzw. den Besitzern der Daten bekannt sind. Grundsätzlich wird die Verschlüsselung mittels mathematischer Verfahren durchgeführt, die auf den Originaldaten operieren. Eine weitere Möglichkeit besteht darin, eine zusätzliche Information in die Daten einzubringen, wobei die Entschlüsselung nur dann möglich ist, wenn man im Besitz der zusätzlichen Information ist. Eine derartige Information bezeichnet man in der Regel als *Schlüssel*. Die folgende Darstellung von Verschlüsselungsprinzipien soll als Einführung dienen, um die in der Folge des Buchs erläuterten Konzepte verstehen zu können. Der speziell an der Verschlüsselung von Daten interessierte Leser sei an dieser Stelle auf die Fachliteratur verwiesen [Sch96], [FSBS98].

Im Folgenden wird zunächst untersucht, wie die Grundprinzipien der Sicherheit, die Vertraulichkeit, die Integrität, die Authentizität und die Beweisbarkeit von Transaktionen, durch die Verschlüsselung umgesetzt werden kann.

- *Vertraulichkeit*
  Das offensichtlichste Ziel der Verschlüsselung ist die Vertraulichkeit. Verschlüsselte Daten sollen nur berechtigten Inhabern der Daten zugänglich sein. Betrachtet man die Dienste, die im OSI-Modell im Rahmen von X.800 definiert sind, so ist ein weiteres Vertraulichkeitsziel, durch die Verschlüsselung eine Verkehrsanalyse zu verhindern und somit auch die Anonymität der Kommunikationspartner zu gewährleisten.

- *Integrität*
  Ein weiteres Ziel der Verschlüsselung ist die Wahrung der Integrität. Verschlüsselungsverfahren müssen daher auch sicherstellen, dass verschlüsselte Daten nicht modifiziert werden. Die Wahrung der Integrität ist insbesondere eine Aufgabe der im Folgenden beschriebenen Hash-Funktionen.

- *Authentizität*
  Verschlüsselte Daten müssen neben der Vertraulichkeit und der Integrität auch die Authentizität gewährleisten. Eine Kommunikation, die vollständig verschlüsselt wird, würde einem Kommunikationspartner nicht sicher erscheinen, wenn er die Identität des anderen Partners nicht überprüfen kann. Zur Sicherung der Authentizität werden Zertifikate verwendet, die in Kapitel 2.3 vorgestellt werden.

- *Verbindlichkeit der Diensterbringung*
  Teil von X.800 im OSI-Modell sind auch die Non-Repudiation bzw. Notardienste, mit deren Hilfe die Ausführung von Transaktionen bewiesen werden kann. Hierbei kann sowohl bewiesen werden, wer Daten verschickt hat, als auch, dass der Empfänger die Daten tatsächlich erhalten hat. Die Beweisbarkeit von Transaktionen wird insbesondere in Kapitel 7.2 (Internet-Banking) wieder aufgegriffen, da sie mit den Methoden, die Teil dieses Kapitels sind, nicht ohne weiteres umgesetzt werden kann.

Verschlüsselungsmethoden können in *symmetrische* und *asymmetrische* Verfahren unterteilt werden. Beide Ansätze werden im Folgenden vorgestellt.

2.1.1 Symmetrische Verschlüsselung

Der naheliegendste Ansatz der Verschlüsselung besteht darin, dass beide Partner einer Kommunikation über einen Schlüssel verfügen, mit dem Daten erst verschlüsselt und anschließend wieder entschlüsselt werden können. Verwenden beide Partner denselben Schlüssel, so spricht man von *symmetrischer Verschlüsselung*. Hierbei kann man weiter unterscheiden, ob beide Partner ein geheimes Verfahren verwenden, um ihre Daten zu verschlüsseln, oder ob das Verfahren öffentlich bekannt ist und lediglich der verwendete Schlüssel das Geheimnis darstellt. Die meisten der heute verwendeten Verfahren sind offen gelegt. Das Geheimnis, das die Grundlage der Sicherheit der Verschlüsselung bildet, ist in diesem Fall daher immer der Schlüssel, den beide Partner verwenden. Ein offensichtliches Problem der symmetrischen Verschlüsselung besteht darin, dass beide Partner sich darüber verständigen müssen, welchen Schlüssel bzw. welches Verfahren sie verwenden wollen. Die Sicherheit ist aber nur dann gegeben, wenn diese Daten auf keinem Fall Dritten in die Hände fallen. Hierzu können Austauschmechanismen für Schlüssel verwendet werden, die im Folgenden erläutert werden.

Symmetrische Verschlüsselungsverfahren sind um so sicherer, je besser die Originaldaten mit dem Schlüssel durchmischt werden. Jedes Bit der Originaldaten sollte daher in Abhängigkeit von jedem Bit des Schlüssels verändert werden. Zudem kann der Verschlüsselungsprozess auch mehrfach ausgeführt werden. Hierdurch werden vor allem auch Häufigkeitsanalysen zum Zweck der Brechung der Verschlüsselung erschwert.

Bei der Durchmischung der Originaldaten mit dem Schlüssel können die folgenden beiden Ansätze unterschieden werden:

- *Stromorientierte Verfahren*
  Bei stromorientierten Verfahren wird ein Datenstrom beliebiger Länge direkt verschlüsselt. Ein Beispiel für ein stromorientiertes Verfahren ist das von Ronald Rivest entwickelte RC4, das von der Firma RSA Data Security, Inc. vermarktet wird.

- *Blockorientierte Verfahren*
  Im Unterschied zu stromorientierten Verfahren arbeiten blockorientierte Verfahren immer mit Datenblöcken fester Länge. Resultat der Kombination aus Schlüssel und Datenblock ist jeweils ein verschlüsselter Block fester Länge. Beispiele für blockorientierte Verfahren sind der *Digital Encryption Standard* (DES) [Smi98] oder das vor allem in Europa häufig verwendete Verfahren IDEA, das als deutlich sicherer gilt als DES [FSBS98]. Das Problem der blockorientierten Verfahren ist aber vor allem darin zu sehen, dass durch die Verschlüsselung aus den gleichen Originaldaten immer die gleichen verschlüsselten Daten erzeugt werden. Durch eine Verkehrsanalyse kann ein Angreifer daher potentiell den Schlüssel errechnen, auch wenn dies sicher aufwendig wäre. Um dieses Problem zu lösen, kann bspw. das *Cipher Block Chaining* (CBC) verwendet werden. Grundlage von CBC ist, dass bereits verschlüsselte Datenblöcke in die Verschlüsselung weiterer Daten eingehen, wobei zur Initialisierung des Systems bei

der Verschlüsselung des ersten Datenblocks ein sog. *Initialisierungsvektor* verwendet wird, der aus einer zufälligen Bitkombination besteht. Bei zwei unterschiedlichen Initialisierungsvektoren ergeben sich daher aus denselben Originaldaten unterschiedliche verschlüsselte Daten. Offensichtlich muss der Initialisierungsvektor an den Kommunikationspartner geschickt werden, um die Daten wieder entschlüsseln zu können. Hierzu hängt man den Vektor meist an die Daten an. Die Kenntnis des Initialisierungsvektors ermöglicht es einem Angreifer aber in der Regel nicht, die Daten zu entschlüsseln. Auf eine Verschlüsselung des Initialisierungsvektors kann daher üblicherweise verzichtet werden.

2.1.2 Asymmetrische Verschlüsselung

Das Problem der symmetrischen Verschlüsselung besteht vor allem darin, dass beide Kommunikationspartner denselben Schlüssel verwenden. Alternativ dazu können Daten aber auch asymmetrisch verschlüsselt werden. Grundlage der asymmetrischen Verschlüsselung ist die Tatsache, dass beide Kommunikationspartner zwei unterschiedliche Schlüssel verwenden, die die folgenden Eigenschaften aufweisen:

- Es werden ein privater geheimer sowie ein öffentlicher Schlüssel verwendet, der in der Regel nicht geheim ist.
- Daten, die mit dem privaten Schlüssel verschlüsselt werden, können <u>nur</u> mit dem dazugehörigen öffentlichen Schlüssel wieder entschlüsselt werden.
- Daten, die mit dem öffentlichen Schlüssel verschlüsselt werden, können <u>nur</u> mit dem dazugehörigen privaten Schlüssel wieder entschlüsselt werden.
- Der öffentliche Schlüssel kann nicht aus dem privaten Schlüssel abgeleitet werden und umgekehrt.

Eine typische Kommunikation, bei der lediglich die Vertraulichkeit der Daten realisiert werden soll, kann daher in den folgenden Schritten ablaufen:

1. Alice und Bob erzeugen jeweils ein Paar aus privatem und öffentlichem Schlüssel.

2. Alice sendet ihren öffentlichen Schlüssel an Bob, um eine Kommunikation zu initiieren.

3. Bob verschlüsselt seine Daten mit dem öffentlichen Schlüssel von Alice. Da die Daten nur mit dem dazugehörigen privaten Schlüssel wieder entschlüsselt werden können, den nur Alice kennt, ist sichergestellt, dass nur Alice den Inhalt der Daten verstehen kann. Auch Bob kann diese Daten nicht wieder entschlüsseln.

4. Bob speichert den öffentlichen Schlüssel von Alice für weitere Datenübertragungen.

5. Bob kann auch seinen öffentlichen Schlüssel an Alice senden, um es Alice zu ermöglichen, verschlüsselte Daten an ihn zu schicken.

Vorteil dieses Vorgehens, das auch als *Public-Key-Verfahren* bezeichnet wird, ist, dass zur Übertragung der Schlüssel kein gesicherter Kanal benötigt wird, da die Kenntnis des öffentlichen Schlüssels die Entschlüsselung der Daten nicht ermöglicht, wenn diese mit dem öffentlichen Schlüssel verschlüsselt wurden. Ein Nachteil der Public-Key-Verfahren besteht darin, dass die asymmetrische Verschlüsselung in der Praxis wesentlich langsamer arbeitet als die symmetrische Verschlüsselung.

Dieser Nachteil kann aber dann vermieden werden, wenn die asymmetrische Verschlüsselung dazu verwendet wird, einen Schlüssel auszutauschen, der anschließend für eine symmetrische Verschlüsselung verwendet werden kann. In diesem Fall wird der Schlüssel, der hier selbst verschlüsselt wird, als *Sitzungsschlüssel* bezeichnet. Da in einem solchen Ansatz sowohl symmetrische als auch asymmetrische Verfahren zur Anwendung kommen, spricht man in diesem Zusammenhang auch von *hybrider Verschlüsselung*. Das Verfahren, das hierbei verwendet wird, arbeitet in den folgenden Schritten:

1. Man verwendet den öffentlichen Schlüssel des Empfängers, um den Sitzungsschlüssel zu verschlüsseln. Der Sitzungsschlüssel wird dann zusammen mit der Nachricht an den Empfänger geschickt.

2. Der Empfänger entschlüsselt mit seinem privaten Schlüssel zuerst den Sitzungsschlüssel und dann die Nachricht.

Ein Beispiel für ein hybrides Verfahren ist RSA, das von der Firma RSA Security, Inc. vertrieben wird. In RSA nutzt man die Tatsache, dass man ohne Schwierigkeiten zwei Primzahlen finden kann, aus denen ein Produkt errechnet werden kann. Umgekehrt ist es außerordentlich aufwendig, aus einer Zahl die Primfaktoren zu errechnen. Einigen sich nun beide Kommunikationspartner auf Primzahlen a und b und verwenden beide Partner geheime Zahlen x und y, so können aus einer Funktion von Partner 1 aus den Zahlen a, b und x bzw. von Partner 2 aus den Zahlen a, b und y zwei Funktionswerte d und e errechnet werden, die an den jeweiligen Partner geschickt werden. Mittels RSA kann nun der Partner 1 aus den Zahlen e und y bzw. der Partner 2 aus den Zahlen d und x jeweils die gleiche Zahl к berechnen, die als Schlüssel verwendet werden kann. к kann zudem nur aus e und y bzw. aus d und x berechnet werden, nicht aber aus anderen Zahlenkombinationen. Problematisch ist allerdings, dass mit zunehmender Rechnergeschwindigkeit auch die Berechnung der Primfaktoren schneller wird. Aus diesem Grund müssen auch die verwendeten Zahlen entsprechend lang gewählt werden, da die Verschlüsselung sonst angegriffen werden könnte. Schlüssellängen, die heute als sicher gelten, betragen bis zu 2048 bit.

Ein Verfahren, das ähnlich arbeitet, wurde von Diffie und Hellman vorgeschlagen [Opp98]. Der auch als Diffie-Hellman-Verfahren bezeichnete Ansatz kommt im Folgenden häufig vor und wird daher hier im Detail betrachtet. Die Public-Key-Verschlüsselung nach Diffie-Hellman stellte den ersten praktisch verwendbaren Ansatz dar, der auch heute noch weit verbreitet ist.

Grundlage des Diffie-Hellman-Algorithmus ist, dass zwei Partner einen gemeinsamen geheimen Wert erzeugen, den sie dann als gemeinsamen Schlüssel zur Verschlüsselung innerhalb eines Secret-Key-Verfahrens verwenden. Der Algorithmus läuft in den folgenden Schritten ab:

1. Bob und Alice erzeugen jeweils eine Zufallszahl, die als jeweiliger privater Schlüssel fungiert. Beide Partner kennen den jeweils anderen Schlüssel nicht.

2. Bob und Alice einigen sich auf zwei beliebige Zahlen a und b und berechnen mit Hilfe einer mathematischen Funktion einen Wert, der sich aus der Verknüpfung des jeweiligen privaten Schlüssels und den Zahlen a und b ergibt.

3. Diese Funktionswerte können nun öffentlich ausgetauscht werden. Grundlage des Verfahrens ist, dass die Verknüpfung der öffentlichen Daten von Alice mit dem privaten Schlüssel von Bob denselben Wert ergibt wie die Verknüpfung der öffentlichen Daten von Bob mit dem privaten Schlüssel von Alice. Beide Partner können daher denselben geheimen Wert K berechnen, ohne ihn explizit austauschen zu müssen.

4. Ein Angreifer kann zwar die öffentlich ausgetauschten Daten abhören, daraus aber den geheimen Schlüssel nicht rekonstruieren, da er die hierzu notwendigen privaten Schlüssel von Bob und Alice nicht kennt.

Im Folgenden wird eine weitere interessante Möglichkeit beschrieben, die mit Public-Key-Verfahren realisierbar ist: die Verwendung von Signaturen. Signaturen werden in der Folge dieses Kapitels noch ausführlich erklärt. Um aber den Zusammenhang mit Hash-Funktionen erläutern zu können, erfolgt an dieser Stelle bereits eine kurze Einführung.

Verschlüsselt man eine Nachricht mit einem privaten Schlüssel, so kann jeder sie entschlüsseln, der sich im Besitz des öffentlichen Schlüssels befindet. Dies mag auf den ersten Anschein hin wenig sinnvoll klingen. Bedenkt man jedoch, dass die Verschlüsselung offensichtlich nur vom Inhaber des privaten Schlüssels durchgeführt werden kann, so verfügt man hiermit über ein exzellentes Mittel, die Datenherkunft zweifelsfrei zu belegen. Die Verschlüsselung von Daten mit einem privaten Schlüssel wird auch als *digitale Signatur* bezeichnet. Geht man zusätzlich so vor, dass die Daten zuerst mit dem öffentlichen Schlüssel des Empfängers verschlüsselt werden und anschließend mit dem privaten Schlüssels des Senders, so kann gewährleistet werden, dass kein Dritter den Dateninhalt bei der Übertragung abhören kann und dass der Empfänger die Identität des Senders nachvollziehen kann.

Problematisch hierbei ist allerdings, dass die Verschlüsselung der Daten zum Beweis der Identität keineswegs eindeutig definiert ist. Sicherlich wäre es außerordentlich ineffizient, einen digitalen Film von einer Größe über 400 MB vollständig mit dem privaten Schlüssel zu verschlüsseln, um die Herkunft des Senders zu belegen. In diesem Zusammenhang empfiehlt sich die Verwendung von Hash-Funktionen, die im Folgenden beschrieben ist.

2.1.3 Hash-Funktionen

Um die Identität des Senders der Daten zu beweisen, muss ein Weg gefunden werden, die Verschlüsselung der gesamten Daten zu vermeiden. Hierzu können Hash-Funktionen verwendet werden. Eine *Hash-Funktion* ist eine mathematische Funktion, die die Originaldaten auf einen kurzen Wert, den sog. *Hash-Wert* abbildet. Hierbei ist die Länge des Hash-Wertes von der Länge der Originaldaten unabhängig. Diese Abbildung ist eindeutig, man kann also aus dem Hash-Wert die Originaldaten nicht ohne größten Aufwand wiederherstellen.

Idee der Hash-Funktion ist weiterhin, dass aus veränderten Originaldaten stets ein neuer Hash-Wert errechnet wird. Wird daher ein Hash-Wert aus den Originaldaten errechnet und dieser zusätzlich mit dem privaten Schlüssel des Senders verschlüsselt, so erreicht man neben dem Geschwindigkeitsvorteil weiterhin, dass die Integrität der Daten bewiesen werden kann. Im regulären Fall erzeugt der Sender einen Hash-Wert und schickt diesen an den Empfänger. Dieser berechnet ebenfalls einen Hash-Wert und vergleicht ihn mit dem Wert, den er vom Sender empfangen hat. Stimmen beide Werte überein, so sind die Daten authentisch. Da veränderte Daten zur Berechnung eines anderen Hash-Wertes führen, kann der Empfänger so sofort feststellen, dass ein Angreifer eine unerlaubte Modifikation der Daten während der Übertragung vorgenommen hat.

Die meisten der heute bekannten Hash-Funktionen arbeiten iterativ. Wie auch bei blockorientierten Verfahren wird hierbei ein Datenstrom in Blöcke aufgeteilt. Ein Hash-Wert wird dann für einen Block und über den Hash-Wert des vorangehenden Blocks berechnet. Das Resultat der Berechnung des letzten Datenblocks wird dann als Hash-Wert des gesamten Datenstroms übertragen.

Hash-Funktionen müssen sicher und schnell arbeiten. Problematisch ist hierbei, dass keineswegs sicher ist, dass unterschiedliche Daten nicht denselben Hash-Wert produzieren. Hash-Funktionen, die sehr weite Verbreitung gefunden haben, sind das von Ron Rivest entwickelte MD5 (Hash-Wert der Länge 128 bit), SHA der National Security Agency NSA (Hash-Wert der Länge 160 bit) oder RIPEMD-160 von Hans Dobbertin. RIPE-MD160 wird im Allgemeinen als das sicherste Verfahren angesehen [Dob96], [RD92], [Dob96].

Im Rahmen dieses Unterkapitels sollte dem Leser die Bedeutung der Verwendung von Schlüsseln klargeworden sein. Schlüssel als zentrale Elemente der Verschlüsselung bedürfen offensichtlich eines effizienten Managements. Das Management von Schlüsseln ist im Folgenden dargestellt.

2.2 Schlüsselmanagement

Die meisten Sicherheitsdienste, die im Rahmen des OSI-Schichtenmodells in der Recommendation X.800 definiert sind, basieren auf kryptographischen Mechanismen. Diese Dienste sowie die in diesem Zusammenhang definierten Mechanismen erfordern eine entsprechende Infrastruktur für eine *Schlüsselverwaltung*. Nach der ISO bestehen die Aufgaben der Schlüsselverwaltung

- in der Erzeugung,
- in der Speicherung,
- in der Verteilung,
- im Löschen,
- in der Archivierung und
- in der Anwendung

von Schlüsseln in Übereinstimmung mit einer Security Policy. Meistens wird ein Schlüsselmanagement von Protokollen durchgeführt. Die meisten Eigenschaften von Protokollen zur Schlüsselverwaltung hängen daher weniger von den zugrunde liegenden kryptographischen Verfahren ab, als vielmehr von der Struktur der Nachrichten, die ausgetauscht werden. Sicherheitslücken resultieren daher in der Regel aus Designfehlern ebendieser Protokolle.

Mit der Entwicklung einer geeigneten Schlüsselverwaltung ist die Working Group 10 der IEEE betraut, die sich mit den Sicherheitsanforderungen von lokalen Netzwerken (LANs) und von Metropolitan Area Networks (MANs) beschäftigt. Diese Gruppe begann 1989 an Verfahren für eine Schlüsselverwaltung zu arbeiten. Das Modell und das dazugehörige Protokoll zur Schlüsselverwaltung wurde von der Working Group 10 der IEEE standardisiert und enthält drei Klassen von Schlüsselverteilungstechniken, die im Folgenden erläutert sind [IEE95]:

- Manuelle Verteilung von Schlüsseln
- Schlüsselverteilung auf der Basis eines Centers
- Schlüsselverteilung auf der Basis von Zertifikaten.

Manuelle Verteilung von Schlüsseln

Bei den manuellen Verfahren zur Schlüsselverteilung verwendet man Methoden der Offline-Auslieferung, um paarweise Schlüssel zu erzeugen. Es sei aber deutlich darauf hingewiesen, dass diese Art der Schlüsselverwaltung zu erheblichen Problemen führen kann. Auch die Authentifizierung ist hierbei schwer durchführbar, da nur die Methode der Offline-Auslieferung überprüfbar ist. Es ist aber zu bedenken, dass die manuelle Auslieferung von Schlüsseln für die meisten Benutzer mindestens einmal erfolgen muss und dass die Verteilung weiterer Schlüssel durchgeführt werden kann, indem der manuell verteilte Schlüssel zur Verschlüsselung weiterer Schlüssel eingesetzt werden kann.

Schlüsselverteilung auf der Basis eines Centers

Die Schlüsselverteilung auf der Basis eines Centers kann dazu verwendet werden, um paarweise Schlüssel für kommunizierende Partner einzurichten, indem auf eine vertrauenswürdige dritte Partei zurückgegriffen wird. Diese Partei kann einen Dienst als Center für die Schlüsselverteilung oder einen Dienst als Center für die Schlüsselübersetzung anbieten. Diese Art der Schlüsselverteilung verwendet sowohl bei der Schlüsselverteilung als auch bei der Schlüsselübersetzung Protokolle, die insofern von der manuellen Verteilung der Schlüssel abhängen, die zur Verschlüsselung weiterer Schlüssel eingesetzt werden, als damit die Vertraulichkeit und die Integrität der verteilten Schlüssel gesichert werden kann.

Schlüsselverteilung auf der Basis von Zertifikaten

Die Schlüsselverteilung auf der Basis von Zertifikaten kann dazu verwendet werden, paarweise kryptographische Schlüssel zu erstellen. Die IEEE unterscheidet hierbei zwei Klassen von Schlüsselverteilungstechniken:

- *Schlüsseltransfer*
  Ein Kryptographiesystem öffentlicher Schlüssel wird dazu verwendet, einen lokal erzeugten Schlüssel zu verschlüsseln und diesen zu schützen, während er an ein entferntes Schlüsselverwaltungssystem übertragen wird.
- *Schlüsselaustausch*
  Hierbei wird ein Schlüssel sowohl beim lokalen als auch beim entfernten Schlüsselmanagementsystem kooperativ erzeugt. Dies bezeichnet man auch als *Schlüsselaustausch* oder *Schlüsselvereinbarung*. Ein Beispiel für ein derartiges Verfahren ist das bereits vorgestellte RSA.

2.3 Zertifikate und Zertifizierungsinfrastrukturen

In den beiden folgenden Abschnitten werden *Zertifikate* und *digitale Signaturen* erläutert. Beide Begriffe sind eng miteinander verknüpft und nutzen sich gegenseitig. Daher soll an dieser Stelle an einem praktischen Beispiel aus dem Alltagsleben zunächst erläutert werden, welche Funktionalitäten die beide Verfahren jeweils zur Verfügung stellen. Im Anschluss werden dann Zertifikate, digitale Signaturen und ihre Realisierungen im Detail vorgestellt.

Beispiel

Wenn ein Kaufvertrag über ein Haus abgeschlossen wird, so treffen sich beide Vertragsparteien beim Notar, weisen sich gegenüber dem Notar aus und unterschreiben eigenhändig den Kaufvertrag. Zur Bestätigung wird der Kaufvertrag vom Notar ebenfalls signiert. Damit erfolgen beim Unterschreiben des Vertrages die folgenden Handlungen:

1. Die Authentizität der angegeben Identität der Unterzeichner wird nachgewiesen.

2. Der Unterschreibende drückt seinen expliziten Willen aus.

3. Der Gegenstand des Vertrages wird durch die Unterschriften bestätigt.

Beim späteren Prüfen des Vertrages sind die folgenden Schritte erforderlich:

4. Durch Prüfen der Unterschriften kann die Authentizität der Unterschrift nachgewiesen werden; der Unterzeichner kann sie somit nicht leugnen.

5. Der Inhalt des Vertrages wird auf Integrität überprüft. So kann man feststellen, ob z. B. nachträgliche Änderungen angebracht wurden.

6. Es wird geprüft, ob das Original oder eine Kopie vorliegt.

Mittels der digitalen Signatur werden die Willensbekundung (2.) der Unterzeichnenden, der Gegenstand des Vertrages (3.) und die Integrität des Dokumentes (5.) nachgewiesen. Mit Hilfe von Zertifikaten und zugehörigen Infrastrukturen werden beim Erzeugen des Zertifikats die Authentizität des Unterzeichners nachgewiesen (1.) und später überprüft (4.). Allein der Nachweis, dass es sich um ein Original handelt, kann elektronisch nur schwer erfolgen.

Zertifikate benötigt man somit allgemein, um die Authentizität einer Person oder auch einer Identität nachzuweisen. Es stellt sich nun die Frage, wie in der elektronischen Kommunikation eine Person identifiziert wird. Hier spielt das Schlüsselpaar aus öffentlichem und privatem Schlüssel, das einer Person zugeordnet ist, eine besondere Rolle. Diese Rolle wird im Folgenden zunächst anhand eines Problems in der Anwendung asymmetrischer Verschlüsselungsverfahren aufgezeigt, bevor Zertifikate und Zertifizierungsinfrastrukturen im Detail vorgestellt werden.

2.3.1 Problemstellung – Angriffe auf Public-Key-Verfahren

In den vorherigen Abschnitten wurden die asymmetrischen Verschlüsselungsverfahren oder Public-Key-Verfahren zur Realisierung der Sicherheitsdienste *Vertraulichkeit*, *Datenintegrität*, *Authentizität* und *Verbindlichkeit* vorgestellt. Der grundsätzliche Vorteil der Public-Key-Verfahren gegenüber den symmetrischen Verfahren liegt in der Möglichkeit, öffentliche Schlüssel zu publizieren und grundsätzlich über ungesicherte Kanäle zu verteilen. Dies ist jedoch nur eingeschränkt möglich, denn es kann nicht verhindert werden, dass sich ein Angreifer eine gefälschte Identität gibt und unter dieser gefälschten Identität seinen öffentlichen Schlüssel verteilt. Benutzer müssen also bei Einsatz von Anwendungen, die auf Public-Key-Verfahren basieren, dem öffentlichen Schlüssel vertrauen. Sie müssen demnach darauf vertrauen, dass der öffentliche Schlüssel auch tatsächlich der Person gehört, mit der sie kommunizieren wollen. Dieses Vertrauen wird mittels des Einsatzes von Public-Key-Zertifikaten hergestellt.

Zusätzlich muss zur Gewährleistung der Vertraulichkeit sichergestellt sein, dass der zugehörige private Schlüssel alleiniges Eigentum desjenigen ist, mit dem sicher kommuniziert werden soll. Sollte der private Schlüssel kompromittiert werden, d. h. von einem Angreifer ausgespäht werden, so darf das Schlüsselpaar nicht mehr genutzt werden. Um diese zwei Voraussetzungen zu erfüllen, sind zum einen entsprechende technische und personelle Vorkehrungen zu treffen und zum anderen Verfahren einzusetzen, die vor der Verwendung eines ausgespähten Schlüsselpaares warnen. Diese Aufgaben werden von einer sog. *Zertifizierungsstelle* übernommen.

Um die Notwendigkeit des Einsatzes von Zertifikaten an einem Beispiel zu erläutern, wird nun ein grundsätzlicher Angriff, der sog. „Man-in-the-Middle-Angriff" auf die Verteilung öffentlicher Schlüssel, wie sie von Public-Key-Verfahren verwendet werden, beschrieben. Der Angriff ist in Abb. 2-1 dargestellt.

Der Angreifer Joe hört die gesamte Kommunikation zwischen Alice und Bob ab. Alice will Bob eine vertrauliche Nachricht senden und dazu ein hybrides Verfahren, d. h ein asymmetrisches Verfahren zum Schlüsselaustausch und ein symmetrisches Verfahren zur Verschlüsselung der Nutzdaten, verwenden. Alice besitzt aber Bobs öffentlichen Schlüssel nicht und bittet ihn daher, ihr seinen öffentlichen Schlüssel zu senden. Joe belauscht diese Anfrage und fängt die nachfolgende Nachricht von Bob, die dessen öffentlichen Schlüssel (XCF) enthält, ab. Statt Bob sendet nun Joe seinen eigenen öffentlichen Schlüssel (AJK) an Alice. Alice geht davon aus, dass der Schlüssel AJK der öffentliche Schlüssel von Bob ist und verwendet diesen nun zum Austausch des geheimen Sitzungsschlüssels. Sie sendet den Sitzungsschlüssel nun an Bob, doch auch diese Nachricht wird von Joe abgefangen. Mittels seines privaten Schlüssels kann er sie entschlüsseln, denn Alice hat ja unwissentlich seinen öffentlichen Schlüssel verwendet. Joe besitzt nun den Sitzungsschlüssel. Er nutzt den öffentlichen Schlüssel von Bob, um den Sitzungsschlüssel erneut zu verschlüsseln und sendet ihn an Bob, der davon ausgeht, dass die Nachricht von Alice geschickt wurde. Weder Bob noch Alice bemerken den Angriff und Joe verfügt nun über den geheimen Sitzungsschlüssel von Alice und Bob. Mit diesem ist er in der Lage, die gesamte verschlüsselte Kommunikation zwischen den beiden Partnern unbemerkt abzuhören und gegebenenfalls sogar zu manipulieren.

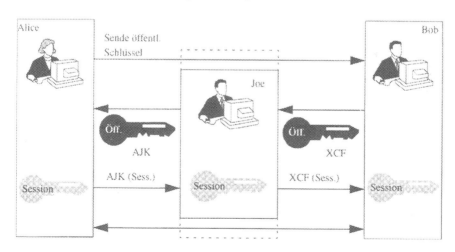

Abb. 2-1 Man-in-the-Middle-Angriff auf Public-Key-Verfahren

Der beschriebene Angriff verdeutlicht das Problem des Austausches von öffentlichen Schlüsseln über einen ungeschützten Kanal. Alice kann nicht verifizieren, ob sie tatsächlich Bobs öffentlichen Schlüssel erhalten hat. Gleiches weiß sie auch nicht, wenn sie Bobs öffentlichen Schlüssel bei einer dritten Instanz, bspw. bei einem Verzeichnisdienst abgefragt hätte. Um das Problem zu lösen existieren zwei Möglichkeiten. Zum einen kann der öffentliche Schlüssel manuell verteilt werden, zum anderen können Zertifikate verwendet werden. Die manuelle Verteilung von öffentlichen Schlüsseln ist aber nur eingeschränkt möglich und macht den großen Vorteil der Public-Key-Verfahren wieder zunichte. Der Einsatz von Zertifikaten wird im Folgenden detailliert beschrieben.

2.3.2 Bedeutung von Zertifikaten

Public-Key-Zertifikate haben die Aufgabe, einen öffentlichen Schlüssel verlässlich an ein Subjekt, insbesondere an Personen, zu binden. Ein *Zertifikat* besteht aus dem öffentlichen Schlüssel und aus dem Namen des Schlüsselinhabers.

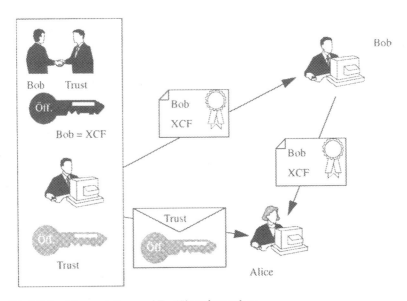

Abb. 2-2 Zertifikatserstellung und Zertifikatsüberprüfung

Auch ein Zertifikat kann gefälscht werden. Daher sollte ein Zertifikat grundsätzlich von einer vertrauenswürdigen Zertifizierungsstelle, die die Identität des Schlüsselinhabers überprüft und das Zertifikat digital signiert, erstellt werden. Zertifikate können dann über nicht vertrauenswürdige Kommunikationsverbindungen ausgetauscht und auf nicht vertrauenswürdigen Servern gespeichert werden, da die Signatur des Zertifikats von den Beteiligten unabhängig voneinander überprüft werden kann.

Das Verfahren der Zertifikatserstellung und Zertifikatsüberprüfung ist in Abb. 2-2 dargestellt. Bob wendet sich an eine Zertifizierungsstelle (Trust), der sowohl er als auch Alice vertrauen. Trust überprüft Bobs Identität und stellt ihm ein Zertifikat über seinen öffentlichen Schlüssel aus. Zu diesem Zweck signiert `Trust` das Paar aus Namen und öffentlichem Schlüssel von `Bob`. `Alice` erhält nun von `Bob` selbst oder von einer dritten Stelle das Zertifikat von `Bob`. Dieses Zertifikat kann sie auf Echtheit überprüfen, indem sie die digitale Signatur auf dem Zertifikat mit `Trusts` öffentlichen Schlüssel entschlüsselt. Wie die Überprüfung genau erfolgt, wird in Kapitel 2.4.1 erläutert. Voraussetzung dazu ist, dass `Alice` wiederum den öffentlichen Schlüssel der Zertifizierungsstelle, d. h. von `Trust`, kennt, womit sich das Ursprungsproblem von neuem stellt. `Alice` wird den öffentlichen Schlüssel von `Trust` auf manuellem Weg erhalten.

Mittels eines Zertifikats wird somit das Ausgangsproblem nicht komplett gelöst. Allerdings reduziert sich die Komplexität, denn es müssen nur noch die öffentlichen Schlüssel der Zertifizierungsstellen manuell verteilt werden. Ein Zertifikatssystem macht somit nur Sinn, wenn man anhand weniger manuell verteilter Schlüssel Zertifikate für beliebige andere Schlüssel überprüfen kann. Bei der praktischen Erstellung und Verwendung von Zertifikaten ergeben sich aber wiederum neue Probleme, die sich in folgenden Fragestellungen zusammenfassen lassen:

* Wie wird ein Schlüsselpaar erzeugt?
* Wie wird ein privater Schlüssel sicher gespeichert?
* Wie überprüft die Zertifizierungsstelle die Identität des Schlüsselinhabers?
* Wie werden Zertifikate verteilt?
* Was passiert, wenn ein privater Schlüssel kompromittiert wurde?
* Wie kann überprüft werden, ob ein Zertifikat noch gültig ist?
* Wie lange ist ein Zertifikat gültig?
* Wie wird sichergestellt, dass einer Zertifizierungsstelle vertraut werden kann?

Diese Fragen werden nach der Beschreibung des Aufbaus eines Zertifikats im kommenden Abschnitt näher erläutert, wobei beispielhaft Antworten gegeben werden. In Kapitel 2.6 wird aufgezeigt, wie die Fragen in verschiedenen Zertifikatssystemen, die in der Praxis eingesetzt werden, beantwortet werden. Auch der Gesetzgeber nimmt zu diesen Fragen Stellung (vgl. Kapitel 2.5).

Bei der Beantwortung der Fragen muss zudem der Kontext betrachtet werden, in dem die Zertifikate anerkannt werden sollen. Man muss hier *geschlossene* Systeme, wie sie z. B. Firmen oder Institutionen darstellen, und *offene* Systeme unterscheiden. In geschlossenen Systemen besteht zwischen den Nutzern und der Zertifizierungsstelle bereits ein gewisses Vertrauensverhältnis und die Zertifizierungsstelle besitzt zusätzliche Informationen, da sie alle Nutzer kennt. In offenen Systemen ist dies nicht der Fall. Daher sind die zu lösenden Aufgaben teilweise schwerer zu realisieren.

2.3.3 Aufbau eines Zertifikats

Zunächst wird der allgemeine Aufbau eines Zertifikats vorgestellt. Ein Zertifikat besteht grundsätzlich aus vier Bestandteilen, die in Abb. 2-3 dargestellt werden:

- Identitätsinformationen des Zertifikatsinhabers
- Öffentlicher Schlüssel des Zertifikatsinhabers
- Identitätsinformation der Zertifizierungsstelle und Zusatzinformationen, wie z. B. die Gültigkeit des Zertifikats
- Digitale Signatur über den Zertifikatsinhalt

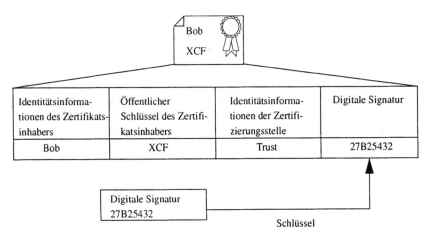

Identitätsinformationen des Zertifikatsinhabers	Öffentlicher Schlüssel des Zertifikatsinhabers	Identitätsinformationen der Zertifizierungsstelle	Digitale Signatur
Bob	XCF	Trust	27B25432

Digitale Signatur
27B25432

Schlüssel

Abb. 2-3 Aufbau eines Zertifikats

Die digitale Signatur wird von der Zertifizierungsstelle, die das Zertifikat ausstellt, gebildet. Sie dient als digitale Unterschrift über das Zertifikat und kann mittels des öffentlichen Schlüssels der Zertifizierungsstelle überprüft werden. Ohne diese Signatur wäre ein Angreifer, wie oben erläutert, wiederum in der Lage, den öffentlichen Schlüssel auszutauschen oder seine Identität zu fälschen.

2.3.4 Aufgaben einer Zertifizierungsstelle

Die Aufgaben einer Zertifizierungsstelle lassen sich anhand eines typischen Lebenszyklus eines Zertifikats, wie er in Abb. 2-4 dargestellt ist, beschreiben. Eine Zertifizierungsstelle muss neben der eigentlichen Zertifikatsausstellung eine Vielzahl von damit verbundenen Aufgaben übernehmen, wenn sie sicherstellen will, dass die von ihr ausgestellten Zertifikate auch wirklich sicher sind und anerkannt werden. Dazu ist es nicht nur notwendig, dass die Technik zuverlässig arbeitet. Vielmehr müssen auch die organisatorischen Abläufe korrekt sein. Zertifizierungsstellen sind gezwungen, diese Abläufe genau festzulegen und diese Festlegungen auch zu veröffentlichen und überprüfen zu lassen. Nur dann wird der Anwender der Zertifizierungsstelle und damit auch den Zertifikaten trauen, die von ihr ausgegeben werden. In einigen Ländern, wie z. B. auch in Deutschland, gibt es sehr detaillierte Vorschriften für den Betrieb einer anerkannten Zertifizierungsstelle [PH99].

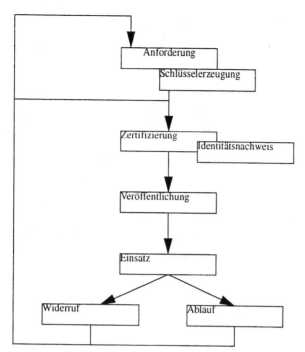

Abb. 2-4 *Lebenszyklus eines Zertifikats*

Zunächst wird ein Zertifikat von einem Benutzer angefordert. Dabei kann er selbst das Schlüsselpaar erzeugen oder dies der Zertifizierungsstelle überlassen. Der erzeugte private Schlüssel muss sicher gespeichert werden, so dass er von einem Angreifer nicht ausgespäht werden kann. Im Rahmen der Zertifizierung bindet nun die Zertifizierungsstelle die Identität des Zertifikatinhabers an seinen öffentlichen Schlüssel. Zu diesem Zweck muss in angemessener Weise die Identität des Zertifikatsinhabers überprüft werden. Oftmals erfolgt anschließend eine Veröffentlichung von Zertifikaten über Verzeichnisdienste, um sie möglichst vielen Anwendern verfügbar zu machen. Wird ein Zertifikat vor dem Ablauf seiner Gültigkeit kompromittiert, so müssen geeignete Verfahren gefunden werden, um den Anwendern mitzuteilen, dass das Zertifikat nicht mehr gültig ist. In diesem Fall wird es von der Zertifizierungsstelle widerrufen.

Erzeugung von Schlüsselpaaren

Für die Erzeugung von Schlüsselpaaren gibt es zwei grundsätzliche Möglichkeiten. Im einfachsten Fall erzeugt der Zertifikatsinhaber Bob sein Schlüsselpaar selbst. Dazu verwendet er eine Implementierung des entsprechenden kryptographischen Verfahrens auf seinem eigenen Rechner. Zur Ausstellung des Zertifikats sendet er dann seinen öffentlichen Schlüssel zusammen mit seiner Identität an die Zertifizierungsstelle `Trust`, die das Zertifikat ausstellt, indem sie es mit ihrem privaten Schlüssel signiert. Der Vorgang ist zusammengefasst in Abb. 2-5 dargestellt.

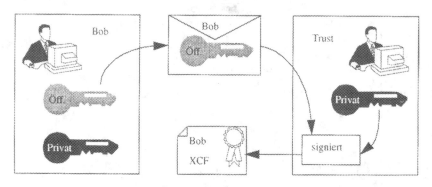

Abb. 2-5 Erzeugung von Schlüsselpaaren und Zertifikatsausstellung

Der entscheidende Nachteil dieses Verfahrens liegt in der Erzeugung der Schlüssel, denn zu deren Erzeugung muss man über qualitativ hochwertige Zufallszahlen verfügen und effektive Primfaktoren bestimmen. Ansonsten können private Schlüssel sehr schnell errechnet werden [Smi98]. Für eine Erzeugung qualitativ hochwertiger Zufallszahlen wird spezielle Hardware benötigt, über die ein Anwender im Regelfall nicht verfügt. Auf `Bobs` Rechner ist in der Regel nur ein Generator für Pseudozufallszahlen implementiert. Ein solcher liefert in Abhängigkeit von den Eingabewerten streng deterministisch Zufallszahlen, aus denen dann die Schlüssel generiert werden. Zusätzlich besteht die nicht zu unterschätzende Gefahr, dass der Computer von `Bob` z. B. durch Viren oder trojanische Pferde manipuliert wird, die die erzeugten Schlüssel an einen Angreifer übermitteln, ohne dass `Bob` dies bemerkt. Er besitzt keine sichere Hard- und Software.

Die zweite Möglichkeit besteht darin, dass die Zertifizierungsstelle das Schlüsselpaar und das zugehörige Zertifikat generiert. Sie ist in der Lage, spezielle Hardware bereitzustellen. Auch die Gefahr betrügerischer Manipulationen ist in einer Zertifizierungsstelle geringer, da in der Regel besondere Sicherheitsmaßnahmen umgesetzt werden. Aber auch dieses Verfahren besitzt einen großen Nachteil: Es besteht keine Gewährleistung, dass sich die Zertifizierungsstelle nicht eine Kopie des privaten Schlüssels erstellt.

Daher werden neben diesen Möglichkeiten, die beide in der Praxis Verwendung finden, auch kombinierte Verfahren angewandt [Mö99], wie im Folgenden bei der Beschreibung der Realisierungen ersichtlich wird. Des Weiteren existieren Entwicklungen mit der Zielsetzung, die Erzeugung von Schlüsseln in Chipkarten vorzunehmen [Zie99].

Ein weitere Aufgabe bei der Erzeugung der Schlüssel ist es, darauf zu achten, dass es keine Duplikate gibt. Dies ist in geschlossenen Systemen, also z. B. in firmeneigenen Zertifizierungsstellen noch möglich. Darüber hinaus ist eine Dubletten-

Freiheit nur schwer zu gewährleisten, insbesondere wenn Schlüssel von verschiedenen Zertifizierungsstellen erzeugt werden. Es gibt aber Ansätze, eine solche zumindest in hierarchischen Systemen zu gewährleisten [HS99].

Speicherung von privaten Schlüsseln

Ein privater Schlüssel kann nicht nur während der Erzeugung oder durch Berechnung kompromittiert werden, sondern insbesondere durch Ausspähung. Daher muss er so sicher gespeichert werden, dass er von einem Angreifer unter keinen Umständen erspäht werden kann. Optimal ist es, wenn sogar der Zertifikatsinhaber seinen eigenen privaten Schlüssel nicht kennt, sondern ihn nur verwenden kann.

Auf einem einfachen Speichermedium, über das der Zertifikatsinhaber verfügt (bspw. Diskette oder Festplatte), kann diese Sicherheit nur mit Einschränkungen gewährleistet werden. Alternativ dazu werden Schlüssel auf sog. speziellen *Signaturkomponente* gespeichert. Als Signierkomponente setzt man häufig Chipkarten, oft auch *SmartCard* genannt, ein. Eine Chipkarte besitzt neben einem Datenspeicher auch einen Mikroprozessor, der im Falle der Anwendung der digitalen Signatur zur Durchführung der kryptographischen Verfahren verwendet wird. Die Chipkarte wird dazu verwendet, die Nachricht zu signieren. Dazu wird von einer Anwendungs-Software der Hash-Wert über die Nachricht gebildet und dieser per Kartenleser an die Chipkarte übermittelt. Der Mikroprozessor auf der Karte errechnet mittels des auf der Karte gespeicherten privaten Schlüssels die Signatur und gibt diese an die Anwendung zurück. Dazu ist es nicht notwendig, den privaten Schlüssel aus der Karte auszulesen. Es ist sogar unmöglich, den privaten Schlüssel auszulesen, was Schutz vor Lesegeräten bietet, die durch einen Angreifer manipuliert worden sind. Der private Schlüssel ist somit auf der Karte *gekapselt*. Zusätzlich ist die Karte mittels einer *Personal Identification Number* (PIN) geschützt, so dass auch bei Verlust der Karte ein Angreifer diese nicht nutzen kann [PH99]. Das Einbringen des privaten Schlüssels in die Karte erfolgt vom sog. *Kartenausgeber*. Oftmals ist dieser identisch mit der Zertifizierungsstelle. Um diese zu kontrollieren, werden zunehmend Verfahren entwickelt, die dem Benutzer eine Möglichkeit zur Überwachung des Kartenausgebers ermöglichen [Mö99].

Besonderen Schutz bedarf der private Schlüssel der Zertifizierungsstelle. Sollte er kompromittiert werden, so sind die Auswirkungen unübersehbar, da ein Angreifer mit diesem Schlüssel selbst Zertifikate ausstellen könnte und diese gefälschten Zertifikate nutzen könnte. Daher muss der private Schlüssel der Zertifizierungsstelle so gesichert werden, dass niemand auf ihn zugreifen kann. Auch die Mitarbeiter der Zertifizierungsstelle dürfen nicht darauf zugreifen können, denn sie könnten manipuliert werden oder selbst kriminell tätig werden. Daher wird auch der private Schlüssel der Zertifizierungsstelle auf besonderen Signierkomponenten gespeichert, die oftmals in sog. *Sicherheitsboxen* lokalisiert sind. Sicherheitsboxen verfügen über spezielle Mechanismen, die bei physikalischer Manipulation der Box den Schlüssel auf der Signierkomponente löschen [Phi99].

Identitätsprüfung

Aufgabe des Zertifikats ist es, eine Identität sicher an den öffentlichen Schlüssel dieser Identität zu binden. Daher ist es eine wesentliche Aufgabe der Zertifizierungsstelle, die Identität des Zertifikatsinhabers zu überprüfen. Dies kann grundsätzlich auf verschiedene Arten erfolgen. Die Möglichkeiten reichen von persönlichem Erscheinen und Legitimation mittels eines amtlichen Ausweises bis zu einem Nachweis per E-Mail, indem die Existenz einer E-Mail-Adresse geprüft wird. Ersteres ist sehr aufwendig, letzteres sehr unsicher. Daher werden von Zertifizierungsstellen oftmals sog. *Zertifikatsklassen* unterschieden, die anhand der Beispiele in Kapitel 2.7 genauer erläutert werden.

Da ein persönliches Erscheinen an einem zentralen Ort mit einem unverhältnismäßig hohem Aufwand verbunden ist, sehen einige Zertifizierungsinfrastrukturen die Einrichtung von mehreren dezentral eingerichtete Registrierungsstellen vor, die die Registrierung vornehmen.

Veröffentlichung von Zertifikaten

Um von einem Kommunikationspartner zur Signaturprüfung oder zur Verschlüsselung einer zu sendenden Nachricht das Zertifikat zu erhalten, gibt es zwei grundsätzliche Verfahren. Entweder findet eine direkte Interaktion statt (interaktive Verfahren) oder das er erhält das Zertifikat für ihn selbst transparent von einem Dritten (transparente Verfahren).

Zu den interaktiven Verfahren zählt der Zertifikatsaustausch per E-Mail. Oftmals integriert der Zertifikatsinhaber sein Zertifikat in die Signatur seiner E-Mails, was aber einen großen Overhead erzeugt. Alternativ gibt er an, wo sein Zertifikat zu finden ist. Dieser Verweis kann z. B. eine URL sein, die der Zertifikatsinhaber auch auf seinen Webseiten angibt, sofern er eigene Webseiten besitzt. Da ein Zertifikat in der Regel im ASCII-Format vorliegt, stellt der Austausch des Zertifikats über das Internet dann kein Problem dar. Der Empfänger eines Zertifikats wird dieses so erhaltene Zertifikat lokal speichern und wieder verwenden. Allerdings überprüft er in diesem Fall bei der Anwendung des Zertifikats nicht mehr, ob das Zertifikat in der Zwischenzeit widerrufen wurde.

Wichtig bei allen Verfahren, in denen das Zertifikat über eine Internet-Kommunikation abgefragt wird, ist die tatsächliche Überprüfung des Zertifikats über die Auflösung der Zertifikatskette (siehe auch Seite 84). Das Zertifikat in einer E-Mail kann von einem Angreifer ebenso modifiziert sein wie auch die Webseite eines Zertifikatsinhabers.

Die transparente Verteilung von Zertifikaten erfolgt über zentrale Stellen, indem sog. *Verzeichnisdienste* oder *Directory Server* aufgebaut werden. Diese Aufgabe wird ebenfalls zumeist von der Zertifizierungsstelle übernommen. Sie veröffentlicht die von ihr ausgestellten Zertifikate, sofern der Inhaber eines Zertifikats dem zustimmt. Durch die Veröffentlichung der Schlüssel können diese von mehreren Anwendern abgefragt werden, ohne dass sie direkten Kontakt zum Zertifikatsinhaber aufnehmen müssen.

Im Allgemeinen versteht man unter *Verzeichnisdiensten* im Internet elektronische Verzeichnisse für Objekte der Kommunikation und deren Attribute. Verzeichnisdienste haben die Aufgabe, eine einheitliche Basis für Personendaten oder Systemdaten zu bieten, die hinreichend flexibel ist, um auch andere Informationen aufzunehmen und die nicht nur lokal, sondern auch über Netze zugänglich ist. Verzeichnisse bleiben im Vergleich zu Datenbanken häufig über längere Zeit unverändert. Zudem ist es bedeutsam, dass Anfragen schnell bearbeitet werden. Der Aufbau eines Verzeichnisdienstes, wie er auch zur Veröffentlichung von digitalen Signaturen verwendet werden kann, ist beispielhaft in Kapitel 2.6.1 beschrieben.

Widerruf von Zertifikaten

Wenn ein privater Schlüssel kompromittiert wurde, ist das Zertifikat für den zugehörigen öffentlichen Schlüssel immer noch gültig. Ein Angreifer kann den nun kompromittierten privaten Schlüssel verwenden und sich damit eine gefälschte Identität geben. Dieses Vorgehen kann vom ehemaligen Schlüsselinhaber nicht verhindert werden. Vielmehr muss der Zertifikatsinhaber darauf hinweisen, dass sein Zertifikat nicht mehr gültig ist. Dies gilt ebenfalls, wenn die durch das Zertifikat erzeugte Bindung zwischen öffentlichem Schlüssel und Identität nicht mehr gültig ist, beispielsweise, wenn eine Person den Namen ändert und dieser im Zertifikat angegeben ist.

Um das Zertifikat zurückzunehmen und die Bindung aufzuheben, wäre es theoretisch notwendig, dass der Zertifikatsinhaber alle Rechner informiert, die über das Zertifikat verfügen. Dies ist aber unmöglich, da keine Informationen über die Ausbreitung des Zertifikats bestehen. Es sind somit andere Mechanismen notwendig, um Zertifikate zurückzunehmen. Dabei wird die Überprüfung, ob ein Zertifikat noch gültig ist oder zurückgenommen wurde, dem Anwender des Zertifikats, d. h. demjenigen, der eine digitale Signatur überprüft, übertragen. Der Zertifikatsinhaber teilt die Ungültigkeit des Zertifikats der Zertifizierungsstelle mit, die diese Informationen verfügbar machen muss. Dazu werden in den meisten Verfahren von der Zertifizierungsstelle Negativlisten, sog. *Sperrlisten,* geführt. Bei Systemen von mehreren Zertifizierungsstellen ist es zusätzlich notwendig, Sperrlisten auszutauschen und gemeinsame Sperrlisten zu erstellen. Sperrlisten werden in der Regel vom Anwender bei der Zertifizierungsstelle abgerufen, so dass später eine Offline-Überprüfung erfolgen kann.

Bei der Verwendung von Sperrlisten bleibt zudem die Frage zu klären, wann eine neue Sperrliste veröffentlicht wird. Theoretisch müsste dies bei jedem neuen Sperrereignis erfolgen. Dies lässt sich in der Praxis aber nicht realisieren. Für den Zeitraum zwischen der Veröffentlichung von zwei Sperrlisten kann der Anwender somit keine Aussage über die Gültigkeit des Zertifikats erhalten.

Alternativ zur Verwaltung von Sperrlisten gibt es für Zertifizierungsstellen die Möglichkeit, einen Netzwerkdienst aufzubauen, an den ein Anwender eine Anfrage nach dem aktuellen Zustand des Zertifikats stellen kann. Dann erhält er im Gegensatz zu Sperrlisten immer aktuelle Informationen. Dieses Vorgehen ist für geschlossene Systeme wie Firmen noch denkbar. In offenen Systemen ist ein sicherer Online-Abruf hingegen sehr aufwendig und teuer und auch die Gestaltung des Netzwerkdienstes sehr komplex.

Insgesamt muss festgestellt werden, dass die Überprüfung des Sperrzustands von Zertifikaten bisher nur in wenigen praktischen Implementierungen tatsächlich automatisch erfolgt. Diese Aufgabe bleibt vielmehr zumeist dem Benutzer überlassen, der den Sperrzustand manuell überprüfen muss. Auch existieren bezüglich des Einsatzes der beschriebenen Verfahren noch sehr wenige praktische Erfahrungen. Langfristig werden die verschiedenen Verfahren voraussichtlich angepasst an die Applikation und an die gewünschte Sicherheitsstufe Verwendung finden [BGG99].

Gültigkeit von Zertifikaten

Die im Zusammenhang mit der Zertifizierung erzeugten Schlüsselpaare müssen, auch wenn sie nicht durch Diebstahl kompromittiert werden, nicht unbedingt unendlich lange sicher sein. Zum einen werden unter Umständen die verwendeten Verfahren unsicher oder die Schlüssel können bei einer zu geringen Schlüssellänge, bei der weiter zunehmenden Leistung von Rechnern oder durch Brute-Force-Angriffe kompromittiert werden. Daher werden Zertifikate zumeist nur für einen gewissen Gültigkeitszeitraum ausgestellt. Dieser Gültigkeitszeitraum ist Bestandteil des Zertifikats.

Zeitstempeldienste

Zertifikate haben nur eine begrenzte Gültigkeit, die mit dem Widerruf eines Zertifikats nach der Kompromittierung eines Schlüssels endet. Werden trotzdem mit Hilfe der privaten Schlüssel noch digitale Signaturen erstellt, so gibt es im Nachhinein keine Möglichkeit zur Überprüfung, ob die Signatur vor dem Ablauf der Zertifikatsgültigkeit bzw. dem Widerruf erstellt wurde oder erst später. Somit besteht hier die Möglichkeit, eine digitale Signatur anzufechten, denn die Signatur könnte auch von einem Angreifer erstellt worden sein, der den Schlüssel kompromittiert hat.

Eine Abhilfe schaffen sog. *Zeitstempel*. Mittels eines Zeitstempels wird der Erstellungszeitpunkt einer digitalen Signatur mit in das elektronische Dokument eingebracht. Dieser Zeitstempel kann nicht vom Unterzeichner des Dokumentes eingebracht werden, denn er könnte ja auch die Zeit fälschen. Er muss vielmehr von einer vertrauenswürdigen Stelle eingebracht werden. Daher wird diese Aufgabe oftmals ebenfalls von Zertifizierungsstellen angeboten. Zur Erzeugung des Zeitstempels berechnet der Zeitstempeldienst den Hash-Wert über das elektronische Dokument und signiert diesen Hash-Wert und die aktuelle Zeit.

Zudem muss zumindest über einen gewissen Zeitraum hinweg, der sich bspw. an gesetzlichen Aufbewahrungsfristen orientiert, überprüfbar sein, ob das Zertifikat zum Zeitpunkt der Signatur noch gültig war. Diese Informationen muss die Zertifizierungsstelle speichern und über einen Verzeichnisdienst anbieten. Dazu ist ein erweiterter Verzeichnisdienst notwendig. Die praktischen Realisierungen bieten einen solchen allerdings noch nicht an [AB99].

Vertrauen in die Zertifizierungsstelle

Anhand der Fragen aus Kapitel 2.3.2 und anhand des Lebenszyklusses eines Zertifikats wurden eine Vielzahl von Aufgaben vorgestellt, die von einer Zertifizierungsstelle erbracht werden müssen. Es ist nun zu klären, wie ein Anwender der Zertifizierungsstelle trauen kann, ob sie diese Aufgaben zuverlässig erledigt. Dazu bestehen grundsätzlich zwei Möglichkeiten. Zum einen kann sich die Zertifizierungsstelle selbst Richtlinien für ihre Organisation und den Technikeinsatz geben, diese veröffentlichen und überprüfbar machen. Es bleibt dann dem Anwender überlassen, der Zertifizierungsstelle zu trauen oder nicht. Zum anderen kann der Gesetzgeber Vorgaben zum Aufbau und Betrieb einer Zertifizierungsstelle machen und deren Einhaltung über geeignete Institutionen überprüfen lassen. Beide Möglichkeiten sind in der Praxis gegeben, worauf in Kapitel 2.5 und Kapitel 2.7 genauer eingegangen wird.

2.3.5 Architekturen von Zertifizierungsstellen

Zertifizierungsstellen bestehen in der Praxis oftmals nicht aus einer einzelnen Stelle oder Instanz, sondern aus mehreren, die gegenseitige Vertrauensverhältnisse aufweisen. In geschlossenen Systemen mag es noch möglich sein, dass jeder Anwender persönlich seine Identität nachweist. Der Anwender kann auch der Zertifizierungsstelle, bspw. bei Angehörigen einer Firma, a priori bekannt sein. In offenen Systemen kann dies eine einzelne Zertifizierungsstelle jedoch nicht leisten. Durch den Aufbau einer Infrastruktur aus mehreren Zertifizierungsinstanzen wird die Registrierung, d. h. die Identitätsfeststellung, und gegebenenfalls auch die Zertifikatserstellung und die Zertifikatsverwaltung dezentralisiert und somit wesentlich erleichtert. Heute kann man drei grundsätzliche Architekturen für Zertifizierungsstellen unterscheiden, die im Folgenden erläutert werden.

Zentrale Zertifizierung

Bei der zentralen Zertifizierungsarchitektur gibt es nur *eine* Zertifizierungsstelle, die alle Zertifikate ausstellt. Der öffentliche Schlüssel der Zertifizierungsstelle, der zur Überprüfung verwendet wird, wird manuell an alle Anwender verteilt. Dies geschieht oftmals durch eine Integration von öffentlichen Schlüsseln von Zertifizierungsstellen in die Software zur Zertifikatsüberprüfung.

Diese zentrale Architektur ist bei zunehmender Anwenderzahl sehr schnell nicht mehr praktikabel. Man stelle sich vor, dass eine zentrale Stelle Zertifikate für Internet-Benutzer in der ganzen Welt ausgeben müsse, die zum Nachweis ihrer Identität bei einer Zertifikatsklasse auf hoher Ebene der Hierarchie auch noch persönlich erscheinen müssen. Der erste Schritt zur Komplexitätsreduzierung besteht darin, die Registrierung zu dezentralisieren. Der Betreiber der Zertifizierungsstelle richtet dezentrale Registrierungsstellen ein. Eine solche Registrierungsstelle benötigt eine wesentlich eingeschränktere technische Infrastruktur als eine komplette Zertifizierungsstelle.

Weitergehend werden in vielen Architekturen die gesamten Aufgaben der Zertifizierungsstelle dezentralisiert und Zertifizierungsstellen auch von unterschiedlichen Betreibern errichtet. Daher sehen viele Architekturen die Möglichkeit vor, dass eine Zertifizierungsstelle eine andere Zertifizierungsstelle zertifiziert. Damit bestätigt eine Zertifizierungsstelle den Anwendern, dass sie den Inhalten vertrauen können, die ihnen die von ihr zertifizierte Zertifizierungsstelle mitteilt. Das Ausstellen eines solchen Zertifikats umfasst damit aber wesentlich mehr als das Ausstellen eines Benutzerzertifikats, da die Zertifizierungsstelle hinsichtlich aller oben definierten Aufgaben überprüft werden muss.

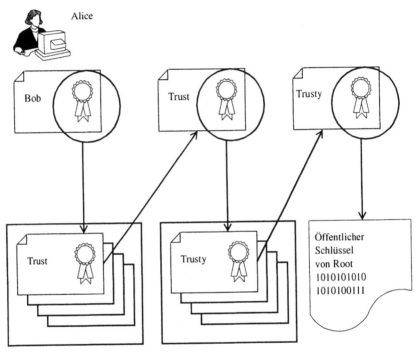

Abb. 2-6 Auflösen einer Zertifikatskette

Hierarchische Zertifizierungsinfrastruktur

In einer hierarchischen Zertifizierungsinfrastruktur gibt es eine oberste Zertifizierungsstelle, die sog. *Wurzel* oder *Root Certification Authority* (Root-CA). Diese Wurzel gibt Zertifikate für die höchste Ebene aus und unterzeichnet sie. Diese höchste Ebene kann wiederum Zertifikate für eine weitere niedrigere Ebene ausgeben, bis man in absteigender Hierarchierichtung zu lokalen Zertifizierungsstellen gelangt. Diese lokalen Zertifizierungsstellen geben die Benutzerzertifikate aus und unterzeichnen sie. Will man jetzt ein Benutzerzertifikat überprüfen, so muss die gesamte Zertifikatskette überprüft werden, bis ein Zertifikat gefunden wird, dessen

Schlüssel man manuell erhalten hat. Im ungünstigsten Fall ist dies der Schlüssel der obersten Zertifizierungsstelle.

Die Auflösung der Zertifikatskette ist in Abb. 2-6 dargestellt. Die oberste Zertifizierungsstelle Root hat Trusty als Zertifizierungsstelle zertifiziert. In gleicher Weise hat Trusty die Stelle Trust als lokale Zertifizierungsstelle zertifiziert. Bob hat von Trust sein Zertifikat erhalten, das er an Alice schickt. Alice will dieses Zertifikat von Bob jetzt überprüfen. Sie besitzt aber den öffentlichen Schlüssel des Zertifikatausstellers Trust nicht und kann somit Bobs Zertifikat auch nicht direkt überprüfen. Alice hat aber Roots öffentlichen Schlüssel manuell erhalten. Mit diesem kann Alice nun Trustys öffentlichen Schlüssel überprüfen und, da Trust als lokale Zertifizierungsstelle über ein Zertifikat von Trusty verfügt, kann Alice nun auch Trusts Public Key überprüfen. Letztendlich ist Alice nun in der Lage, auch Bobs Zertifikat zu überprüfen.

Mit Hilfe eines solchen Verfahrens ist es nun auch möglich, internationale Vertrauensverhältnisse aufzubauen, wenn die nationalen Root Certification Authorities einander vertrauen und sich gegenseitig Zertifikate ausstellen.

Vertrauensgeflecht

Alternativ zu den zentralen und hierarchischen Zertifizierungsinfrastrukturen entstanden im Internet netzartige Zertifizierungsinfrastrukturen. In einem Vertrauensgeflecht kann jeder Zertifikatsinhaber wiederum einer anderen Person Zertifikate ausstellen. Es gibt keine Überprüfungsmöglichkeiten, ob die Aufgaben, die die ausstellende Person ausführen muss, auch korrekt ausgeführt wurden. Vielmehr wird man einem Zertifikat nur vertrauen, wenn man auch der ausstellenden Person vertraut, dass sie den Aufgaben der Zertifizierungsstelle nachgekommen ist. Um die Wahrscheinlichkeit dafür zu erhöhen, kann man sich sein Zertifikat von mehreren verschiedenen Personen signieren lassen. Das Vertrauensgeflecht stellt aber aufgrund der fehlenden Struktur ein sehr ungeordnetes System dar. Eine Vertrauenskette zu einem fremden Zertifikatsinhaber im Internet zu lokalisieren, kann ein sehr komplexes Problem darstellen. Zudem muss nur ein Glied in der Vertrauenskette nicht vertrauenswürdig sein und das Zertifikat ist wertlos. Daher versucht man in der Praxis, bei der Zertifikatsprüfung möglichst mehrere unterschiedliche Vertrauensketten zu finden. Beispielhaft wird ein weit verbreitetes Vertrauensgeflecht in Kapitel 2.6.5 vorgestellt.

Ein weiteres großes Problem bei Vertrauensgeflechten stellt das Zurücknehmen von Zertifikaten dar, denn aufgrund des Fehlens institutionalisierter Zertifizierungsstellen muss der Anwender, dessen Schlüssel kompromittiert wurde, tatsächlich alle Besitzer seines Zertifikats benachrichtigen.

2.4 Digitale Signaturen

Mittels einer *digitalen Signatur* werden elektronische Daten elektronisch unterschrieben. Die digitale Signatur stellt damit eine wichtige Grundlage für eine Ausweitung des elektronischen Geschäftsverkehrs im Internet dar. Im Folgenden ist zunächst die Funktionsweise der digitalen Signatur beschrieben, deren genaue Kenntnis für einen Anwender aber nicht Grundlage der Nutzung sein muss.

2.4.1 Funktionsweise von Signaturen

Das Verfahren der digitalen Signatur verwendet neben der asymmetrischen Verschlüsselung die Hash-Bildung als kryptographisches Basisverfahren. Der Unterzeichner einer digitalen Signatur muss über ein Schlüsselpaar aus öffentlichem und privatem Schlüssel verfügen. Die Problematik der Schlüsselgenerierung und Schlüsselspeicherung wurde in Kapitel 2.3.4 dargestellt. Für die digitale Signatur ist unabdingbar, dass das Schlüsselpaar einmalig ist und sich der private Schlüssel nach dem aktuellen Stand der Technik nicht aus dem öffentlichen Schlüssel errechnen lassen kann.

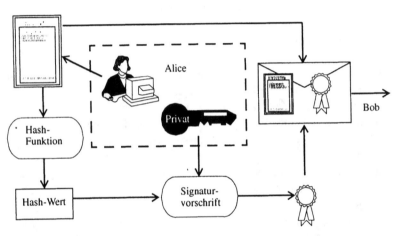

Abb. 2-7 Signaturbildung

Signaturbildung

Mittels der Signaturbildung wird ein elektronisches Dokument elektronisch unterzeichnet. Das elektronische Dokument wird bei der Signaturbildung zunächst mittels eines Hash-Verfahrens auf einen charakteristischen Wert komprimiert (siehe Abb. 2-7). Hash-Verfahren berechnen aus einem elektronischen Dokument beliebiger Länge eine Datenfolge fester, in der Regel kurzer Länge, den sog. *Hash-Wert*. Dabei zeichnen sich Hash-Verfahren dadurch aus, dass eine Änderung des elektronischen Dokumentes auch eine Änderung des Hash-Werts erzeugt. Zudem ist eine Hash-Funktion eine Einwegfunktion, d. h. man kann zwar den Hash-Wert berechnen, aber es ist praktisch unmöglich, zu einem Hash-Wert das zugehörige elektronische Dokument zu errechnen oder ein anderes Dokument zu finden, das gerade diesen Hash-Wert besitzt. Mit diesen zwei Eigenschaft von Hash-Funktionen ist sichergestellt, dass der Hash-Wert eines Dokuments einem Fingerabdruck des Dokuments entspricht.

Der Hash-Wert des zu signierenden elektronischen Dokuments wird dann im zweiten Schritt mittels des privaten Schlüssels des Unterzeichnenden verschlüsselt. Das Ergebnis der Verschlüsselung ist dann die sog. *Signatur* über das Dokument. Der Vorteil der Verschlüsselung des Hash-Wertes anstelle der Verschlüsselung des gesamten Dokuments liegt insbesondere im wesentlich geringeren Umfang der Unterschrift. Die Signatur wird zusammen mit dem Originaldokument an den Empfänger des Dokuments übertragen.

Signaturprüfung

Der Empfänger des elektronischen Dokuments (Bob) kann die Signatur mittels des folgenden Verfahrens, das auch in Abb. 2-8 dargestellt ist, prüfen. Er berechnet ebenfalls den Hash-Wert des Dokuments, das er von Alice erhalten hat. Zusätzlich entschlüsselt er aus der digitalen Signatur von Alice mit deren öffentlichen Schlüssel den von ihr gebildeten Hash-Wert. Stimmen beide Werte überein, so hat Bob die digitale Signatur erfolgreich geprüft und weiß, dass das Dokument tatsächlich mit dem privaten Schlüssel von Alice unterzeichnet wurde und dass der Inhalt nicht verändert wurde. Wurden die Daten des elektronischen Dokuments geändert, so errechnet Bob einen falschen Hash-Wert. Wurde hingegen die Signatur mit einem anderen privaten Schlüssel gebildet, so kann Bob sie nicht entschlüsseln. In beiden Fällen wird die Verifizierung fehlschlagen. Es sei nochmals darauf hingewiesen, dass mittels einer digitalen Signatur nur die Integrität und die Authentizität eines Dokumentes gewährleistet werden. Die Vertraulichkeit wird nicht etabliert, da das Originaldokument unverschlüsselt zusammen mit der Signatur übertragen wird.

Bob muss sich zusätzlich noch vergewissern, dass der öffentliche Schlüssel, den er zur Entschlüsselung verwendet, tatsächlich der von Alice ist. Dazu muss er den öffentlichen Schlüssel, der Bestandteil des Zertifikats von Alice ist, mit dem verwendeten Schlüssel vergleichen und das Zertifikat verifizieren, wie in Kapitel 2.3 bereits beschrieben.

Es soll aber an dieser Stelle nochmals darauf hingewiesen werden, dass dies kein einfaches Verfahren ist. Zusammenfassend müssen bei der Signaturprüfung folgende vier grundsätzlichen Schritte ausgeführt werden:

- Der Empfänger der signierten Daten überprüft, ob die beanspruchte Identität des Senders mit der des Zertifikats übereinstimmt.
- Der Empfänger der signierten Daten überprüft, dass kein Zertifikat in der Zertifikatskette zurückgezogen wurde, und dass alle Zertifikate in der Zertifikatskette zum Zeitpunkt der Signaturbildung gültig waren.
- Der Empfänger der signierten Daten überprüft, dass die Daten keine Attribute beanspruchen, zu denen das Zertifikat dem Unterzeichnenden keine Rechte zuweist.

- Der Empfänger der signierten Daten überprüft, dass die Daten seit dem Unterzeichnen nicht verändert wurden, indem er mittels des Public Keys des Zertifikatinhabers die Signatur in der oben angegebenen Weise prüft.

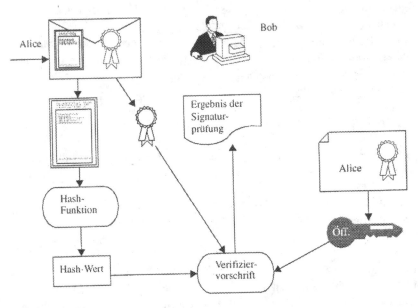

Abb. 2-8 Signaturprüfung

Signaturkomponente

Für eine digitale Signatur kann zur rechtlichen Anerkennung als zusätzliche Voraussetzung gefordert sein, dass der private Schlüssel absolut geheim ist, d. h., dass niemand, auch nicht der Schlüsselerzeuger und der Schlüsselinhaber, jemals Kenntnis vom privaten Schlüssel haben. Der Schlüssel muss dann auf der sog. *Signaturkomponente* in der Weise gespeichert werden, dass kein Beteiligter ihn erfährt (siehe auch Kapitel 2.3.4).

2.4.2 Kryptographische Verfahren zur Signaturbildung und Signaturprüfung

Im letzten Abschnitt wurden die grundsätzlichen Vorgehensweisen der Signaturbildung und der Signaturprüfung beschrieben. Sie basieren auf den kryptographischen Basisverfahren der asymmetrischen Verschlüsselung und der Hash-Funktionen. Heute gibt es eine Vielzahl von verschiedenen Algorithmen für beide Verfahren, die auch für digitale Signaturen Verwendung finden. Wichtig ist, dass die eingesetzten Verfahren auch korrekt angewendet werden, denn sonst können auch sie angegriffen werden. Im Folgenden sind kurz die wichtigsten hierzu notwendigen Algorithmen vorgestellt.

Hash-Funktionen

Es gibt eine Vielzahl von Beispielen für Hash-Funktionen. Die wichtigsten Algorithmen, die heute für digitale Signaturen verwendet werden, sind MD5, SHA-1 und RIPEMD-160. MD5 ist wohl das am häufigsten verwendete Verfahren im Internet und wurde von Ron Rivest auf Basis der Vorgängerversion MD4 entwickelt [RD92]. MD5 generiert einen 128 bit langen Hash-Wert. Heute bezweifelt man zunehmend, ob eine Hash-Länge von 128 bit noch eine ausreichende Sicherheit garantieren kann. Zudem wurde in [Dob96] gezeigt, dass MD5 für Angriffe mittels Kollisionssuche anfällig ist.

Eine Alternative stellen daher die Verfahren SHA-1 [NIS95] und RIPEMD-160 [DBP96] dar. Beide basieren auf einer Weiterentwicklung von MD4 und bilden einen 160 bit langen Hash-Wert. Ihre Verwendung wird auch vom Bundesamt für Sicherheit in der Informationstechnik (BSI) im Maßnahmenkatalog für digitale Signaturen vorgeschlagen. RIPEMD-160 ist eine Erweiterung von RIPEMD, das in einem europäischen Forschungsprojekt entwickelt wurde. Der *Secure Hash Algorithm* (SHA) wurde von der NSA in den USA entwickelt.

RSA

Bei den asymmetrischen Verschlüsselungsverfahren wird heute zumeist das nach seinen Erfindern Rivest, Shamir und Adlemann als *RSA* benannte Verfahren verwendet. RSA basiert auf dem mathematischen Problem der Primfaktorzerlegung. Zur genaueren Beschreibung des Verfahrens sei auf die Literatur verwiesen [RSA78]. Von größerer Bedeutung für die Anwendung des RSA-Verfahrens für digitale Signaturen sind die Vorschriften zur korrekten Anwendung des Algorithmus. Diese Vorschriften findet man für RSA in den *Public Key Cryptography Standards* (PKCS). Die PKCS sind eine Serie von Standards der Firma RSA Security Inc. In ihnen werden Definitionen für Datenformate und Implementierungsrichtlinien für asymmetrische Verfahren oder auch Public-Key-Verfahren zusammengefasst. PKCS#1 [Kal98a] beschreibt die Methode zur Verschlüsselung von Daten mittels RSA und PKCS#7. [Kal98b] beschreibt eine Syntax für Daten, die verschlüsselt werden sollen, wie bspw. in digitalen Signaturen. Die PKCS sind heute weitestgehend anerkannt, obwohl sie von einem privaten Unternehmen erstellt wurden. Sie sind ebenfalls als RFC veröffentlicht und werden in vielen öffentlichen Standards referenziert [Kal93].

Als Alternative zu RSA werden Varianten von *ElGamal-Verfahren* verwendet. ElGamal-Verfahren sind eine Erweiterung des Diffie-Hellman-Algorithmus und basieren auf dem mathematischen Problem der diskreten Logarithmen über endlichen Körpern. Ein wichtiger Vertreter dieser Algorithmen ist der *Digital Signature Algorithm* (DSA), der ebenfalls von der NSA entwickelt wurde. DSA lässt sich allerdings im Gegensatz zu RSA nicht zur Verschlüsselung der Daten verwenden, sondern nur für digitale Signaturen.

Digital Signature Standard

Der *Digital Signature Standard* (DSS) fasst die Algorithmen SHA zur Hash-Wertbestimmung und DSA zur asymmetrischen Verschlüsselung zu einem Standard zusammen. DSS bzw. seine Eingliederung in den *Federal Information Processing Standard* (FIPS) ist heute der nationale Standard der USA für digitale Signaturen. In FIPS sind, ähnlich wie in den PKCS für RSA, zusätzlich zu den Algorithmen Vorschriften zur Implementierung angegeben. DSS wird heute auch von der US Army eingesetzt [NIS98].

2.5 Rechtliche Grundlagen

Im Folgenden sollen die rechtlichen Grundlagen betrachtet werden, die das Rahmenwerk für den Einsatz der beschriebenen Verfahren bilden. Als Werkzeug für die Beweisbarkeit sind Signaturen stets mit rechtlichen Belangen untrennbar verbunden.

2.5.1 Digitale Signatur in Deutschland

In Deutschland sollen nach §1 des Signaturgesetzes mit Hilfe ebendieses Gesetzes und mehreren Verordnungen „... *Rahmenbedingungen für digitale Signaturen geschaffen werden, unter denen diese als sicher gelten und Fälschungen digitaler Signaturen oder Verfälschungen von signierten Daten zuverlässig festgestellt werden können.*" Damit soll ein Rahmen geschaffen werden, der die Beurteilung digitaler Signaturen vor Gericht zulässt. Auch wenn noch keine Beweiskraft digitaler Signaturen besteht, so ist das Signaturgesetz doch eine wichtige Voraussetzung für die rechtliche Anerkennung digitaler Signaturen im elektronischen Geschäftsverkehr und für alle geschäftlichen und privaten Belange.

Informations- und Kommunikationsdienste-Gesetz

Das Informations- und Kommunikationsdienste-Gesetz (IuKDG) wurde am 22. Juli 1997 im Deutschen Bundestag beschlossen und ist seit dem 1. August 1997 in Kraft [IUK97]. Dieses Gesetz soll, so die amtliche Begründung, dazu dienen „... *eine verlässliche Rechtsgrundlage für die sich dynamisch entwickelnden Angebote im Bereich der Informations- und Kommunikationsdienste zu schaffen und einen Ausgleich zwischen freiem Wettbewerb, berechtigten Nutzerbedürfnissen und öffentlichen Ordnungsinteressen herbei zu führen.*"

Gesetz zur digitalen Signatur

Artikel 3 des IuKDG ist das *Signaturgesetz* (SigG) [Sig97a], das die Bedingungen für eine sichere Anwendung der digitalen Signatur regelt. Das SigG setzt eine staatliche Behörde zur Erteilung von Genehmigungen zum Betrieb einer Zertifizierungsstelle und zu deren Überwachung ein. Diese Behörde ist somit die Wurzel-Zertifizierungsstelle innerhalb einer hierarchischen Zertifizierungsinfrastruktur, wie in Kapitel 2.3.5 beschrieben. Das Gesetz beinhaltet u. a. Vorschriften zur Genehmigung der Zertifizierungsstellen, zur Zertifikatsvergabe und zur Zertifikatssperrung, zum Inhalt von Zertifikaten und zu technischen Komponenten. Bedeutsam ist, dass das Gesetz auf die digitale Signatur von elektronischen Dokumenten und auf personengebundene Zertifikate beschränkt ist. Damit sieht das Gesetz weder Zertifikate für Firmen oder bspw. Webserver vor, noch dient es in der Anwendung zur Identifikation eines Kommunikationspartners.

Im Gesetz werden lediglich allgemeine Vorschriften angegeben. Insbesondere für die technischen Komponenten heißt dies, dass diese nach dem Stand der Technik hinreichend geprüft sein müssen und die Erfüllung der Anforderungen des Gesetzes durch eine von der zuständigen Behörde anerkannten Stelle bestätigt wird. Technische Details werden in der Signaturverordnung und im Maßnahmenkatalog des Bundesamtes für Sicherheit in der Informationstechnik (BSI) aufgeführt. Damit ist eine einfachere und schnellere Anpassung der gesetzlichen Vorschriften an die technische Entwicklung möglich, denn die Signaturverordnung und der Maßnahmenkatalog können schneller als das Gesetz geändert werden.

Signaturverordnung

Basierend auf §16 des SigG ist die Verordnung zur digitalen Signatur (Signaturverordnung) [Sig97b] in Kraft getreten. In der Signaturverordnung werden die Vorgaben des Signaturgesetzes genauer spezifiziert. Die SigV hat insbesondere Vorschriften zum Betrieb einer Zertifizierungsstelle zum Inhalt. Auch hier werden wiederum Aussagen über technische Komponenten und deren Prüfung getroffen, wobei genaue Sicherheitsmaßnahmen in einem Katalog des Bundesamtes für Sicherheit in der Informationstechnik (BSI) erstellt werden.

Maßnahmenkataloge des BSI

In Ergänzung zur Signaturverordnung hat die Regulierungsbehörde für Telekommunikation und Post, die die im Signaturgesetz beschriebene staatliche Behörde ist, zwei Maßnahmenkataloge herausgegeben. Diese Maßnahmenkataloge wurden vom BSI erstellt.

Der Maßnahmenkatalog für technische Komponenten nach dem Signaturgesetz mit Stand vom 15. Juli 1998 [Reg98b] beschreibt die technischen Anforderungen an die beteiligten IT-Systeme. Diese sind neben der Schlüsselgenerierung und der Schlüsselzertifizierung die bereits in Kapitel 2.3.4 allgemein vorgestellten Anforderungen. So werden explizit Vorschriften für den Verzeichnisdienst, den Zeitstempeldienst, die Personalisierung, die Signierkomponenten und die Anwenderumgebung aufgeführt. Die Regulierungsbehörde veröffentlicht weiterhin geeignete Algorithmen und zugehörige Parameter sowie geprüfte technische Komponenten. Im Juli 1999 waren neben Einrichtungen und Produkten der TeleSec, einer Tochter der Deutschen Telekom AG, nur ein Produkt der Utimaco Safeware AG zur Erzeugung und Verifizierung digitaler Signaturen, sowie ein weiteres Produkt zur Darstellung einer sicheren Dokumentenanzeige und Chipkartenlesegeräte derselben Firma als technische geprüfte Komponenten veröffentlicht.

Der Maßnahmenkatalog für Zertifizierungsstellen nach dem Signaturgesetz mit Stand vom 15. Juli 1998 [Reg98a] beschreibt genaue Abläufe und Verfahren und insbesondere Sicherheitsmaßnahmen, die bei der Erstellung eines Sicherheitskonzepts für den Betrieb und die Kontrolle einer Zertifizierungsstelle berücksichtigt werden sollen.

Weiterhin gibt es die Maßnahmenempfehlungen *Infrastruktur für Zertifizierungsstellen* (SigG, SigV) des BSI [BSI98]. In ihnen werden genaue Vorschriften für bauliche Maßnahmen, Energieversorgung, Brandschutz und Zutrittskontrolle gemacht.

Zusammenfassend lässt sich feststellen, dass die Singnaturverordnung und die Maßnahmenkataloge sehr hohe Anforderungen an den Betreiber einer Zertifizierungsstelle und an die technischen Komponenten stellen. Damit wird zwar ein sehr hohes Sicherheitsniveau erreicht, der hierfür erforderliche Aufwand ist aber sehr hoch. Insbesondere wird zuletzt die Forderung nach unterschiedlichen Sicherheitsklassen laut. Dies formuliert auch das BSI in [Reia], was in einem österreichischen Gesetzesentwurf für die digitale Signatur aufgegriffen wird [Rei99].

Rechtswirksamkeit digitaler Signaturen

Nach der Zivilprozessordnung (ZPO) gilt das mit eigener Hand unterschriebene Schriftstück als *Urkunde*. Elektronische Dokumente sind im Sinne der ZPO schon deshalb keine Urkunden, da ihnen die Schriftform bzw. einem Ausdruck der Daten die handschriftliche Unterschrift fehlt. Damit sind digitale Signaturen für solche Rechtsvorgänge, in denen die Schriftform oder die notarielle Beglaubigung vorgeschrieben ist, nicht zugelassen. Es gibt im Deutschen Recht augenblicklich weit über 3.000 Stellen, an denen die Schriftform verlangt wird. Aufbauend auf dem Signaturgesetz werden jedoch Änderungen, z. B. des Bürgerlichen Gesetzbuches (BGB) und der Zivilprozessordnung (ZPO), vorbereitet, die das Ziel haben, dass in Bereichen, in denen die Schriftform verlangt wird, mittels digitaler Signatur unterzeichnete elektronische Dokumente auch zugelassen werden [Wal98].

Für andere Rechtsgeschäfte, für die der Gesetztgeber keine Form vorschreibt, können die Partner die Form frei vereinbaren. Dies betrifft insbesondere Dokumente im Geschäftsverkehr. Mit dem Signaturgesetz besteht jetzt in diesen Fällen die Möglichkeit, bei elektronischen Dokumenten die digitale Signatur zu verwenden. Dazu müssen allerdings die im Signaturgesetz beschriebene Infrastruktur (siehe Kapitel 2.5.3) geschaffen werden und Dienstleistungen und Komponenten angeboten werden. Der Stand der Realisierung ist in Kapitel 2.7 zusammengefasst.

Weiterhin gibt es inzwischen einige Verordnungen, die die elektronische Form mit digitaler Signatur anstelle der Papierform explizit zulassen. Diese Verordnungen betreffen bspw. das Führen von Grundbüchern. In anderen Bereichen werden derzeit Versuche durchgeführt, ob elektronische Dokumente mit digitaler Signatur zugelassen werden.

2.5.2 Internationale Gesetze

Deutschland hat mit dem Signaturgesetz international eine Vorreiterrolle übernommen. Zum Zeitpunkt der Verabschiedung hatte kein anderes Land eine vergleichbare Regelung gesetzlich verankert. Inzwischen hat sich die Situation etwas geändert. In Italien ist ebenfalls 1997 ein Signaturgesetz verabschiedet worden. Luxemburg folgte 1998. Finnland hat am 20. Mai 1999 ein Gesetz verabschiedet, das die Einbringung eines Zertifikats auf einen elektronisch lesbaren Personalausweis vorsieht. In Österreich, Belgien, Dänemark und Irland liegen Gesetzesentwürfe vor. In den USA sind in einigen Bundesstaaten Signaturgesetze verabschiedet worden. Eine einheitliche Regelung für die USA gibt es noch nicht; es existiert aber eine House of Bill des amerikanischen Kongresses, die das National Institute of Standards and Technology (NIST) beauftragt, technologieunabhängige Rahmenbedingungen zum Einsatz von digitalen Signaturen und zum Aufbau einer einheitlichen nationalen Zertifizierungsinfrastruktur zu definieren [HB199].

In Europa wurde zudem eine Richtlinie des Europäischen Parlaments und des Rats über gemeinsame Rahmenbedingungen für elektronische Signaturen am 13. Januar 1999 mit einigen Änderungen in erster Lesung gebilligt [EC998], [EC999]. Die zuständigen EU-Minister haben sich zudem am 22. April 1999 grundsätzlich über die Richtlinie geeinigt, so dass sie dem Europäischen Parlament zur zweiten Lesung vorgelegt wird. Diskussionspunkte waren bis zum Schluss die technischen Anforderungen an die Software-Komponenten. Die Einigung sieht jetzt nationale Registrierungsverfahren für technische Komponenten vor. Damit sind die Grundlagen für eine gegenseitige Anerkennung elektronischer Signaturen geschaffen. Die Richtlinie bestimmt unter anderem, unter welchen Bedingungen eine elektronische Signatur handschriftlichen Signaturen gleichgestellt wird. Auch bei den Vereinten Nationen gibt es ähnliche Anstrengungen. So veröffentlichte die United Nations Commission on International Trade Law am 15. Dezember 1998 einen Draft zu elektronischen Signaturen [oiTL98]. Einen umfangreichen Überblick zum aktuellen Stand der Gesetzgebung findet man unter der URL http://cwis.kub.nl/ ~frw/people/hof/DS-lawsu.htm bzw. unter der URL http://www.mbc.com/ ds_sum.html.

2.5.3 Zertifizierungsinfrastruktur nach dem Signaturgesetz

Signaturgesetz, Signaturverordnung und Maßnahmenkatalog beschreiben die rechtlichen Grundlagen für den Aufbau und Betrieb einer Sicherungsinfrastruktur nach dem Signaturgesetz. In diesem Abschnitt wird beschrieben, wie eine Sicherheitsinfrastruktur in Deutschland gestaltet sein muss, die mit dem Signaturgesetz konform ist.

Aufgaben der Zertifizierungsstelle

Die Aufgaben der Zertifizierungsstellen sind im Gesetz allgemein spezifiziert und lassen sich aus Abb. 2-9 ersehen. Die Schlüsselgenerierung kann durch den Teilnehmer, d. h. den späteren Zertifikatsinhaber, selbst erfolgen oder von der Zertifizierungsstelle übernommen werden. Hier lässt §5 der Signaturverordnung Wahlfreiheit. Die Registrierung der Teilnehmers erfolgt bei der Registrierungsstelle, bei der der Teilnehmer seine Identität nachweisen muss und ein Zertifikat beantragt. Der Identitätsnachweis erfolgt nach §3 der Signaturverordnung über die Vorlage des Personalausweises bzw. Reisepasses oder anhand eines anderen amtlichen Dokuments. Dies bedingt die Notwendigkeit des persönlichen Erscheinens bei der Registrierungsstelle. Das Zertifikat wird von der Zertifizierungsstelle anhand der Identitätsdaten, die bei der Registrierung erfasst wurden und anhand der Schlüsseldaten erzeugt. Die Zertifizierungsstelle übermittelt das Zertifikat an die Personalisierungsstelle und an den Verzeichnisdienst, sofern der Zertifikatsinhaber dem nicht widerspricht. Aufgabe der Personalisierungsstelle ist die Übertragung der Zertifikatsdaten auf das Sicherheitsmedium, die *PSE*. Nach dem derzeitigen Stand der Technik muss das Sicherheitsmedium, um konform mit dem Signaturgesetz zu arbeiten, eine SmartCard sein (zu SmartCards siehe Kapitel 2.3.4). Die PSE kann nun an den Zertifikatsinhaber übergeben werden, wozu er wiederum persönlich erscheinen muss und den Empfang per Unterschrift bestätigen muss.

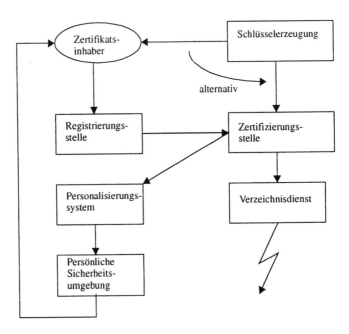

Abb. 2-9 Aufgaben einer Zertifizierungsstelle nach dem Signaturgesetz

Über diese Aufgaben im Zusammenhang mit der Zertifikatserstellung hinaus obliegen der Zertifizierungsstelle noch die Aufgaben des Zeitstempeldienstes und des Sperrmanagements. Dabei müssen Verzeichnisdienst und Sperrmanagement so gestaltet sein, dass ein ständiger Abruf der Zertifikate und Sperrungen über Telekommunikationsverbindungen möglich ist. Die von der Regulierungsbehörde für Telekommunikation und Post herausgegebenen Zertifikate und Sperrlisten sind online unter `http://www.nrca-ds.de/abrufbar.htm` verfügbar und können dort per Download abgerufen werden. Dabei wird ein spezielles TTP-Nachrichtenformat verwendet, in dem X.509-Zertifikate und Sperrlisten (siehe Kapitel 2.6.1) kodiert sind. Unter dieser URL ist auch ein Viewer verfügbar, mit dessen Hilfe die Zertifikate lesbar angezeigt werden können. Dem interessierten Leser sei empfohlen, diese Möglichkeit zu nutzen, denn sie veranschaulicht die Realisierung von Zertifizierungsstellen sehr gut.

Die Zertifikate müssen so lange öffentlich verfügbar sein, wie der Zertifikatsalgorithmus und seine Parameter geeignet erscheinen. Zudem ist eine Zertifizierungsstelle verpflichtet, alle wichtigen Transaktionen zu protokollieren und die ausgestellten Zertifikate für 35 Jahre zu archivieren.

Architektur von Zertifizierungsstellen

Die gesetzlichen Vorschriften in Deutschland sehen lediglich eine zweistufige hierarchische Zertifizierungsinfrastruktur vor. Die Wurzelinstanz ist die *zuständige Behörde*, d. h. die Regulierungsbehörde für Telekommunikation und Post. Die Zertifizierungsstellen (Certification Authorities, CAs) bilden die Schnittstellen zu den Teilnehmern. Das Gesetz lässt jedoch eine Hierarchie auf der Ebene der Registrierungsstellen (Registration Authorities, RAs) zu. Damit bekommt man eine Gesamtarchitektur, wie in Abb. 2-10 dargestellt. Das Gesetz ermöglicht so großen Unternehmen, Banken bzw. Versicherungen die Errichtung einer regionalen oder lokalen Struktur von Registrierungsstellen, die nur die Registrierung der Zertifikatsinhaber übernehmen. Dies ist auch notwendig, da die Signaturverordnung ein physisches Erscheinen des Antragstellers vorsieht. Einige wenige zentralisierte Registrierungsstellen (Centralized Registration Authorities, CRAs) nehmen dann die Personalisierung vor und bilden die Schnittstelle zur CA, die unter Umständen von einem externen Dienstleister errichtet wird [Reib].

Bestandteile eines Zertifikats

Ein Zertifikat muss nach dem Signaturgesetz folgende Angaben enthalten:

- Name des Zertifikatinhabers, der mit einem Zusatz versehen werden muss, wenn er innerhalb des Namensraums der Zertifizierungsstelle nicht eindeutig ist. Alternativ kann ein unverwechselbares Pseudonym, das dem Zertifikatsinhaber zugeordnet ist, verwendet werden.
- Öffentlicher Signaturschlüssel.
- Bezeichnung des Signatur- und Hash-Verfahrens, mit denen der öffentliche Schlüssel verwendet werden kann und mit dem das Zertifikat erstellt wurde.
- Laufende Nummer des Zertifikats, mit der gewährleistet werden soll, dass der Zertifikatsinhaber eindeutig identifizierbar ist. Der öffentliche Schlüssel kann dies nicht leisten, da er unter Umständen von verschiedenen Zertifizierungs-

stellen an verschiedene Teilnehmer ausgegeben werden kann. Die Zertifizierungsstelle muss nur prüfen, ob sie den Namen noch nicht vergeben hat.

- Beginn und Ende der Gültigkeit des Zertifikats, wobei die Gültigkeit nach der Signaturverordnung fünf Jahre nicht überschreiten darf.
- Namen der ausstellenden Zertifizierungsstelle.
- Angaben, ob die Nutzung des Signaturschlüssels auf bestimmte Anwendungen nach Art und Umfang beschränkt ist.

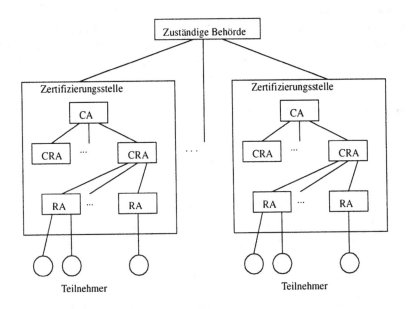

Abb. 2-10 Sicherungsinfrastruktur nach dem Signaturgesetz

Zusätzlich können ein gesetzlicher Vertreter des Zertifikatsinhabers, berufsrechtliche Zulassungen, aber auch andere Angaben mit aufgenommen werden, sofern eine Einwilligung des Zertifikatinhabers vorliegt. Die Regulierungsbehörde für Telekommunikation und Post verwendet das Format X.509 für Zertifikate, das in Kapitel 2.6.1 vorgestellt wird.

Technische Komponenten

Neben den Verfahren zur Zertifikatsausstellung und den technischen Komponenten für die Erzeugung und Speicherung von Signaturschlüsseln sind auch die technischen Komponenten zur Erzeugung und Prüfung digitaler Signaturen Gegenstand des Signaturgesetzes und der Signaturverordnung. Damit spricht das Gesetz auch Empfehlungen zum korrekten Einsatz des Verfahrens der digitalen Signatur aus, die nicht im Verantwortungsbereich der Zertifizierungsstelle, sondern beim Nutzer liegen.

So schreibt §16 (3) der Signaturverordnung für die Erzeugung digitaler Signaturen vor, „... *dass die signierende Person die Daten, auf die sich die Signatur erstrecken soll, eindeutig bestimmen kann... .*" Diese Anforderung bedeutet in der Praxis, dass elektronische Dokumente vor der Einbringung der Signatur durch die technische Komponente (Software und Hardware) komplett und lesbar dargestellt werden müssen, um unterschiedlichen Interpretationen der Daten vorzubeugen. So müssen z. B. durch Anwendungs-Software ausgeblendete Teile eines Dokuments angezeigt werden. Alternativ muss zumindest ein Hinweis auf das Anwendungsprogramm, mit dem das Dokument erstellt wurde, vor der Signaturbildung an das Dokument angehängt werden. Weiter heißt es äquivalent für die Komponenten zur Prüfung der digitalen Signatur: „*Die zum Prüfen signierter Daten erforderlichen technischen Komponenten müssen so beschaffen sein, dass die prüfende Person die Daten, auf die sich die digitale Signatur erstreckt, ... eindeutig feststellen kann...*".

Zur Überprüfung der Zertifikate ist spezifiziert: „*Die technischen Komponenten zum Nachprüfen von Zertifikaten müssen eindeutig erkennen lassen, ob die nachgeprüften Zertifikate im Verzeichnis der Zertifikate zu einem angegebenen Zeitpunkt vorhanden und nicht gesperrt waren.*" Hieraus ergibt sich ein umfangreiches Verfahren für den Aufbau des Verzeichnisdienstes der Zertifizierungsstelle und für die Einrichtung der Sperrliste, wobei die Verordnung Platz für Interpretationen lässt.

2.6 Zertifizierungsarchitekturen im Internet

Im Folgenden werden wichtige Zertifizierungsarchitekturen des Internets vorgestellt. Neben der Theorie und den rechtlichen Grundlagen rundet daher die anschließend beschriebene Praxis dieses Unterkapitel ab.

2.6.1 X. 509-Zertifikate und Sperrlisten

1988 wurden von der CCITT, der Vorgängerorganisation der ITU, die Standards X.500 (Verzeichnisdienst) und X.509 herausgegeben. X.509 beschreibt einen Rahmen, in dem von einem Verzeichnisdienst, der anschließend mit X.500 kurz beschrieben wird, auch Authentifizierungsdienste angeboten werden.

Verzeichnisdienst X.500

Die technische Struktur des Verzeichnisdienstes X.500 basiert auf dem Client-Server-Prinzip. Hierbei sendet ein Client eine Anfragenachricht an einen Server, der daraufhin mit der Abarbeitung des Auftrags beginnt und das Ergebnis anschließend, wiederum in Form einer Nachricht, an den Client zurücksendet. Beim Verzeichnisdienst X.500 stellen sog. *Directory System Agents* (DSAs) die verteilte Serverstruktur dar, von denen jeder dem Benutzer einen oder mehrere Dienste zur Verfügung stellt. Der Benutzer erhält Zugang zu den DSAs über seinen *Directory User Agent* (DUA), worunter eine Anwendung auf dem Rechner des Benutzers zu verstehen ist. DUA und DSA kommunizieren miteinander, entweder über das *Directory Access*

Protocol (DAP) oder über dessen weniger umfangreiche Variante, das *Lightweight Directory Access Protocol Version 3* (LDAPv3), das häufig im Internet eingesetzt wird. Das letztere Protokoll bietet in seiner derzeitigen Version Lese- und Aktualisierungszugriffe, wobei Sicherheitsmechanismen zur Sicherstellung der Authentizität (digitale Signatur) bei der Aktualisierung von Eintragungen in der jetzigen Version noch nicht implementiert sind. LDAP erlaubt eine offene Implementierung von Verzeichnisdiensten. Den Aufbau verteilter Public Directories nach X.500 verdeutlicht Abb. 2-11. Die DSAs verwalten verteilt jeweils einen Teil der *Directory Information Base* (DIB) des weltweiten Verzeichnisdienstes. Der Benutzer sendet seine Anfrage zunächst mittels seines DUAs an seine lokale DSA. Falls diese DSA die gewünschte Information nicht lokal gespeichert hat, fragt sie bei einer anderen DSA an. Sie verwendet dazu das *Directory System Protocol* (DSP).

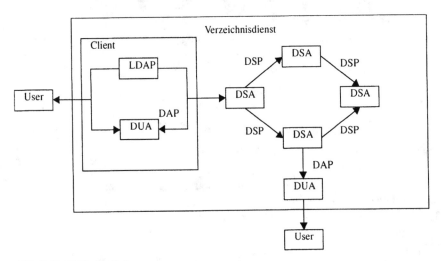

Abb. 2-11 X.500-Architektur

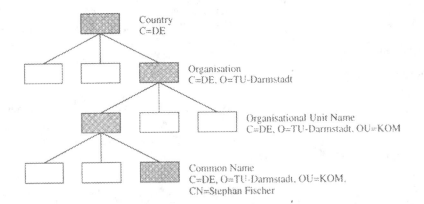

Abb. 2-12 X.500-Distinguished-Name

Da mittels X.500 eine weltweit verteilte Datenbank aufgebaut wird, müssen auch die verwendeten Namen für die Objekte innerhalb der Datenbank eindeutig sein. Daher wird eine hierarchische, baumartige Struktur verwendet, wie in Abb. 2-12 dargestellt. Jeder Eintrag in der Datenbank verfügt über einen eindeutigen Namen, den sog. *Distinguished Name*, der bspw. in der Form: CN=Stephan Fischer, OU=KOM, O=TU-Darmstadt, C=DE angegeben wird. In X.520 werden die in Tab. 2-1 aufgeführten Schlüsselwörter definiert. Diese Schlüsselwörter sind an dieser Stelle auch aufgeführt, da die meisten existierenden Zertifizierungsstellen X.509-Zertifikate verwenden und daher einen X.500-Distinguished-Name verwenden [TCT99].

Attributtyp	Bedeutung
c	countryName
o	organziationName
ou	organizationalUnitName
s	surname
cn	commonName
l	localityName
sp	streetOrProvinceName
st	streetAddress
t	title
sn	serialNumber
bc	businessCategory
d	description

Tab. 2-1 Attributtypen nach X.520

X.509-Zertifikatsformat

X.509 beschreibt die Art und Weise, wie und in welcher Form Authentifizierungsinformationen (Zertifikate und Sperrlisten) vom Verzeichnisdienst X.500 gespeichert werden und wie sie abgefragt werden können. Zusätzlich werden drei Verfahren für die Anwendung der Authentifizierungsinformationen gegeben. Diese Verfahren beschreiben eine einfache Authentifizierung mittels eines Passworts und die strenge Authentifizierung mit Hilfe von Public-Key-Verfahren.

Der Standard X.509 ist dabei so allgemein gehalten, dass er nicht nur im Zusammenhang mit X.500-Verzeichnisdiensten genutzt werden kann. Insbesondere die Standardisierung des Aufbaus von Zertifikaten wurde so in einer Vielzahl von anderen Anwendungen und weiteren Standards genutzt. Man spricht daher von X.509-Zertifikaten, die in anderen Anwendungen Verwendung finden. Die letzte Version des Standards, die Version X.509v3, wurde 1996 bzw. mit einer Erweiterung 1997 veröffentlicht.

Das Format von Zertifikaten wurde in X.509 von Version zu Version erweitert (siehe auch Abb. 2-13). Neben den wichtigsten Informationen, wie dem Zertifikatsinhaber, dem öffentlichen Schlüssel und dem Gültigkeitsvermerk, die für ein Zertifikat unabdingbar sind, sieht X.509 noch weitere Felder vor, deren Funktion nachfolgend erklärt wird.

- *Version*
  Es gibt inzwischen drei Versionen mit unterschiedlichen Formaten.
- *Seriennummer*
  Die Seriennummer wird von einer Zertifizierungsstelle einmalig vergeben. Sie dient insbesondere zum Widerruf ungültiger Zertifikate.
- *Signaturverfahren*
  Das Feld *Signaturverfahren* beschreibt den Algorithmus, den die Zertifizierungsstelle zum Signieren des Zertifikats verwendet (siehe auch Kapitel 2.4.2). Damit wird die Verwendung von X.509 von einem bestimmten Algorithmus unabhängig.
- *Gültigkeit*
  Der Gültigkeitszeitraum wird über ein Anfangs- und ein Enddatum beschrieben. Dabei sollte ein standardisiertes Datums- und Zeitformat, z. B. UTC, verwendet werden.

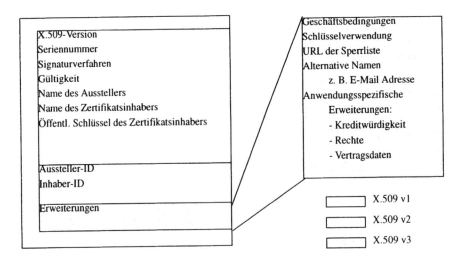

Abb. 2-13 Zertifikate nach ITU-T X.509.v3

- *Name des Ausstellers*
Die Zertifizierungsstelle wird über ihren Namen identifiziert. X.509 sieht hier einen eindeutigen Namen nach dem X.500-Format vor.
- *Name des Zertifikatinhabers*
Dieses Feld enthält den Namen derjenigen Person, an die der öffentliche Schlüssel des Zertifikats gebunden wird. Auch hier soll nach dem Standard ein eindeutiger X.500-Name verwendet werden. Wichtig ist jedoch auf jeden Fall, dass der Name innerhalb der Zertifizierungsstelle eindeutig ist. Daher wird er oft mit Zusätzen zum eigentlichen Namen versehen.
- *Öffentlicher Schlüssel des Zertifikatinhabers*
Der öffentliche Schlüssel, der dem Zertifikatsinhaber zugeordnet ist.
- *Aussteller-ID*
Die Aussteller-ID ist in Version 2 als optionales Feld hinzugefügt worden und dient als Zusatz zum Feld *Name des Ausstellers*, um diesen eindeutig zu identifizieren, z. B. wenn eine Zertifizierungsstelle alle Zertifikate neu ausstellen muss, da ihr privater Schlüssel kompromittiert wurde.
- *Inhaber-ID*
Die Funktion der Inhaber-ID entspricht der der Aussteller-ID für den Zertifikatsinhaber. Ein Einsatzbeispiel ist die Vergabe eines zweiten Zertifikats an den Inhaber, wenn sein erstes Zertifikat ungültig geworden ist. Sowohl Aussteller-ID als auch Inhaber-ID werden heute kaum verwendet, da die Informationen auch in den entsprechenden Erweiterungen hinterlegt werden können.
- *Erweiterungen*
Die Zertifikatserweiterungen wurden in der Version 3 eingeführt. Mit ihnen können zusätzliche Attribute des Zertifikatsinhabers und der Zertifizierungsstelle angegeben werden.

Mit Hilfe der Erweiterungen (sog. *Extensions*) wurden die Anwendungsmöglichkeiten von X.509-Zertifikaten wesentlich erweitert und Unzulänglichkeiten des Zertifikatsformats behoben. Diese Unzulänglichkeiten resultierten insbesondere daraus, dass X.509 für einen Einsatz in einer X.500-Verzeichnisstruktur entwickelt wurde. Nachdem im Standard zunächst nur eine Syntax für Erweiterungen beschrieben wurde, sind in Ergänzungen zum Standard sog. *Standard Extensions* definiert worden, die die Funktionalität einiger Erweiterungen festlegen.

- *Geschäftsbedingungen*
Die Geschäftsbedingungen enthalten Angaben über die Konditionen, unter denen die Zertifizierungsstelle arbeitet und Zertifikate erstellt. Insbesondere sollen damit die Sicherheitsvorkehrungen der Zertifizierungsstelle, also z. B. die Art der Identitätsprüfung, beschrieben werden. Mit Hilfe dieser Felder soll es Anwendungen ermöglich werden, zu entscheiden, ob ein Zertifikat den notwendigen Sicherheitsanforderungen entspricht oder zurückgewiesen werden soll.
- *Schlüsselverwendung*
Mittels dieser Felder wird die Anwendung, für die der Schlüssel dieses Zertifikats vorgesehen ist, beschrieben. So kann hier angegeben werden, ob der Schlüs-

sel zum Erstellen digitaler Signaturen, zum Verschlüsseln oder im Falle von hierarchischen Zertifizierungsstellen zur Erstellung von Zertifikaten genutzt werden soll.

- *URL der Sperrliste*
  Die URL bezeichnet eine IP-Adresse der Sperrliste, an der Informationen über zurückgezogene Zertifikate der Zertifizierungsstelle gefunden werden können, die dieses Zertifikat ausgestellt hat. Mit dieser Information weiß ein Nutzer des Zertifikats, welche Sperrliste er prüfen muss.

- *Alternative Namen*
  X.509 sieht in den Namensfeldern der ersten Version die Verwendung des Namensformats nach X.500 vor. Dieser Ansatz macht es aber bspw. unmöglich, E-Mail-Adressen als Namen zu verwenden. Dies ist für viele Internet-Applikationen allerdings sinnvoll. Die alternativen Namen des Zertifikatinhabers und der Zertifizierungsstelle heben die Beschränkung auf X.500-Namen auf.

Neben den Standard Extensions, die von der ITU festgelegt wurden, besteht weiterhin aber auch die Möglichkeit, anwendungsspezifische Erweiterungen, sog. *Private Extensions*, zu vereinbaren. Zur Verwendung von Private Extensions gibt es eine Vielzahl von Vorschlägen. Die IETF-Arbeitsgruppe *Public Key Infrastructure* (PKIX), deren Vorschläge in Kapitel 2.6.3 beschrieben sind, beschäftigt sich speziell mit der Nutzung der Extensions. Beispiele für eine Verwendung dieser Felder sind *Kreditwürdigkeit*, *Zulassungsrechte* (bspw. als Anwalt, Notar oder Arzt) oder *Vertragsdaten*.

Sperrlisten

Neben den Zertifikaten definiert X.509 auch ein Format für die Sperrlisten (Certificate Revocation List, CRL). Dieses ist in Abb. 2-14 dargestellt und besteht neben Informationen über die Liste selbst aus einer einfachen Liste von gesperrten Zertifikaten. Die gesamte Sperrliste wird von der Zertifizierungsstelle, die sie ausgibt, digital signiert.

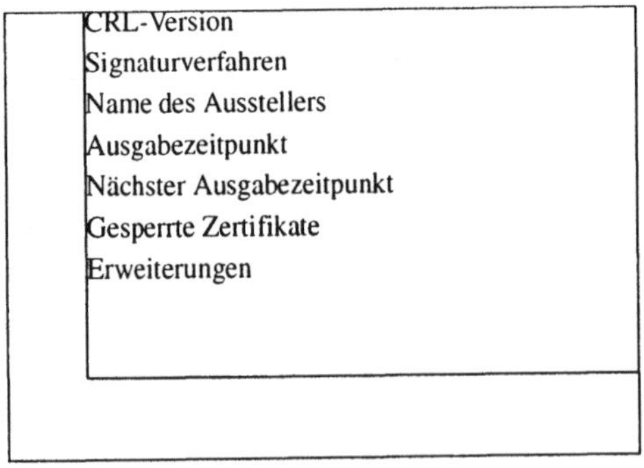

CRL-Version
Signaturverfahren
Name des Ausstellers
Ausgabezeitpunkt
Nächster Ausgabezeitpunkt
Gesperrte Zertifikate
Erweiterungen

Abb. 2-14 Sperrlisten nach X.509

- *Version*
  Inzwischen ist die zweite Version des Sperrlistenformats standardisiert.
- *Signaturverfahren*
  Gibt den Algorithmus an, mit dem der Aussteller die Sperrliste signiert hat.
- *Name des Ausstellers*
  Jede Zertifizierungsstelle ist verpflichtet, eine Sperrliste zu veröffentlichen. Hier wird der Name der Zertifizierungsstelle angegeben.
- *Ausgabezeitpunkt*
  Gibt den Zeitpunkt der Veröffentlichung der Sperrliste an. Dies ist bedeutsam, wenn man im Nachhinein prüfen will, ob ein Zertifikat zum Zeitpunkt der Erstellung einer Signatur bereits widerrufen war (vgl. Kapitel 2.3.4).
- *Nächster Ausgabezeitpunkt*
  Dies ist der Zeitpunkt, an dem die aktualisierte neue Sperrliste spätestens ausgegeben wird.
- *Gesperrte Zertifikate*
  Die zurückgenommenen Zertifikate werden anhand ihrer Seriennummer aufgeführt. Zusätzlich wird jeweils der Zeitpunkt angegeben, zu dem das Zertifikat zurückgenommen wurde. Für zurückgenommene Zertifikate an andere Zertifizierungsstellen sieht X.509 eine eigene Liste vor.
- *Erweiterungen*
  Auch für die Sperrlisten wurden Erweiterungen definiert. So kann hier bspw. angegeben werden, wo die Sperrliste veröffentlicht wurde.

Der erste Ansatz, eine Zertifizierungsinfrastruktur nach X.509 aufzubauen, wurde Ende der 80er Jahre mittels des Standards *Privacy Enhanced Mail* (PEM) unternommen, der im folgenden Abschnitt kurz vorgestellt wird. In der Praxis wurde eine PEM-Zertifizierungsinfrastruktur aber nie aufgebaut. X.509 hat sich, auch wenn es aufgrund seiner Entwicklungsgeschichte als X.500-Bestandteil einige Nachteile aufweist, bis heute im Wesentlichen nur als Zertifikatsformat durchsetzen können. Gleiches gilt für die dort spezifizierten Sperrlisten. Problematisch ist heute noch die Vielzahl von anwendungsspezifischen Erweiterungen in den Private Extensions. Unter anderem dieses Problem ist Gegenstand der IETF-Arbeitsgruppe *Public Key Infrastructure* (PKIX), deren Aufgaben und Vorschläge in Kapitel 2.6.3 beschrieben werden. Parallel dazu gibt es innerhalb der IETF aber auch Bemühungen, eine wesentlich einfachere Infrastruktur und ein einfacheres Zertifikatsformat mit anderen Zielen zu definieren. Dies ist Aufgabe der Arbeitsgruppe Simple Public Key Infrastructure (SPKI), die in Kapitel 2.6.4 vorgestellt wird. Ein gänzlich anderes Vorgehen verfolgt Pretty Good Privacy (PGP), das zum Abschluss in Kapitel 2.6.5 beschrieben wird.

2.6.2 Zertifizierungsinfrastruktur für Privacy Enhanced Mail

Privacy Enhanced Mail (PEM) wurde 1989 als Internet-Standard für den Schutz von E-Mail mittels kryptographischer Verfahren veröffentlicht. Zielsetzung war, die

Vertraulichkeit, die Integrität und die Authentizität von E-Mail zu garantieren. PEM verwendete zu diesem Zweck X.509v1-Zertifikate und beinhaltet auch Spezifikationen zum Aufbau einer Zertifizierungsinfrastruktur. Diese Spezifikationen sind 1993 in [Ken93] erweitert worden und sollen hier kurz erläutert werden, da damit eine der ersten vollständigen Infrastrukturen auf Basis von X.509 geschaffen wurde. Heute spielt PEM keine praktische Rolle mehr, weshalb die Betrachtung knapp gehalten ist.

Die PEM-Zertifizierungsinfrastruktur ist hierarchisch aufgebaut (siehe Abb. 2-15). Die Wurzelinstanz ist die sog. *Internet Policy Registration Authority* (IRPA), die die Regeln und Geschäftsbedingungen für die globale Zertifizierung im Internet festlegt. Unter der Ebene der IRPA sind sog. *Policy Certification Authorities* (PCAs) angeordnet, deren Aufgabe es ist, speziellere, anwendungsbezogene Regeln und Geschäftsbedingungen festzulegen und die eigentlichen Certification Authorities (CAs), die in verschiedenen Organisationen angesiedelt sein können, zu zertifizieren. Die PCAs veröffentlichen ihre Regeln als RFC. Jedes Element der Zertifizierungsinfrastruktur sollte über einen X.500-Distinguished-Name bezeichnet werden. Um eindeutige Namen zu verwenden, war vorgesehen, dass die IRPA eine Datenbank mit den Namen aller weltweiten CAs verwaltet. Jede CA sollte nur solche Zertifikate vergeben, in denen der Name des Benutzers den Namen der CA als Bestandteil enthielt. Diese Datenbank wurde auch deshalb vorgesehen, da es kein weltweites X.500-Verzeichnis gab und gibt. Mit dieser hierarchischen Zertifizierungsinfrastruktur sollten alle in X.500 vorgeschlagenen Zertifizierungsinstanzen verwendet werden, um die Echtheit von Schlüsseln zu prüfen und Certificate Revocation Lists (CRLs) zu führen.

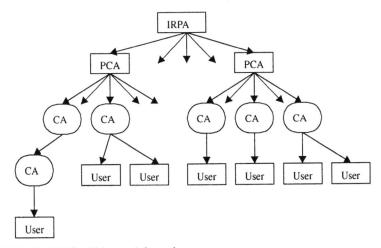

Abb. 2-15 PEM-Zertifizierungsinfrastruktur

Es existieren zwar einige Implementierungen von PEM für sichere E-Mail; die Zertifizierungsinfrastruktur nach dem PEM-Standard wurde im Internet allerdings nie realisiert.

2.6.3 IETF Public Key Infrastructure (PKIX)

Die IETF-Arbeitsgruppe *Public Key Infrastructure*, kurz PKIX, wurde 1995 mit dem Ziel gegründet, eine Internet-Zertifizierungsinfrastruktur, die auf X.509-Zertifikaten basiert, zu errichten. Erste Aufgabe war es, ein Profil für X.509v3-Zertifikate und X.509v2-Sperrlisten zu erstellen. Da X.509 zwar ein Format für Zertifikate angibt, aber bspw. keine Wertebereiche für einzelne Felder definiert und keine Angaben über die Verwendung der Private Extensions macht, wurde es als notwendig angesehen, ein solches Profil zu definieren. Ausgehend von dieser ursprünglichen Aufgabe beschäftigt sich PKIX inzwischen mit weiteren Gebieten im Zusammenhang mit Zertifizierungsinfrastrukturen. Einen guten Überblick über die Aufgaben von PKIX und die veröffentlichten Dokumente gibt [Ars99].

X.509-Profile

Ein X.509v3-Zertifikat beinhaltet eine relativ komplexe Datenstruktur (siehe Kapitel 2.6.1). Viele der vorgegebenen Felder und zahlreiche Erweiterungsfelder haben einen umfangreichen Wertebereich, der im Standard nicht definiert ist. Dieses Vorgehen ermöglicht zwar eine große Flexibilität und einen Einsatz von X.509-Zertifikaten für viele Anwendungen, macht es aber schwer, unabhängig voneinander Anwendungen zu implementieren, die gegenseitig die erstellten Zertifikate verarbeiten und prüfen können. Die Arbeitsgruppe PKIX entwickelte daher ein Profil für X.509-Zertifikate, das Inhalte, Wertebereiche und Objektbeschreibungen des Zertifikats definiert, welche Erweiterungsfelder von einer Anwendung unterstützt werden müssen, welche optional sind und welche nicht unterstützt werden dürfen. Dieses Profil wurde 1998 erstmalig als RFC veröffentlicht und inzwischen erweitert und modifiziert [HFPS99]. Zusätzlich ist in RFC 2459 ein Profil für X.509v2-Sperrlisten definiert. Das folgende Beispiel erläutert die Funktionsweise.

Code

```
ExtensionAttributeTable EXTENSION-ATTRIBUTE ::= {
    common-name |
    teletex-common-name |
    teletex-organization-name |
    teletex-personal-name |
    teletex-organizational-unit-names |
    teletex-domain-defined-attributes |
    pds-name |
    physical-delivery-country-name |
    postal-code |
```

```
        physical-delivery-office-name   |
        physical-delivery-office-number |
        extension-OR-address-components |
        physical-delivery-personal-name |
        physical-delivery-organization-name |
        extension-physical-delivery-address-components |
        unformatted-postal-address |
        street-address |
        post-office-box-address |
        poste-restante-address |
        unique-postal-name |
        local-postal-attributes |
        extended-network-address |
        terminal-type
}
```

Abb. 2-16 Definition von erweiterten Attributen nach RFC 245

In X.509v3 sollen die Private Extensions zur genaueren Beschreibung des Zertifikatinhabers genutzt werden. Es ist einleuchtend, dass es für einige Anwendungen bspw. Sinn macht, die postalische Anschrift des Zertifikatinhabers oder seine Telex-Adresse anzugeben. Schwierig ist allerdings, wie ein Anwendungsprogrammierer, der das Einbringen der Informationen in das Zertifikat programmiert, die Felder benennen soll und wie er sie anordnen soll. Das PKIX-Profil spezifiziert daher Attribute (siehe Abb. 2-16), die hierzu verwendet werden können. Zu diesen Attributen werden dann noch genauer die Typen spezifiziert (siehe Abb. 2-17). So kann ein Zertifikat nach PKIX ein Attribut Postal Code enthalten, das entweder eine Zahl bis zur Länge von 16 Zeichen oder einen String bis zur Länge von ebenfalls 16 Zeichen ist. Ein Teletex-Name hat eine maximale Länge von 64 Zeichen.

Code

```
PostalCode ::= CHOICE {
   numeric-code NumericString (SIZE (1..ub-postal-code
      length)),
   printable-code PrintableString (SIZE (1..ub-postal-code-
      length))

teletex-common-name EXTENSION-ATTRIBUTE ::= {
   TeletexCommonName
   IDENTIFIED BY 2
}

TeletexCommonName ::= TeletexString (SIZE (1..ub-common-name-
   length))
ub-postal-code-length INTEGER ::= 16
ub-common-name-length INTEGER ::= 64
```

Abb. 2-17 Definition von Attributtypen nach RFC 2459

Protokolle zur Ablieferung von Zertifikaten

Grundsätzlich müssen Zertifikatsformate nicht nur beschrieben werden, sondern deren Verwendung muss auch ermöglicht werden. Systeme, die Zertifikate oder Sperrlisten abrufen wollen, müssen mit den Verzeichnisdiensten kommunizieren. PKIX definiert daher auch Protokolle, in denen die Ablieferung von Zertifikaten und Sperrlisten oder von anderen Statusinformationen an die Benutzer der Zertifikate beschrieben werden. Inzwischen existieren Protokolle für die Auslieferung von Zertifikaten, die auf LDAP, auf HTTP, auf FTP und auf X.500 basieren (siehe auch [BR99], [Red98], [MA99] und [HH99]).

Protokolle zum Zertifikatsmanagement

Managementprotokolle sind notwendig, um Interaktionen zwischen Benutzern von Zertifizierungsstellen und der Zertifizierungsstelle oder zwischen Zertifizierungsstellen online zu ermöglichen. So kann ein Managementprotokoll dazu genutzt werden, um Identitätsinformationen vom Antragssteller eines Zertifikats an die Zertifizierungsstelle zu übertragen oder um eine Sperrung eines Zertifikats zu beantragen. Zwischen Zertifizierungsstellen können bspw. sog. *Kreuzzertifikate* eingerichtet werden. PKIX hat in [MK99] und in [AM99] sowohl Formate als auch Kommunikationsprotokolle für eine Vielzahl solcher Managementaufgaben definiert.

Zertifizierungspolitik

In Deutschland gibt es für die Zertifizierungspolitik einer Zertifizierungsstelle Vorgaben des Signaturgesetzes. Solche Vorgaben, z. B. zur Auswahl des Verfahrens der Identitätsprüfung und zu baulichen oder personellen Sicherungsmaßnahmen, werden von der Arbeitsgruppe PKIX in [CF99] definiert.

Zeitstempel- und Datenzertifizierungsdienste

Seit 1998 beschäftigt sich die Arbeitsgruppe PKIX auch mit Zeitstempeldiensten, die bereits allgemein in Kapitel 2.3.4 vorgestellt wurden. Erste Kommunikationsprotokolle und Formate sind in [Ada99] beschrieben. Ein weiterer Dienst, den die Arbeitsgruppe vorschlägt, besteht aus einem *Data Certification Server*, der die Korrektheit oder vielmehr den Besitz von Daten, die an ihn übermittelt wurden, mittels einer digitalen Signatur bestätigt. Damit soll bspw. von einer dritten Stelle der Inhalt von Verträgen signiert werden.

2.6.4 IETF Simple Public Key Infrastructure (SPKI)

Einen anderen Ansatz als die Arbeitsgruppe PKIX verfolgt die IETF-Arbeitsgruppe *Simple Public Key Infrastructure* (SPKI). Mittels SPKI soll unabhängig von X.509 ein neuer Standard für Zertifikate entwickelt werden. Zielsetzung ist es, ein einfaches Format und Protokoll zu definieren, das in einer Vielzahl von Anwendungen im Internet eingesetzt werden kann. Dabei legt die Arbeitsgruppe den Schwerpunkt nicht auf den Einsatz von Zertifikaten zur Authentifizierung eines Zertifkatsinhabers, d. h. auf den Nachweis seiner Identität, sondern auf die Autorisierung eines Schlüsselinhabers.

Rechtevergabe über SPKI-Zertifikate

An ein SPKI-Zertifikat können beliebige Rechte gebunden werden. Entscheidend ist nicht mehr die Identität eines Benutzers, sondern die ihm eingeräumten Rechte (siehe Abb. 2-18).

Bei Verwendung eines X.509-Zertifikats muss zur Autorisierung, d. h. zur Überprüfung der Berechtigung eines Zertifikatsinhabers, eine Infrastruktur aufgebaut werden, die die Berechtigungen von Identitäten verwaltet, da das Zertifikat ja nur den Zertifikatsinhaber beschreibt. SPKI-Zertifikate binden hingegen Rechte an ein Zertifikat, so dass eine direkte Autorisierung möglich ist. Damit wird der Schlüsselinhaber durch seinen öffentlichen Schlüssel identifiziert. Nur zur Bequemlichkeit werden mit dem Schlüssel ein Hash-Wert oder ein Name verbunden.

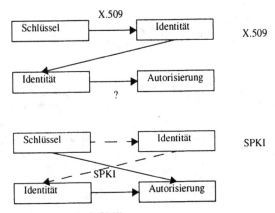

Abb. 2-18 Autorisierung mittels SPKI

Namensverwendung

Ein weiterer Unterschied zwischen SPKI und X.509 liegt darin, dass SPKI die Verwendung lokaler Namen anstelle eines eindeutigen globalen Namensschemas vorsieht. Dies wird damit begründet (siehe [EFL+98a]), dass global eindeutige Namen nicht unbedingt notwendig, sehr schwer zu vergeben und zu verwalten sind und sogar Gefahren bergen. SPKI verwendet daher das von Rivest und Lampson entwickelte Namenskonzept *SDSI*, das an dieser Stelle kurz vorgestellt wird, hier aber nicht genauer betrachtet werden kann, um den Rahmen des Buchs nicht zu sprengen. SDSI ist ausführlich in [RL99] beschrieben.

Zertifikatsaufbau

Die Einfachheit des SPKI-Zertifikats zeigt sich daran, dass es aus lediglich fünf Teilen besteht [EFL+98a].

- `Issuer`
  Der Zertifikatsausgeber vergibt die im Zertifikat angegebenen Rechte (`Authorization`) an den Zertifikatsinhaber (`Subject`). Dieser wird über seinen öffentlichen Schlüssel bzw. über dessen Hash-Wert oder über seinen lokalen Namen identifiziert.

- `Subject`
  Dem Zertifikatsinhaber werden mittels des Zertifikats Rechte erteilt. Er wird ebenfalls über seinen öffentlichen Schlüssel, über dessen Hash-Wert oder über seinen lokalen Namen identifiziert.

- `Delegation`
  Dieses Feld gibt an, ob der Zertifikatsinhaber (`Subject`) die mittels des Zertifikats erhaltenen Rechte (`Authorization`) weitergeben darf und falls ja, welche Rechte. Mittels dieses Ansatzes können *Vertrauensketten* aufgebaut werden.

- `Authorization`
  Die Rechte des Zertifikatinhabers werden in diesem Feld angegeben.

- `Validity`
  SPKI sieht eine Gültigkeit des Zertifikats vor. Weiterhin wird in diesem Feld eine Adresse angegeben, an der eine Online-Überprüfung der Gültigkeit möglich ist.

In SPKI werden über diese Felder hinaus keine weiteren Attribute definiert. Diese Aufgabe wird ganz dem Entwickler überlassen, der eine Anwendung programmiert, die ein solches Zertifikat nutzt. Insbesondere das Feld `Authorization` kann auf vielerlei Arten genutzt werden. In den Veröffentlichungen der SPKI-Arbeitsgruppe werden nur Beispiele angegeben, an denen sich der Entwickler orientieren kann. Mittels der Anweisung

`Code`

```
(tag (ftp (cybercash.com meyer)))
```

wird bspw. dem `Subject` des Zertifikats die Berechtigung erteilt, sich als Benutzer `meyer` per FTP am Host `cybercash.com` anzumelden. Es können aber auch andere Berechtigungen vergeben werden. Mittels der Anweisung

`Code`

```
(tag (spend SparkasseDarmstadt ''23465234''
(* range le ''500.00'')))
```

wird dem Zertifikatsinhaber erlaubt, vom angegebenen Konto bei der Sparkasse Darmstadt bis zu 500,- DM elektronisch durch Überweisung abzuheben.

Im Folgenden ist ein vollständiges Zertifikat nach SPKI angegeben. Es handelt sich dabei um einen Zeitungsgutschein. Der Zertifikatsaussteller, der durch den Hash-Wert seines öffentlichen Schlüssels identifiziert wird, erlaubt mittels des Zertifikats dem Zertifikatsinhaber, der ebenfalls durch den Hash-Wert seines Schlüssels identifiziert ist, bis zum Jahr 2002 Zeitungen im Wert von 200,- DM zu beziehen. Das Zertifikat wird vom Aussteller digital signiert, so dass es Gültigkeit erhält.

Code

```
(cert
    (issuer (hash md5 |u2k173MiObhO1zkGmHdbA==|))
    (subject (keyholder (hash md5 |w2317d3fMbhd1zkGmHd4A==|)))
    (tag (newspaper_sale ''200'' DM))
    (not-after ''2002-01-01_00:00:00'')
)
{jasw34dgukjOzuDWLhge5ujf123dgzhgjJKHDjgiPPjsauda9jTBdddaaa
dSDdahkkoHge7GFslohT64wSrEKDO34dgukjOzuDWLhge5ujjJKHDjgiPP
adPksw34dguDkdjDOFsloh2z4wSdddrEfKfDjO35ujf123dgzrEKDO34dg
dgzhgjJrEfKfDjO35ujKHDjgdjDOFsloh2z4w7GFslohT64ddd==dadwda}
```

An diesem Beispiel wird auch deutlich, dass die Attribute des Feldes Authorization nur vom Zertifikatsaussteller definiert werden können. Andererseits kann somit jeder Zertifikate ausstellen, mit denen er Rechte an Dritte vergibt. Weitere Beispiele für eine Anwendung von SPKI-Zertifikaten sind in [EFL+98a] vorgestellt.

Da Zertifikate vertrauenswürdige Informationen beinhalten können, sieht die SPKI keine Veröffentlichung von Zertifikaten vor. Vielmehr werden sie im Anwendungsfall vom Zertifikatsinhaber zur verifizierenden Stelle geschickt. Ein Verzeichnisdienst ist daher nicht Gegenstand von SPKI, sondern muss vom Zertifikatsinhaber aufgebaut werden. Aus Gründen des Datenschutzes soll jedes Zertifikat die minimalen Informationen enthalten, die notwendig sind, um seine Berechtigung nachzuweisen. Es ist aber auch möglich, dass Zertifikate anonym sind.

2.6.5 Vertrauensgeflecht in Pretty Good Privacy (PGP)

Pretty Good Privacy (PGP) ist ein von Phil Zimmermann in der ersten Version bereits 1991 veröffentlichtes Programm zur Verschlüsselung von E-Mail und Dateien, das in diesem Zusammenhang in Kapitel 6.3.1 detailliert vorgestellt wird. PGP kann aber auch zur Erzeugung digitaler Signaturen verwendet werden. Aus diesem Grund ist im Zusammenhang mit PGP auch ein Zertifizierungsverfahren definiert worden [Gar95].

Da PGP nach der Intention von Phil Zimmermann ein Werkzeug für einen großen Anwenderkreis im Internet sein soll, wird ein sehr einfacher Ansatz verfolgt, der keine hierarchische Zertifizierungsinfrastruktur verwendet. In PGP existieren keine ausgezeichneten Zertifizierungsstellen. Jeder Benutzer kann den öffentlichen Schlüssel eines anderen digital signieren und somit schrittweise ein Netz von Zertifikaten aufbauen, die durch die Signaturen verbunden sind. Dieses Vorgehen ist also ein *Web of Trust* (siehe Kapitel 2.3.5).

Den Aufbau eines PGP-Vertrauensgeflechtes versteht man am einfachsten anhand des Beispiels aus Abb. 2-19. Alice will hierbei Bob vertrauenswürdige Nachrichten schicken und benötigt daher dessen öffentlichen Schlüssel. Über diesen verfügt sie jedoch nicht. Joe ist ein Freund von Bob und signiert das Zertifikat von Bobs öffentlichem Schlüssel, da er den Schlüssel von Bob persönlich erhalten hat. Bob schickt sein von Joe signiertes Zertifikat über seinen öffentlichen Schlüssel an Alice. Alice prüft das Zertifikat und stellt fest, dass es von Joe signiert ist, über dessen öffentlichen Schlüssel sie verfügt. Da aber Alice Joe ebenfalls kennt und weiss, dass er zuverlässig Zertifikate ausstellt, vertraut sie auch der Authentizität von Bobs öffentlichem Schlüssel und kann ihre Nachricht an Bob verschlüsseln.

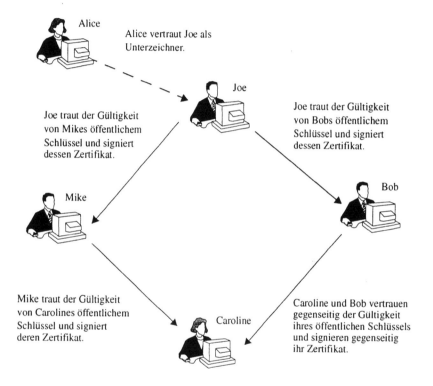

Alice

Alice vertraut Joe als Unterzeichner.

Joe

Joe traut der Gültigkeit von Bobs öffentlichem Schlüssel und signiert dessen Zertifikat.

Joe traut der Gültigkeit von Mikes öffentlichem Schlüssel und signiert dessen Zertifikat.

Mike

Bob

Mike traut der Gültigkeit von Carolines öffentlichem Schlüssel und signiert deren Zertifikat.

Caroline

Caroline und Bob vertrauen gegenseitig der Gültigkeit ihres öffentlichen Schlüssels und signieren gegenseitig ihr Zertifikat.

Abb. 2-19 Aufbau eines PGP-Vertrauensgeflechts

PGP-Vertrauensarten

Im obigen Beispiel sind bereits zwei Arten von Vertrauen aufgetreten, die in PGP unterschieden werden. Zum einen ist dies das Vertrauen in das Zertifikat selbst (sog. *Validity*). Die Validity sagt aus, dass der öffentliche Schlüssel innerhalb des Zertifikats zuverlässig an die Identität des Zertifikatinhabers gebunden ist, das heißt, dass der öffentliche Schlüssel tatsächlich dem Zertifikatsinhaber gehört. Zum anderen ist aber auch ein Vertrauen in den Unterzeichner des Zertifikats (*Trust*) notwendig, dass dieser Zertifikate nur zuverlässig ausstellt. Der Unterschied soll nochmals an einer Fortführung des obigen Beispieles ausgearbeitet werden. Bob und Caroline haben sich gegenseitig Zertifikate ausgestellt. Bobs Zertifikat ist von Joe signiert und, da Alice von der Zuverlässigkeit von Joe überzeugt ist, vertraut sie auch dem Zertifikat von Bob. Alice kann jedoch auch davon ausgehen, dass Carolines Zertifikat gültig ist, weil es wiederum von Bob signiert ist. Es fragt sich nun, ob sie auch das notwendige Vertrauen in Bob hat. Darüber sagt Joe mit der Ausstellung seines Zertifikats für Bob strenggenommen nichts aus, denn er bestätigt mit seiner digitalen Signatur nur, dass der öffentliche Schlüssel Bob gehört. Ob man diesen transitiven Ketten vertraut oder nicht, muss letztendlich jedem Anwender selbst überlassen werden. Dies zeigt eine deutliche Schwäche von PGP-Zertifikaten. Es gibt im allgemeinen keine überprüfbaren Regeln, sondern allenfalls Konventionen, wie eine Identitätsprüfung erfolgen muss, die jeder Zertifikatsausstellung vorangehen sollte.

Zertifikatsüberprüfung

In der Praxis entwickelten sich mehrere Möglichkeiten, wie man das Vertrauen in PGP-Zertifikate verbessern kann. Zum einen gibt es eine Vielzahl von Initiativen und Trust Centern, die sich klare Regeln geben, unter welchen Bedingungen Zertifikate auszustellen sind. Zertifikaten, die von einer solchen Institution ausgegeben wurden, wird man unter Umständen ein größeres Vertrauen entgegenbringen. Ein Beispiel für solche Institutionen ist im folgenden Abschnitt angegeben. Zum anderen wird man einem Zertifikat mehr Vertrauen entgegenbringen, wenn es von mehreren Personen überprüfbar signiert wurde. Dazu genügt es nicht, dass ein Zertifikat von vielen anderen unterzeichnet wurde, denn Signaturen kann jeder selbst anbringen. Man muss die Signatur auch überprüfen können, wozu man den öffentlichen Schlüssel des Signierenden benötigt. Im Beispiel hat auch Mike Carolines Zertifikat signiert und da Mike wiederum ein von Joe signiertes Zertifikat besitzt, kann Alice dem Zertifikat von Caroline schon mehr Vertrauen entgegenbringen. Sie hat zwei Vertrauensketten zu Caroline gefunden.

PGP-Vertrauensstufen

Zusätzlich zu diesen Verfahren sieht die Implementierung von PGP noch weitere Möglichkeiten vor, Vertrauen zu klassifizieren. Es werden vier Stufen des Vertrauens in den Unterzeichner des Zertifikats (Trust) unterschieden:

- full
  Dem Unterzeichner wird vollständig vertraut.

- marginal
  Dem Unterzeichner wird grundsätzlich vertraut, ohne dass eine vollständige Sicherheit besteht.

- `unstrustworthy`
  Dem Unterzeichner wird nicht vertraut.
- `don't know`
  Keine Aussage über die Vertrauenswürdigkeit.

Eine Klassifizierung dieses Vertrauens bleibt dem Anwender selbst überlassen. Jedesmal, wenn dem PGP-System ein neues Zertifikat hinzugefügt wird, wird der Anwender danach gefragt, welches Vertrauen er dem Unterzeichnenden entgegenbringt. Außerdem gibt es drei Stufen des Vertrauens in das Zertifikat selbst (Validity):

- `undefined`
  Keine Aussage darüber, ob das Zertifikat gültig ist oder nicht.
- `marginal`
  Das Zertifikat kann gültig sein, ohne dass aber eine vollständige Sicherheit besteht.
- `complete`
  Das Zertifikat ist mit Gewissheit gültig.

Diese Klassifizierung nimmt das PGP-System selbst vor, indem es nach einem Algorithmus, der an dieser Stelle nicht beschrieben werden kann, überprüft, ob bereits Signaturen für dieses Zertifikat vorliegen und welches Vertrauen diesen entgegengebracht wird. Aus diesen Informationen bestimmt PGP eine Vertrauensstufe für das neue Zertifikat. Mittels dieses Verfahrens versucht PGP, dem Anwender eine Hilfe an die Hand zu geben, wie weit er Zertifikaten vertrauen kann. Eine wirkliche Sicherheit erhält er nicht und so ist eine Verwendung zum Nachweis der Authentizität nur bedingt gegeben, da zudem die Identität des Zertifikatsinhabers zumeist nur über seine E-Mail-Adresse angegeben wird.

2.7 Zertifizierungsstellen

Nachdem zuvor die Anforderungen an die Architektur einer Zertifizierungsstelle nach dem Signaturgesetz und Konzepte aus dem Internet vorgestellt wurden, werden nun in diesem Abschnitt kurz verschiedene tatsächlich errichtete Zertifizierungsinfrastrukturen vorgestellt. Dabei werden nur die wichtigsten Anbieter in Deutschland und in den USA beschrieben. Es existieren aber auch eine Reihe nicht kommerzieller Aktivitäten. Die Beschreibung der einzelnen Angebote kann auch aufgrund der schnellen Veränderung nicht umfassend sein und soll vielmehr die Schwerpunkte der einzelnen Anbieter darstellen.

2.7.1 Kommerzielle Zertifizierungsstellen in Deutschland

Zwei Jahre nach der Verabschiedung des Signaturgesetzes im Deutschen Bundestag kann von einer Umsetzung des Signaturgesetzes noch keine Rede sein. Zum gegenwärtigen Zeitpunkt, im November 1999, haben die zuständige Behörde bzw. die von ihr beauftragten Prüfungsstellen erst eine Zertifizierungsstelle genehmigt. Es handelt sich dabei um das Produktzentrum TeleSec der Deutschen Telekom AG. Die Genehmigung wurde am 22. Dezember 1998 erteilt. Bisher bietet die TeleSec aber noch keine Zertifikate nach dem Signaturgesetz an, so dass tatsächlich noch keine Zertifikate ausgestellt wurden, die mit dem Signaturgesetz konform sind. Die Regulierungsbehörde erwartet nach eigenen Angaben [Reg99] die Genehmigung für drei bis sieben weitere Zertifizierungsstellen im Laufe des Jahres 1999. Die Ursache für den langsamen Aufbau von Zertifizierungsstellen, die mit dem Signaturgesetz konform sind, ist aber nicht in einem mangelnden Interesse zu sehen, sondern in dem hohen Aufwand, der zu deren Errichtung notwendig ist.

Es gibt aber heute eine Reihe von Anbietern, die Zertifikate ausstellen, die nicht mit dem Signaturgesetz konform sind. Diese bieten für den Anwender bereits eine Vielzahl von Angeboten, wobei die Prüfung der Qualität des Angebots dem Anwender selbst obliegt. Einige wichtige Anbieter werden an dieser Stelle kurz vorgestellt. Sie haben ihre Berechtigung bis zu einer breiten Umsetzung des Signaturgesetzes, aber auch darüber hinaus aufgrund der Beschränkung des Signaturgesetzes auf personengebundene Zertifikate und auf die Anwendung für elektronische Dokumente.

Telekom-Trust Center TeleSec

Die Deutsche Telekom AG betreibt seit 1994 ein Trust Center bei der Tochterfirma TeleSec. Die bauliche und organisatorische Infrastruktur entspricht den Anforderungen des Signaturgesetzes, was die Genehmigung durch die zuständige Behörde bestätigt. Allerdings hat die TeleSec zur Zeit noch keine Zertifikate nach dem Signaturgesetz im Angebot, sondern Zertifikate für verschiedenste Anwendungsbereiche, die sich zudem durch die Form der Registrierung und der Inhaltsprüfung von Zertifikaten durch die TeleSec unterscheiden. Nach eigenen Angaben hat die TeleSec inzwischen mehr als 80.000 davon ausgestellt. Alle Zertifikate entsprechen dem Format des Standards X.509v3. Der Verzeichnisdienst der TeleSec und ihre Sperrliste ist unter der Adresse `http://srv15.telesec.de/verzeichnisdienst/index.htm` abrufbar. Mit Hilfe eines bei der TeleSec erhältlichen Viewers können die Zertifikate auch lesbar angezeigt werden.

TC Trust Center

Die Firma TC Trust Center for Security in Data Networks GmbH betreibt in Deutschland zur Zeit das wohl bedeutendste Trust Center. Die Beteiligung von vier deutschen Großbanken zeigt ebenfalls die Bedeutung von TC Trust Center, aber auch, welche Bedeutung die Industrie der digitalen Signatur zuweist. TC Trust Center hat einen Antrag auf Genehmigung als Zertifizierungsstelle nach dem Signaturgesetz gestellt.

TC Trust Center unterscheidet derzeit 4 Klassen von Zertifikaten. Eine *Zertifikatsklasse* beschreibt die Art der Identitätsfeststellung und die Art der Prüfung der Zertifikatsinhalte und somit die Vertrauenswürdigkeit der Inhalte. Neben Zertifikaten nach X.509 stellt TC Trust Center auch PGP-Zertifikate aus. TC Trust Center unterscheidet folgende Zertifikatsklassen:

- *Class 1*

  Class 1-Zertifikate werden an Privatpersonen ausgestellt und bestätigen nur, dass eine angegebene E-Mail-Adresse existiert, und dass der Inhaber des öffentlichen Schlüssels Zugriff auf diese E-Mail-Adresse hat. Der Einsatz dieser Zertifikate sollte nur für eine Client-Authentifizierung gegenüber einem Webserver bzw. E-Mail erfolgen.

- *Class 2*

  Class 2-Zertifikate werden an Unternehmen und andere Organisationen für eine geschäftliche Nutzung ausgegeben. Die Identitätsüberprüfung erfolgt anhand eines Auszuges aus dem Handelsregister. Der Inhalt des Zertifikats muss von einer zeichnungsberechtigten Person unterschrieben werden. Class 2-Zertifikate sollten für die einfachsten Formen der geschäftlichen Kommunikation genutzt werden.

- *Class 3*

  Class 3-Zertifikate verlangen zusätzlich zur Identitätsprüfung von Class 1 bzw. Class 2 eine persönliche Identifizierung der Person, für die sie ausgestellt werden bzw. des zeichnungsberechtigten Firmenvertreters anhand eines amtlichen Ausweises. Der Anwendungsbereich von Class 3-Zertifikaten liegt primär im Bereich des Electronic Commerce.

- *Class 4*

  Class 4-Zertifikate prüfen die Identität von Personen bei einer Meldebehörde, wobei die Ausweisdaten des Antragstellers anhand des Melderegisters überprüft werden.

TC Trust Center bietet allerdings nicht nur Dienste der Zertifikatserstellung an, sondern vertreibt auch Software-Lösungen für verschiedene Einsatzbereiche der digitalen Signatur.

2.7.2 Nicht kommerzielle Zertifizierungsstellen in Deutschland

Deutsches Forschungsnetz PCA

Der Deutsche Forschungsnetz e.V. (DFN) betreibt in Deutschland ein großes Forschungsnetz, an das alle Hochschulen und viele andere Wissenschafts- und Forschungseinrichtungen angeschlossen sind. Der DFN-Verein baut im Rahmen eines Projekts eine Zertifizierungsinfrastruktur für seine Mitgliedseinrichtungen auf. Dabei ist eine zweistufige Hierarchie geplant. Die Wurzelinstanz wird an der Universität Hamburg angesiedelt. Zertifizierungsstellen, die Benutzerzertifikate ausstellen, sind in den Mitgliedseinrichtungen, also insbesondere in den Universitäten, im Aufbau. Die Ausstellung von Zertifikaten bleibt auf Angehörige der Mitgliedseinrichtungen beschränkt. Der Sinn des Aufbaus einer Zertifizierungsinfrastruktur besteht in der Schaffung der technischen Voraussetzungen für eine gesicherte elektronische

Kommunikation im Wissenschaftsnetz. Eine Form der Gewährleistung wird nicht übernommen. Die DFN-PCA ist nicht konform mit dem Signaturgesetz. Die DFN-Policy sieht die Ausstellung von X.509-Zertifikaten und von PGP-Zertifikaten vor. Dabei werden drei Sicherheitsstufen unterschieden.

c't-Kryptokampagne

Die Fachzeitschrift c't hat erstmals zur CeBIT 1997 in einer groß angelegten Kampagne innerhalb Deutschlands dazu aufgerufen, E-Mails zu signieren und damit ein Zeichen gegen eine staatliche Regulierung von Kryptographie zu setzen. Die c't bietet dazu auf Messen und Veranstaltungen eine Zertifizierung von PGP-Schlüsseln an [CT999]. Die Bedeutung dieser Aktion liegt weniger im Aufbau der Zertifizierungsstelle, als vielmehr in einer Sensibilisierung weiter Teile der interessierten Bevölkerung für das Thema.

2.7.3 Internationale Zertifizierungsstellen

VeriSign

Die amerikanische Firma VeriSign Inc. ist einer der weltweit bedeutendsten Anbieter von Zertifikaten. Der Schwerpunkt liegt in der Ausstellung von Zertifikaten für kommerzielle Webserver. So werden von VeriSign 128 bit-SSL-Zertifikate ausgegeben (vgl. dazu Kapitel 5.1). Die Zertifikate von VeriSign selbst sind bspw. im Produkt Netscape Navigator ab der Version 4.04 schon standardmäßig implementiert, so dass die Prüfung eines von VeriSign ausgestellten Zertifikats durch den Browser direkt erfolgen kann. So nutzen z. B. viele Direktbanken in Deutschland, die einen hohen Wert auf Sicherheit legen müssen, ein RSA-VeriSign-Zertifikat zur Zertifizierung ihrer Webserver.

Zusätzlich bietet VeriSign aber auch eine sog. *Digitale ID* als Zertifikat für Einzelpersonen an. Sie dient allein dazu, E-Mails zu signieren und zu verschlüsseln und ist in Applikationen integriert. Weiterhin im Angebot sind Produkte zum Aufbau einer eigenen Zertifizierungsinfrastruktur für Unternehmen oder Organisationen. Dieses Angebot unterstützt alle notwendigen Funktionen einer Zertifizierungsstelle, das Schlüsselmanagement, die Registrierung, Zertifikatserstellung und Zertifikatsverwaltung. Zu den Kunden von VeriSign zählen eine Vielzahl von Großunternehmen wie Banken, Telekommunikationsgesellschaften und Transportunternehmen.

Interworking Public Key Certification Infrastructure for Commerce, Administration and Research

Im Rahmen des europäischen Forschungsprojektes *Interworking Public Key Certification Infrastructure for Commerce, Administration and Research* (ICE-CAR), an dem zur Zeit sieben europäische Länder beteiligt sind, soll die Entwicklung europäischer Sicherheitstechnologien gefördert werden. Insbesondere soll der Aufbau einer technisch miteinander kompatiblen Zertifizierungsinfrastruktur für Europa vorangetrieben werden [GMD98]. Damit setzt das Programm auf einen Vorgänger ICE-TEL auf. Im Rahmen von ICE-TEL kann man sich zu Forschungszwecken unter der URL `http://www.secude.com/GMD-TrustFactory/` Zertifikate ausstellen lassen.

2.8 Zusammenfassung

In diesem Kapitel wurden die kryptographischen Grundlagen erläutert, die für das weitere Verständnis des Buchs notwendig sind. Die Logik des Aufbaus folgt dabei dem „roten Faden", dass zunächst in Kapitel 1 des Buchs das Thema Internet und Sicherheit allgemein betrachtet wurden, während in diesem Kapitel bereits spezieller die Grundlagen wichtiger kryptographischer Verfahren erklärt wurden. Damit steht nun das Wissen zur Verfügung, um im Rahmen des OSI-Schichtenmodells Sicherheitsdienste und Sicherheitsmechanismen getrennt nach den Schichten zu erläutern.

Zunächst wurden zu Beginn des Kapitels allgemeine Prinzipien der Verschlüsselung, der Berechnung von Hash-Werten und des Schlüsselmanagements betrachtet. Im Anschluss daran wurden die Zertifizierung bzw. digitale Signaturen im Detail erläutert, wobei auch eine Darstellung der momentanen Rechtslage in Deutschland erfolgte. Nur durch eine genaue Betrachtung der Rechtslage lässt sich erklären, wie die zukünftige Entwicklung auf diesem Gebiet voranschreiten wird.

Der Leser sollte nach Abschluss der Lektüre der ersten beiden Kapitel die notwendigen Hilfsmittel kennen, die als Grundlage der weiteren Ausführungen verstanden werden. Zu den Hilfsmitteln gehören die wichtigsten der im Internet verwendeten Protokolle, das OSI-Modell bzw. die Sicherheitserweiterung X.800 und die kryptographischen Grundlagen, die in diesem Kapitel dargestellt wurden.

Data Link Layer Security

Jede Schicht innerhalb des OSI-Modells bietet den darüber liegenden Schichten bestimmte Dienste an. Ein solcher Dienst kann auch die Absicherung der Kommunikation zwischen zwei Instanzen auf der gleichen Schicht auf verschiedenen Rechnern sein. Er wird dann als *Sicherheitsdienst* bezeichnet. Die Zuordnung eines Sicherheitsdienstes zu einer Schicht erfolgt innerhalb dieses Buchs nach der folgenden Definition:

> *Ein Sicherheitsdienst wird derjenigen Schicht zugeordnet, die diesen Dienst den darüber liegenden Schichten bereitstellt.*

Def. 3-1 Zuordnung Sicherheitsdienst zu Schicht

In diesem Kapitel werden verschiedene Methoden, mittels derer innerhalb von IP-basierten Netzen die Kommunikation auf Ebene des Data Link Layers abgesichert werden kann, beschrieben. Mit ihrer Hilfe wird ein Sicherheitsdienst angeboten, dessen Umfang von der jeweils verwendeten Technik, deren Umsetzung und von der letztendlichen Implementierung abhängt. Dieser Dienst kann grundsätzlich alle in Kapitel 1.5.2 beschriebenen Dienste erbringen.

Durch das Einfügen der zusätzlichen Sicherheitsmechanismen innerhalb des Data Link Layers lassen sich umfassende Möglichkeiten realisieren, um Kommunikationsverbindungen abzusichern. Erweitert man bspw. ein Protokoll des Application Layers um Sicherheitsfunktionen, so kann nur die entsprechende Applikation diese Sicherheitsdienste in Anspruch nehmen. Man muss dann jede Applikation (bzw. jeden Applikationstyp) einzeln absichern, was nur mit sehr hohem Aufwand zu erreichen ist. Integriert man die nötigen Sicherheitsdienste in den Data Link Layer, so sind zwangsläufig die Dienste aller darüber liegenden Schichten (und damit auch alle Applikationen) abgesichert. Dies erfordert dann aber auch, dass alle Kommunikationspartner diese Sicherheitsdienste innerhalb ihres Data Link Layers unterstützen. Bei einer Verwendung der Security-Dienste auf der Ebene des Data Link Layers kann zusätzlich auch auf höheren Schichten die Nutzung weiterer Sicherheitsdienste notwendig sein, um bestimmte Anwendungsanforderungen zu erfüllen. Beispiele dafür werden in den späteren Kapiteln dieses Buchs beschrieben.

In diesem Kapitel soll dem Leser ein Überblick über die Funktionsweise, die Anwendungsgebiete und die Grenzen der Security auf der Ebene des Data Link Layers gegeben werden. Außerdem werden die gängigsten standardisierten Protokolle, die die Grundlage heutiger Implementierungen von Security-Lösungen auf Ebene des Data Link Layers darstellen, beschrieben.

3.1 Methoden zur Security-Integration in den Data Link Layer

Sollen die Sicherheitsdienste des Data Link Layers genutzt werden, so werden die zu versendenden Daten von den höheren Schichten an einen modifizierten Data Link Layer, der die notwendigen Sicherheitsdienste zur Verfügung stellt, übergegeben. Dieser Layer realisiert dann transparent für die höheren Schichten die Sicherung der Daten auf der Kommunikationsstrecke bis zum entsprechenden Empfänger.

Prinzipiell kann ein Sicherheitsdienst auf zwei verschiedene Arten in den Data Link Layer integriert werden. In der ersten Variante können Pakete, die durch Schicht 2 sicher versendet werden sollen, vor der Übergabe an die darunter liegende Schicht durch die nötigen Funktionen gesichert werden. Die zweite Methode besteht darin, die zu sendenden Pakete als Nutzdaten anderer Protokolle zu verschicken. Die Sicherheitsfunktionen werden dann auf die Nutzdaten und damit auf die eingekapselten Pakete angewendet. Beide Methoden unterscheiden sich wesentlich und werden im folgenden Abschnitt anhand eines Beispiels genauer erläutert.

Bei der ersten Methode werden die Daten innerhalb des Schicht 2-Pakets gesichert. Dies bedeutet in der Regel, dass diese Nutzdaten auf dem Transportweg verschlüsselt sind. In einem Netz, das Router verwendet (z. B. das Internet), um die Daten zu ihrem Zielort weiterzuleiten, ist eine solche Methode ungeeignet. An jedem Router müssten die Nutzdaten entschlüsselt werden, um die Routing-Informationen der Schicht 3 extrahieren zu können. Damit lässt sich das Schutzziel „*Vertraulichkeit*" nicht erreichen. Aus diesem Grund wird in der Praxis meistens die zweite Methode verwendet. Die Sicherheitsfunktionen werden auf die zu sendenden Pakete angewendet, die dann als Nutzdaten innerhalb der Protokolle höherer Schichten versendet werden (z. B. als IP- oder TCP- Nutzdaten). Auf diese Weise bleiben die Routing-Informationen für die auf dem Übertragungsweg liegenden Netzkomponenten lesbar und ein Weiterleiten der Daten zum Zielort ist möglich.

Sicherheitsdienste des Data Link Layers werden in der Praxis meistens zur Bildung von *Virtuellen Privaten Netzen* (VPNs) genutzt, wie im Folgenden dargestellt wird. Dabei sind Sender und Empfänger über eine direkte Punkt-zu-Punkt-Verbindung auf Ebene des Data Link Layers miteinander verbunden. Diese Kopplung auf Ebene von Layer 2 wird erreicht, indem ein schon vorhandenes paketvermitteltes Netz als Übertragungsmedium verwendet wird und die übertragenen Daten mittels kryptographischer Verfahren gesichert werden. In diesem Fall spricht man von einem *Tunnel*, da das zur Übertragung genutzte Netz aus Sicht der Klienten transparent „getunnelt" wird. Ein Zusammenschluss mehrerer Clients bzw. Netze über solche Tunnelverbindungen wird *Virtual Private Network* (*VPN*) genannt.

3.1.1 Implementierungsbeispiel

Kryptographische Mechanismen können auf zwei Arten innerhalb von Layer 2 genutzt werden, um Kommunikation in IP-Netzen abzusichern. Anhand eines Implementierungsbeispiels sollen diese Mechanismen nun vorgestellt werden. Das Beispiel zeigt lediglich eine prinzipielle Möglichkeit einer Implementierung auf. Dementsprechend können bei anderen Implementierungen die entstehenden Datenpakete auch ein anderes Aussehen aufweisen.

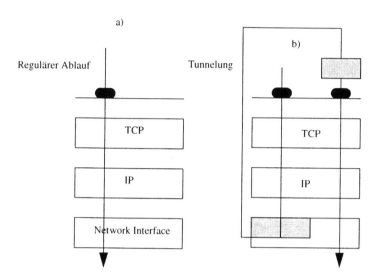

Abb. 3-2 Implementierungsbeispiel

Abb. 3-2 a zeigt den regulären Ablauf der Bildung eines IP-Pakets. Die Applikation erstellt hierbei einen TCP-Socket. Daten, die über diesen Socket gesendet werden, durchlaufen zuerst die TCP-Schicht. Dort wird der TCP-Header des Pakets gebildet und vor die Nutzdaten gestellt. Das TCP-Paket wird dann an die IP-Schicht zur Verarbeitung übergeben, die anschließend den IP-Header bildet. Das fertige IP-Paket wird nach dem Durchlaufen dieser Schichten dann über ein Netzwerk-Interface des Computers gesendet. Das versendete TCP-IP-Paket zeigt den in Abb. 3-3 gezeigten Aufbau.

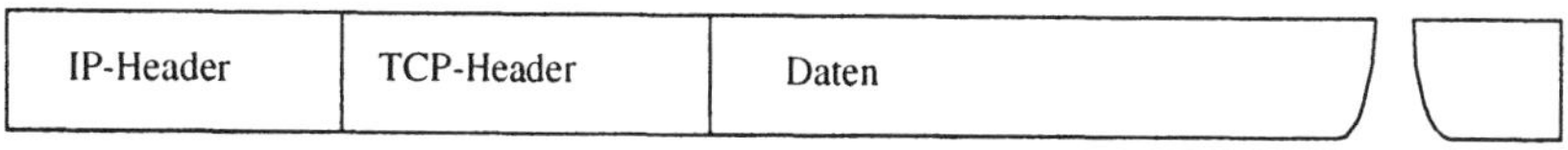

IP-Header	TCP-Header	Daten

Abb. 3-3 TCP/IP-Paket

Abb. 3-2 b stellt den Ablauf bei der Versendung eines Pakets über einen Tunnel dar. In diesem Beispiel werden die eingekapselten IP-Pakete als Nutzdaten eines TCP-Pakets verschickt. Eine Implementierung dieser Methode kann aber auch andere Layer des OSI-Modells als Übertragungsstrecke verwenden. Eingekapselte IP-Pakete könnten bspw. auch als Nutzdaten eines IP-Pakets versendet werden. Im dargestellten Beispiel erzeugt die Applikation einen gewöhnlichen TCP-Socket, über den sie Daten senden und empfangen kann. Das TCP/IP-Paket wird hierbei regulär erzeugt. Das zu sendende Paket wird aber nicht an ein Netzwerk-Interface übergeben, sondern an ein internes Interface. Dies erreicht man z. B. durch eine Veränderung der Routing-Tabelle des Computers. Dieses interne Interface stellt den Eingangspunkt zu einem Tunnel dar. Das an das interne Interface geleitete Paket wird an ein Programm weitergegeben, das nun die Verschlüsselung des Pakets vornimmt. Dieses verschlüsselte Paket muss nun noch um einen Header erweitert werden, der für den Empfänger die zur Entschlüsselung notwendige Informationen bereitstellt. Das verschlüsselte IP-Paket wird dann zusammen mit dem Verschlüsselungs-Header an einen gewöhnlichen TCP-Socket übergeben, der mit dem Tunnelendpunkt des Empfängers verbunden ist. Somit ist das verschlüsselte IP-Paket in ein TCP/IP-Paket gekapselt und kann nun verschickt werden. Das dabei entstandene IP-Paket hat das in Abb. 3-4 dargestellte Aussehen.

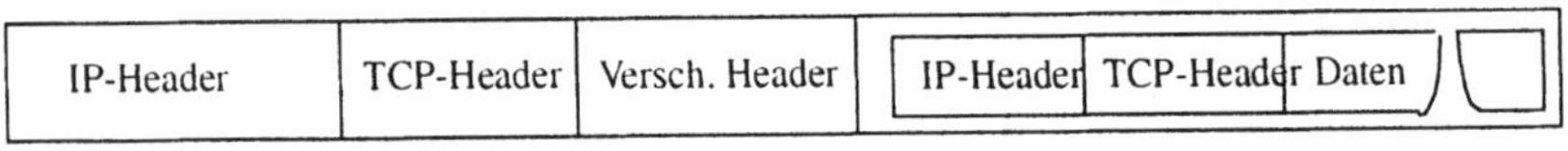

IP-Header	TCP-Header	Versch. Header	IP-Header	TCP-Header	Daten

Abb. 3-4 Getunneltes IP-Paket

Auf der Empfängerseite wird der zuvor beschriebene Vorgang in umgekehrter Reihenfolge durchlaufen. Der Empfänger erhält dann das fertig entschlüsselte IP-Paket über sein Tunnel-Interface. Mittels dieser Methode können auch andere Protokolle des Layer 2, wie z. B. IPX, verschlüsselt über den Tunnel gesendet werden. Dadurch lassen sich dann auch IPX-basierte Netze über ein IP-Netz sicher miteinander verbinden.

3.1.2 Anwendungsszenario für Data Link Layer Security

Oftmals besitzt eine Firma mehrere Niederlassungen an voneinander entfernten Standorten. Häufig besteht dann der Bedarf, in den Niederlassungen auf Datenbestände der Firmenzentrale oder anderer Niederlassungen zuzugreifen. In einem solchen Fall ist es nötig, die Netzwerke der einzelnen Niederlassungen miteinander zu verknüpfen. Dies kann realisiert werden, indem die einzelnen Netzwerke durch gemietete Wählleitungen verbunden werden. Diese Methode ist in der Regel sehr teuer, weshalb viele Firmen das (zurzeit) kostengünstigere Internet als Übertragungsmedium zwischen ihren Standorten nutzen. Anders als bei einer Kopplung über eine Wählleitung entsteht dabei aber ein hohes Sicherheitsrisiko. Bei einer Kopplung über gemietete Leitungen wird dem Kunden vom Netzbetreiber ein gewisser Grad an Sicherheit garantiert. Dies kann der Netzbetreiber gewährleisten, da er (oder zumindest sehr wenige Partner) die alleinige Kontrolle über das Netz haben. Bei einer Kopplung über das Internet kann hingegen der Internet Service Provider (ISP) keine Garantien bezüglich der Sicherheit der transportierten Daten abgeben, da er keine vollständige Kontrolle über das zur Übertragung genutzte Netz hat. Er weiß in den meisten Fällen auch nicht, wer die Daten letztendlich transportiert und damit auch einsehen kann. Wird also eine Kopplung über das Internet angestrebt, so muss ein Unternehmen selbst für die Sicherheit ihrer Kommunikationsstrecken sorgen. Dies kann sehr gut gelöst werden, indem die Niederlassungen durch einen Tunnel über das Internet miteinander verbunden werden. Für eine Firma mit zwei Niederlassungen ist ein solches Szenario in Abbildung Abb. 3-5 dargestellt.

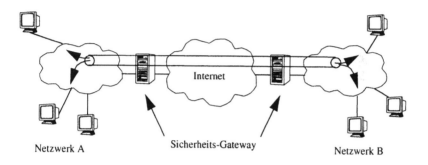

Abb. 3-5 Virtual Private Network

An den Übergangspunkten in das Internet werden *Gateways* verwendet, die sowohl als gewöhnlicher Router als auch als Tunnelendpunkt nutzbar sind. Der Tunnel wird dabei zwischen den beiden Sicherheits-Gateways der zwei Standorte aufgebaut. Sendet bspw. ein Computer in Netzwerk A ein IP-Paket, das an einen Computer im Internet adressiert ist, so wird das Paket durch das Sicherheits-Gateway wie durch einen gewöhnlichen IP-Router transportiert. Sendet derselbe Computer ein Paket, das an einen Computer im Netz B adressiert ist, so wird das Paket durch das Sicherheits-Gateway in Netz A „eingepackt" und die gewünschten Sicherheitsfunktionen auf das Paket angewandt. Danach wird dann das eingepackte und gesicherte Paket über das Internet (und damit durch den Tunnel) an das gegenüberliegende Sicherheits-Gateway geschickt. Dieses prüft und entpackt das Paket und sendet es dann an den Zielrechner im Netzwerk B weiter. Die Implementierung eines solchen Sicherheits-Gateways kann wie im vorigen Abschnitt beschrieben realisiert werden. In diesem Beispiel wurden lediglich zwei Netzwerke miteinander verbunden. Theoretisch kann aber eine beliebige Anzahl von Standorten auf diese Weise miteinander gekoppelt werden.

3.2 Point to Point Tunneling Protocol (PPTP)

Das *Point to Point Tunneling Protocol (PPTP)* wurde maßgeblich von der Firma Microsoft entwickelt und mittlerweile in mehreren Internet-Drafts veröffentlicht. PPTP ist eine Erweiterung des Point to Point Protocols (PPP), das üblicherweise für eine Wählverbindung zwischen Modem und Internet Service Providern genutzt wird. Zielsetzung der Entwicklung von PPTP war nicht primär die Realisierung von Sicherheitsdiensten, sondern die Möglichkeit, PPP-Pakete zu tunneln und somit auch entfernte Rechner zu erreichen. Dies wird im folgenden Abschnitt genauer beschrieben. Durch die Veröffentlichung ist die Funktionsweise des Protokolls offengelegt und eine Implementierung von Dritten ohne Probleme durchführbar. Für die zügige Umsetzung dieses Standards durch auf dem Markt verfügbare Geräte setzen sich verschiedene Hersteller ein. Diese Firmen haben sich im PPTP-Forum zusammengeschlossen. Mitglieder dieses Forums sind bspw. die Firmen Microsoft Corporation, Ascend Communications, 3Com und US Robotics.

PPTP realisiert einen Sicherheitsdienst auf Ebene des Data Link Layers durch die Verwendung von Tunneln über IP-basierte Netzwerke. Es bietet neben der Möglichkeit, IP-Pakete innerhalb eines gesicherten Tunnels zu übertragen, auch die Möglichkeit andere Layer-3-Protokolle (z. B. IPX) über den Tunnel abzuwickeln. Das Protokoll stellt somit neben seiner Schutzfunktion auch eine „Brückenfunktion" zur Verfügung, mit der sich zwei nicht IP-basierte Netze über ein IP-basiertes Netz verbinden lassen. Die verschiedenen relevanten PPTP-Dokumente lassen sich folgendermaßen einordnen:

- *Grundlagen:*
  In dem IETF-Draft [KH99] sind die grundlegenden Funktionsweisen von PPTP definiert. Innerhalb des PPTP-Protokolls werden das *Generic Route Encapsulation Protocol* (GRE) [HLFT94] sowie das Point to Point Protocol (PPP) [Sim94] verwendet.
- *Verschlüsselung, Schlüsselaustausch:*
  Die Verschlüsselung innerhalb des PPTP-Protokolls wird durch Verschlüsselungsoptionen von PPP realisiert. Dazu können verschiedene Verfahren verwendet werden [GSP99].
- *Kryptographische Algorithmen:*
  In verschiedenen Implementierungen sind eine Vielzahl von Verschlüsselungsalgorithmen und ihre Verwendung innerhalb des PPTP-Protokolls (bzw. des PPP-Protokolls) enthalten, die aber nicht im Detail standardisiert sind.

In diesem Kapitel werden die zum grundlegenden Verständnis der Funktionsweise von PPTP wichtigen Inhalte der Internet-Drafts dargestellt und erläutert. Es werden ebenfalls Einsatzgebiete, Umfeld und Probleme aufgezeigt, so dass der Leser einen Überblick über die Funktionsweise und die Möglichkeiten bzw. Grenzen von PPTP erhält.

3.2.1 PPTP-Sicherheitsdienste

PPTP wird dazu verwendet, verschiedene Layer-3-Protokolle über ein bestehendes IP-Netz zu transportieren. Um die Layer-3-Pakete über das IP-Netz zu transportieren wird innerhalb von PPTP wiederum das PPP-Protokoll verwendet. Das PPTP-Protokoll selbst bietet generell keine Sicherheitsdienste an. Innerhalb des PPTP-Protokolls wird für die eigentliche Einkapselung der zu transportierenden Daten das PPP-Protokoll verwendet. Das PPP-Protokoll seinerseits bietet dann über zusätzliche Protokolle Sicherheitsfunktionen an, so dass auf diesem Weg Sicherheitsdienste auf IP-Ebene angeboten werden können. PPTP stellt dem Nutzer damit insgesamt folgende grundlegende Sicherheitsdienste auf Ebene des Data Link Layers zur Verfügung:

- *Zugriffskontrolle*
  Es wird verhindert, dass ein Empfänger Daten von einem unberechtigten Sender entgegennimmt und verarbeitet. Nicht berechtigte Systeme werden von der Kommunikation ausgeschlossen.
- *Verbindungslose Integrität*
  Eine Manipulation der Daten auf der Kommunikationsstrecke kann erkannt werden.
- *Authentifizierung der Datenherkunft*
  Es kann geprüft werden, ob die empfangenen Daten auch wirklich vom Kommunikationspartner geschickt wurden.
- *Vertraulichkeit*
  Die zu übertragenden Daten werden verschlüsselt, so dass ein Abhören auf der Übertragungsstrecke nicht möglich ist.
- *Eingeschränkte Vertraulichkeit des Traffic Flows*
  In bestimmtem Anwendungsszenarien ist es möglich, zu verhindern, dass die Kommunikationsbeziehungen aus den Datenströmen ersichtlich werden.

Wie bei allen Sicherungsmaßnahmen kann auch die Verwendung eines verschlüsselnden PPTP-Tunnels keine absolute Garantie für die Sicherheit der Kommunikation darstellen. Neben der Implementierung des Verfahrens trägt auch die generelle Sicherheit der Systeme maßgeblich zur erfolgreichen Absicherung der Kommunikationspfade bei.

3.2.2 Grundlagen und Funktionsweise von PPTP

Das PPTP-Protokoll basiert auf einer Auftrennung eines herkömmlichen *Network Access Servers* (NAS), wie er z. B. von einem ISP betrieben wird, in eine Client-Server-Architektur. Im gewöhnlichen Einsatzfall baut ein Client über das *Public Switched Telephone Network* (PSTN) direkt mit dem NAS eine Verbindung auf, um Zugang zu einem Netzwerk zu erhalten. Zwischen dem Client und dem NAS wird dann in den meisten Fällen das PPP-Protokoll genutzt, um über die Wählleitung die verwendeten Schicht-3-Protokolle zu transportieren. Befindet sich der NAS nicht direkt im über das PSTN erreichbaren Netz, sondern kann er z. B. nur über das Internet erreicht werden, so muss der Client das IP-Protokoll verwenden, um das Zielnetz zu erreichen. Außerdem werden die über das Internet transportierten Daten nicht abgesichert. Zuletzt benötigt der Client dann eine IP-Adresse, die innerhalb des Internets Gültigkeit besitzt.

Das PPTP-Protokoll trennt die Funktionalität des NAS in zwei Komponenten auf. Diese sind ein *PPTP Access Concentrator* (PAC) und ein *PPTP Network Server* (PNS). Der Client baut über die Wählleitung eine Verbindung mit dem PAC auf. Dieser verwendet dann das PPTP-Protokoll, um den PNS zu kontaktieren und eine Verbindung zwischen PAC und PNS herzustellen. Für den Client sieht es nun so aus, als ob er sich direkt bei dem PNS eingewählt hätte. Die PPP-Pakete werden über das PSTN zum PAC gesendet; dieser verwendet dann das PPTP-Protokoll, um die Pakete über das zwischen PAC und PNS liegende IP-Netz zum PNS zu transportieren. Das PPTP-Protokoll stellt daher einen Mechanismus bereit, PPP-Pakete auch über IP-Netze zu transportieren. Dieses Szenario ist in Abb. 3-6 dargestellt. Im Gegensatz zu einem Anwendungsszenario mit einem herkömmlichen NAS ergeben sich nun folgende Vorteile:

- Die über das Internet transportierten Daten können durch Verschlüsselungsmechanismen innerhalb des PPP-Protokolls gesichert werden.
- Der Client kann auch andere Protokolle als das IP-Protokoll nutzen, um mit Computern innerhalb des Zielnetzes zu kommunizieren.
- Es werden keine im Internet gültigen IP-Adressen für den Client benötigt.
- Mehrere PACs können einen PNS verwenden. Auf diese Weise kann ein Client trotz Ortswechsel immer eine Verbindung mit dem gleichen PNS aufbauen.
- Der Client kann weiterhin PPP verwenden. Die Aufspaltung des NAS in PAC und PNS ist für ihn transparent.

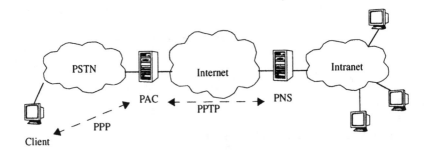

Abb. 3-6 PPTP-Szenario

Das in Abb. 3-6 dargestellte Szenario setzt voraus, dass eine Verbindung über ein PSTN benutzt wird, um den PNS zu kontaktieren. Durch ein Zusammenlegen des Clients und des PACs kann das PPTP-Protokoll auch dazu verwendet werden, ohne die Nutzung von Wählverbindungen Tunnel über IP-Netze aufzubauen. Diese Form der Nutzung ist am häufigsten in der Praxis anzutreffen. Das in diesem Abschnitt folgende Beispiel behandelt deshalb auch einen derartigen Anwendungsfall.

Das PPTP-Protokoll besteht aus zwei Hauptkomponenten, einem TCP/IP-Kontrollkanal und einem Datenkanal für die *Generic Routing Encapsulation (GRE)*. Bevor zwischen PAC und PNS PPP-Pakete ausgetauscht werden können, muss zuerst eine TCP-Verbindung zwischen den beiden Endpunkten aufgebaut werden. Diese TCP-Kontrollverbindung ist mit der eigentlichen GRE-Datenverbindung assoziiert, aber unabhängig von ihr. Nachdem die TCP-Kontrollverbindung aufgebaut wurde, wird mittels ausgetauschter Nachrichten auf dieser Verbindung der Datenkanal aufgebaut. Nachdem über den Kontrollkanal der Datenstrom initiiert wurde, fließen über den GRE-Datenkanal die eigentlichen PPP-Pakete. Die den Datenkanal nutzende PPP-Verbindung beginnt ihrerseits mit einigen Setup-Meldungen, mit denen Parameter für die PPP-Verbindung ausgehandelt werden. Nach dieser initialen PPP-Aushandlung fließen dann über den GRE-Datenkanal PPP-Pakete, die die zwischen PAC und PNS zu tunnelnden IP-Pakete (oder IPX- bzw. Netbeui-Pakete) beinhalten. Im Folgenden soll ein Beispiel verdeutlichen, wie eine gesicherte Kommunikationsstrecke mit PPTP aufgebaut wird und wie die dann folgende Kommunikation abläuft.

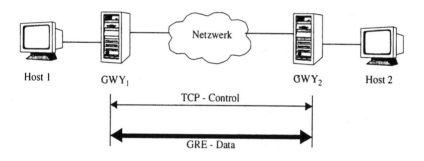

Abb. 3-7 PPTP-Kommunikation

In dem in Abb. 3-7 dargestellten Beispiel wird mit Hilfe des PPTP-Protokolls ein gesicherter Tunnel zwischen den beiden Sicherheits-Gateways GWY₁ und GWY₂ aufgebaut. Die zwei Host-Computer befinden sich jeweils in einem privaten Netzwerk, das auch an das innere Interface ihres Gateways angeschlossen ist. Die beiden externen Interfaces der Gateways sind an das zwischen ihnen liegende unsichere Netzwerk angeschlossen (z. B. an das Internet). In dem hier dargestellten Beispiel gelten folgende Randbedingungen:

- GWY₁ und GWY₂ unterstützen das PPTP-Protokoll. In diesem Beispiel arbeitet GWY₁ als PAC und GWY₂ als PAS.
- Host₁ hat die IP-Adresse 192.168.100.1.
- Host₂ hat die IP-Adresse 192.168.200.1.

- GWY$_1$ hat intern die IP-Adresse 192.168.100.254 und extern die IP-Adresse 192.168.111.1.
- GWY$_2$ hat intern die IP-Adresse 192.168.200.254 und extern die IP-Adresse 192.168.111.2.

Zum Aufbau des Tunnels initiiert GWY$_1$ eine TCP-Verbindung zu GWY$_2$. Innerhalb des Internet Drafts ist für den PPTP-Server (in diesem Beispiel GWY$_2$) der TCP-Port 1723 vorgesehen. Sobald dieser TCP-Konntrollkanal etabliert ist, können auf ihm die PPTP-Nachrichten zwischen den beiden Gateways ausgetauscht werden.

Zuerst sendet GWY$_1$ auf dem Kontrollkanal einen sog. *Start-Control-Connection-Request*. Dieser wird dann, wenn der angesprochene PPTP-Endpunkt die PPTP-Session akzeptieren möchte, durch eine *Start-Control-Connection-Reply-Nachricht* beantwortet. Innerhalb der Start-Control-Connection-Request-Nachricht wird eine Versionsnummer des PPTP-Protokolls verschickt. Wenn der angesprochene Server die entsprechende Version des Protokolls nicht unterstützen kann, sendet er die Start-Control-Connection-Reply-Nachricht und schließt die TCP-Verbindung. Ist die PPTP-Session zustande gekommen, so wird dieser neuen Verbindung eine Call-ID zugewiesen. Jede Tunnelverbindung lässt sich damit durch die Zieladresse, die Quelladresse und die Call-ID identifizieren.

Nachdem nun die PPTP-Session aufgebaut ist, kann die PPP-Verbindung über den GRE-Datenkanal aufgebaut werden. Die PPP-Pakete werden dazu in GRE-Paketen zwischen GWY$_1$ und GWY$_2$ verschickt. Zuerst wird innerhalb von PPP das *Link Control Protocol* (LCP) dazu verwendet, um die Punkt-zu-Punkt-Verbindung zu konfigurieren und zu testen. Danach werden innerhalb von PPP verschiedene *Network-Control*-Protokolle (NCP) verwendet, um die Layer-3-Schichten für den Datentransport zu konfigurieren. In diesem Beispiel wird innerhalb der LCP-Phase der Client (hier GWY$_1$) authentifiziert, wozu verschiedene Mechanismen verwendet werden können. Über das LCP-Protokoll kann ebenfalls ein Kompressionsverfahren zwischen den Kommunikationspartnern ausgehandelt werden. Bei PPTP wird hier anstelle eines Kompressionsverfahrens ein Verschlüsselungsverfahren (z. B. *Microsoft Point-To-Point Encryption Protocol, MPPE*) ausgehandelt. In der NCP-Phase wird in diesem Beispiel das *IPCP*-Protokoll verwendet, um den IP-Layer für das Weiterleiten der IP-Pakete innerhalb des PPP-Tunnels vorzubereiten. GWY$_1$ kann bspw. über eine IPCP-Nachricht die IP-Adresse erhalten, die für den Tunnel verwendet werden soll. Auf diese Weise erhält in diesem Beispiel GWY$_1$ die IP-Adresse 192.168.200.253 für den Tunnel. Nach einer Anpassung der IP-Routing-Tabellen der beiden Gateways kann nun eine gesicherte Kommunikation erfolgen. Die Kommunikation zwischen Host$_1$ und Host$_2$ läuft nun folgendermaßen ab:

- Host$_1$ erzeugt ein IP-Paket mit der Absenderadresse 192.168.100.1 (Host$_1$) und der Zieladresse 192.168.200.1 (Host$_2$).
- Host$_1$ sendet das Paket an sein Default-Gateway 192.168.100.254 (GWY$_1$).
- GWY$_1$ erkennt anhand seiner modifizierten Routing-Tabelle, dass das Paket über das Tunnel-Interface (192.168.200.254) weitergeleitet werden muss.

- Das IP-Paket wird innerhalb von GWY₁ in ein PPP-Paket eingepackt. Dieses Paket wird dann mit dem ausgehandelten Verschlüsselungsalgorithmus gesichert.
- Das verschlüsselte PPP-Paket wird jetzt von GWY₁ in ein GRE-Paket verpackt. Dieses wird mit der Call-ID gekennzeichnet und damit der PPTP-Session zugeordnet. Das GRE-Paket besitzt als Absenderadresse die `192.168.111.1` und als Zieladresse die `192.168.111.2`. Es wird über das unsichere Netz zu GWY₂ gesendet.
- GWY₂ entschlüsselt den Inhalt des GRE-Pakets und erhält das getunnelte IP-Paket. Dieses wird jetzt auf dem internen Interface (`192.168.200.254`) des Gateways an Host₂ gesendet.
- Host₂ empfängt das IP-Paket und bearbeitet es in umgekehrter Reihenfolge.

Die auf der Strecke zwischen GWY₁ und GWY₂ gesendeten Tunnelpakete haben das in Abb. 3-8 dargestellte Aussehen.

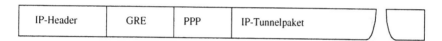

Abb. 3-8 PPTP-Datenkanal-Paket

Die GRE-Pakete besitzen im IP-Protokollfeld die Nummer `47`. Das zwischen den Gateways liegende Netzwerk muss diesen Schicht-4-Protokolltyp transportieren. Dies ist insbesondere bei einem Einsatz von Paketfiltern nicht immer gewährleistet.

Der Tunnel wird wieder abgebaut, indem einer der beiden Kommunikationspartner auf der TCP-Kontrollverbindung einen Stop-Control-Connection-Request sendet. Der Tunnelpartner sendet abschließend auf diese Meldung ein Stop-Control-Connection-Reply.

3.2.3 Protokolle innerhalb von PPTP

Anhand des vorgestellten Beispiels wurde deutlich, dass bei Aufbau und Nutzung von PPTP-Verbindungen eine Vielzahl von Protokollen teilweise optional eingesetzt werden. Diese werden innerhalb dieses Abschnittes detailliert erläutert.

Point to Point Tunneling Protocol

Die Pakete, die auf der TCP-Kontrollverbindung zwischen den Tunnelendpunkten versendet werden, weisen den in Abb. 3-9 dargestellten Aufbau auf.

Das PPTP-Feld `Message Type` wird verwendet, um den Nachrichtentyp unterscheiden zu können. Definiert sind hier nur zwei Typen von Nachrichten, *Kontrollnachrichten* und *Managementnachrichten*. Da bisher innerhalb des PPTP-Protokolls noch keine Managementnachrichten definiert wurden, ist dieses Feld immer auf den Wert `1` gesetzt. Durch das Feld `Control Message Type` werden die verschiedenen Nachrichten auf dem Kontrollkanal unterschieden. Je nach Nachrichtentyp befinden sich innerhalb des typabhängigen Feldes verschiedene Informationen. Das Feld Length gibt die Anzahl der Oktetts des PPTP-Pakets an. Das Feld Magic Cookie enthält einen konstanten Wert, den der Empfänger nutzen kann, um festzustellen, ob er mit dem TCP-Datenstrom synchronisiert ist.

Length	PPTP Message Type
Magic Cookie	
Control Message Type	Reserved0
Felder abhängig von Control Message Type	

Abb. 3-9 PPTP Control Message Header

Es ist zu beachten, dass der PPTP-Kontrollkanal nicht abgesichert wird. Bei einem PPTP-Tunnel werden nur die transportierten Daten (die getunnelten IP-Pakete) durch eine Verschlüsselung gesichert. Der Kontrollkanal ist vor Manipulationen und Abhören ungeschützt. Auch eine Authentifizierung des Verbindungsinitiators erfolgt nicht, sondern erst auf dem Datenkanal durch die PPP-Authentifizierung.

Generic Routing Encapsulation

Das GRE-Protokoll [RFCa] stellt einen Standard dar, der definiert, wie Pakete eines Protokolls X innerhalb von Paketen eines Protokolls Y eingekapselt und transportiert werden können. In [RFCb] ist der Spezialfall definiert, dass der Träger (Protokoll Y) ein IP-Netz ist. Das im PPTP-Protokoll verwendete GRE-Protokoll unterscheidet sich geringfügig von dem in [RFCb] definierten GRE-Protokoll. Der Unterschied liegt in einem zusätzlichen Acknowledgment-Feld, das im Standard nicht definiert ist. Dieses Feld wird in PPTP verwendet, um zu bestimmen, mit welcher Datenrate die Pakete über das IP-Netz transportiert werden. Über ein Sliding-Window-Protokoll wird mit Hilfe der Sequence Number und der Acknowledgement Number eine Flusskontrolle realisiert. Ein erneutes Senden verloren gegangener Pakete ist allerdings nicht vorgesehen. Abb. 3-10 zeigt den inneren Aufbau eines GRE-Headers.

Die Felder des GRE-Headers haben die folgende Bedeutung:

• Die ersten Flags innerhalb des Headers zeigen an, welche der optionalen Felder innerhalb des Headers verfügbar sind, bspw. ob eine Checksumme verwendet wird oder ob das Feld Key vorhanden ist. Die meisten dieser Felder bleiben bei der Verwendung von PPTP konstant. So sind bei PPTP die Felder C (Checksum

Present), R (Routing Present), s (Strict source route present), Recur (Recursion control) und Flags immer auf den Wert 0 gesetzt. Das Feld K (Key Present) ist konstant 1.

C R K S s		D	Flags	Ver	Protocol Type
Key (HW) Payload Length					KEY (LW) Call ID
Sequence Number					
Acknowledgment Number					

Abb. 3-10 PPTP-GRE-Header

- *S (Sequence Number Present)*
  Dieses Feld ist auf den Wert 1 gesetzt, wenn Daten innerhalb des Pakets transportiert werden. Wenn das Paket ohne Daten verschickt wird (um ein Acknowledge zu senden), ist dieser Wert 0.
- *A (Acknowledgment Sequence Number Present)*
  Enthält den Wert 1, wenn das Paket ein Acknowledgment trägt.
- *Ver*
  Das Versionsfeld ist immer auf den Wert 1 gesetzt, also auf den Inhalt *enhanced GRE*.
- *Protocol Type*
  Dieses Feld zeigt an, welcher Pakettyp innerhalb des GRE-Pakets transportiert wird. Bei PPTP ist dieser Wert immer auf 880B (Ethertype for PPP) gesetzt.
- *Key (HW) Payload Length*
  Gibt die Länge des Datenfeldes ohne die Länge des GRE-Headers an.
- *Key (LW) Call ID*
  Dieses Feld enthält die Call-ID. Dadurch ist es möglich, die Daten innerhalb des GRE-Stromes den einzelnen Tunneln zuzuordnen.
- *Sequence Number*
  Die Sequenznummer wird zur Flusskontrolle benötigt.
- *Acknowledgment Number*
  Die Acknowledgment-Nummer wird zur Flusskontrolle benötigt.

Point to Point Protocol

Innerhalb des Datenfeldes der GRE-Pakete wird ein PPP-Paket transportiert. Dieses Paket enthält wiederum das eigentlich zu tunnelnde Layer-3-Paket. PPP wurde entwickelt, um Layer-3-Pakete auf einer Punkt-zu-Punkt-Verbindung zu transportieren, die voll duplexfähig ist, die also in beide Kommunikationsrichtungen gleichzeitig senden kann. Bevor die Layer-3-Pakete über die Punkt-zu-Punkt-Verbindung transportiert werden können, muss diese vorbereitet werden. Zuerst wird innerhalb von PPP das *Link Control Protocol* (LCP) verwendet, um die Punkt-zu-Punkt-Verbindung zu konfigurieren und zu testen. Danach werden innerhalb von PPP verschiedene *Network Control Protocols* (NCP) verwendet, um die Layer-3-Schichten für den Datentransport zu konfigurieren. Alle auf der Punkt-zu-Punkt-Verbindung ausgetauschten Pakete haben das in Abb. 3-11 gezeigte Aussehen. Ob innerhalb des Informationsfeldes Layer-3-Pakete, NCP- oder LCP-Informationen übertragen werden, wird anhand des Protocol-Feldes erkannt. Das Padding-Feld ist optional und kann verwendet werden, wenn es benötigt wird (z. B. für Verschlüsselung).

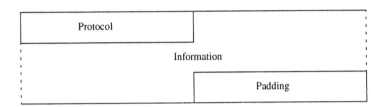

Abb. 3-11 PPP-Packet

Innerhalb der LCP-Aufbauphase der Verbindung werden zwischen beiden Kommunikationspartnern solange Pakete zur LCP-Konfiguration ausgetauscht, bis beide Teilnehmer ein Configure-Ack-Paket zum jeweiligen Partner gesendet haben. Erst dann ist die Verbindung konfiguriert und NCP- bzw. Layer-3-Pakete können verschickt werden. Innerhalb dieser Phase erfolgt auch die Authentifizierung der Kommunikationspartner (z. B. über *Challenge Handshake Authentication Protocol*, *CHAP*). Erst wenn die Authentifizierung erfolgt ist, wird das Configure-Ack-Paket gesendet.

Microsoft Point-To-Point Encryption Protocol

In RFC [Ran96] ist ein Verfahren definiert, das verwendet wird, um während der Aufbauphase der PPP-Verbindung ein Kompressionsverfahren festzulegen. Die Aushandlung des Kompressionsverfahrens zwischen den beiden Kommunikationspartnern erfolgt nach Beendigung der LCP-Phase. Für die Aushandlung wird das *Compression Control Protocol* (*CCP*) verwendet. Dieses Protokoll verwendet wiederum PPP-Pakete, die durch einen eigenen Wert innerhalb des PPP-Feldes Protocol Header als CCP-Pakete ausgewiesen werden.

Anstelle eines Kompressionsverfahrens kann dieses Verfahren auch dazu eingesetzt werden, um einen Verschlüsselungsalgorithmus auszuhandeln. Ein sehr häufig in der Praxis anzutreffendes Verschlüsselungsverfahren ist das *Microsoft Point-To-Point Encryption Protocol (MPPE)*. Dieses Verfahren verwendet den RSA-Algorithmus RC4 für die Verschlüsselung. Die Schlüssellänge kann bei der Aushandlung der Verschlüsselungsverfahren (bzw. Kompressionsverfahren) festgelegt werden. MPPE unterstützt zwei verschiedene Schlüssellängen, 40 bit und 128 bit. Während der Laufzeit einer Verbindung werden diese Schlüssel erneuert, um eine Kryptoanalyse zu erschweren. Theoretisch kann für jedes übertragene Layer-3-Paket ein neuer Schlüssel verwendet werden. Die nach der Verbindungsinitialisierung verwendeten PPP-Pakete haben das in Abb. 3-12 dargestellte Aussehen.

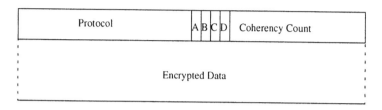

Abb. 3-12 MPPE-Paket

Die einzelnen Felder dieses Headers werden für folgende Aufgaben verwendet:

- *Protocol*
  Das PPP-Protokollfeld ist bei der Verwendung von MPPE auf den Wert 0x00FD gesetzt.
- *A-Bit*
  Wenn dieses Bit gesetzt ist, muss der Empfänger seine Schlüssel neu initialisieren.
- *B-Bit, C-Bit*
  Diese Bits haben im MPPE-Protokoll keine Bedeutung.
- *D-Bit*
  Dieses Bit zeigt an, dass der Inhalt des Pakets verschlüsselt ist.
- *Coherency Count*
  Dieses Feld beinhaltet einen Zähler, mit dem überwacht werden kann, ob die Pakete in der richtigen Reihenfolge empfangen wurden und ob ein Paket auf dem Übertragungsweg verloren gegangen ist.
- *Encrypted Data*
  Dieses Feld enthält das verschlüsselte Layer-3-Paket.

3.2.4 PPTP-Schlüsselverwaltung

Zur Absicherung der PPTP-Tunnels werden Mechanismen des PPP-Protokolls verwendet. Für die Verschlüsselung der PPP-Pakete können prinzipiell verschiedene Algorithmen ausgehandelt und verwendet werden. In der Praxis wird zumeist das MPPE-Protokoll genutzt. Die initialen Sitzungsschlüssel werden zu Beginn der

MPPE-gesicherten Verbindung aus einem gemeinsamen Geheimnis zwischen PAC und PNS abgeleitet.

Innerhalb des MPPE-Standards werden Authentifizierungsmethoden vorgeschlagen, die als Nebenprodukt des Authentifizierungsvorgangs auch Sitzungsschlüssel erzeugen. Zu diesen Verfahren gehören bspw. Kerberos und Transport Layer Security (TLS, siehe Kapitel 5.4). Dieser initiale Schlüssel kann dann mit jedem neuen gesendeten Paket verändert werden, um eine Kryptoanalyse zu erschweren. Sender und Empfänger müssen ihre Schlüssel dabei in gleicher Weise verändern.

Das MPPE-Protokoll unterstützt zwei verschiedene Modi, um den Schlüssel während der Kommunikation zu ändern, *Stateless Mode Key Changes* und *Stateful Mode Key Changes*. Welche der beiden Methoden verwendet wird, wird bei der Aushandlung der MPPE-Parameter während des Verbindungsaufbaus festgelegt. Bei Verwendung von Stateless Mode Key Changes ändert der Sender jedes Mal, bevor er ein Paket verschlüsselt, den Sitzungsschlüssel. Der Empfänger muss dann, bevor er das empfangene Paket entschlüsseln kann, ebenfalls seinen Sitzungsschlüssel anpassen. Die Methode zur Änderung des Schlüssels ist in [GSP99] definiert. Wird Stateful Mode Key Changes verwendet, so wird der Schlüssel nicht bei jedem Paket geändert, sondern erst dann, wenn das untere Oktett des Zählers Coherency auf dem Wert 0xFF steht.

3.3 Layer 2 Tunneling Protocol (L2TP)

Das *Layer 2 Tunneling Protocol* (*L2TP*) ist ein Standard der IETF, der Eigenschaften der folgenden zwei Tunnelprotokolle miteinander verbindet:

- Layer 2 Forwarding (L2F) der Firma Cisco
- Point-to-Point Tunneling Protocol (PPTP) der Firma Microsoft

Das L2TP-Protokoll realisiert einen Sicherheitsdienst auf Ebene des Data Link Layers auf dieselbe Art wie das PPTP-Protokoll durch verschlüsselte Tunnel. Anders als das PPTP-Protokoll kann L2TP allerdings dazu verwendet werden, um einen Tunnel über beliebige paketvermittelte Netze aufzubauen. Es ist damit nicht auf Einsatzgebiete beschränkt, in denen IP-basierte Netze als Trägermedium für die getunnelten Pakete eingesetzt werden. Die verschiedenen Dokumente, die die Mechanismen und Funktionsweisen des L2TP-Protokolls beschreiben, können folgendermaßen kategorisiert werden:

- *Grundlagen*
  In dem Internet-Draft [WT99] ist das L2TP-Protokoll definiert. Innerhalb des L2TP-Protokolls wird ebenfalls PPP verwendet [Sim94].
- *Verschlüsselung, Schlüsselaustausch*
  Die Verschlüsselung im L2TP-Protokoll wird durch Verschlüsselungsoptionen von PPP realisiert. Dazu können verschiedene Verfahren verwendet werden [GSP99].

• *Kryptographische Algorithmen*
In Implementierungen sind verschiedene Verschlüsselungsalgorithmen und ihre Verwendung im L2TP-Protokoll (bzw. im PPP-Protokoll) enthalten, die im L2TP-Standard aber nicht im Detail spezifiziert sind.

3.3.1 L2TP-Sicherheitsdienste

Prinzipiell wird das L2TP-Protokoll auf die gleiche Weise wie das PPTP-Protokoll eingesetzt. Es unterscheidet sich aber von PPTP in folgenden wichtigen Punkten:

• PPTP benötigt ein IP-Netz als Träger für die getunnelten Pakete. L2TP benötigt lediglich ein Netz, das paketvermittelte Ende-zu-Ende-Verbindungen ermöglicht. Deshalb kann L2TP über IP-Netze, Frame-Relay-PVCs, X.25-VCs oder ATM-VCs betrieben werden (VC steht hierbei für *Virtual Circuit*).

• Das PPTP-Protokoll kann immer nur verwendet werden, um *einen* Tunnel zwischen den beiden Endpunkten aufzubauen. Mit L2TP ist es möglich, zwischen zwei Endpunkten mehrere Tunnel aufzubauen. Dadurch ist z. B. eine Lastverteilung zwischen den einzelnen Tunneln möglich.

• L2TP verwendet einen kleineren Header. Dadurch erzeugt es im Gegensatz zum PPTP-Protokoll einen geringeren Verwaltungsaufwand auf der Übertragungsstrecke.

• L2TP ermöglicht eine Tunnel-Authentifizierung. Bei PPTP werden nur die transportierten Tunnelpakete gesichert, nicht aber der Tunnel selbst.

Das L2TP-Protokoll wird dazu verwendet, verschiedenste Layer-3-Protokolle über ein bestehendes paketvermitteltes Netz zu transportieren. Innerhalb des L2TP wird, wie auch bei dem PPTP-Protokoll für den eigentlichen Transport der Daten, das PPP-Protokoll verwendet. Die durch das PPP-Protokoll angebotenen Sicherheitsfunktionen werden von L2TP genutzt, um den Sicherheitsdienst zu realisieren. Neben den Sicherheitsfunktionen für die Daten wird ein zusätzlicher Mechanismus verwendet, um den Tunnel selbst abzusichern. Dem Nutzer bietet L2TP deshalb die gleichen Sicherheitsdienste auf Ebene des Data Link Layers wie auch PPTP:

• Zugriffskontrolle
• Verbindungslose Integrität
• Authentifizierung der Datenherkunft
• Vertraulichkeit
• Eingeschränkte Vertraulichkeit des Traffic Flows

3.3.2 Grundlagen und Funktionsweise von L2TP

Das L2TP-Protokoll basiert wie das PPTP-Protokoll auf einer Trennung eines herkömmlichen *Network Access Servers* (NAS) in eine Client-Server-Architektur. Das L2TP-Protokoll trennt die Funktionalität des NAS in zwei Komponenten, in einen *L2TP Access Concentrator* (LAC) und in einen *L2TP Network Server* (LNS). Der

Client baut über die Wählleitung eine Verbindung mit dem LAC auf. Dieser verwendet dann das L2TP-Protokoll um den LNS zu kontaktieren und eine Verbindung zwischen LAC und LNS herzustellen. Für den Client sieht es nun so aus, als ob er sich direkt beim LNS eingewählt hätte. Die PPP-Pakete werden über das PSTN zum LAC gesendet, dieser verwendet dann das L2TP-Protokoll, um die Pakete über das zwischen LAC und LNS liegende paketvermittelte Netz zum LNS zu transportieren. Dieses Szenario ist in Abb. 3-13 dargestellt.

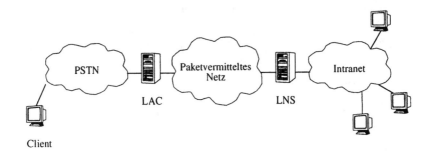

Abb. 3-13 L2TP-Szenario

Die zwischen dem Client und dem Intranet transportierten Pakete werden auf der Strecke zwischen Client und LNS mittels des PPP-Protokolls transportiert. Innerhalb des PPP-Protokolls wird dabei ein Verschlüsselungsverfahren verwendet, um die Daten auf ihrem Transportweg zu sichern. Wie beim PPTP-Protokoll kann durch ein Zusammenlegen des Clients und des LAC das L2TP-Protokoll auch dazu verwendet werden, ohne die Nutzung von Wählverbindungen Tunnel über IP-Netze aufzubauen. Ein Anwendungsszenario für das L2TP wird innerhalb dieses Kapitels nicht beschrieben, da dies der vorgestellten PPTP-Anwendungs entspricht.

L2TP verwendet zwei verschiedene Nachrichtentypen, *Kontrollnachrichten* und *Datennachrichten*. Die Kontrollnachrichten werden verwendet, um einen Tunnel aufzubauen, zu warten und wieder abzubauen. Die L2TP-Datennachrichten werden benötigt, um die eigentlichen Nutzdaten, eingebunden in PPP-Pakete, über den Tunnel zu verschicken. Wird als Transportmedium ein IP-Netz genutzt, so haben die beiden Nachrichtentypen das in Abb. 3-14 gezeigte Aussehen.

IP-Header	UDP	L2TP

IP-Header	UDP	L2TP	PPP	IP-Tunnel-Paket

Abb. 3-14 L2TP-Kontrollnachricht und -Datennachricht

Bei Verwendung eines IP-Netzes werden die L2TP-Pakete mit Hilfe des UDP-Protokolls transportiert. Die Kontrollnachrichten werden bei einem Verlust auf der Übertragungsstrecke erneut übertragen; die Datennachrichten werden nicht wiederholt und gehen verloren. Datennachrichten müssen durch das L2TP-Protokoll nicht wiederholt werden, da die in ihnen übertragenen Nutzdaten selbst Protokolldaten von Protokollen sind, die eine Fehlerbehebung realisieren, wenn dies gewünscht ist (z. B. TCP-Pakete einer Verbindung, die über den L2TP-Tunnel transportiert werden). Um Paketverluste der Kontrollnachrichten erkennen zu können, werden diese mit Sequenznummern versehen.

Wenn zwischen zwei Rechnern oder Gateways ein L2TP-Tunnel aufgebaut wird, werden folgende Schritte durchlaufen:

- *Aufbau der Kontrollverbindung*
  Als erstes wird mit Hilfe eines 3-Wege-Handshakes die Kontrollverbindung zwischen LAC und LNS aufgebaut. Dazu werden L2TP-Kontrollnachrichten verwendet.

- *Authentifizierung des Tunnels*
  Beim Aufbau der Verbindung kann eine Authentifizierung der Tunnelendpunkte erfolgen. Dabei wird innerhalb des 3-Wege-Handshakes ein CHAP-ähnliches Protokoll verwendet [Sip96].

- *Sitzungsaufbau*
  Nachdem der Kontrollkanal aufgebaut wurde, können zwischen LAC und LNS verschiedene *Sessions* (Datenkanäle) errichtet werden. Jede dieser Sessions ist einem PPP-Strom zwischen LAC und LNS zugeordnet.

- *Datenübertragung*
  Nachdem eine Session aufgebaut wurde, können zwischen LAC und LNS die zu transportierenden Netzwerkpakete mit Hilfe von PPP ausgetauscht werden. Innerhalb des PPP-Protokolls findet dann die Verschlüsselung der zu transportierenden Netzwerkpakete statt.

- *Sitzungsabbau*
  Das Beenden einer Sitzung kann entweder durch den LAC oder LNS initiiert werden. Nachdem die letzte Session gelöscht wurde, kann dann ebenfalls die Kontrollverbindung beendet werden.

- *Abbau der Kontrollverbindung*
  Das Beenden der Kontrollverbindung kann ebenfalls vom LAC oder vom LNS initiiert werden. Der Initiator sendet eine Kontrollnachricht an seinen Partner. Dieser bestätigt die Meldung, womit die Tunnelverbindung beendet ist.

3.3.3 L2TP-Elemente

Die in L2TP verwendeten PPP-Nachrichten sind konform zu dem in [Sim94] beschriebenen PPP-Protokoll. Eine kurze Beschreibung des PPP-Protokolls und der Aufbau des Headers wurde bereits in Abschnitt 3.2.3 vorgenommen.

L2TP-Nachrichten-Header

Die L2TP-Pakete, die auf dem Kontrollkanal bzw. auf dem Datenkanal verwendet werden, verwenden ein gemeinsames Header-Format. Durch ein Typ-Feld wird zwischen den beiden Nachrichtentypen unterschieden. Innerhalb des Headers werden optionale Felder verwendet. Wird ein solches optionales Feld nicht benötigt, so wird es als nicht vorhanden markiert.

T	L	x	x	S	x	O	P	x	x	x	x	Ver	Length
Tunnel ID													Session ID
Ns													Nr
Offset Size													Offset pad...

Abb. 3-15 L2TP Header-Format

Die einzelnen Felder innerhalb des Headers haben die folgende Bedeutung:

- *x Bit*
  Bits, die mit einem x gekennzeichnet sind, werden nicht verwendet. Diese Felder sind für eine eventuelle zukünftige Benutzung reserviert.
- *Type Bit*
  Dieses Feld kennzeichnet, um welche Art Nachricht es sich handelt. Der Wert 0 steht für eine Datennachricht, der Wert 1 für eine Kontrollnachricht.
- *Length Bit*
  Dieses Feld kennzeichnet, ob das Längenfeld verwendet wird. Dieses Bit ist auf den Wert 1 gesetzt, wenn es sich um eine Kontrollnachricht handelt.
- *Sequence Bit*
  Dieses Feld zeigt an, ob das Ns- und Nr-Feld vorhanden sind. Dieses Bit ist auf 1 gesetzt, wenn es sich um eine Kontrollnachricht handelt.
- *Offset Bit*
  Dieses Feld zeigt an, ob das Ds-Offset-Feld verwendet wird. Dieses Bit ist auf 0 gesetzt, wenn es sich um eine Kontrollnachricht handelt.
- *Priority Bit*
  Pakete, in denen dieses Bit gesetzt ist, werden vom Empfänger bevorzugt behandelt. Dieses Bit ist auf 0 gesetzt, wenn es sich um eine Kontrollnachricht handelt.
- *Version*
  Dieses Feld wird in der jetzigen Version auf den Wert 2 gesetzt.
- *Length*
  Hier wird die Gesamtlänge des Pakets [in Oktetten] angegeben.

- *Tunnel ID*
Dieses Feld bezeichnet die Session-ID des Tunnels, zu dem dieses Paket gehört.
- *Ns*
Dieses Feld enthält eine Sequenznummer.
- *Nr*
Dieses Feld enthält die Nummer, die in der nächsten Kontrollnachricht erwartet wird.

3.4 Probleme der Data Link Layer Security

3.4.1 Implementierungsfehler bei PPTP

Es existieren verschiedene prinzipiell sichere Methoden, um eine Kommunikationsverbindung zu schützen (z. B. das PPTP-Protokoll). Um diese Methoden nutzen zu können, ist es notwendig, sie in die zu verwendenden Systeme zu integrieren. Bei der Integration bzw. Implementierung ist es unbedingt notwendig, Fehler zu vermeiden, die die normalerweise sicheren Methoden dann unsicher werden lassen. Im Folgenden wird dargestellt, wie bei der Integration des PPTP-Protokolls in das Betriebssystem Windows-NT Sicherheitslücken entstehen können.

Wie bereits in den vorangegangenen Abschnitten beschrieben, verwendet das PPTP-Protokoll das PPP-Protokoll. Innerhalb dieses Protokolls wird das von der Firma Microsoft entwickelte CHAPv1-Protokoll verwendet, um den Client (den Initiator des Tunnels) zu authentifizieren. Dieses Verfahren läuft folgendermaßen ab:

- Der Client fordert einen sog. *„Login Challenge"* vom Server an.
- Der Server schickt dem Client eine 8 byte *„Random Challenge"*, eine Zufallszahl.
- Der Client verwendet den LAN-Manager-Hash seines Passworts, um daraus drei DES-Schlüssel abzuleiten. Diese Schlüssel verwendet dann der Client, um den „Random Challenge" zu verschlüsseln. Diese drei verschlüsselten Blöcke werden dann zu einem 24 byte-Wert zusammengefügt. Danach wird dieses Verfahren unter Verwendung des NT-Passwort-Hashs wiederholt. Diese beiden verschlüsselten 24 byte-Werte werden dann an den Server geschickt.
- Der Server entschlüsselt die 24 byte-Werte mit Hilfe des in seiner Passwortdatenbank gespeicherten Client-Passwort-Hashs. Wenn der dann entschlüsselte Block mit dem zuvor gesendeten „Random Challenge" übereinstimmt, ist die Authentifizierung vollständig, und der Server sendet dem Client eine „success"-Meldung.
- Anschließend wird das MPPE-Protokoll innerhalb von PPP verwendet, um die Daten auf dem Transport zu verschlüsseln. In beide Richtungen (also vom Client zum Server sowie vom Server zum Client) wird dabei derselbe Schlüssel genutzt. Der verwendete Schlüssel wird dabei vom NT-Passwort-Hash abgeleitet.

Diese Art der Implementierung des PPTP-Protokolls besitzt nun verschiedene Sicherheitslücken. Innerhalb von Windows-NT werden zwei verschiedene Passwort-

Hashs der Benutzer innerhalb der Passwortdatenbanken gespeichert: Zum einen der Windows NT-Passwort-Hash, zum anderen aus Kompatibilitätsgründen der Passwort-Hash des LAN-Managers. Dabei sind beide Hash-Werte aus demselben Passwort abgeleitet. Der Passwort-Hash von Windows NT wird mit Hilfe des MD4-Verfahrens aus dem 14 Zeichen langen Passwort gebildet. Der Passwort-Hash des LAN-Managers wird gebildet, indem alle Buchstaben des Passworts in Großbuchstaben umgewandelt werden und dann mit Hilfe des DES-Verfahrens der Passwort-Hash gebildet wird [BS98]. Um das Passwort eines Benutzers zu entschlüsseln, kann entweder der Hash des LAN-Managers oder der Hash von Windows NT entschlüsselt werden. Der Passwort-Hash des LAN-Managers lässt sich mit sehr geringem Aufwand durch eine Wörterbuchattacke entschlüsseln [Inc97]. Dadurch ist dann auch das Passwort von Windows NT bekannt.

Da beide Hashs innerhalb des verschlüsselten Login-Challenges verwendet werden, können aus dieser Nachricht beide Hashs extrahiert und durch eine Wörterbuchattacke entschlüsselt werden. Das Client-Passwort kann also durch ein Mithören der (zu diesem Zeitpunkt noch unverschlüsselten) Kommunikation ermittelt werden. Da das verwendete Verschlüsselungsverfahren (MPPE) seinen Schlüssel ebenfalls aus den NT-Passwörtern ableitet, ist dieser dadurch ebenfalls gefährdet.

Durch die Art der Implementierung ist der so entstandene verschlüsselte Tunnel nur so sicher, wie es das Client-Passwort gegen eine Wörterbuch-Attacke ist. Der hier dargestellte Implementierungsfehler ist nicht der einzige innerhalb der PPT-Version von der Firma Microsoft. Weitere Fehler sind in [BS99] und [BS98] beschrieben. Microsoft hat einige der in [BS98] beschriebenen Fehler in einer neueren Version des implementierten PPTP-Protokolls behoben; es existieren aber weiterhin Schwachstellen [BS99].

Dieses Beispiel zeigt, dass die Verwendung theoretisch sicherer Methoden nicht ausreicht, um Schutzziele durchzusetzen. Es ist ebenfalls nötig, diese Methoden so umzusetzen, dass die in der Realität auftretenden Randbedingungen die Erreichung der Schutzziele nicht unmöglich machen.

3.4.2 Kompression

In Netzwerken werden sehr oft Kompressionstechniken verwendet, um Bandbreite zu sparen. Kompressionsverfahren können auf allen Schichten des OSI-Modells angewendet werden, beispielsweise, um Bilder in Webseiten (Application Layer) oder Header bei PPP (Network Layer, Transport Layer) zu komprimieren. Die meisten Kompressionsverfahren machen sich die Tatsache zunutze, dass in vielen Informationen, die über das Netz verschickt werden, Redundanzen enthalten sind. Diese redundanten Informationen werden dann durch das Kompressionsverfahren zu einer komprimierten Information zusammengefasst und verschickt. Redundanzen treten z. B. dann auf, wenn Nachrichten (bzw. Pakete) Ähnlichkeiten in sich selbst oder im zeitlichen Bezug zu anderen Nachrichten aufweisen.

Wird eine Nachricht verschlüsselt, so werden die Strukturen der Nachricht derart beeinflusst, dass nur noch wenige Ähnlichkeiten zu erkennen sind. Dies ist auch beabsichtigt, da ein Angreifer anhand der Struktur einer verschlüsselten Nachricht nicht auf deren Innhalt schließen können soll. Sich wiederholende Muster innerhalb eines Nachrichtenstroms würden einem Angreifer einen Ansatzpunkt für eine Kryptoanalyse geben und werden deshalb von den Verschlüsselungsalgorithmen so weit wie möglich unterdrückt. Diese Optimierung der Verschlüsselungsalgorithmen ist genau gegensätzlich zu der eines Kommpressionsalgorithmus. Wird ein Nachrichtenstrom nach der Verschlüsselung komprimiert, so ist die Kompression sehr ineffizient.

Diese Tatsache spielt bei der IP-Paketübertragung über schmalbandige Wählleitungen eine wesentliche Rolle. In diesen Fällen wird meist eine Kompression auf Schicht 1, also innerhalb der Hardware der zur Kommunikation verwendeten Modems, durchgeführt. Auf diesen Punkt-zu-Punkt-Wählverbindungen wird in den meisten Fällen das PPP-Protokoll eingesetzt, das ebenfalls Kompressionsverfahren verwendet. Wenn die über diese Verbindungen transportierten Nachrichten verschlüsselt werden, können die Kompressionsverfahren auf den darunter liegenden Schichten nicht mehr mit ihrer maximalen Effizienz arbeiten. Aus diesem Grund ist es nötig, eine Kompression vor der Verschlüsselung der Daten durchzuführen. Dies kann am effizientesten erreicht werden, indem in die Verschlüsselung eine vorgeschaltete Kompression integriert wird. Innerhalb von IPsec (vgl. Kapitel 4.2 auf Seite 150) ist deshalb eine Kompression vorgesehen.

3.5 Zusammenfassung

In diesem Kapitel wurden Sicherheitsmechanismen auf Ebene der Schicht 2, der Data Link Layer, vorgestellt. Zunächst wurden Methoden erläutert, mittels derer eine Sicherheitsintegration auf Ebene dieser Schicht erfolgen können. Der Leser sollte hierbei die Verwendung eines Tunnels im Detail verstanden haben. Anschließend wurden die beiden Protokolle PPTP und L2TP im Detail erläutert und verglichen. Den Abschluss des Kapitels bildete eine kritische Diskussion von Schwachstellen, die bei den Protokollen dieser Schicht vorzufinden sind.

Network Layer Security

Dieses Kapitel beschreibt Verfahren, die dazu verwendet werden können, um die Kommunikation in IP-Netzen auf Ebene der Schicht 3 des OSI-Modells (*Network Layer*) abzusichern. Innerhalb des TCP/IP-Referenzmodells wird der Network Layer als *Internet Layer* bezeichnet. Entsprechend der Definition 3-1 in Kapitel 3 (Data Link Layer Security) bedeutet dies, dass zur Realisierung einer sicheren Kommunikation der Internet Layer um einen zusätzlichen Sicherheitsdienst erweitert wird. Den darüber liegenden Schichten bietet der Layer 3 dann neben seinen Standarddiensten einen *Sicherheitsdienst* an, der dieselben Sicherheitsfunktionen beinhalten sollte, die auch bei der Data Link Layer Security als Mindestanforderung genannt wurden (Vertraulichkeit, Authentifizierung, Integrität und Non-Repudiation).

Zunächst werden wichtige Aspekte vorgestellt, die zum grundlegenden Verständnis der Funktionsweise der Internet Layer Security notwendig sind. Des Weiteren werden Einsatzgebiete, das Umfeld und Probleme auf der Ebene dieser Schicht aufgezeigt, so dass der Leser einen Überblick über die Funktionsweise und die Möglichkeiten bzw. Grenzen der Internet Layer Security erhält. Nach einer Vorstellung der Konzepte, die der Internet Layer Security zugrunde liegen, wird im zweiten Abschnitt des Kapitels das IP-Security-Protokoll als dessen Vertreter vorgestellt. Der dritte Abschnitt befasst sich ausführlich mit der Thematik des Schlüsselmanagements, bevor zum Ende des Kapitels Probleme und Erweiterungen erörtert werden.

4.1 Methoden zur Security-Integration in den Internet Layer

Zur Integration eines Sicherheitsdienstes in den Internet Layer stehen generell zwei verschiedene Methoden zur Verfügung. Die erste Methode besteht darin, die Sicherheitsfunktionen direkt auf die zu sendenden IP-Pakete anzuwenden. Die zweite Methode verschickt die mittels eines kryptographischen Verfahrens zu sichernden IP-Pakete als Nutzdaten anderer Protokolle. Die IP-Pakete werden dazu in andere Pakete gekapselt. Die Sicherheitsfunktionen wendet man dann lediglich auf die Nutzdaten und damit auf die eingekapselten IP-Pakete an. Beide Methoden können auch kombiniert werden, was in der Praxis häufig vorzufinden ist. Diese Modi werden in der Regel als *Transportmodus* und als *Tunnelmodus* bezeichnet. Eine ausführliche

Beschreibung der Modi erfolgt nach der Darstellung der Rahmenbedingungen für deren Verwendung und dann insbesondere anhand eines Beispieles in Kapitel 4.1.4. Der wesentliche Unterschied beider Ansätze besteht darin, in welchem Umfang der Sicherheitsdienst nicht nur den höheren Schichten zur Verfügung gestellt wird, sondern auch dem Internet Layer selbst.

4.1.1 Rahmenbedingungen für Internet Layer Security

Wenn Rechner in zwei verschiedenen Netzwerken miteinander kommunizieren sollen, die nicht derselben Broadcast-Domäne angehören, so ist ein Verbindungssystem zwischen den Netzwerken notwendig. Eine solche Verbindung zwischen zwei Netzwerken kann auf unterschiedliche Arten realisiert sein.

Abb. 4-1 Netzwerkverbindung

So lassen sich auf der Grundlage der an der Verbindung beteiligten Ebenen des Schichtenmodells [Tan96] verschiedene Typen unterscheiden. Der einfachste Typ einer Netzwerkverbindung ist eine sog. *Bridge*. Eine Bridge arbeitet auf Ebene der Schicht 2 (Data Link Layer) des OSI-Modells. Die Bridge nimmt die Pakete von Netzwerk A entgegen, untersucht die Header des Schicht-2-Protokolls und leitet dann, wenn nötig, die Pakete an das Netzwerk B weiter. Dies bedeutet, dass die Bridge lediglich die Protokolle unterhalb der Schicht 3 verstehen muss, um ihre Aufgabe zu erfüllen.

Eine andere Möglichkeit, Netzwerke zu verbinden, besteht in der Verwendung eines *Routers*. Dieser arbeitet auf Ebene der Schicht 3 des OSI-Modells. Ein Router ist deshalb nicht in der Lage, Pakete weiterzuleiten, die ein Schicht-3-Protokoll enthalten, das er nicht verstehen kann.

Eine dritte Verbindungsmöglichkeit sind *Gateways*. Ein Gateway muss die Protokolle aller Schichten verstehen können, um seine Aufgabe zu erfüllen. Es nimmt die Applikationsdaten im Netzwerk A entgegen, extrahiert sie, verpackt sie neu und sendet sie dann in das Netzwerk B weiter.

In der Praxis sind die Übergänge zwischen den verschiedenen Verbindungstypen oft nicht genau abzugrenzen. Die meisten Bridges beinhalten z. B. die Möglichkeit, auch Protokolle der höheren Schichten zu untersuchen. Dadurch ist es der Bridge besser möglich, zu erkennen, ob ein Paket in das andere Netzwerk weitergeleitet werden muss bzw. darf.

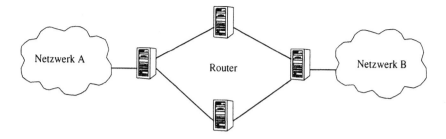

Abb. 4-2 Netzwerk mit Routern

Meistens sind die zu koppelnden Netzwerke nicht direkt über einen Rechner verbunden, vielmehr nehmen die Pakete ihren Weg über mehrere Router, Bridges,
Gateways und dazwischen liegende Netzwerke. Diese Elemente, die sich zwischen
den Netzen befinden, lesen und verändern bei jeder Weiterleitung der Informationen
auch die Header der Schichten, die hier zum Einsatz kommen. Eine Bridge verändert die Inhalte der Schicht 2 (bei Ethernet die MAC-Adressen), ein Router verändert den IP-Header (z. B. TTL-Feld des IP-Headers) und ein Gateway die Header
der höheren Schichten (z. B. TCP-Port). Betrachtet man nun diese Netzelemente unter dem Gesichtspunkt *Sicherheit*, so stellt man fest, dass diese Geräte genau die Aktionen durchführen, die man durch die Anwendung von Sicherheitsdiensten verhindern möchte:

• Die Netzelemente müssen die Daten einsehen können, um sie transportieren zu
  können.

• Die Netzelemente müssen die Daten verändern, um sie transportieren zu können.

Da die Netzelemente diese Veränderungen aber durchführen müssen, um ihre Funktion ausüben zu können, bleibt bei der Implementierung von Sicherheitsdiensten auf
der Ebene des IP-Layers keine andere Wahl, als Randbedingungen zu beachten, die
sich wie folgt formulieren lassen:

• *Abhören von Header-Feldern*
  Header-Felder (IP-Header oder Header höherer Schichten), die von den Netzelementen eingesehen werden müssen, können nicht gegen Abhören gesichert werden. Werden die Header-Felder verschlüsselt, so müssen die Netzelemente wie
  auch der Empfänger in der Lage sein, die entsprechenden Header-Felder zu dekodieren.

• *Veränderung von Header-Feldern*
  Header-Felder, die von den Netzelementen auf dem Weg durch das Netz verändert werden müssen, können nicht gegen Veränderung geschützt werden, es sei
  denn, alle Netzelemente sind in der Lage, den Schutz nach der Veränderung zu erneuern.

4.1. Methoden zur Security-Integration in den Internet Layer ▪ 145

Diese Randbedingungen sind bei der Spezifikation eines Sicherheitsdienstes auf der Ebene des Internet Layers zu beachten und begrenzen den Umfang möglicher Schutzfunktionen.

4.1.2 Transportmodus

Eine Möglichkeit, die Kommunikation auf Ebene von Layer 3 abzusichern, besteht darin, die Sicherheitsfunktionen direkt auf die IP-Pakete anzuwenden, die verschickt werden sollen. Die IP-Pakete werden hierbei regulär gebildet. Bevor sie aber den darunter liegenden Schichten zur weiteren Bearbeitung übergeben werden, werden sie durch die Anwendung kryptographischer Mechanismen abgesichert.

Um das Schutzziel *Vertraulichkeit* zu erreichen, muss der Inhalt eines Pakets verschlüsselt werden. Es kann aber nie das gesamte IP-Paket verschlüsselt werden, da sonst z. B. Router oder Gateways die Zieladresse nicht lesen und das Paket nicht mehr zu seinem Ziel schicken können. Arbeitet man in einem Umfeld, in dem auch Application-Gateways auf dem Transportweg der Daten liegen, so ist eine Verschlüsselung der Daten der höheren Schichten ebenfalls problematisch. In einem gewöhnlichen Netzwerk (bestehend aus Bridges und Routern) bleiben also auch nach einer Absicherung gegen Abhören zumindest die zum Transport notwendigen IP-Header im Klartext erhalten. Dies stellt insbesondere dann ein Problem dar, wenn neben den Kommunikationsinhalten auch die Kommunikationsbeziehungen der Kommunikationspartner geheim bleiben sollen. Durch die Methode der Absicherung des IP-Layers kann bspw. nicht verhindert werden, dass ein Unbefugter erkennt, welcher Rechner (und damit auch meist welcher Benutzer) wann mit welchen anderen Rechnern kommuniziert hat.

Zur Erreichung des Schutzziels *Integrität* muss der Empfänger feststellen, ob das IP-Paket auf dem Transportweg durch das Netz verändert wurde. Für die Felder, die auf dem Transportweg durch die Netzkomponenten verändert werden müssen, ist diese Prüfung nicht möglich. Der Empfänger kann daher nicht prüfen, ob diese Header-Felder transportbedingt verändert wurden, oder ob sie von einem Angreifer verändert wurden. Das Schutzziel *Integrität* kann also nur teilweise durch das hier beschriebene Verfahren erreicht werden.

4.1.3 Tunnelmodus

Ein *Tunnel* bietet die Möglichkeit, den Datenverkehr vollständig abzusichern. Da die zur Kommunikation gehörenden IP-Pakete als Daten verpackt versendet werden, können auch die Felder abgesichert werden, die sonst durch die Funktionalität der Netzelemente nicht geschützt werden können. Dadurch ist es z. B. dann auch möglich, Kommunikationsbeziehungen zwischen Endgeräten zu verbergen.

Hierbei besteht allerdings der Nachteil, dass durch das Verpacken der IP-Pakete mit jedem IP-Paket zusätzliche Protokoll-Header gesendet werden müssen. Dieser Overhead führt zu einem erhöhten Datenaufkommen, was sich insbesondere bei Kommunikationsverbindungen über schmalbandige Leitungen (z. B. Modemverbindungen) negativ auswirken kann.

4.1.4 Implementierungsbeispiel

Im Folgenden wird eine mögliche Implementierung der beiden Modi vorgestellt. Die Art der Implementierung eines Sicherheitsdienstes auf IP-Ebene hängt stark von der verwendeten Technik ab (Transport- oder Tunnelmodus), aber auch vom verwendeten Betriebssystem. Nicht alle Teile eines Betriebssystems sind im Quellcode zugänglich, ebenso auch nicht die Implementierungen von Protokoll-Stacks. Es ist durchaus möglich, dass der IP-Protokoll-Stack aus Urheberrechtsgründen nicht zugänglich ist und nicht verändert werden kann. Neben diesen beiden Gründen gibt es noch weitere Punkte, die sich darauf auswirken können, wie eine Implementierung aussehen kann.

Das folgende Beispiel zeigt, wie innerhalb eines Betriebssystems der IP-Stack modifiziert werden kann, um die beiden Methoden in den IP-Layer zu integrieren.

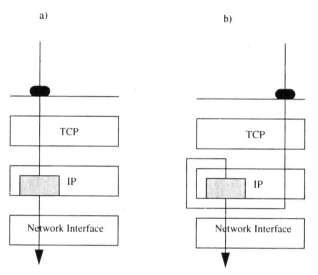

Abb. 4-3 Implementierungsbeispiel

Die Erzeugung eines regulären IP-Pakets wurde bereits zuvor in Abb. 3-2 dargestellt. Abb. 3-3 zeigte den Aufbau des resultierenden IP-Pakets. Abb. 4-3 a stellt nun den Ablauf bei der Erzeugung eines gesicherten IP-Pakets im Transportmodus dar. Wie im Beispiel aus Kapitel 3.1.1 erzeugt die Applikation einen TCP-Socket, über den die Daten verschickt werden. Zuerst durchlaufen die Daten den TCP-Protokoll-Stack, in dem der TCP-Header des Pakets gebildet wird. Danach wird das TCP-Paket dem IP-Layer zur weiteren Bearbeitung übergeben. Dort wird zuerst der IP-Header des Pakets gebildet. Anschließend wird durch eine Modifikation innerhalb des IP-Layers das fertige IP-Paket abgesichert. Soll bspw. das Paket vor einem unerlaubten Abhören auf dem Übertragungsweg geschützt werden, so werden an dieser Stelle die Inhalte des IP-Pakets, die nicht unbedingt auf dem Übertragungsweg eingesehen werden müssen, verschlüsselt. Um das Paket auf der Empfängerseite wieder dekodieren zu können, wird innerhalb des übertragenen Pakets ein Header für Verschlüsselungsinformationen benötigt. Dieser Header wird in der Regel zwischen dem IP-Header und dem TCP-Header eingefügt. Das IP-Paket, das dem Interface zur Übertragung übergeben wird, hat das in Abb. 4-4 dargestellte Aussehen.

| IP-Header | Verschlüssel. Header | TCP-Header | Daten |

Abb. 4-4 Verschlüsseltes TCP-IP-Paket

Nach dem IP-Header folgt nun nicht mehr der TCP-Header, sondern ein Header, der für die Entschlüsselung der Daten benötigt wird. Innerhalb des IP-Headers wird ein Feld verwendet, das anzeigt, welcher Datentyp innerhalb des IP-Pakets transportiert wird. Dieser Hinweis ist für den IP-Stack des Empfängers nötig, damit dieser feststellen kann, welchem Protokoll-Stack des Transport-Layers er die Daten zur weiteren Verarbeitung übergeben muss. Für TCP ist dieses Feld bspw. auf den Wert 6 gesetzt. Ist das Paket nun aber (wie in diesem Beispiel) verschlüsselt, so muss in diesem Feld angezeigt werden, dass der Inhalt des IP-Pakets nicht direkt der TCP-Schicht des Empfängers übergeben werden kann, sondern vorher entschlüsselt werden muss. Durch die Implementierung eines derartigen Sicherungsverfahrens treten in einem Netzwerk IP-Pakete auf, die eine Protokollnummer im Header-Feld führen, die nicht gewöhnlich (bspw. TCP, UDP oder ICMP) ist. Dies kann dann zu Problemen führen, wenn innerhalb des zur Übertragung genutzten Netzes Verbindungselemente eingesetzt werden, die nur standardisierte IP-Protokolle unterstützen. Solche Netzelemente sind z. B. *Paketfilter*.

Auf der Empfängerseite wird ein Rechner benötigt, der ebenfalls die im Sender implementierten Erweiterungen des IP-Protokoll-Stacks aufweist. Das empfangene Paket wird dann im Vergleich zur Paketbildung in umgekehrter Reihenfolge durch den Protokoll-Stack bearbeitet. Über das Interface gelangt das IP-Paket in den IP-Layer. Dort wird zuerst das entsprechende kryptographische Verfahren angewendet. In diesem Beispiel wird das IP-Paket entschlüsselt. Danach wird das IP-Paket verarbeitet und dessen Inhalt an den TCP-Protokoll-Stack übergeben. Anschließend können die Daten an den Socket und damit letztendlich an die Applikation übergeben werden.

Abb. 4-3 b zeigt den Ablauf beim Versand eines IP-Pakets im Tunnelmodus. In diesem Beispiel werden die eingekapselten IP-Pakete als Nutzdaten eines IP-Pakets verschickt. An dieser Stelle ist es sicherlich auch möglich, das IP-Paket als Nutzdaten eines Protokolls einer höheren Schicht (z. B. TCP oder UDP) zu verschicken. Um aber den Overhead durch zusätzliche Protokoll-Header gering zu halten, wird darauf in der Regel verzichtet. Wie schon im vorangegangenen Beispiel muss auch hier der IP-Protokoll-Stack modifiziert werden, um die nötigen Sicherheitsfunktionen zu integrieren. Die Applikation erzeugt hierbei einen regulären TCP-IP-Socket, über den die Daten versendet werden. Innerhalb der IP-Schicht wird zunächst das IP-Paket gebildet, dann aber vor dem Senden erneut der IP-Schicht übergeben. Dort wird das IP-Paket in ein weiteres IP-Paket gekapselt und abgesichert. Der Aufbau des gesendeten Pakets ist in Abb. 4-5 dargestellt.

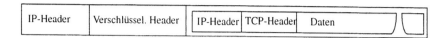

Abb. 4-5 Getunneltes IP-Paket

Der Empfänger muss über dieselbe Modifikation des IP-Stacks verfügen, um das Paket korrekt empfangen zu können. Die Dekodierung des Pakets verläuft hier aber in umgekehrter Reihenfolge zur Bildung des Pakets innerhalb des Senders.

4.1.5 Anwendungsszenarien

Die beschriebenen Methoden, einen Sicherheitsdienst auf IP-Ebene zu realisieren, können in verschiedenen Szenarien eingesetzt werden. Die im Folgenden dargestellten Anwendungen beschreiben die zurzeit gängigsten Anwendungsfälle für diese Art der Kommunikationssicherung.

Im Tunnelmodus kann die Implementierung eines Sicherheitsdienstes auf Ebene des Internet Layers dazu verwendet werden, ein *Virtuelles Privates Netz (VPN)* aufzubauen. Das Szenario ähnelt dem in Kapitel 3.1 beschriebenen. Der Unterschied liegt in der Schicht, in der die zu tunnelnden Pakete abgesichert werden. Zum Aufbau eines VPNs eignen sich dementsprechend sowohl Sicherheitsdienste im Data Link Layer als auch im Internet Layer..

Ein weiteres häufig vorzufindendes Szenario ist der *mobile Mitarbeiter*. Ein Mitarbeiter befindet sich mit seinem Rechner zeitweise in fremden Netzwerken, die aber auch an das Internet angeschlossen sind (z. B. beim Kunden oder am Heimarbeitsplatz). Für den Mitarbeiter besteht weiterhin das Bedürfnis, auf Daten in der Firmenzentrale zuzugreifen. Damit der Zugriff auf diese Daten sicher erfolgen kann, wird oft das in Abb. 4-6 dargestellte Szenario verwendet. Der Client, d. h. der entfernte Rechner des Nutzers, wendet die geforderten Sicherheitsfunktionen auf die IP-Pakete an, die er an Rechner in seinem Heimatnetz schickt. Das Sicherheits-Gateway im Heimatnetz prüft dann die Pakete und wendet wiederum die nötigen Sicherheitsfunktionen an, um das Paket in ein reguläres IP-Paket umzuwandeln. Danach leitet das Sicherheits-Gateway die Pakete an den Zielrechner weiter.

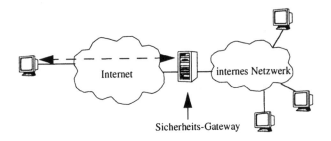

Abb. 4-6 Anwendungsszenario mit mobilem Mitarbeiter

Beide hier dargestellten Szenarien unterscheiden sich in einem wesentlichen Punkt. Bei der Kopplung zweier oder mehrerer Netzwerke ist es möglich, durch die Verwendung eines Tunnels die Geheimhaltung der Kommunikationsverbindungen zu gewährleisten. Dies funktioniert, wenn in allen gekoppelten Netzen eine Vielzahl von Rechnern betrieben werden. Ein Angreifer, der nur die Kommunikation der Sicherheits-Gateways im Internet verfolgen kann, kann dann nicht genau feststellen, welche Rechner miteinander kommunizieren. Er kann lediglich feststellen, dass zwischen beiden Seiten eine Kommunikation stattfindet. Im Fall des einzelnen mobilen Rechners kann die Geheimhaltung der Kommunikationsverbindungen nicht mehr erreicht werden, da auch bei Verwendung eines Tunnels der Angreifer stets weiß, wann der betreffende Rechner eine Kommunikationsbeziehung mit seinem Heimatnetz hat.

4.2 IP Security Protocol (IPsec)

Seit Ende 1995 arbeitet die Working Group *IP Security* der IETF an einer Architektur, die verschiedene Sicherheitsdienste für den Datenverkehr auf Ebene des IP-Layers bereitstellt. Diese Architektur kann sowohl für IPv4-basierende Netze als auch für IPv6-basierende Netze verwendet werden. Die Konzeption dieser Architektur ist weitgehend abgeschlossen und die Spezifikation ihrer Komponenten in mehreren *Request For Comments* (RFCs) der IETF festgehalten. Diese unter dem Begriff *IPsec* bekannte Architektur ist inzwischen von mehreren Herstellern implementiert worden und damit weit mehr als eine rein theoretische Überlegung. Da es sich bei IPsec um einen offenen Standard handelt und damit die Interoperabilität zwischen verschiedenen Herstellern gewährleistet ist, ist damit zu rechnen, dass in der Zukunft der IPsec-Standard zunehmend an Bedeutung gewinnen wird.

Die verschiedenen RFCs, die den IPsec-Standard beschreiben, können in die folgenden Kategorien eingeordnet werden:

- *Generelle IPsec-RFCs*
  Diese definieren die eigentliche IPsec-Architektur [SK98a], sowie das Umfeld [RT98] und die Fehlerbehandlung [PK99].
- *Verschlüsselungs- und Authentifizierungs-Header*
  Diese Kategorie enthält Standards zur Verschlüsselung [SK98c], sowie zur Authentifizierung [SK98b] der IP-Pakete.
- *Schlüsselaustausch*
  Hier sind verschiedene Methoden zum Austausch der benötigten Schlüssel standardisiert (z. B. das *Internet Security Association and Key Management Protocol* (ISAKMP) [Pip98a] oder der Internet Key Exchange (IKE) [DH98], die im Folgenden beschrieben sind).
- *Kryptographische Algorithmen*
  Hier sind die einzelnen Verschlüsselungsalgorithmen und ihre Verwendung innerhalb des IPsec-Protokolls definiert.

4.2.1 IPsec-Sicherheitsdienste

IPsec wurde dazu entwickelt auf IP-Ebene die Kommunikationspfade zwischen zwei Rechnern abzusichern. Dabei kann ein Rechner entweder als Endsystem (z. B. eine Workstation) oder als ein Sicherheits-Gateway (z. B. eine Firewall) betrachtet werden. Je nach Funktionsweise (Endsystem oder Gateway) werden innerhalb der IPsec-Architektur verschiedene Mechanismen eingesetzt. IPsec bietet dem Nutzer folgende grundlegende Sicherheitsdienste:

- *Zugriffskontrolle*
  Es wird verhindert, dass ein Empfänger Daten von einem unberechtigten Sender entgegennimmt und verarbeitet. Nicht berechtigte Systeme werden von der Kommunikation ausgeschlossen.
- *Verbindungslose Integrität*
  Eine Manipulation der Daten auf der Kommunikationsstrecke kann erkannt werden.
- *Authentifizierung der Datenherkunft*
  Es kann geprüft werden, ob die empfangenen Daten auch tatsächlich vom Kommunikationspartner geschickt wurden.
- *Ablehnung von Replay-Paketen*
  Daten, die von einem Angreifer auf der Kommunikationsstrecke abgehört werden und später wieder eingespielt werden, können erkannt werden.
- *Vertraulichkeit*
  Die zu übertragenden Daten werden verschlüsselt, so dass ein Abhören auf der Übertragungsstrecke unmöglich ist.
- *Eingeschränkte Vertraulichkeit des Traffic Flows*
  In bestimmtem Umfang kann garantiert werden, dass Kommunikationsbeziehungen aus den Datenströmen nicht ersichtlich werden. In welchem Umfang dies

möglich ist, hängt vom Operationsmodus von IPsec ab (Tunnelmodus oder Transportmodus).

Da diese Dienste auf IP-Ebene angeboten werden, können alle höheren Protokolle (z. B. UDP, TCP oder ICMP) diese Dienste in Anspruch nehmen.

Zur Realisierung dieser Sicherheitsdienste werden innerhalb von IPsec zwei verschiedene Protokolle, *Authentication Header* (AH) und *Encapsulating Security Payload* (ESP) verwendet. Dabei werden von jedem dieser Verfahren verschiedene Sicherheitsdienste erbracht, die im Folgenden aufgeführt werden:

- *Authentication Header (AH)*
  Verbindungslose Integrität, Zugriffskontrolle, Authentifizierung der Datenherkunft und optional der Anti-Replay-Dienst.
- *Encapsulating Security Payload (ESP)*
  Zugriffskontrolle, Vertraulichkeit und eingeschränkte Vertraulichkeit des Traffic Flows *oder* Zugriffskontrolle, verbindungslose Integrität, Authentifizierung der Datenherkunft und der Anti-Replay-Dienst.

Es ist ebenfalls möglich, beide Verfahren zu kombinieren, um eine Abdeckung aller Sicherheitsdienste zu realisieren. In der Praxis wird dies in den meisten Fällen auch derart gehandhabt. Bei der Verwendung bzw. bei der Implementierung von IPsec muss beachtet werden, dass die Sicherheit (die Absicherung der Kommunikationspfade) nicht nur von der ordnungsgemäßen Umsetzung der IPsec-Standards abhängt. Auch die Sicherheit des IT-Gesamtsystems muss gewährleistet sein, damit keine fehlerhaften Implementierungen, falsches Schlüsselmanagement oder generell unsichere Systeme die Verwendung von IPsec von vornherein überflüssig machen. IPsec kann nicht allein als Garant für eine sichere Kommunikation betrachtet werden, erleichtert aber das Erreichen dieses Ziels erheblich.

4.2.2 Grundlagen und Funktionsweise von IPsec

IPsec bietet eine komplexe Architektur an, um die Sicherheitsdienste zu realisieren. Dazu gehören folgende Elemente:

- *Security Policy Database*
  In der *Security Policy Database* (SPD) gibt der Benutzer an, ob IP-Pakete, die den IPsec-Protokoll-Stack durchlaufen, mittels IPsec gesichert werden sollen oder nicht. Falls Sie mittels IPsec gesichert werden sollen, wird zusätzlich angegeben, wie eine zugehörige *Security Association* gestaltet sein soll, d. h. insbesondere, welche Sicherheitsdienste durch sie erbracht werden sollen.
- *Security Association*
  Eine Security Association gibt an, welche Sicherheitsdienste auf das IP-Paket angewendet werden sollen, indem ein Security-Protokoll ausgewählt wird. Jede *Security Association* wird durch einen *Security Parameter Index* (SPI) identifiziert.

- *Security Association Database*
  In der *Security Association Database* (SAD) werden die aktiven *Security Associations* gespeichert. Eine Security Association wird erzeugt, wenn für eine Verbindung erstmals ein IP-Paket mittels der Security Database ausgewählt wird und noch keine zugehörige SA existiert. In der Security Association Database werden zu jeder Security Association die Verarbeitungsinformationen für die Security-Protokolle angegeben. Dies sind z. B. Schlüssel und kryptographische Verfahren. Diese Informationen werden mittels verschiedener Verfahren der Schlüsselverwaltung verteilt.
- *Security-Protokolle AH und ESP*
  Die Protokolle AH und ESP beschreiben, wie die IP-Pakete gesichert übertragen werden. Sie erbringen die eigentlichen Sicherheitsdienste und verwenden dazu die Einträge aus der SAD. Jedes dieser Protokolle kann in zwei verschiedenen Modi verwendet werden: Dem *Transportmodus* und dem *Tunnelmodus*. Im Transportmodus bieten die Protokolle hauptsächlich Schutz für die darüber liegenden Protokolle. Im Tunnelmodus werden AH und ESP auf getunnelte IP-Pakete angewendet, wodurch neben den höheren Schichten auch die IP-Schicht vollständig abgesichert wird.

Bevor in den folgenden Abschnitten die Architekturbestandteile im Detail erläutert werden, soll zunächst anhand eines Beispiels verdeutlicht werden, wie die einzelnen Komponenten innerhalb von IPsec zusammenwirken, um eine gesicherte Verbindung zwischen zwei Rechnern zu ermöglichen. In diesem Beispiel kommunizieren die beiden Rechner direkt miteinander; Security Gateways werden in diesem Beispiel nicht betrachtet. Das Szenario ist in Abb. 4-7 dargestellt.

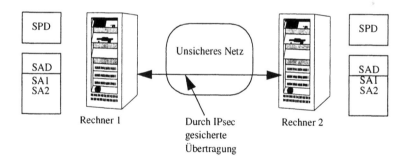

Abb. 4-7 IPsec-Kommunikationsbeispiel

Im Beispiel gilt:

- Rechner$_1$ verwendet die IP-Adresse `192.168.100.1`, Rechner$_2$ die IP-Adresse `192.168.100.2`.

- Es soll eine TCP-Verbindung zwischen beiden Rechnern geschützt werden, die von Rechner$_1$ initiiert wird. Rechner$_2$ agiert als Server.
- Die Kommunikation zwischen beiden Rechnern soll so gesichert werden, dass *Fälschungssicherheit* gewährleistet ist.

Damit Rechner$_1$ die Kommunikationsverbindung gesichert aufbauen kann, muss der Benutzer zuerst die gewünschten Sicherheitsdienste für diese Kommunikationsverbindung in der SPD der IPsec-Implementierung eintragen. Als Selektoren für diese Kommunikationsbeziehung können auf Rechner$_1$ die Ziel-IP-Adresse (192.168.100.2) und der Ziel-Port (der TCP-Server-Port) verwendet werden. In diesem Beispiel wird Fälschungssicherheit für die Verbindung verlangt. Diese lässt sich durch die Verwendung des AH-Protokolls erreichen. Dementsprechend wird mit dem Selektor der Eintrag in der SPD verknüpft, der angibt, welche Parameter (z. B. das AH-Protokoll) die zu errichtende SA verwenden soll. Ein Konfigurationseintrag für die SPD für ausgehende Pakete könnte folgenden Aufbau besitzen:

Code

```
IPsec;192.168.100.2;TCP;port=22;{SA-Parameter}
```

Soll nun das erste TCP-Paket der TCP-Verbindung von Rechner$_1$ gesendet werden, so wird durch den Eintrag in der SPD des Senders erkannt, wie das Paket durch IPsec behandelt werden soll. Im Anschluss wird festgestellt, ob für diesen Eintrag in der SPD bereits eine aktive SA existiert. Ist dies nicht der Fall, so wird mit Hilfe der in der SPD festgelegten Parameter eine SA aktiviert und in die SAD eingetragen. Die kryptographischen Parameter der SA müssen die Kommunikationspartner zuvor ausgehandelt haben. Dazu werden Verfahren des Schlüsselmanagements genutzt, wie sie in Kapitel 4.3 vorgestellt werden.

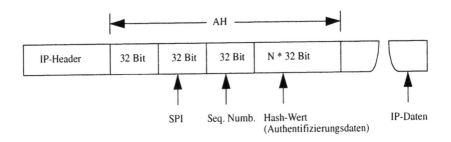

Abb. 4-8 IPsec-IP-Paket, AH +Transport Mode

Die lokalisierte oder neu aktivierte SA wird nun verwendet, um das IP-Paket abzusichern. Im Beispiel wird dazu das IP-Paket durch das AH-Protokoll gesichert, um Fälschungssicherheit zu erzielen. Das AH-Protokoll verwendet die in der SAD angegebenen kryptographischen Parameter und berechnet einen Hash-Wert. Die Berechnung dieses Hash-Werts erfolgt unter der Verwendung der eigentlichen Daten und von Teilen des IP-Headers. Abb. 4-8 zeigt das IP-Paket nach Anwendung des AH-Protokolls.

Nach dem eigentlichen IP-Header folgt nun ein weiterer Header, der durch die Anwendung des AH-Protokolls erzeugt wurde. An den AH-Header schließen sich die IP-Daten an. Innerhalb des AH-Headers finden sich nach mehreren einführenden Feldern die SPI-Nummer und der Hash-Wert.

Der Empfänger (Rechner$_2$) nimmt das gesendete IP-Paket entgegen und sucht anhand der IP-Zieladresse und der im AH-Header enthaltenen SPI die zugehörige SA in seiner SAD. Kann keine entsprechende SA gefunden werden, so wird das Paket verworfen. Wurde eine SA lokalisiert, so wird diese verwendet, um das Paket entsprechend dem AH-Protokoll auf Integrität zu überprüfen. Wenn diese Überprüfung positiv verlaufen ist, werden die IP-Daten der nächst höheren Schicht (Schicht 4) zur Verarbeitung übergeben. Das erste Paket ist dann entsprechend den Anforderungen über das Netz zwischen beiden Rechnern übertragen worden. Die Antwort in Gegenrichtung wird auf dieselbe Art und Weise übertragen. Voraussetzung für die hier dargestellte Absicherung ist aber, dass Informationen (z. B. Schlüssel) zum Aufbau der SA vor der Kommunikation zwischen beiden Rechnern ausgetauscht wurden (hierzu siehe Kapitel 4.3).

Wird das Paket auf seinem Übertragungsweg verfälscht, so kann der Empfänger dies erkennen. Der Empfänger wird dann das Paket verwerfen und einen entsprechenden Eintrag in seinen Log-Daten vornehmen. Ein Abhören der Kommunikation ist aber auch nach Verwendung des AH-Protokolls möglich, da die Nutzdaten des Pakets nicht verschlüsselt sind.

In dem beschriebenen Beispiel wird von IPsec ein Sicherheitsdienst bereitgestellt, der Fälschungssicherheit gewährleistet. In vielen Fällen möchte man aber die Kommunikationsstrecke gegen Abhören sichern. In diesem Fall wird anstelle des AH-Protokolls das ESP-Protokoll verwendet. Nach der Anwendung dieses Protokolls sind die Nutzdaten des IP-Pakets verschlüsselt (siehe Abb. 4-9).

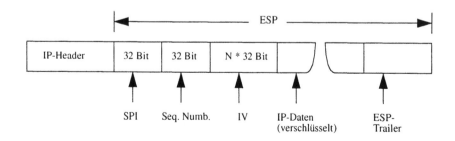

Abb. 4-9 IPsec-IP-Paket mit ESP im Transportmodus

Die Verarbeitung dieses Pakets durch Sender und Empfänger durch die IPsec-Komponenten erfolgt analog zur Verarbeitung eines IP-Pakets mit AH. Wird dieses Paket

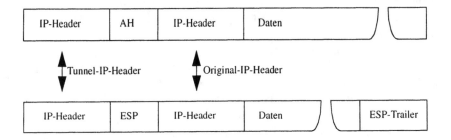

Abb. 4-10 IPsec-IP-Pakete bei AH im Tunnelmodus und bei ESP im Tunnelmodus

auf der Kommunikationsstrecke abgehört, so sind die Daten für einen Angreifer nutzlos, da er sie nicht in eine Form überführen kann, die für ihn lesbar ist.

Im Beispiel werden SAs im Transportmodus verwendet, um die Pakete zu senden. Es kann auch der Tunnelmodus verwendet werden. In diesem Fall wird das zu sendende IP-Paket in ein weiteres IP-Paket eingepackt; die entsprechende SA wird also auf einen IP-Tunnel angewendet. Die IP-Pakete haben dann das in Abb. 4-10 dargestellte Aussehen.

Durch die Verwendung eines Tunnels kann erreicht werden, dass zusätzlich zu den eigentlichen Kommunikationsdaten auch die Kommunikationsbeziehungen der Rechner verborgen werden können. Auf der Kommunikationsstrecke sind nur die äußeren Tunnel-IP-Header zu sehen. Was über den Tunnel transportiert wird und welche Rechner die eigentlichen Empfänger sind, ist aber nicht ersichtlich, da sowohl die IP-Header als auch die Daten verschlüsselt sind (bei Verwendung von ESP).

Innerhalb von IPsec ist es möglich, AH und ESP zu kombinieren, um mehrere Sicherheitsanforderungen zu erfüllen. Dies wird erreicht, indem einer Verbindung mehrere SAs (sog. *SA-Bundle*) zugeordnet werden.

4.2.3 IPsec-Elemente

Im Folgenden werden die Elemente von IPsec im Detail erläutert.

Security Associations

Ein fundamentaler Bestandteil von IPsec sind die *Security Associations* (SAs). Sowohl das ESP-Protokoll als auch das AH-Protokoll verwenden SAs, ebenso bspw. das anschließend beschriebene *Internet Key Exchange Protocol* (IKE). Alle Varianten der ESP- und AH-Protokolle müssen das SA-Konzept [SK98a] unterstützen. Eine SA ist im Allgemeinen folgendermaßen definiert:

Eine Security Associaton (SA) ist eine „Simplex"-Verbindung, die dem auf ihr laufenden Datenverkehr Sicherheitsdienste bereitstellt.

Def. 4-1 Definition einer SA [SK98a]

Sicherheitsdienste werden von der SA durch die Verwendung des ESP- oder des AH-Protokolls realisiert. Per Definition ist immer nur eines der beiden Sicherheitsprotokolle (ESP oder AH) der SA zugeordnet; werden die Schutzfunktionen beider Sicherheitsdienste benötigt, so müssen verschiedene SAs hintereinander auf dieselben Daten angewendet werden. Jede SA kann eindeutig durch die folgenden drei Parameter identifiziert werden:

- *Security Parameter Index (SPI)*
  Dieses Feld enthält eine eindeutige Nummer, um die SA zu identifizieren.
- *IP-Zieladresse*
  Da die SPI nicht über Rechnergrenzen hinweg eindeutig vergeben wird (sondern nur innerhalb eines Rechners), wird zusätzlich die IP-Zieladresse verwendet, um die SA eindeutig zu beschreiben.
- *Identifikator des Sicherheitsprotokolls (ESP, AH)*
  In diesem Feld wird angegeben, welches Sicherheitsprotokoll die SA verwendet.

Zusätzlich zum verwendeten Sicherheitsprotokoll kann über den Modus (Tunnelmodus oder Transportmodus) die Art und Granularität der erbrachten Sicherheitsdienste beeinflusst werden. Im Tunnelmodus wird die SA auf einen IP-Tunnel angewendet, im Transportmodus auf die IP-Pakete der selektierten Kommunikationsverbindung. Bei der Entscheidung, ob Tunnel- oder Transportmodus gewählt wird, ist zu beachten, ob es sich bei den Kommunikationspartnern um Endpunkte (Hosts) oder um Sicherheits-Gateways handelt. Sobald ein Sicherheits-Gateway an der Kommunikation beteiligt ist, ist zwischen beiden Kommunikationspartnern nur der Tunnelmodus erlaubt. Dies liegt daran, dass Probleme, die durch die Fragmentierung und durch die Reassemblierung von IPsec-Paketen entstehen, vermieden werden sollen. Natürlich kann aber auch ein Sicherheits-Gateway mit anderen Rechnern kommunizieren (z. B. DNS) und nicht nur als Relay dienen. In einem solchen Fall ist das Gateway dann aber als Host zu betrachten. Aus diesen Randbedingungen ergibt sich, dass ein Host sowohl Transport- als auch Tunnelmodus unterstützen muss, ein Security-Gateway aber nur den Tunnelmodus, falls es nicht auch selbständig als Host agiert.

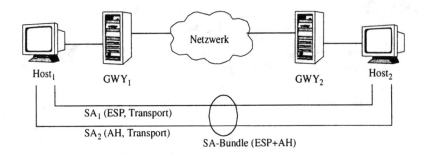

Abb. 4-11 Beispiel für ein SA-Bundle im Transportmodus

Wie bereits erwähnt, können mehrere SAs auf dieselben Daten angewendet werden, um mehrere Sicherheitsdienste gleichzeitig zu erbringen. Die SAs werden dazu ineinander verschachtelt. Werden für ein und dieselbe Kommunikationsstrecke mehrere SAs verwendet, um die gewünschten Sicherheitsdienste zu erbringen, so spricht man in diesem Fall von einem *SA-Bundle*. Eine mögliche Kombination ist in Abb. 4-11 angegeben.

In diesem Fall werden die Sicherheitsdienste von zwei SAs erbracht, wobei hier die Reihenfolge so festgelegt ist, das zuerst das ESP-Protokoll und dann das AH-Protokoll angewendet werden soll. Die hierbei entstehenden IP-Pakete beinhalten dann nach dem IP-Header die Header der beiden Sicherheitsprotokolle und anschließend die zu übermittelnden Daten. Die umgekehrte Reihenfolge (erst AH, dann ESP) ist zwar theoretisch möglich, aber nicht sinnvoll, da dann die Authentifizierung durch das AH-Protokoll nicht die nachfolgenden ESP-Header umschließt. Obwohl hier über zwei Security-Gateways kommuniziert wird, ist es nicht notwendig, den Tunnelmodus zu verwenden. Dies liegt daran, dass die beiden Gateways nicht in die IPsec-Kommunikation eingreifen, sondern nur als reguläre IP-Router verwendet werden. Anders verhält es sich in der SA-Kombinationsmöglichkeit, die in Abbildung Abb. 4-12 angegeben ist.

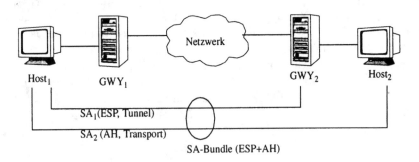

Abb. 4-12 Beispiel für ein SA-Bundle im Transportmodus bzw. im Tunnelmodus

In diesem Beispiel verwendet der Host₁ eine SA-Kombination, die nur bis zum Se-curity-Gateway₂ einen Schutz gegen das Abhören der Kommunikationsstrecke bie-tet, ab dann aber nur noch eine Authentifizierung gewährleistet. Dieses Beispiel könnte dann zum Einsatz kommen, wenn sich ein mobiler Rechner über das öffent-liche Internet in ein Firmennetz einwählt. Die Verschlüsselung der Daten muss nur im Internet umgesetzt werden; innerhalb des Firmennetzes kann oft auf die Ver-schlüsselung verzichtet werden. Hier reicht eine Prüfung auf Authentizität, die von Client₂ durchgeführt wird.

Es ist weiterhin auch möglich, mehr als zwei SAs miteinander zu einem SA-Bundle zu kombinieren. Dies ist allerdings wenig sinnvoll, da dadurch keine zusätz-liche Sicherheit gewonnen werden kann. Diese Aussage stimmt allerdings nur so-lange, wie für alle verwendeten AH bzw. ESP gleich starke Algorithmen zugrunde gelegt werden. Auch eine Kombination von SAs, die dieselben Sicherheitsprotokol-le verwenden, ist möglich, aber nicht sinnvoll. Es ist kein Gewinn an Sicherheit zu erwarten, wenn verschlüsselte oder authentifizierte Pakete ein weiteres Mal ver-schlüsselt oder authentifiziert werden.

Basierend auf diesen Überlegungen sind im IPsec-Standard vier verschiedene Szenarien angegeben. Innerhalb dieser Szenarien können verschiedene SA-Kombi-nationen verwendet werden. Diese Szenarien und die darin definierten Kombinatio-nen müssen in jeder IPsec-Implementierung unterstützt werden (siehe Abb. 4-13).

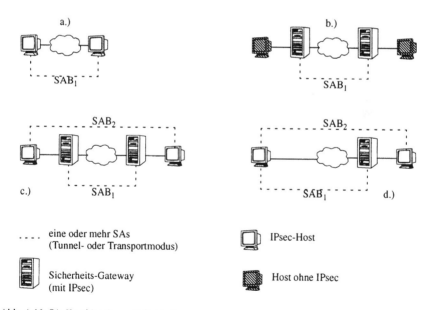

Abb. 4-13 SA-Kombinationsmöglichkeiten

Innerhalb dieser Szenarien müssen folgende Kombinationsmöglichkeiten unterstützt werden:

- In Szenario a) kann SAB$_1$ folgende Protokolle anbieten:
  1. AH im Transportmodus
  2. AH im Tunnelmodus
  3. ESP im Transportmodus
  4. ESP im Tunnelmodus
  5. AH und ESP im Transportmodus
- In Szenario b) kann SAB$_1$ folgende Protokolle anbieten:
  1. AH im Tunnelmodus
  2. ESP im Tunnelmodus
- Szenario c) und d) stellen eine Kombination aus den Fällen a) und b) dar, d. h. für SAB$_1$ und SAB$_2$ gelten die schon bekannten Zusammensetzungen.

Security Policy Database

Die *Security Policy Database* (SPD) definiert, welche IP-Pakete und auf welche Art und Weise diese von IPsec verarbeitet werden sollen. Die SPD ist der Teil von IPsec, über den der Benutzer (oder Administrator) das IPsec-System konfigurieren und seinen Bedürfnissen entsprechend anpassen kann. In [SK98a] ist nicht festgelegt, wie eine SPD aufgebaut sein muss. Es ist weiterhin nicht definiert, welche Schnittstellen die SPD nach außen anbieten muss. Der Standard legt lediglich fest, welche Parameter in der Datenbank abgelegt sein müssen und wie diese Parameter dann innerhalb der IPsec-Architektur eingesetzt werden. Es bleibt dem Programmierer eines IPsec-Systems überlassen, wie er die Anforderungen technisch umsetzt.

Für jedes Paket, das den Host (oder das Gateway) verlässt oder erreicht, wird in der SPD geprüft, wie dieses Paket durch IPsec zu behandeln ist. Die SPD besteht zu diesem Zweck aus einer Liste von Regelsätzen, die auf das zu prüfende Paket angewendet werden. Die Regelsätze bestehen jeweils aus einer Reihe von Selektoren und den dazugehörigen Verarbeitungsinformationen. Da mehrere Regelsätze auf ein zu prüfendes Paket zutreffen können, ist auch die Reihenfolge der Regelsätze innerhalb der SPD von Bedeutung.

Die zur Beschreibung der Regelsätze verwendeten Selektoren sind vergleichbar mit den Merkmalen, die zur Beschreibung der Regelsätze eines klassischen Paketfilters [CB94] verwendet werden. Ein Regelsatz kann unter Verwendung der folgenden Selektoren definiert werden:

- *IP-Quelladresse*
  Die IP-Quelladresse des zu bearbeitenden IP-Pakets.
- *IP-Zieladresse*
  Die IP-Zieladresse des zu bearbeitenden IP-Pakets.
- *Benutzername*
  Der Benutzername des „Paketbesitzers". Mit diesem Selektor kann z. B. geprüft werden, welcher Benutzer auf einem Rechner das zu bearbeitende Paket gene-

riert hat. Dies kann dem zu sendenden IP-Paket nicht angesehen werden, hierfür sind zusätzliche Mechanismen des Betriebssystems notwendig.

- *Data Sensitivity Level*
  IPSO/CIPSO-Labels. Dieser Selektor ist optional und muss nicht von jeder IPsec-Implementierung unterstützt werden.
- *Transportprotokoll*
  Das Transportprotokoll der höheren Schicht. Da dies aber nicht immer zu erkennen ist (z. B. durch die Verwendung des ESP-Protokolls), muss neben den Protokollen auch der Wert OPAQUE (undurchsichtig) unterstützt werden. Dies ist nötig, damit dieser Selektor für alle möglichen Pakete definiert werden kann.
- *Quelle und Ziel*
  Die verwendeten Ports bei UDP und TCP. Hierdurch können Selektoren für verschiedene Dienste gebildet werden. Auch hier muss der Fall berücksichtigt werden, dass diese Werte nicht verfügbar sind (z. B. bei ESP).

Zusätzlich zu diesen Selektoren ist die SPD in sog. *Abschnitte* aufgeteilt. Für jedes von IPsec verwendete Interface wird ein Abschnitt, der wiederum in einen Bereich für ausgehende und in einen Bereich für eingehende Pakete unterteilt ist, verwendet. Dadurch wird nicht nur über die Selektoren, sondern auch über die Position des Regelsatzes innerhalb der SPD, definiert, für welche IP-Pakete der Regelsatz angewendet wird.

Die Verarbeitungsinformationen des ersten zutreffenden Regelsatzes innerhalb der SPD werden auf das Paket angewendet. Die Verarbeitungsinformationen haben folgenden Inhalt:

- Entscheidung, ob das Paket von IPsec verarbeitet, verworfen oder ohne IPsec-Bearbeitung weitergeleitet werden soll.
- Die SA-Spezifikationen, die bei der IPsec-Verarbeitung des Pakets zur Anwendung kommen. Diese Spezifikationen werden in der Regel vor dem Verbindungsaufbau zwischen den Kommunikationspartnern mittels der Verfahren der Schlüsselverwaltung, wie in Kapitel 4.3 beschrieben, ausgehandelt.

Security Association Database

Jede IPsec-Implementierung enthält eine *Security Association Database* (SAD). Diese Datenbank wird dazu verwendet, alle momentan aktiven SAs zu verwalten. Jeder SA-Eintrag in einer SAD besteht aus den folgenden Feldern:

- IP-Zieladresse, IPsec-Protokoll, Security Parameter Index (SPI)
- Selektoren, die in der SPD verwendet werden, um diese SA auszuwählen
- SA-Verarbeitungsinformationen (z. B. kryptographische Algorithmen)

Dabei müssen die folgenden Verarbeitungsinformationen innerhalb der SAD definiert sein:

- *Sequence Number Counter*
  Dieses Feld wird benötigt, um die ESP- bzw. AH-Sequenznummernfelder auszu-
  füllen. Dieses Feld beinhaltet einen Zähler.
- *Sequence Counter Overflow*
  Dieses Feld enthält ein Flag, das angibt, ob der Zähler für die Sequenznummern
  übergelaufen ist. Wenn dies der Fall ist, so dürfen mit dieser SA keine weiteren
  Pakete gesendet werden. In diesem Fall muss durch IPsec eine neue SA erzeugt
  werden.
- *Anti-Replay Window*
  Dieses Feld wird nur verwendet, wenn der optionale Anti-Replay-Service ver-
  wendet wird.
- *AH Authentication*
  Hier sind die AH-Parameter abgelegt, z. B. die zu verwendenden Algorithmen
  oder Schlüssel.
- *ESP Encryption*
  Hier sind die ESP-Verschlüsselungsparameter abgelegt, z. B. zu verwendende
  Algorithmen oder Schlüssel.
- *ESP Authentication*
  Hier sind die ESP-Authentifizierungsparameter abgelegt, z. B. zu verwendende
  Algorithmen oder Schlüssel.
- *SA Lifetime*
  Ein Wert, der angibt, wie lange die SA verwendet werden darf. Nach Ablauf die-
  ser Dauer darf diese SA nicht mehr zum Bearbeiten von Paketen verwendet wer-
  den. IPsec muss in diesem Fall eine neue SA erstellen.
- *IPsec Mode*
  Hier wird festgelegt, welche Modi (Tunnel- oder Transportmodus) für die ESP-
  und AH-Protokolle verwendet werden sollen.
- *Maximum Transfer Unit* (MTU)

Eine aktive SA ist eine Parametermenge, die für ein Sicherheitsprotokoll spezifisch
ist und die die Dienste und Mechanismen umfassend definiert, die zum Schutz des
Verkehrs des Partners, der das Security-Protokoll ausführt, notwendig sind. Derartige Parameter können bspw. Kennzahlen eines Algorithmus, Modi oder Schlüssel
sein.
   Für ausgehende Pakete prüft IPsec, ob eine SA mit den entsprechenden Selektoren bereits existiert. Dazu wird abgeglichen, ob die Selektoren des passenden SPD-
Regelsatzes bereits in einem entsprechenden Eintrag in der SAD enthalten sind.
Trifft dies zu, so kann die gefundene SA zum Senden des Pakets verwendet werden.
Kann keine passende SA gefunden werden, so wird eine passende SA aktiviert. Für
die IPsec-Protokollverarbeitung werden dann die SA-Verarbeitungsinformationen
dieses SA-Eintrags verwendet. Da eine SA nicht gleichzeitig das ESP- und das AH-
Protokoll verwenden darf, enthalten immer entweder das Feld AH-Authentication
oder die Felder ESP-Authentication und ESP-Encryption den Wert NULL.

Bei eingehenden Paketen werden die IP-Zieladresse, das IPsec-Protokoll und die SPI geprüft, um die korrekte SA innerhalb der SAD zu lokalisieren. Ist die richtige SA gefunden (bzw. der richtige SA-Eintrag in der SAD), so werden die SA-Verarbeitungsinformationen verwendet, um das Paket mittels des angegebenen Protokolls (AH oder ESP) zu verarbeiten. Anschließend wird zusätzlich geprüft, ob die Selektoren des verwendeten SPD-Regelsatzes (für das eingehende Paket) mit den Selektoren des SA-Eintrags in der SAD übereinstimmen. Der Empfänger prüft auf diese Weise, ob die verwendete SA tatsächlich zum empfangenen Paket gehört.

Authentication Header

Der *Authentication Header (AH)* stellt Informationen zur Integritätsprüfung und Authentifizierung bereit. Durch den AH kann erkannt werden, ob ein IP-Paket auf seinem Weg verfälscht wurde und ob das Paket tatsächlich vom gewünschten Sender geschickt wurde. Zusätzlich kann durch das AH-Protokoll auch ein Schutz gegen Replay-Attacken erreicht werden; diese Möglichkeit ist aber optional.

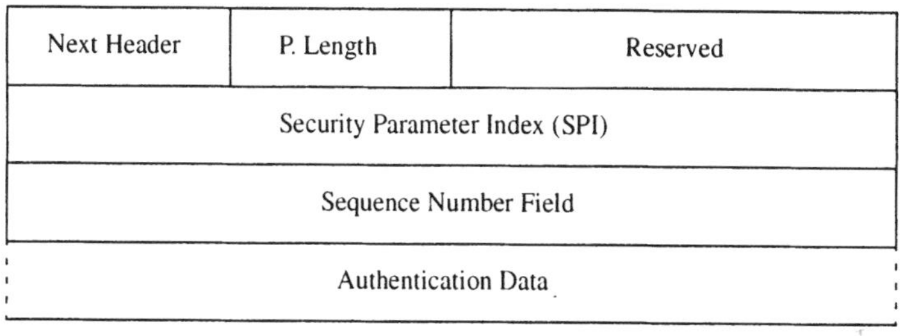

Next Header	P. Length	Reserved
Security Parameter Index (SPI)		
Sequence Number Field		
Authentication Data		

Abb. 4-14 Authentication Header Fields

Um erkennen zu können, ob der Inhalt des Pakets verfälscht wurde, wird eine kryptographische Prüfsumme gebildet, die aus einem Hash-Wert über die Daten und aus einem gemeinsamen Geheimnis besteht. Dieses gemeinsame Geheimnis ist ein Schlüssel, den Sender und Empfänger kennen und der in der SAD eingetragen ist. Die so gebildete Prüfsumme wird im Paket verschickt. Der Empfänger berechnet die Prüfsumme selbst aus den erhaltenen Daten und dem Schlüssel und vergleicht sie mit dem mitgeschickten Wert. Beide Prüfsummen unterscheiden sich, wenn das Paket auf dem Übertragungsweg verändert wurde. Sind beide Prüfsummen identisch, so weiß der Empfänger, dass das Paket nicht verändert wurde und dass der Sender das Paket auch geschickt hat, da nur der Sender über den gemeinsamen Schlüssel verfügt. Um sich gegen Replay-Attacken zu schützen, kann mit dem IP-Paket zusätzlich eine Sequenznummer verschickt werden. Diese Nummer wird durch einen Zähler im Sender, der monoton steigende Werte enthält, erzeugt, wodurch jedes Paket eindeutig nummeriert ist. Wird vom Angreifer ein bereits gesendetes Paket erneut eingespielt, so kann der Empfänger dies an der sich wiederholenden Sequenznummer erkennen.

Die Sequenznummer sowie die Prüfsumme und andere benötigte Informationen für den Empfänger werden in einem speziellen Header innerhalb des IP-Pakets übertragen. Je nachdem, ob der Transportmodus oder der Tunnelmodus gewählt wurde, ergeben sich die IP-Pakete, die in Abb. 4-8 und Abb. 4-10 dargestellt sind. Der Header hat den in Abb. 4-14 gezeigten Aufbau.

Die Felder des Authentication Headers haben folgende Bedeutung:

- *Next Header*
  Dieses 8 bit lange Feld definiert, welcher Header nach dem AH folgt. Bei Verwendung eines SA-Bundles könnte dies z. B. ein ESP-Header sein.

- *Payload Length*
  Dieses Feld gibt die Länge des AH in 32 bit-Worten minus 2 an.

- *Reserved*
  Dieses Feld wird nicht verwendet, muss aber zu Null gesetzt werden, da es bei der Berechnung der Prüfsumme mit beachtet wird.

- *SPI*
  Dieses Feld beinhaltet die SPI. Diese wird verwendet, um dem Paket die entsprechende SA beim Empfänger zuzuordnen.

- *Sequence Number Fields*
  Hier wird die Sequenznummer eingetragen, die als Schutz vor Replay-Angriffen dient. Da dieser Schutz optional ist, muss dieses Feld vom Empfänger nicht ausgewertet werden. Ein Überlaufen des Zählers ist nicht gestattet. In diesem Fall muss eine neue SA verwendet werden.

- *Authentication Data*
  Dieses Feld beinhaltet die Prüfsumme. Die Länge des Feldes ist frei wählbar, muss aber ein Vielfaches von 32 bit sein.

Für die Berechnung der Prüfsumme können verschiedene Verfahren innerhalb des AH-Protokolls verwendet werden. Standardkonforme IPsec-Implementierungen müssen mindestens die Bildung einer Prüfsumme unter Verwendung der Verfahren HMAC/MD5 und HMAC/SHA-1 unterstützen. Wird z. B. AH im Tunnelmodus mit MD5 verwendet, so wird die Prüfsumme folgendermaßen gebildet:

1. *Datenaufbereitung*
   Die zu schützenden Daten sind „IP-Header+AH+Nutzdaten". Im IP-Header müssen alle Felder zu Null gesetzt werden, die sich während des Transports ändern. Im AH wird für die Prüfsummenbildung das Feld Authentication Data zu Null gesetzt.

2. *Anhängen des Schlüssels*
   Vor und hinter die zu schützenden Daten wird der Schlüssel gestellt. Die zur Berechnung des Hash-Werts verwendeten Daten sehen jetzt folgendermaßen aus: „Schlüssel+Modifizierter IP-Header+ Modifizierter AH+IP-Daten+Schlüssel".

3. *Prüfsummenbildung*
Über die Daten wird nun der MD5-Hash-Wert gebildet. Dieser wird anschließend in das Feld `Authentication Data` des AH eingetragen. Das IP-Paket ist nun authentifiziert und kann gesendet werden.

Wird AH im Tunnelmodus verwendet, so wird zu den Nutzdaten der Header des getunnelten Pakets hinzugefügt. Wird innerhalb des AH zusätzlich ESP verwendet, so werden diese Daten ebenfalls zur Prüfsummenbildung herangezogen. Diese Header müssen nicht gesondert vorbereitet werden, da sie sich während der Übertragung des Pakets nicht ändern. Die zu Null gesetzten Daten des IP-Headers sind nicht in der Prüfsumme enthalten und können auch nicht durch den AH gesichert werden. Die folgende Liste gibt an, welche IP-Header-Felder davon betroffen sind:

- *TOS*
  Dieses Feld wird nicht verwendet, da manche Router das Feld auf dem Übertragungsweg verändern.
- *Flags*
  Dieses Feld wird ausgeschlossen, da Router hier das Flag DF setzen können.
- *Fragment Offset*
  AH kann nur auf nicht fragmentierte Pakete angewendet werden. Deshalb ist dieses Feld immer Null und wird aus diesem Grund nicht beachtet.
- *TTL*
  Dieses Feld wird durch die Router auf dem Übertragungsweg verändert.
- *Header Checksum*
  Dieses Feld ändert seinen Inhalt, wenn sich eines der oben genannten Felder ändert. Aus diesem Grund kann es ebenfalls nicht beachtet werden.

Die hier beschriebenen Sicherheitsdienste, die von AH erbracht werden, können im Wesentlichen auch durch die Verwendung von ESP realisiert werden. Der Unterschied der beiden Protokolle liegt insbesondere darin, dass bei ESP nicht die Header-Felder des IP-Pakets in die Berechnung der Prüfsumme einbezogen werden.

Encapsulating Security Payload

Das ESP-Protokoll wird vor allem dazu verwendet, die Nutzdaten eines IP-Pakets zu verschlüsseln. Auf diese Weise kann verhindert werden, dass der Inhalt eines Pakets während des Transports durch nicht vertrauenswürdige Netze eingesehen werden kann. Wie das AH-Protokoll kann auch das ESP-Protokoll dazu verwendet werden, um sich gegen Replay-Attacken zu schützen. Diese Option ist aber, wie schon bei AH, optional. Das ESP-Protokoll verwendet ebenfalls eine Prüfsumme, mit der erkannt werden kann, ob ein Paket während der Übertragung verfälscht wurde. Allerdings erstreckt sich diese Prüfsumme, anders als bei AH, nur über die Nutzdaten des IP-Pakets. Verfälschte Felder im IP-Header können nicht erkannt werden. Durch die Anwendung des ESP-Protokolls werden die Nutzdaten des IP-Pakets verschlüsselt. Vor und hinter den verschlüsselten Nutzdaten werden weitere Informationen eingefügt, die der Empfänger zur Bearbeitung (Authentifizierung, Replay-Erkennung, Entschlüsselung) des Pakets benötigt. Auf diese Art und Weise entsteht ein IP-Paket, das je nach verwendetem Modus (Transportmodus oder Tunnelmodus) die Struktur besitzt, die in Abb. 4-9 bzw. Abb. 4-10 dargestellt ist. Im Detail hat das entstandene IP-Paket das in Abb. 4-15 dargestellte Aussehen (hier dargestellt ohne IP-Header).

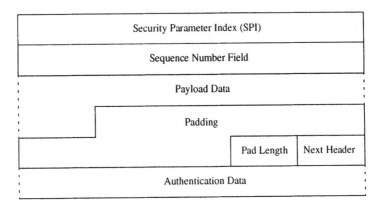

Abb. 4-15 Header-Felder der Encapsulating Security Payload

Dabei haben die einzelnen Felder des ESP-Pakets die folgende Bedeutung:

- *SPI*
  Dieses Feld trägt die SPI, die dazu verwendet wird, um dem Paket die entsprechende SA beim Empfänger zuzuordnen.

- *Sequence Number*
  Hier wird die Sequenznummer eingetragen, die als Schutz vor Replay-Angriffen dient. Da dieser Schutz optional ist, muss dieses Feld vom Empfänger nicht ausgewertet werden. Ein Überlaufen des Zählers ist nicht gestattet. In diesem Fall muss eine neue SA verwendet werden.

- *Payload Data*
  Dieses Feld besitzt eine variable Länge und trägt die verschlüsselten IP-Nutzdaten. Der Inhalt dieses Felds ist durch die Angabe im Feld Next Header beschrieben. Wird für die Verschlüsselung ein Algorithmus verwendet, der eine Synchronisation benötigt, so kann innerhalb des Feldes Payload ebenfalls ein Synchronisierungsvektor übertragen werden. Im Tunnelmodus enthält dieses Feld das getunnelte und verschlüsselte IP-Paket. Die Nutzdaten sind hierbei ein vollständiges IP-Paket.

- *Padding*
  Dieses Feld wird benötigt, um die zu verschlüsselnden Nutzdaten auf die für den Verschlüsselungsalgorithmus nötige Größe zu bringen. Manche Algorithmen benötigen z. B. eine feste Blockgröße.

- *Pad Length*
  In diesem Feld wird die Länge des Pad-Felds angegeben.
- *Next Header:*
  Dieses Feld gibt an, welcher Datentyp innerhalb der Payload transportiert wird.
- *Authentication Data*
  Dieses Feld enthält eine Prüfsumme, die aus den bisher beschriebenen ESP-Feldern gebildet wird. Hierdurch lassen sich Datenveränderungen während der Übertragung erkennen (analog zu AH). Die Verwendung dieses Feldes ist optional (bzw. es wird ein „Null"-Algorithmus verwendet).

Für die Verschlüsselung und zur Berechnung der Prüfsumme können innerhalb des ESP-Protokolls verschiedene Verfahren verwendet werden. Dabei sind wie bei AH bestimmte Verfahren fest vorgeschrieben, die jede IPsec-Implementierung unterstützen muss. Dies sind für die Verschlüsselung DES im CBC-Modus und eine „Null"-Verschlüsselung. Für die Bildung der Prüfsumme müssen dieselben Algorithmen wie für AH unterstützt werden (HMAC mit MD5 und HMAC mit SHA-1) sowie ein „Null"-Authentifizierungsalgorithmus.

Ein Paket mit Verwendung von ESP im Transportmodus, das DES mit CBC ohne Authentifizierung verwendet, wird folgendermaßen gebildet:

1. *Initialisierungsvektor*
   Neben dem Schlüssel benötigt der DES-Algorithmus einen 64 bit langen Initialisierungsvektor. Dieser wird am Anfang des Feldes Payload in die zu übermittelnde Struktur eingefügt.

2. *Daten*
   Nach dem Initialisierungsvektor werden die zu übermittelnden IP-Nutzdaten eingefügt.

3. *Padding*
   Da DES voll belegte 64 bit-Blöcke benötigt, müssen die zu verschlüsselnden Daten auf die nächste 64 bit-Blockgrenze aufgefüllt werden. Zum Auffüllen wird das Feld Padding verwendet; die Länge dieser Fülldaten wird im Feld Pad Length vermerkt.

4. *Verschlüsselung*
   Die zuvor beschriebenen Felder können jetzt durch den Verschlüsselungsalgorithmus kodiert werden. Vor diesen nun verschlüsselten Daten werden noch die SPI und die laufende Sequenznummer eingetragen. Diese beiden Felder werden durch die Verschlüsselung nicht abgesichert.

Bei der Verwendung von ESP im Tunnelmodus ändert sich bei der Verschlüsselung nichts Wesentliches. Die zu verschlüsselnden Nutzdaten beinhalten ein vollständiges IP-Paket.

4.3 Schlüsselverwaltung

Alle Protokolle, die von IPsec dazu verwendet werden, Sicherheitsdienste zu erbringen, basieren auf kryptographischen Verfahren. Diese Verfahren benötigen öffentliche und/oder private Schlüssel, um Daten zu verschlüsseln oder zu authentifizieren. Damit IPsec überhaupt verwendet werden kann, müssen Methoden bereitgestellt werden, die es ermöglichen, die benötigten Schlüssel auf sichere Art und Weise auf die entsprechenden Systeme (Endsysteme oder Sicherheits-Gateways) zu transportieren. Innerhalb des IPsec-RFCs sind zwei Methoden angegeben, die jede IPsec-Implementierung unterstützen muss. Eine Methode ist die manuelle, nicht automatische Verteilung der SA-Informationen (Schlüssel und weitere Informationen). Da sich ein solches Verfahren nur in sehr begrenztem Umfang sinnvoll betreiben und verwalten lässt, sind ebenfalls automatische Verfahren zur SA-Verteilung vorgesehen. Jede Implementierung muss daher zudem das Verfahren *Internet Key Exchange* (IKE) unterstützen, das im Folgenden nach einer Vorstellung anderer Verfahren zum Schlüsselaustausch beschrieben wird. Daneben kann aber jede IPsec-Implementierung weitere Verfahren unterstützen.

Manuelle Schlüsseleinrichtung

Die manuelle Einrichtung der Parameter jeder SA muss von jeder IPsec-Implementierung unterstützt werden. Ein solches Verfahren lässt sich in der Praxis nur in eingeschränkten Szenarien einsetzen, da es einen hohen Pflegeaufwand zur Folge hat. In der Praxis wird dieses Verfahren meist zur Einrichtung von *Virtuellen Privaten Netzen* (VPNs) verwendet. Zum Aufbau eines VPNs werden nur einige wenige Sicherheits-Gateways benötigt. Eine Firma benötigt an jedem ihrer Standorte ein Sicherheits-Gateway, um diese Standorte über das Internet gesichert miteinander zu verbinden. Die Sicherheits-Gateways verwenden dann IPsec mit ESP im Tunnelmodus. Als Sicherheits-Gateway kann entweder eine dedizierte Maschine als Ausgangs-Router des internen Netzes verwendet werden oder diese Aufgabe wird von einer schon vorhandenen Maschine erfüllt (z. B. von einer Firewall). Die manuelle Schlüsselverteilung muss sich also nur über die Sicherheits-Gateways erstrecken, nicht über die einzelnen Client-Rechner innerhalb der Standorte. Dies lässt sich mit relativ geringem Aufwand erreichen und kontrollieren. Die Verteilung der Schlüssel erfolgt über Out-of-Band-Mechanismen (bspw. Telefonanrufe oder sichere E-Mail). Für IPsec-Anwendungen, bei denen viele Clients aktiv an der Absicherung ihrer Kommunikation teilnehmen, ist eine manuelle Schlüsselverteilung nicht mehr handhabbar.

Internet-Key-Management-Protokolle (IKMP)

In größeren Umgebungen benötigt man Protokolle zur Schlüsselverwaltung. Aus diesem Grund arbeitet auch die Working Group IPsec der IETF an der Standardisierung eines Internet Key Management Protocols (IKMP). In der Vergangenheit wurde eine Reihe von Vorschlägen für derartige Protokolle ausgearbeitet. Leider kann hierbei keine einheitliche Richtung identifiziert werden. IKMP wird daher wohl in der endgültigen Fassung eine Kombination aus verschiedenen Protokollen darstellen. Im Folgenden sind die wichtigsten Protokolle dargestellt, die in diesem Bereich eine Bedeutung erlangt haben. Es existiert allerdings eine Reihe weiterer Protokolle, auf die im Rahmen dieses Buchs aber nicht eingegangen werden kann. Beispiele hierfür sind Photuris und MKMP [Opp98].

4.3.1 Internet Security Association and Key Management Protocol (ISAKMP)

Das in RFC 2408 definierte *Internet Security Association and Key Management Protocol* (ISAKMP) kombiniert die Sicherheitsaspekte *Authentifizierung, Schlüsselverwaltung* und *Security Associations*, um die geforderte Sicherheit für die Kommunikation auf Regierungsebene bzw. für die kommerzielle und die private Kommunikation im Internet zu etablieren [MSST98].

ISAKMP definiert Prozeduren und Paketformate, um Security Assocations (SAs) einzurichten, um sie auszuhandeln, um sie zu modifizieren und um sie zu löschen. SAs beinhalten sämtliche Informationen, die für die Ausführung verschiedener Sicherheitsdienste eines Netzwerks erforderlich sind, bspw. Dienste der IP-Schicht (AH und ESP), Dienste der Transport- oder der Anwendungsschicht oder den Schutz des Aushandlungsverkehrs selbst.

Weiterhin definiert ISAKMP Payloads für den Austausch von Daten der Schlüsselgenerierung und der Authentifizierung. Diese Formate bieten ein konsistentes Framework für den Schlüsseltransfer und für Authentifizierungsdaten. Dieses Format ist zudem unabhängig von der Technik der Schlüsselerzeugung, vom Verschlüsselungsalgorithmus und vom Authentifizierungsmechanismus.

ISAKMP unterscheidet sich von anderen Protokollen für den Schlüsselaustausch, da Details der Verwaltung von Security Associations (und des Schlüsselmanagements) von Details des Schlüsselaustauschs getrennt sind. Aufgabe von ISAKMP ist es daher vor allem, für die Vielzahl der Protokolle für den Schlüsselaustausch, die meist auch unterschiedliche Sicherheitseigenschaften aufweisen, einen gemeinsamen Rahmen zur Verfügung zu stellen, mit dem ein einheitliches Format von SA-Attributen angeboten werden kann. Die Aushandlung, die Modifikation und das Löschen von SAs sind weitere Aufgaben von ISAKMP.

Indem die Funktionalität in drei Teile aufgeteilt wird, erhöht sich die Komplexität einer Sicherheitsanalyse einer vollständigen ISAKMP-Implementierung. Diese Aufteilung ist aber dennoch notwendig, wenn man die Interoperabilität von Systemen betrachtet, die unterschiedliche Sicherheitsanforderungen haben.

ISAKMP soll die Aushandlung von SAs für Sicherheitsprotokolle aller Schichten des Netzwerk-Stacks unterstützen (bspw. IPsec oder Transport Layer Security, TLS). Indem das Management der Security Associations zentralisiert wird, reduziert ISAKMP den Anteil der duplizierten Funktionalität in jedem einzelnen Sicherheitsprotokoll. ISAKMP kann weiterhin die Zeit zum Verbindungsaufbau reduzieren, indem ein vollständiger Stack von Diensten auf einmal ausgehandelt wird.

Im Folgenden werden zunächst allgemeine Aspekte analysiert, die beim automatischen Schlüsselaustausch eine Rolle spielen. In jedem Abschnitt wird dann auch der Bezug zu ISAKMP erläutert. Daran schließt sich die Betrachtung des ISAKMP-Protokolls an.

Security Associations und Management

Eine Security Association (SA) ist – wie bereits erläutert – im Allgemeinen eine Relation zwischen zwei oder mehr Einheiten, die beschreibt, wie die Einheiten Sicherheitsdienste dazu verwenden sollen, um sicher kommunizieren zu können. Diese Relation wird durch eine Informationsmenge repräsentiert, die als Vertrag zwischen den kommunizierenden Einheiten betrachtet werden kann. Die Information muss von beiden Seiten Zustimmung erfahren und von allen Einheiten gemeinsam verwendet werden. Das Konzept der SA wird nicht nur im Zusammenhang mit IPsec verwendet, sondern kann auch für andere Sicherheitsprotokolle genutzt werden.

Eine SA wird jeweils beschrieben durch eine Anzahl von Attributen. Für eine IPsec-SA sind dies unter anderem Authentifizierungsmechanismen, Verschlüsselungsalgorithmen, Algorithmenmodi, Schlüssellängen und ein Initialisierungsvektor (IV). Um die einfache Identifikation spezieller Attribute (bspw. eines spezifischen Verschlüsselungsalgorithmus) unter verschiedenen Netzwerkeinheiten zu ermöglichen, müssen den Attributen bzw. ihren Ausprägungen Identifikationsnummern zugewiesen werden, die von einer zentralen Stelle koordiniert werden. Diese Funktion wird für das Internet von der *Internet Assigned Numbers Authority* (IANA) übernommen.

Wollen Kommunikationspartner eine SA einrichten, so müssen sie die Attribute der SA verhandeln. Zuvor müssen sie jedoch definieren, welche Schutzmechanismen und andere Attribute sie bei der Aushandlung der SA-Attribute verwenden, denn bspw. der Schlüsselaustausch muss bereits vertraulich erfolgen. ISAKMP unterstützt beide Phasen. So beinhaltet es den Protokollaustausch zum Aushandeln der Attribute, mit denen dann die eigentliche Security Association zwischen kommunizierenden Einheiten eingerichtet werden kann. Hierauf folgt in einem zweiten Schritt die Erstellung einer Security Association durch die aushandelnden Einheiten mittels eines Protokolls wie bspw. ESP oder AH. Die beiden Schritte sind im Folgenden erläutert:

1. Im ersten Schritt wird ein erster Protokollaustausch durchgeführt, der die Vereinbarung einer Basismenge von Sicherheitsattributen erlaubt. Diese Basismenge dient dazu, anschließend folgende ISAKMP-Austauschvorgänge zu schützen. Eine weitere Aufgabe besteht darin, die Authentifizierungsmethode und den Schlüsselaustausch, der als Teil des ISAKMP-Protokolls stattfindet, festzulegen. Existiert eine derartige Basismenge bereits zwischen aushandelnden Servern, so kann der Initialisierungsaustausch in ISAKMP ausgelassen werden und daher die Einrichtung einer Security Association direkt erfolgen.

2. Nach der Aushandlung der Basismenge von Sicherheitsattributen, der Initialisierung der Identitätsauthentifizierung und der Erzeugung der erforderlichen

Schlüssel kann die eingerichtete SA für die folgende Kommunikation der Kommunikationseinheit verwendet werden, die ISAKMP aufgerufen hat.

Aushandlung

Die Sicherheitsdienste, die für eine Kommunikation erforderlich sind, hängen von der individuellen Konfiguration eines Netzwerks bzw. einer Umgebung ab. Unternehmen richten derzeit in erheblichem Umfang Virtual Private Networks (VPN) ein, die manchmal auch als *Intranet* bezeichnet werden. Diese VPNs erfordern eine Menge von Sicherheitsfunktionen zur Kommunikation innerhalb des VPNs und eine Vielzahl von verschiedenen Sicherheitsfunktionen für die Kommunikation mit Einrichtungen außerhalb des VPNs, um räumlich auseinander liegende Organisationsteile, Kunden, Zulieferer oder Vertragsnehmer (eventuell in eigenen VPNs) zu unterstützen. Abteilungen großer Organisationen erfordern eine Reihe von Security Associations, um Daten (bspw. persönliche oder unternehmenseigene Daten) in internen Netzwerken und andere Security Associations zu separieren und zu schützen. Dieser Schutz ist für die Kommunikation innerhalb derselben Abteilung unerlässlich. Mobil arbeitende Anwender repräsentieren eine weitere Menge an Sicherheitsanforderungen. Diese Anforderungen müssen zusammen mit Bandbreitenbeschränkungen betrachtet werden. Kleinere Gruppen von Anwendern können Sicherheitsanforderungen erfüllen, indem ein Web of Trust aufgebaut wird (siehe Kapitel 2.6). Ein Austausch mittels ISAKMP stellt diesen Gruppen die Möglichkeit zur Verfügung, Kommunikationspartnern die Sicherheitsfunktionen anzubieten, die den Benutzer in einer authentifizierten und geschützten Art und Weise dahingehend unterstützt, dass eine gemeinsam verwendete Menge von Attributen ausgehandelt werden kann. Hierdurch wird eine interoperable Security Association eingerichtet.

Security Associations müssen verschiedene Arten von Verschlüsselungsalgorithmen, von Authentifizierungsmechanismen und von Algorithmen für die Schlüsseleinrichtung für IPsec und andere Sicherheitsprotokolle unterstützen. Security Associations müssen ebenfalls Host-Zertifikate für Protokolle niedrigerer Schichten anbieten bzw. Benutzerzertifikate für Protokolle höherer Schichten. Die Unabhängigkeit von Algorithmen und Mechanismen ist in Anwendungen wie E-Mail, Remote-Login und Dateitransfer genauso erforderlich wie in Session-orientierten Protokollen, in Routing-Protokollen oder in Protokollen des Link Layers. ISAKMP realisiert eine allgemein zu verwendende Security Association und ein Protokoll zur Schlüsseleinrichtung für eine ganze Reihe von Sicherheitsprotokollen, Anwendungen, Sicherheitsanforderungen und Netzwerkumgebungen.

Ein großer Vorteil von ISAKMP ist, dass das Protokoll nicht an spezifische Verschlüsselungsalgorithmen, an Schlüsselerzeugungstechniken oder an Sicherheitsmechanismen gebunden ist. Damit kann zum einen eine dynamische Kommunikationsumgebung unterstützt werden, wie sie bereits beschrieben wurde. Weiterhin kann durch die Unabhängigkeit von spezifischen Sicherheitsmechanismen und Algorithmen gewährleistet werden, dass die Einbindung neuer Mechanismen und Algorithmen offengehalten werden kann. Werden bspw. neue Sicherheitsmechanismen entwickelt oder Angriffsformen gegen existierende Verschlüsselungsalgorithmen bekannt, so erlaubt es ISAKMP, die Algorithmen und Mechanismen zu aktualisieren, ohne ein neues Protokoll zur Schlüsselverwaltung oder eine Verbesserung des derzeit verwendeten entwickeln zu müssen.

ISAKMP stellt grundlegende Anforderungen an die Komponenten, die den Schlüsselaustausch und die Authentifizierung durchführen. Diese Anforderungen schützen vor Denial-of-Service-, vor Replay-, vor Man-in-the-Middle- und vor Verbindungsübernahmeangriffen. Dieser Tatsache kommt insofern Bedeutung zu, da dies die wichtigsten Angriffsformen sind, die üblicherweise gegen Kommunikationsprotokolle gerichtet werden können. Die vollständige Unterstützung von Security Associations, die die Unabhängigkeit von Mechanismen und Algorithmen garantiert, sowie der Schutz von Protokollbedrohungen sind besondere Stärken von ISAKMP.

Authentifizierung

Ein sehr wichtiger Schritt beim Aufbau einer sicheren Netzwerkkommunikation ist die Authentifizierung der Kommunikationspartner. Hierzu stehen eine Reihe von Mechanismen zur Verfügung, die man anhand ihrer Stärke (schwach und stark) kategorisieren kann. Das Versenden von Schlüsseln oder anderer ungeschützter Authentifizierungsinformation im Klartext fällt unter die schwach authentifizierte Kategorie, da ein Angreifer derartige Daten potentiell abhören kann. Zusätzlich sind schlecht gewählte Schlüssel, die mit einer Hash-Funktion gesichert sind, ebenfalls schwach authentifiziert, da hier Attacken durch Erraten abgehörter Nachrichten durchgeführt werden können. Digitale Signaturen fallen unter die Kategorie der starken Authentifizierungsmechanismen. Zertifikate sind ein wichtiger Teil eines Authentifizierungsmechanismus mit digitalen Signaturen und binden die Identität eines speziellen Partners (bspw. ein Host, ein Netzwerk oder eine Anwendung) an ihre öffentlichen Schlüssel und eventuell auch an weitere sicherheitsrelevante Informationen, wie bspw. Privilegien. Die Authentifizierung auf der Basis von digitalen Signaturen erfordert eine vertrauenswürdige dritte Partei oder eine Certification Authority (CA), die Zertifikate erzeugt, signiert und geeignet verteilt (siehe auch Kapitel 2.3).

Beim Austausch mittels ISAKMP muss eine starke Authentifizierung verwendet werden. Ohne eine geeignete Authentifizierung des Kommunikationspartners wären eine Security Association (SA) bzw. der Session Key ein Sicherheitsrisiko. Während die Verschlüsselung (bspw. in ESP) und die Integrität (bspw. in AH) die folgende Kommunikation vor passiven Lauschangriffen schützen können, wäre es ohne eine Authentifizierung möglich, dass die SA und die Schlüssel mit einem feindlichen Partner vereinbart wurden, der einen aktiven Man-in-the-Middle-Angriff ausgeführt hat und in der Folge vertrauliche Daten empfängt.

In der Authentifizierungskomponente von ISAKMP muss ein Algorithmus für digitale Signaturen enthalten sein. ISAKMP schreibt hier allerdings keinen speziellen Signaturalgorithmus bzw. keine Certificate Authority (CA) vor, sondern erlaubt, dass eine Einheit, die eine Kommunikation initiiert, angibt, welche CAs sie unterstützt. Nach der Auswahl einer CA stellt das Protokoll die Nachrichten zur Verfügung, die zur Unterstützung des Austauschs der Authentifizierung erforderlich sind. ISAKMP ermöglicht daher die Identifikation von verschiedenen CAs und Zertifikatstypen (bspw. X.509, PKCS #7, PGP, DNS SIG und KEY-Records) und den Austausch identifizierter Zertifikate.

ISAKMP verwendet digitale Signaturen zur Authentifizierung, die auf einer Public-Key-Verschlüsselung basieren. Andere starke Authentifizierungssysteme können zusätzlich als optionale Authentifizierungsmechanismen spezifiziert werden. Einige dieser Authentifizierungssysteme basieren auf einer vertrauenswürdigen dritten Partei, einem sog. *Key Distribution Center* (KDC), mit dem geheime Session Keys verteilt werden können (siehe Kapitel 2.2). Ein Beispiel hierfür ist Kerberos, wobei hier der Kerberos-Server die vertrauenswürdige dritte Partei darstellt, die geheime Schlüssel für alle Clients und Server in ihrem Netzwerkbereich speichert. Der Beweis eines Clients, dass er einen geheimen Schlüssel besitzt, ermöglicht die Authentifizierung mit einem Server.

Die ISAKMP-Spezifikation gibt allerdings kein Protokoll an, das spezifiziert, wie mit vertrauenswürdigen dritten Parteien oder mit Verzeichnisdiensten für Zertifikate kommuniziert werden soll. Diese Protokolle werden üblicherweise von der dritten Partei bzw. vom Verzeichnisdienst definiert und sind daher kein Teil von ISAKMP.

Public-Key-Verfahren für den Schlüsselaustausch

Wenn Benutzer gemeinsam verwendete Geheimnisse und Session Keys über ein unsicheres Netz austauschen wollen, so verwenden sie dazu in der Regel eine Public-Key-Verschlüsselung, da diese Art der Verschlüsselung im Allgemeinen als flexibelste, am besten skalierbare und effizienteste Art und Weise der Verschlüsselung angesehen wird. Das Verfahren des Schlüsselaustauschs lässt sich anhand verschiedener Charakteristiken definieren. Diese Eigenschaften werden im Folgenden im Kontext von ISAKMP näher betrachtet.

* *Einrichtung der Schlüssel (Schlüsselerzeugung oder Schlüsseltransport)*
  Sollen Kommunikationspartner in den Besitz eines gemeinsamen geheimen Schlüssels kommen, so bieten sich dafür zwei Mechanismen mittels einer Public-Key-Verschlüsselung an. Zum einen ist dies der *Schlüsseltransport*. Dabei erzeugt ein Kommunikationspartner auf Basis einer Zufallszahl einen Session Key. Dieser wird mittels des RSA-Algorithmus verschlüsselt und an den Empfänger geschickt. Der Empfänger nimmt die Entschlüsselung mit seinem privaten Schlüssel vor und nutzt den Session Key für die weitere Verschlüsselung. Zu diesem Zeitpunkt haben beide Kommunikationspartner denselben Session Key, der mit Hilfe von Eingabedaten eines einzelnen Kommunikationspartners erzeugt wurde. Der Vorteil dieser Methode des Schlüsseltransports liegt darin, dass eine geringere Rechenlast erzeugt wird als im nachfolgend beschriebenen Beispiel für die Schlüsselerzeugung. Der Diffie-Hellman-Algorithmus verwendet ebenfalls die Public-Key-Verschlüsselung, um Schlüssel zu erzeugen. Hierbei wird zuerst eine öffentlich verfügbare Information zwischen beiden Partnern ausgetauscht.

Jeder Anwender kombiniert anschließend mittels eines mathematischen Verfahrens die öffentliche Information des anderen Partners mit einer geheimen Information, um einen gemeinsam verwendeten geheimen Wert zu berechnen, d. h. beide Partner erzeugen den identischen Schlüssel. Dieser Wert kann dann als Session Key verwendet werden oder als Schlüssel, mit dem ein zufällig erzeugter Session Key verschlüsselt wird. Vorteil des Algorithmus von Diffie-Hellman ist die Tatsache, dass der Schlüssel, der zur Verschlüsselung von Nachrichten verwendet wird, auf Informationen basiert, die beide Benutzer vorhalten und dass Schlüssel von der Art des Schlüsselaustauschs unabhängig sind, wodurch eine Weiterleitungsgeheimhaltung garantiert werden kann [Sch96].

- *Authentifizierung des Schlüsselaustauschs*
  Die beiden Kommunikationspartner müssen sich zum Zwecke des Schlüsselaustauschs authentifizieren. Die Partner können sich während der Abarbeitung eines Protokolls zum Schlüsselaustausch oder aber nach der Abarbeitung des Protokolls authentifizieren. Die Authentifizierung des Schlüsselaustauschs während der Protokollabarbeitung tritt dann ein, wenn jeder Partner beweist, dass er im Besitz des geheimen Session Keys ist, bevor das Protokoll abgearbeitet ist. Dieser Beweis kann bspw. dadurch vorgenommen werden, dass bekannte Daten während des Protokollaustauschs mit dem geheimen Session Key verschlüsselt werden. Die Authentifizierung nach Abarbeitung des Protokolls erfolgt dann in der nachfolgenden Kommunikation. Hierbei ist stets eine Authentifizierung während der Protokollphase vorzuziehen, da die nachfolgende Kommunikation überhaupt nicht begonnen werden muss, wenn der geheime Session Key mit dem gewünschten Kommunikationspartner nicht eingerichtet werden kann.

- *Symmetrie des Schlüsselaustauschs*
  Ein Schlüsselaustausch ist dann *symmetrisch*, wenn jeder Partner den Austausch initiieren kann. Dieser Fall impliziert, dass die Berechnung der Schlüssel keinesfalls erfordert, dass jeder Partner weiß, wer den Austausch begonnen hat.

- *Perfect Forward Secrecy (Weiterleitungsgeheimhaltung)*
  Weiterleitungsgeheimhaltung bedeutet, dass die nachfolgende Entdeckung von geheimem Schlüsselmaterial keine Auswirkungen auf die Geheimhaltung ausgetauschter Schlüssel einer Kommunikation hat, die vorher stattgefunden hat [DWVO92]. Diese Eigenschaft kann bei einem Schlüsselaustausch ohne Authentifizierung nicht realisiert werden.

ISAKMP verlangt, dass alle Kommunikationspartner einen authentifizierten Schlüsselaustausch unterstützen. Des Weiteren können Anwender zusätzliche Algorithmen zur Schlüsseleinrichtung auf der Basis ihrer spezifischen Anforderungen wählen. ISAKMP schreibt als Rahmenwerk keine spezielle Form des Schlüsselaustauschs vor und gibt keine Algorithmen an. Wollen zwei oder mehrere Kommunikationspartner eine SA einrichten, so müssen sie daher zuvor Einigung über die wechselseitigen Anforderungen an den Schlüsselaustausch erzielen. Die Anforderungen, die ausgewertet werden müssen, wenn ein Algorithmus zur Schlüsseleinrichtung ausgewählt wird, sind bspw. die oben aufgeführten, die Methode der Einrichtung

(Erzeugung vs. Transport), die Weiterleitungsgeheimhaltung, die Rechenlast und die Schlüsselstärke. Auf der Basis der Anforderungen der Benutzer kann in der ersten Phase von ISAKMP eine Kommunikation begonnen werden, um festzustellen, welchen Schlüsselaustausch die Partner tatsächlich unterstützen. Nachdem eine Art des Schlüsselaustauschs ausgewählt wurde, können dann in der zweiten Phase die ISAKMP-Nachrichten dazu verwendet werden, eine Schlüsseleinrichtung durchzuführen.

Schutzfunktion von ISAKMP

Im Folgenden wird betrachtet, wie man mit Hilfe von ISAKMP auf häufig vorzufindende Angriffsformen reagieren kann. Hierzu zählen der Denial-of-Service-Angriff, die feindliche Übernahme einer Verbindung und der Man-in-the-Middle-Angriff.

- *Denial of Service*
  Unter den zahlreichen verfügbaren Sicherheitsdiensten ist der Schutz gegen Denial-of-Service-Angriffe eine der Funktionen, die am schwierigsten zu realisieren ist. Hierbei kann eine Art von Cookie oder ein sog. *Anti-Clogging-Token* (ACT) dazu eingesetzt werden, Ressourcen vor Angriffen zu schützen, wobei keinesfalls eine signifikante Menge von CPU-Ressourcen dazu notwendig sein sollte, die Authentizität zu prüfen [KS99]. Ein Austausch vor CPU-intensiven Public-Key-Operationen kann dann Versuche von Denial-of-Service-Angriffen vereiteln (bspw. Überflutung mit gefälschten Source-IP-Adressen). Ein vollständiger Schutz vor derartigen Angriffen ist aber unmöglich, obgleich das Anti-Clogging-Token eine Technik bereitstellt, mit der solche Angriffe leichter gehandhabt werden können.

- *Feindliche Übernahme von Verbindungen*
  ISAKMP verhindert die feindliche Übernahme von Verbindungen, indem die Authentifizierung, der Schlüsselaustausch und der Austausch von Security Associations miteinander in einem Konzept verbunden sind. Dieser Verbund hindert einen Angreifer daran, die Authentifizierung abzuwarten und dann in die Verbindung einzubrechen, um anschließend während des Schlüsselaustauschs bzw. während des Austauschs der Security Association einen Partner nach dem anderen zu kompromittieren.

- *Man-in-the-Middle-Angriffe*
  Man-in-the-Middle-Angriffe beinhalten das Abfangen, das Einfügen, das Löschen und die Modifikation von Nachrichten, das Zurücksenden von Nachrichten an den Absender, eine Wiederholung (Replay) alter Nachrichten und die Umleitung von Nachrichten. Die Eigenschaften von ISAKMP verhindern derartige Angriffe. Der Verbund der Austauschmechanismen in ISAKMP verhindert ein Einfügen von Nachrichten in den Protokollaustausch. Die Zustandsmaschine des ISAKMP-Protokolls ist derart definiert, dass gelöschte Nachrichten nicht zur Erzeugung einer SA verwendet werden können, da die Zustandsmaschine alle Protokollzustände löscht und in den Anfangszustand zurückkehrt (sog. *Idle-Zu-*

stand). Die Zustandsmaschine verhindert weiterhin, dass ein Zurücksenden einer Nachricht Schaden anrichtet. Die Bedingung, dass zur Einrichtung einer neuen SA ein neues Cookie mit unterschiedlichen Zeitmarken verwendet werden muss, verhindert Replay-Attacken. Die starke Authentifizierung von ISAKMP verhindert, dass eine SA mit einem anderen Partner als mit dem beabsichtigten aufgebaut wird. Nachrichten können zwar an ein neues Ziel umgeleitet werden, aber diese Angriffsform wird entdeckt und eine SA daher nicht aufgebaut. Die Spezifikation von ISAKMP definiert, in welchem Fall ein abnormes Verhalten vorliegt und wie der jeweilige Partner von diesem abnormen Verhalten in Kenntnis zu setzen ist.

Funktionsweise von ISAKMP

Im Folgenden wird die Funktionsweise von ISAKMP erläutert. Hierzu wird im Schaubild (siehe Abb. 4-16) aufgezeigt, wie ISAKMP mit anderen Protokollen zusammenarbeitet. ISAKMP kann über ein beliebiges Transportprotokoll oder über IP implementiert werden. Alle Implementierungen müssen Sende- und Empfangsmöglichkeiten für ISAKMP beinhalten, die das User Datagram Protocol (UDP) über Port 500 verwenden. Der UDP-Port 500 wurde ISAKMP durch die Internet Assigned Numbers Authority (IANA) zugewiesen. Implementierungen können zusätzlich ISAKMP über andere Transportprotokolle oder über IP unterstützen. Zum Verständnis der Abbildung muss aber zunächst der Begriff der *Domain of Interpretation* (DoI) erläutert werden.

Eine sog. *Domain of Interpretation* (DoI) definiert das Format der Payload, Austauschtypen und Namenskonventionen für sicherheitsrelevante Informationen (bspw. Security Policies, kryptographische Algorithmen oder Modi). Ein *Identifier* einer Domain of Interpretation wird dazu verwendet, die Payload von ISAKMP auszuwerten. Ein System kann hierbei mehrere Domains of Interpretation simultan unterstützen. Eine DoI enthält

- *Situation*
  Eine *Situation* beinhaltet die Information, die zur Bestimmung der erforderlichen Sicherheitsdienste verwendet wird.
- *Security Policies*
  Die Menge der Security Policies, die unterstützt werden müssen oder können.
- *Syntax*
  Eine Syntax für die Spezifikation der Sicherheitsdienste.
- *Namensschema*
  Ein Schema für die Benennung sicherheitsrelevanter Information, bspw. Verschlüsselungsalgorithmen, Schlüsselaustauschalgorithmen, Attribute von Security Policies und Certificate Authorities (CAs).
- *Spezifische Formate*
  Spezifische Formate der Payload in Abhängigkeit vom tatsächlichen Inhalt. ISAKMP definiert verschiedene Arten der Payload, die für den Informationstransfer im DoI-definierten Format verwendet werden. Beispiele hierfür sind Da-

ten der Security Association oder des Schlüsselaustauschs. Eine Payload besteht aus einem generischen Header und aus einem Oktett-String, der für ISAKMP transparent ist. ISAKMP verwendet eine DoI-spezifische Funktionalität, um die Payload zusammenzustellen und um sie zu interpretieren. Verschiedene Payloads können hierbei in einer Nachricht versendet werden.

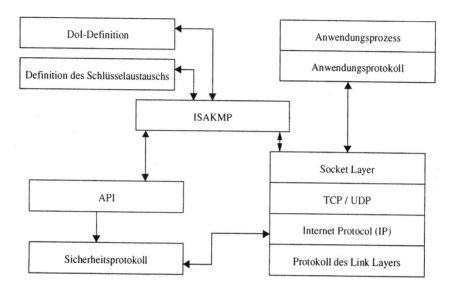

Abb. 4-16 ISAKMP im Kontext anderer Protokolle

Die Regeln der IPsec-DoI sind bspw. in [Pip98b] aufgelistet. Ein wichtiger Teil der Aushandlung von Sicherheitsdiensten besteht darin, dass ein vollständiger Stack von SAs als Einheit angesehen wird. Man bezeichnet eine derartige Einheit auch als *Protection Suite*. Unter einem *SA-Proposal* versteht man eine Liste, die in absteigender Präferenz die Protection Suites enthält, die ein System für akzeptabel hält, um den Verkehr in einer gegebenen Situation zu schützen. Jedes Rechnersystem, das ISAKMP unterstützt, verfügt somit über eine solche Liste.

Die Aushandlung der Sicherheitsdienste erfolgt nach ISAKMP in zwei Phasen:

1. In der ersten Phase einigen sich zwei kommunizierende Einheiten (bspw. ISAK-MP-Server) darauf, wie der weitere Aushandlungsverkehr zwischen ihnen geschützt werden soll. Dies erfolgt, indem eine ISAKMP-SA eingerichtet wird, die dann dazu verwendet wird, die Aushandlung der erforderlichen Protokoll-SA zu schützen. Zwei kommunizierende Einheiten können hierbei mehrere aktive ISAKMP-SAs aushandeln.

2. Die zweite Aushandlungsphase wird dazu verwendet, SAs für Sicherheitsprotokolle einzurichten, wobei hier wiederum mehrere SAs eingerichtet werden kön-

nen. Die SAs, die durch ISAKMP in dieser Phase eingerichtet werden, können von einem Sicherheitsprotokoll dazu verwendet werden, um den nachfolgenden Nachrichtenaustausch zu schützen.

Der Ansatz in zwei Phasen erzeugt in den meisten Fällen hohe Rechenlasten zu Beginn einer Kommunikation. Dieser Nachteil wird allerdings durch die folgenden Vorteile aufgewogen:

- Kommunizierende Einheiten können die Kosten der ersten Phase über mehrere Aushandlungen in der zweiten Phase amortisieren, da hierbei mehrere SAs zwischen Kommunikationspartnern eingerichtet werden können, ohne bei jeder Kommunikation von vorne beginnen zu müssen.
- Sicherheitsdienste, die während der ersten Phase ausgehandelt werden, bieten bereits Sicherheitseigenschaften für die zweite Phase. Nach der ersten Aushandlungsphase kann bspw. die Verschlüsselung, die durch die ISAKMP-SA angeboten wird, den Schutz der Identität gewährleisten, weshalb unter Umständen auch ein einfacherer Austausch in der zweiten Phase erreicht werden kann. Auf der anderen Seite muss man bedenken, dass in der zweiten Phase adäquate Sicherheitsmechanismen ausgehandelt werden müssen, wenn der Kanal, der in der ersten Phase eingerichtet wurde, nicht zum Schutz der Identität verwendet werden kann.
- Nachdem eine ISAKMP-SA eingerichtet ist, reduzieren sich die Kosten des ISAKMP-Managements erheblich. Ohne den vertrauenswürdigen Weg, den eine ISAKMP-SA anbietet, müssten die kommunizierenden Einheiten eine vollständige Re-Authentifizierung für jeden aufgetretenen Fehler einer SA bzw. für eine gelöschte SA durchführen.

Die Aushandlung, die in jeder Phase stattfindet, wird durch einen Austausch vorgenommen, der durch ISAKMP definiert ist, oder durch einen Austausch, der für den Schlüsselaustausch in einer DoI spezifiziert ist. Sicherheitsdienste können dabei in jeder Aushandlungsphase unterschiedlich angewendet werden. Während der Aushandlungsphasen werden bspw. unterschiedliche Kommunikationspartner authentifiziert. In der ersten Phase sind dies in der Regel ISAKMP-Server. In der zweiten Phase werden Benutzer oder Programme auf Anwendungsebene authentifiziert.

Während sichere Kanäle zwischen Systemen eingerichtet werden, kann ISAKMP nicht voraussetzen, dass bereits Sicherheitsdienste existieren. Aus diesem Grund muss ein Schutz von ISAKMP realisiert werden. ISAKMP betrachtet daher eine ISAKMP-SA signifikant anders als andere SA-Typen. Eine ISAKMP-SA wird stets in einem eigenen Namensraum verwaltet. ISAKMP verwendet zwei Cookie-Felder im ISAKMP-Header, um ISAKMP-SAs zu identifizieren. Das Feld `Message ID` im ISAKMP-Header und das Feld `SPI` werden während der Einrichtung der SA zur Identifikation der SA für andere Sicherheitsprotokolle verwendet. In Tab. 4-1 ist das Vorhandensein bzw. das Fehlen dieser Felder während der Einrichtung einer SA dargestellt. Der Wert x in der jeweiligen Spalte kennzeichnet hierbei, dass ein Wert vorhanden sein muss. Der Wert NA in der jeweiligen Spalte bedeutet, dass der Wert der Spalte nicht auf die Operation anwendbar ist.

Operation	I-Cookie	R-Cookie	Message ID	SPI
Beginn der ISAKMP-SA-Aushandlung	X	–	–	–
Antwort auf SA-Aushandlung	X	–	–	–
Beginn weiterer SA-Aushandlung	X	X	X	X
Antwort auf weitere SA-Aushandlung	X	X	X	X
Weitere (bspw. KE, ID)	X	X	X / –	NA
Sicherheitsprotokoll	NA	NA	NA	X

Tab. 4-1 Identifikation von ISAKMP-SAs

Während der Aushandlung in Phase 1 bestimmen das *Initiator-Cookie* und das *Responder-Cookie* die Art der ISAKMP-SA. Aus diesem Grund ist das SPI-Feld redundant und kann auf den Wert 0 gesetzt werden bzw. den Cookie der übertragenden Einheit beinhalten.

In der dritten Zeile der Tabelle assoziiert der Initiator eine Message-ID mit den Protokollen, die im SA-Proposal enthalten sind. Die Message-ID und die SPI(s) des Initiators werden mit jedem Protokoll verbunden, das im Proposal enthalten ist, das an den Empfänger geschickt wird. Die SPI(s) wird (werden) von den Sicherheitsprotokollen verwendet, wenn die Aushandlung der Phase 2 abgeschlossen ist.

In der vierten Zeile der Tabelle schickt der Empfänger dieselbe Message-ID und die SPI(s), die mit jedem Protokoll im akzeptierten Proposal assoziiert werden sollen, an den Initiator.

In der fünften Zeile der Tabelle verwenden der Initiator und der Empfänger das Feld Message ID des ISAKMP-Headers, um die weitere Protokollaushandlung zu überwachen. Diese Konstellation darf nur in einem Austausch der Phase 2 erfolgen. Aus diesem Grund müssen die Werte in einem Austausch der Phase 1 auf den Wert 0 gesetzt werden, da die Kombination der Cookies die ISAKMP-SA identifiziert. Das Feld SPI der Proposal-Payload kann hier nicht verwendet werden, da diese Payload nur während des Nachrichtenaustauschs der SA-Aushandlung (Zeilen 3 und 4 der Tabelle) verwendet wird.

In der sechsten Zeile der Tabelle wird die Aushandlung der Phase 2 abgeschlossen. Die Sicherheitsprotokolle verwenden die SPI(s), um herauszufinden, welche Sicherheitsdienste und Sicherheitsmechanismen bei der Kommunikation verwendet werden sollen. Der SPI-Wert in der sechsten Zeile der Tabelle entspricht nicht dem Feld SPI der Proposal-Payload, sondern dem Feld SPI, das im Header des Sicherheitsprotokolls enthalten ist.

Während der Einrichtung der SA muss in ISAKMP ein SPI erzeugt werden. Die Handhabung der SPIs wird dann durch die DoI-Spezifikation angegeben (siehe bspw. [Pip98b]).

Wird eine Security Association (SA) zum ersten Mal aufgebaut, so übernimmt eine Seite der Kommunikation die Rolle des Initiators und die andere Seite die des Empfängers. Ist die SA eingerichtet, so können sowohl der ursprüngliche Initiator als auch der Empfänger die Aushandlung der Phase 2 mit dem jeweils anderen Partner beginnen. ISAKMP-SAs sind daher grundsätzlich bidirektionaler Natur.

Weiterhin kann in ISAKMP der Initiator und auch der Empfänger während des Aushandlungsprozesses Kontrollfunktionen übernehmen. ISAKMP wurde so entwickelt, dass eine SA-Aushandlung möglich ist, die mehrere Proposals enthält. Der Initiator kann dadurch bspw. Kontrolle ausüben, dass er nur ein Proposal angibt, das mit der lokalen Security Policy des Initiators in Einklang steht. Sendet der Initiator allerdings ein Proposal, das in absteigender Präferenz mehr als ein Proposal enthält, so überträgt er die Kontrolle an den Empfänger. Kontrolliert der Empfänger die Einrichtung der SA, so kann er bewirken, dass seine Policy (und nicht die des Initiators) verwendet wird, indem er eine der Optionen auswählt, die der Initiator anbietet. Dies erreicht man dadurch, indem das Proposal ausgewählt wird, das am besten der lokalen Security Policy des Empfängers entspricht. Diese Auswahl wird dann an den Initiator zurückgesendet.

Die Details der Erzeugung der notwendigen Cookies hängen zwar von der Implementierung ab, müssen aber die folgenden Anforderungen erfüllen [KS99]:

- Ein Cookie muss von den Parteien abhängen, die die Kommunikation einrichten. Hierdurch kann verhindert werden, dass ein Angreifer ein Cookie erhält, indem er eine reale IP-Adresse und einen UDP-Port verwendet und dann das Angriffsziel mit Diffie-Hellman-Anforderungen von zufällig gewählten IP-Adressen oder Ports überschwemmt.

- Es muss unmöglich sein, dass eine dritte Partei, die sich vom Urheber der Cookies unterscheidet, Cookies generiert, die vom Urheber akzeptiert werden. Der Urheber eines Cookies muss daher lokale geheime Information bei der Erzeugung und bei der nachfolgenden Überprüfung eines Cookies verwenden. Diese geheime Information darf nicht aus einem beliebigen Cookie ableitbar sein.

- Die Erzeugungsfunktion der Cookies muss schnell genug sein, um Angriffe abzuwehren, die eine Sabotage von CPU-Ressourcen beabsichtigen.

In [KS99] wird eine Methode zur Erzeugung von Cookies vorgeschlagen, die eine schnelle Hash-Funktion (bspw. MD5) über die IP-Quelle und über die IP-Zieladresse, sowie über die UDP-Quelle und über den Ziel-Port bzw. über eine lokal erzeugte geheime Zufallszahl verwendet. ISAKMP schreibt vor, dass jeweils ein eigenständiges Cookie für jede SA-Einrichtung verwendet wird, was durch Datums- und Zeitinformationen erreicht wird, die Teil der Informationen sind, über die die Hash-Funktion läuft. Dies dient vor allem der Abwehrung von Replay-Attacken. Die erzeugten Cookies werden im ISAKMP-Header (Cookie-Felder des Initiators und des Empfängers) abgelegt. Diese Felder haben eine Länge von 8 Oktette, weshalb auch die Cookies 8 Oktette lang sein müssen. Benachrichtigungs- und Löschnachrichten sind allerdings unidirektionale Übertragungen und erfolgen unter dem Schutz einer existierenden ISAKMP-SA. Für diese Operationen ist daher die Erzeugung eines Cookies nicht notwendig. Eine Ausnahme hierzu ist die Übertragung einer Benachrichtigungsnachricht (Notify) während des Austauschs in der Phase 1, bevor die Einrichtung einer SA abgeschlossen wird.

Eine ISAKMP-Nachricht besteht grundsätzlich aus einem Header eines festen Formats, der von einer variablen Anzahl von Payloads gefolgt wird. Teile des Headers wurden bereits vorgestellt. Der Header enthält die Information, die das Protokoll benötigt, um den Status und die Prozess-Payloads zu verarbeiten und um Replay- und Denial-of-Service-Angriffe abzuwehren. Wie beschrieben, enthält der Header die Cookies des Initiators und des Empfängers, eine Referenz auf die nächste Payload, den Austauschtyp und weitere Felder. Die dann folgenden Payloads sind anschließend aneinandergereiht. *Payloads* sind modulare Blöcke, aus denen ISAKMP-Nachrichten aufgebaut werden. Die verschiedenen Payload-Typen sind im Detail in [MSST98] beschrieben. Jede Payload beginnt mit einem generischen Header, der das Aneinanderreihen der Payloads ermöglicht und der die Grenzen der Payload definiert.

Austauscharten in ISAKMP

ISAKMP erlaubt die Erzeugung von Austauscharten für die Einrichtung von Security Associations und von Schlüsselmaterial. In ISAKMP werden derzeit fünf Austauschtypen definiert, die im Folgenden erläutert werden. Austauscharten definieren den Inhalt und die Reihenfolge von ISAKMP-Nachrichten während der Kommunikation. Die meisten Austauscharten beinhalten alle grundlegenden Payload-Typen (SA, KE, ID und SIG), aber auch weitere. Der grundlegende Unterschied zwischen den Austauschtypen besteht in der Reihenfolge der Nachrichten und der Payload in jeder Nachricht. Während die Reihenfolge der Payloads in einer Nachricht nicht zwingend vorgeschrieben ist, wird aus Effizienzgründen empfohlen, dass als erste Payload die Payload der Security Association angeordnet wird. Die Austauscharten bieten einen unterschiedlichen Sicherheitsschutz für den Austausch selbst und für die ausgetauschte Information an.

Es muss darauf hingewiesen werden, dass die Austauscharten nicht alle Anforderungen erfüllen sollen, die DoIs und Austauschprotokolle stellen können. Wenn die Austauscharten den DoI-Anforderungen entsprechen, so können sie wie geplant verwendet werden. Anderenfalls muss die DoI neue Austauschtypen bzw. die gültigen Payload-Sequenzen definieren, die einen erfolgreichen Austausch ermöglichen.

Alle Austauschtypen können in jeder der beiden Phasen verwendet werden. Es liegt aber nahe, dass in jeder Phase unterschiedliche Sicherheitseigenschaften angeboten werden. In jedem Austausch identifiziert die Kombination aus Cookies und SPI-Feldern, ob der Austausch in der ersten oder in der zweiten Phase der Aushandlung stattfindet.

- *Base Exchange*
  Die Base Exchange wurde entwickelt, um zu ermöglichen, dass Informationen, die im Zusammenhang mit dem Schlüsselaustausch und mit der Authentifizierung stehen, zusammen übertragen werden können. Diese Kombinationsmöglichkeit reduziert die Anzahl der Roundtrips auf Kosten eines fehlenden Schutzes der Identität. Der Schutz der Identität wird aber absichtlich nicht vorgenommen, da die Identität ausgetauscht werden muss, bevor ein gemeinsam verwendetes Geheimnis eingerichtet wird. Die Verschlüsselung der Identität ist in dieser Phase nicht möglich.

- *Identity Protection Exchange*
  Die Austauschart *Identity Protection Exchange* wurde entwickelt, um Informationen über den Schlüsselaustausch von den Informationen zu trennen, die mit der Identität und mit der Authentifizierung zusammenhängen. Indem man diese Informationen trennt, kann der Schutz der Identität der Kommunikationspartner erreicht werden, allerdings auf Kosten zweier zusätzlicher Nachrichten. Zuerst wird daher die Schlüsselinformation übertragen, anschließend die Authentifizierung, die aber nun verschlüsselt gesendet wird. Die Identität wird daher unter dem Schutz des vorher eingerichteten gemeinsamen Geheimnisses übertragen.

- *Authentication Only Exchange*
  Die Austauschart *Authentication Only Exchange* wurde dazu entwickelt, um die Übertragung von Informationen zu ermöglichen, die sich ausschließlich auf die Authentifizierung beziehen. Der Vorteil dieses Austauschs besteht in der Fähigkeit, eine Authentifizierung durchführen zu können, ohne die Rechenlast der Berechnung von Schlüsseln in Kauf nehmen zu müssen. Wird dieser Austausch während der Aushandlung verwendet, so wird keine der übertragenen Informationen verschlüsselt. Eine Verschlüsselung kann aber an anderer Stelle erfolgen. Wenn bspw. die Verschlüsselung in der ersten Aushandlungsphase verhandelt wird und die Austauschart *Authentication Only Exchange* in der zweiten Aushandlungsphase verwendet wird, so wird die *Authentication Only Exchange* mittels der ISAKMP-SAs verschlüsselt, die in der ersten Phase ausgehandelt wurden. Eine häufige Anwendung dieser Austauschart liegt vor allem in der Re-Authentifizierung der Kommunikationspartner.

- *Aggressive Exchange*
  Die Austauschart *Aggressive Exchange* wurde dazu entwickelt, Payloads für die Security Association, für den Schlüsselaustausch und für die Authentifizierung zusammen zu übertragen. Die Kombination von Informationen, die sich auf die Security Association, auf den Schlüsselaustausch und auf die Authentifizierung beziehen, reduziert die Anzahl der Roundtrips auf Kosten einer fehlenden Schutzfunktion der Identität. Dieser Schutz ist aber nicht realisierbar, da die Iden-

tität ausgetauscht wird, bevor ein gemeinsames Geheimnis etabliert wird. Eine Verschlüsselung der Identität ist daher nicht möglich. Weiterhin wird die Austauschart *Aggressive Exchange* dazu verwendet, alle sicherheitsrelevanten Informationen in einer einzigen Nachricht auszutauschen.

* *Informational Exchange*
  Die Austauschart *Informational Exchange* wurde dazu entwickelt, um Informationen nur in eine Richtung zu übertragen, die für das Management der Security Association verwendet werden.

Im Internet ist eine Reihe von Implementierungen von ISAKMP verfügbar. Ein Beispiel hierfür ist die Implementierung des Department of Defense (`http://www.mit.edu/network/isakmp`).

Zusammenfassend lässt sich feststellen, dass ISAKMP eine flexible und erweiterbare Umgebung bietet, um SAs und Schlüsselmaterial einzurichten und zu verwalten. Die Hauptbestandteile von ISAKMP sind der Header und die unterschiedlichen Payload-Typen, Austauscharten für den Nachrichten- und den Payload-Austausch und einige generelle Richtlinien. ISAKMP ist deshalb allgemein gehalten, da keine Mechanismen definiert sind, die SAs und Schlüsselmaterial in einer authentifizierten und vertraulichen Art und Weise einrichten und verwalten. Die Definition dieser Mechanismen und ihre Anwendung ist Ziel der individuellen DoIs. ISAKMP ist in vielen Aspekten bewusst generisch gehalten. Einen ganz anderen Ansatz verfolgt das im Folgenden beschriebene SKEME-Protokoll. Der Leser sei aber darauf aufmerksam gemacht, dass auch in SKEME Public Keys und ein Diffie-Hellman-Austausch erfolgt.

4.3.2 SKEME

Die Entwicklung von SKEME [Kra96] wurde stark beeinflusst von der Arbeit der Working Group IPsec der IETF. SKEME soll die Schlüsselverwaltung für Sicherheitsprotokolle des IP-Layers übernehmen, aber auch eine Lösung für die Schlüsselverwaltung anderer Sicherheitsanwendungen im Internet darstellen. Der bisher innerhalb dieser Working Group verwendete Mechanismus für den Schlüsselaustausch ist das Photuris-Protokoll, das von Phil Karn entwickelt wurde [Sch96]. Photuris wurde entwickelt, um einen Schlüssel zwischen zwei Partnern auszutauschen, indem ein Public-Key-Verfahren kombiniert mit einem Diffie-Hellman-Schlüsselaustausch verwendet wird. Weitere Merkmale von Photuris sind die Anonymität und die Abwehr von Denial-of-Service-Angriffen.

SKEME bietet dieselbe Basisfunktionalität wie Photuris, integriert aber zusätzlich andere Trust-Modelle und erlaubt somit eine Feinabstimmung zwischen der Sicherheit und der Leistung eines Systems. So ist z. B. die Ausführung des Diffie-Hellman-Verfahrens optional und es sind Mechanismen für eine schnelle und oftmalige Schlüsselauffrischung integriert. Diese Eigenschaften erfordern keine signifikante Steigerung der Komplexität des Protokolls und resultieren nicht in einer schlechteren Rechenleistung. SKEME ist daher vor allem als Verbesserungsvorschlag zu Photuris zu sehen.

Der zentrale Ansatz von SKEME besteht darin, ein skalierbares und effizientes Protokoll zu entwickeln, dass in vielen Szenarien des Internets eingesetzt werden kann und das Abwägungen zwischen Sicherheit und Performance erlaubt. Das Basismodell, das zur Erreichung dieser Ziele einsetzbar ist, ist das Public-Key-Modell. Es ist gut skalierbar und stellt minimale Vertrauensanforderungen. Der Basismodus von SKEME beinhaltet daher einen Schlüsselaustausch auf der Basis von Public Keys und dem Diffie-Hellman-Algorithmus, der eine starke Sicherheit garantiert. Der Diffie-Hellman-Algorithmus hat den großen Vorteil, dass negative Effekte des Ausspähens von lange gültigem Schlüsselmaterial (bspw. die Enthüllung von privaten Schlüsseln oder eines lange gültigen Master-Keys) vermieden werden können. Diese Eigenschaft des Diffie-Hellman-Algorithmus bezeichnet man auch als *Perfect Forward Secrecy* (Weiterleitungssicherheit). SKEME beschränkt sich allerdings nicht auf die Kombination von Public Keys und Diffie-Hellman. In SKEME werden auch weitere Alternativen, bspw. der Schlüsselaustausch auf der Basis gemeinsam verwendeter Schlüssel, berücksichtigt. Somit können weitere wichtige Szenarien unterstützt werden, bspw. die manuelle Schlüsselinstallation und andere Formen gemeinsam verwendeter Master-Keys. Weiterhin wird der Schlüsselaustausch im Modell der Key Distribution Center (KDC, auch bekannt als Kerberos-Modell, siehe Kapitel 2.2) unterstützt, in dem die Kommunikationspartner einen Schlüssel mittels eines Centers austauschen, das vertrauenswürdig ist. Indem dieser Schlüssel nur für die Authentifizierung eines Diffie-Hellman-Austauschs verwendet wird, anstatt ihn direkt als Session Key zu verwenden, kann SKEME eine signifikante Sicherheitsverbesserung erreichen. Das Vertrauen, das in das KDC gesetzt werden muss, kann verringert werden.

SKEME verwendet im Vergleich zu anderen Verfahren einen effizienteren Mechanismus für den Schlüsselaustausch. Dies gilt besonders in den Fällen, in denen die Eigenschaft der Perfect Forward Secrecy des Diffie-Hellman-Austauschs weniger strikt umgesetzt wird, wodurch Kosten eingespart werden können, die sich aus der Diffie-Hellman-Berechnung ergeben. Derartige Fälle beinhalten Anwendungen, bei denen die Authentizität der Information im Gegensatz zur Vertraulichkeit auf dem Spiel steht oder bei denen die erforderliche Geheimhaltung eher unwichtig ist.

Ein weiteres wichtiges Ziel von SKEME besteht darin, Schlüssel sehr schnell und häufig aufzufrischen. Hierdurch kann der Lebenszyklus von Schlüsseln verkürzt werden und so der Schaden einer eventuellen Offenlegung der Schlüssel verringert werden. Aus den bisher dargestellten Zielen ergeben sich vier Modi, die in SKEME verwendet werden. Diese Modi werden hier zunächst kurz vorgestellt und im Folgenden im Detail erläutert:

- *Basismodus*
  Der Basismodus verwendet den Schlüsselaustausch auf der Basis von Public Keys und die Perfect Forward Secrecy auf der Basis von Diffie-Hellman.

- *Share-Only Mode*
  Schlüsselaustausch auf der Basis von Public Keys, aber ohne Verwendung des Diffie-Hellman-Algorithmus.
- *Preshared Key*
  Schlüsselaustausch auf der Basis eines gemeinsam verwendeten Schlüssels und der Perfect Forward Secrecy.
- *Fast Re-Key*
  Ein Re-Key-Mechanismus auf der ausschließlichen Basis einer effizienten Technik symmetrischer Schlüssel (bspw. MD5).

Wie diese vier Modi auf ein einziges Protokoll, das eine kleine Menge von Nachrichtentypen und Optionen sowie eine kompakte Repräsentation verwendet, abgebildet werden, wird im Folgenden noch beschrieben.

Eine grundlegende technische Beobachtung, die beim Design von SKEME berücksichtigt wurde, besteht darin, dass in den meisten Implementierungen (bspw. RSA) die Rechenkosten der Public-Key-Signaturen denen der Public-Key-Verschlüsselung entsprechen. SKEME weicht daher vom Ansatz ab, einen Diffie-Hellman-Austausch auszuführen, der mittels digitaler Signaturen authentifiziert wird. Stattdessen durchläuft das Protokoll eine Phase, in der alle Partner einen Schlüssel gemeinsam verwenden, indem gegenseitig Halbschlüssel auf der Basis des Public Keys des anderen Partners verschlüsselt werden, die dann zur Authentifizierung des Diffie-Hellman-Austauschs (gegen Man-in-the-Middle-Angriffe) verwendet werden. Die spätere Authentifizierung verwendet nur noch effiziente Operationen, bspw. MD5. Auf diese Art und Weise erhält man dieselbe Funktionalität (Diffie-Hellman zuzüglich Signaturen). Es sind aber in der Phase, in der ein Schlüssel von den Partnern gemeinsam verwendet wird, keine weiteren Rechenoperationen notwendig. Dieses Vorgehen erlaubt es, auch die anderen Modi innerhalb des Protokolls zu realisieren. Beispielsweise kann man die Diffie-Hellman-Phase (Umsetzung von Modus 2) oder die gemeinsame Phase auslassen (Vermeidung der Verwendung von Public Keys), wenn der Austausch auf einem schon vorher von den Partnern gemeinsam verwendeten Schlüssel basieren soll (Modus 3). Verwendet man weder die gemeinsame Phase noch die Diffie-Hellman-Phase, so erhält man einen schnellen Re-Key-Mechanismus (Modus 4).

Zusätzlich realisiert SKEME die Anonymität der Partner, da unnötige Offenlegungen der kommunizierenden Identitäten nicht vorgenommen werden. Eine Ausnahme hierzu sind die Daten, die ohnehin offengelegt werden, bspw. IP-Adressen. SKEME adressiert auch die Vertraulichkeit, indem keine digitalen Signaturen verwendet werden und dennoch anschließend die Beweisbarkeit von Transaktionen vorgenommen wird. Auch ein gewisser Schutz vor Denial-of-Service-Angriffen durch Verwendung von Cookies wird durch SKEME angeboten.

Protokollfunktionalität von SKEME

In SKEME werden drei Phasen verwendet: SHARE, EXCH und AUTH. In SKEME können Protokollnachrichten verschiedener Phasen kombiniert werden, um ein kompakteres und effizienteres Kommunikationsschema umzusetzen. Zunächst wird die Realisierung des *Basic Mode* beschrieben.

In der SHARE-Phase wird ein Schlüssel K_{ab} zwischen den Kommunikationspartnern A und B eingerichtet, der ausschließlich auf Aktionen der Parteien basiert, die gegenseitig über ihre Public Keys verfügen. In der SHARE-Phase tauschen die Partner dazu Halbschlüssel aus, die jeweils mit dem Public Key des anderen Partners verschlüsselt sind. Anschließend werden die Halbschlüssel mit einer Hash-Funktion kombiniert, um den Schlüssel K_{ab} zu erzeugen. Hierbei kann anstatt des Hashings ein exklusives Oder (XOR) der zwei Halbschlüssel verwendet werden, allerdings bietet das Hashing dem Partner B weniger Gelegenheit, den Schlüssel zu beeinflussen. Die grundlegende Struktur von SHARE sieht formalisiert wie folgt aus:

1. $A \rightarrow B: \{K_a\}k_B$

2. $B \rightarrow A: \{K_b\}k_A$

3. $K_{ab} = H(K_A; K_B)$

In Schritt 1 wählt A zufällig einen Halbschlüssel K_a, verschlüsselt diesen mit dem Public Key von B (k_B) und sendet das Resultat $\{K_a\}k_B$ an B. Der zweite Schritt verläuft analog. Im dritten Schritt wird K_{ab} mit einer Hash-Funktion H berechnet. Diese Funktion ähnelt stark dem Diffie-Hellman-Algorithmus.

Wird die Anonymität des Initiators gewünscht, so wird zusätzlich die Identität von A verschlüsselt:

1. $A \rightarrow B: \{id_A, K_a\}k_B$

2. $B \rightarrow A: \{id_B, K_b\}k_A$

Ist der Wert id_A zu lang, insbesondere wenn er das Public-Key-Zertifikat von A enthält, dann kann ein zweiter Schlüssel in die Verschlüsselung einbezogen werden und der Wert id_A verschlüsselt mit dem zweiten Schlüssel übertragen werden, indem eine symmetrische Verschlüsselung im Protokoll angewendet wird. Dies würde allerdings die Integration der symmetrischen Verschlüsselung erfordern und ist daher ausschließlich optional.

In dieser Phase werden weder die Partner noch der gemeinsam verwendete Schlüssel authentifiziert. Aus diesem Grund wird hier nur ein grundlegendes Sicherheitsniveau realisiert: Wenn A das Protokoll abarbeitet, so kann A sich darauf verlassen, dass der gemeinsam verwendete Schlüssel niemandem außer B bekannt ist, obwohl A nicht davon ausgehen kann, dass B den Schlüssel kennt. Dieselbe

Feststellung gilt für B. Es liegt auf der Hand, dass diese Phase mit anderen Phasen des Protokolls kombiniert werden muss.

In der anschließenden EXCH-Phase werden die Diffie-Hellman-Exponenten ausgetauscht. Diese Phase ist unabhängig von der SHARE-Phase und sieht formalisiert wie folgt aus:

1. $A \rightarrow B: g^{xa}(\mod p)$

2. $B \rightarrow A: g^{xb} (\mod p)$

3. $K = g^{xa\,xb} (\mod p)$

Hierbei wählt A eine Zufallszahl x_a aus, die als Diffie-Hellman-Exponent dient, B analog eine Zahl x_b. Mittels der beiden Schritte kann der Diffie-Hellman-Austausch erfolgen und dann ein gemeinsamer geheimer Schlüssel K berechnet werden. Die Exponenten können von jedem Partner vor der Ausführung des Protokolls offline berechnet werden.

Die Authentifizierung des Diffie-Hellman-Austauschs wird in der folgenden AUTH-Phase durchgeführt, die den gemeinsamen Schlüssel K_{ab} aus der SHARE-Phase zur Authentifizierung der Diffie-Hellman-Exponenten verwendet. Die Kombination der Phasen EXCH und AUTH realisiert das Protokoll mit der Anforderung der Perfect Forward Secrecy. In einer formalisierten Darstellung arbeitet die AUTH-Phase wie folgt:

1. $A \rightarrow B: <g^{xb},g^{xa},id_A,id_B>K_{ab}$

2. $B \rightarrow A: <g^{xa},g^{xb},id_B,id_A>K_{ab}$

In Schritt 1 sendet A den MAC an B, den er mit Hilfe von K_{ab} aus den Diffie-Hellman-Komponenten g^{xb} und g^{xa} bzw. mit den Identifiern id_A und id_B berechnet. In ähnlicher Art und Weise schickt B den MAC an A, den er mit K_{ab} aus der Menge der Diffie-Hellman-Exponenten und den Identifiern in umgekehrter Reihenfolge berechnet.

Die Nachrichten dieser Phase authentifizieren die Herkunft, die Gültigkeit und den Wert der Diffie-Hellman-Exponenten. Erst nach Abschluss dieser Phase können die Partner sicher sein, dass die Werte wirklich von den Kommunikationspartnern gewählt wurden. Der Schlüssel K_{ab}, der in der SHARE-Phase erzeugt wurde, kann nur den beiden Partnern bekannt sein (wenn die privaten Schlüssel nicht kompromittiert wurden). Nur diese Partner können dann die oben genannten authentifizierten Nachrichten erzeugen. Schließlich dienen die mitgesendeten Identitäten dazu, dass sich die Partner vergewissern können, dass die ausgetauschten Schlüssel korrekt an die Identität gebunden sind.

Der Session Key S_K, der als Resultat des Protokolls der von A und B gemeinsam verwendete Schlüssel ist, wird von den Partnern folgendermaßen berechnet:

- $S_K = H(g^{ab} \mod p)$.

Diese Berechnung kann nach der Abarbeitung des Protokolls erfolgen, wodurch eine Verzögerung während des Protokollablaufs vermieden werden kann. Der Wert des Schlüssels S_K wird im Schlüsselaustauschprotokoll nicht verwendet, wodurch ebenfalls eine Verzögerung durch die Berechnung vermieden werden kann. Die Authentifizierung der individuellen Exponenten garantiert die Authentizität und die Einzigartigkeit des Schlüssels S_K.

Im Protokolldesign von SKEME werden die Nachrichten der letzten drei Phasen kombiniert, um eine kompaktere Kommunikation und ein effizienteres Protokollschema umzusetzen. Hieraus ergeben sich die folgenden drei Schritte:

1. A -> B: $[\{id_A, K_a\}k_B,]$ $Wert_A$

2. B -> A: $[\{K_b\}k_A,]$ $Wert_B$, $<Wert_A, Wert_B, id_B, id_A>K_{ab}$

3. A -> B: $<Wert_B, Wert_A, id_A, id_B>K_{ab}$

Zunächst sendet A in Schritt 1 den Wert $Wert_A$ an B. Unterstützen sowohl A als auch B Public-Key-Verfahren, so schickt A weiterhin $\{id_A, K_a\}k_B$. Im zweiten Schritt sendet B den Wert $Wert_B$ und den Ausdruck $<Wert_A, Wert_B, id_B, id_A>K_{ab}$ an A zurück. Unterstützen wiederum sowohl A als auch B Public-Key-Verfahren, so schickt B auch den Ausdruck $\{K_b\}k_A$ an A zurück. Im dritten Schritt sendet A den Ausdruck $<Wert_B, Wert_A, id_A, id_B>K_{ab}$ an B.

Wie bereits angesprochen, existieren in SKEME neben diesem Basic Mode verschiedene Modi, die im Folgenden detailliert erläutert werden.

- *Basic Mode*
  Im Basismodus von SKEME werden die Public-Key-Verfahren mit einem Diffie-Hellman-Schlüsselaustausch kombiniert. Der Basismodus richtet sich exakt nach den bereits angegebenen vier Schritten. In diesem Modus bietet SKEME daher auch die Perfect Forward Secrecy.

- *Share-Only Mode*
  Im Share-Only Mode verwendet SKEME zwar die Public-Key-Verfahren, führt aber keinen Diffie-Hellman-Schlüsselaustausch durch. In diesem Fall kann daher auch keine Perfect Forward Secrecy angeboten werden. Anstelle der Diffie-Hellman-Exponenten werden in diesem Modus während der EXCH-Phase die Ausdrücke n_a von A an B und n_b von B an A versendet. Diese Ausdrücke sind jeweils neu erzeugte Zufallszahlen. In der AUTH-Phase sendet A den Ausdruck $<n_b, n_a, id_A, id_B>K_{ab}$ an B. Der Partner B antwortet darauf mit dem Ausdruck $<n_a, n_b, id_B, id_A>K_{ab}$. Auf diese Art und Weise kann die Kombination der Phasen EXCH und AUTH dazu verwendet werden, dass beide Partner wissen, dass der Schlüssel K_{ab}, der während der SHARE-Phase gemeinsam verwendet wird, nicht beiden gleichzeitig bekannt ist. Auch die Authentizität des Partners wird so gewährleistet. Allgemein werden die Ausdrücke n_a und n_b als *Challenge* verwendet, um dem jeweiligen Partner zu beweisen, dass man im Besitz von K_{ab} ist. Die Annahme, dass K_{ab} in diesem Modus als Session Key verwendet werden kann, ist allerdings falsch, da dieser Schlüssel nicht beiden Partnern bekannt sein soll. Da der Schlüs-

sel zur Authentifizierung der Nachrichten in der AUTH-Phase verwendet wird, sollte er nicht als Session Key eingesetzt werden. In diesem Fall bietet es sich an, anstelle von K_{ab} einen verschlüsselten Hash-Wert aus K_{ab} zu verwenden. Dieser Wert wird aus der Nachricht berechnet, die A in der AUTH-Phase an B geschickt hat, also aus $<n_b, n_a, id_A, id_B>K_{ab}$. Um nun den Session Key herausfinden zu können, müsste ein Angreifer entweder aktiv einer der beiden Partner sein oder K_{ab} herausfinden, indem die Kommunikation zwischen A und B überwacht wird. Die Kommunikationsüberwachung erfordert allerdings die Kenntnis der privaten Schlüssel der Partner, um K_a und K_b entschlüsseln zu können.

- *Preshared Key Mode*
  Im Preshared Key Mode wird kein Public-Key-Verfahren eingesetzt, sondern lediglich ein Diffie-Hellman-Schlüsselaustausch durchgeführt. Ähnlich wie im Basismodus steht in diesem Modus die Perfect Forward Secrecy zur Verfügung, wodurch sich die kommunizierenden Parteien sicher sein können, dass auch bei zukünftiger Kommunikation die Kenntnis der vorher gemeinsam verwendeten Schlüssel es nicht erlaubt, den gesamten Datenverkehr zu entschlüsseln, der wiederum mit Schlüsseln verschlüsselt wurde, die von den ausgetauschten Session Keys abgeleitet wurden. In diesem Modus wird angenommen, dass beide Partner bereits einen geheimen Schlüssel K_{ab} gemeinsam verwenden und dass dieser Schlüssel dazu verwendet wird, einen neuen Schlüssel abzuleiten. Dieser neue Schlüssel kann entweder manuell installiert werden oder von einem KDC empfangen werden. Aus diesem Grund kann auch die SHARE-Phase ausgelassen werden und der vorab gemeinsam genutzte Schlüssel (sog. *preshared Key*) als Schlüssel K_{ab} verwendet werden. Die Berechnung des Session Keys ist hierbei identisch zur Berechnung des Basisprotokolls ($K = h(g^{xa\,xb} \pmod p)$).

- *Fast Re-Key Mode*
  Wie der Name bereits aussagt, ist der Fast Re-Key Mode der schnellste Modus, der in SKEME zur Verfügung steht. In diesem Modus müssen weder die Public-Key-Verschlüsselung noch ein Schlüsselaustausch mittels Diffie-Hellman eingesetzt werden, da beide Kommunikationspartner einen Session Key verwenden, mit dessen Hilfe die Schlüsselerneuerung authentifiziert werden kann. Aufwendige Berechnungen sind daher nicht erforderlich. Es ist daher auch verständlich, dass in diesem Modus die SHARE-Phase vollständig ausgelassen wird. In der EXCH-Phase bzw. in der AUTH-Phase werden anstelle von Diffie-Hellman-Exponenten Ausdrücke ausgetauscht, wie bereits vorher erläutert. Die anschließende Berechnung des Session Keys entspricht im Prinzip der Berechnung im Share-Only Mode.

In Tab. 4-2 sind die Eigenschaften der vier Modi zusammengefasst. Hierbei steht die Abkürzung *PK* für *Public-Key-Verfahren*, die Abkürzung *DH* für *Diffie-Hellman* und *PFS* für *Perfect Forward Secrecy*. Die Abkürzung *A* steht für den Ausdruck $<Wert_B, Wert_A, id_A, id_B>$.

Modus	P K	D H	$Wert_A$	$Wert_B$	K_{ab}	K	P F S
Basis	X	X	g^{xa}	g^{xb}	$h(K_a, K_b)$	$h(g^{xa\,xb})$	X
Share-only	X		Aus-druck$_a$	Aus-druck$_b$	$h(K_a, K_b)$	$A\,K_{ab}$	
Preshared Key		X	g^{xa}	g^{xb}	Pre-shared	$h(g^{xa\,xb})$	X
Fast Re-Key			Aus-druck$_a$	Aus-druck$_b$	Pre-shared	$A\,K_{ab}$	

Tab. 4-2 Modi in SKEME

SKEME basiert zusammengefasst im Wesentlichen auf einem Diffie-Hellman-Schlüsselaustausch, der mittels Public-Key-Verfahren authentifiziert wird. In SKEME wird dazu ein einmal gültiger Schlüssel (sog. *One-Time Key*) mittels der Public-Key-Verschlüsselung ausgetauscht. In späteren Phasen der Kommunikation können Shared-Keys zur Authentifizierung des Diffie-Hellman-Austauschs verwendet werden. Ein wichtiger Vorteil von SKEME besteht darin, dass die Diffie-Hellman-Phase optional verwendet werden kann, wobei in jedem Fall ein Schlüssel zwischen den Partnern ausgetauscht wird. Diese Möglichkeit ist in einigen anderen Verfahren (bspw. Photuris) nicht gegeben.

4.3.3 OAKLEY Key Determination Protocol

Ziel des in RFC 2412 spezifizierten OAKLEY Key Determination Protocols ist die Definition eines skalierbaren und sicheren Mechanismus zur Schlüsselverteilung im Internet [Orm98] unter Verwendung starker Verschlüsselungsalgorithmen.

Der Diffie-Hellman-Algorithmus zum Schlüsselaustausch bietet einen derartigen Mechanismus, da er es zwei Kommunikationspartnern erlaubt, einen Wert gemeinsam zu verwenden, ohne eine Verschlüsselung durchführen zu müssen. Dieser gemeinsam verwendete Wert steht für die Verschlüsselung der anschließenden Kommunikation (Datenübertragung bzw. Authentifizierung) unmittelbar zur Verfügung.

Da OAKLEY als generisches Protokoll zum Schlüsselaustausch konzipiert wurde und da die in OAKLEY generierten Schlüssel zur Verschlüsselung von Daten verwendet werden sollen, die eine lange Lebensdauer aufweisen (20 Jahre und mehr), müssen die Algorithmen, auf denen das Protokoll basiert, sicherstellen, dass die Sicherheit der Schlüssel für eben diese Zeitspanne gewährleistet ist. Diese Gewähr kann nur auf den derzeit existierenden Annahmen basieren, mit denen die Sicherheit mathematischer Verfahren in der Zukunft beurteilt werden können. Das Protokoll verwendet zwei Optionen, um Angriffe zu erschweren, die auf einer großen Menge aufgezeichneten Schlüsselaustauschverkehrs beruhen (passive Angriffe). Diese Optionen werden auch dazu verwendet, Schlüssel abzuleiten, die zur Verschlüsselung verwendet werden können.

OAKLEY ähnelt dem Protokoll STS [DWVO92], da auch in OAKLEY die Authentifizierung von Diffie-Hellman-Exponenten vorgenommen wird und diese zur Bestimmung eines gemeinsam verwendeten Schlüssels verwendet werden, wodurch auch die Perfect Forward Secrecy des gemeinsam verwendeten Schlüssels erreicht wird. OAKLEY unterscheidet sich allerdings in einigen Aspekten von STS:

- In OAKLEY wird ein Validierungsmechanismus für die Adressierung durch Cookies (siehe [KS99]) eingeführt, der von Phil Karn im Protokoll Photuris beschrieben wird, um Denial-of-Service-Angriffe zu verhindern.
- In OAKLEY können Algorithmen ausgehandelt werden, die von den Kommunikationspartnern verwendet werden sollen, bspw. die Verschlüsselungsmethode, die Methode zur Schlüsselableitung und die Authentifizierungsmethode.
- Die Authentifizierung hängt nicht von einer Verschlüsselung ab, die Diffie-Hellman-Exponenten verwendet. In OAKLEY findet eine Authentifizierung statt, die die Bindung der Exponenten an die Identität der Partner validiert. Das Protokoll setzt daher nicht voraus, dass zwei Partner vor der Authentifizierung die gemeinsam verwendeten Exponenten berechnen.

OAKLEY stellt Sicherheitsfunktionen zur Verfügung, die zur Ableitung derjenigen Schlüssel verwendet werden, die anschließend zur Verschlüsselung, nicht aber zur Authentifizierung, eingesetzt werden können. Dies wird so realisiert, dass das jeweilige Verfahren nicht ausschließlich auf dem Diffie-Hellman-Algorithmus basiert, sondern auch auf der kryptographischen Methode, die zur sicheren gegenseitigen Authentifizierung der kommunizierenden Partner eingesetzt wird.

OAKLEY definiert weiterhin, wie zwei Kommunikationspartner mathematische Strukturen auswählen können, die zur Durchführung des Diffie-Hellman-Algorithmus notwendig sind (sog. Gruppen). In OAKLEY können hierzu Standardgruppen verwendet werden, aber auch eigene Gruppen definiert werden. Eigene Gruppen werden meist dazu eingesetzt, um die langfristige Sicherheit zu verbessern. In OAKLEY können die folgenden Gruppenrepräsentationen eingesetzt werden:

- Modulare Exponentengruppen (MODP)
- Elliptische Kurvengruppen über dem Feld $GF(2^n)$ (EC2N)
- Elliptische Kurvengruppen über dem Feld PF(p) (ECP)

Jede Gruppe ist durch Gruppenoperationen und durch die Art des zugrunde liegenden Feldes definiert, das zur Repräsentation der Gruppenelemente verwendet wird. Diese Gruppen werden in Anhang A der Protokollspezifikation von OAKLEY genau erläutert. Es kann angenommen werden, dass benutzerdefinierte Gruppen auf lange Sicht einen zusätzlichen Sicherheitsgrad umsetzen können.

Zur eigentlichen Schlüsselverteilung stehen in OAKLEY verschiedene Optionen zur Verfügung. Zusätzlich zum klassischen Diffie-Hellman-Austausch, der bspw. in

SKEME verwendet wird, kann das Protokoll auch dazu eingesetzt werden, um einen neuen Schlüssel aus einem bereits existierenden abzuleiten und um einen extern abgeleiteten Schlüssel durch eine Verschlüsselung zu verteilen.

OAKLEY erlaubt es zwei Kommunikationspartnern, entweder alle Eigenschaften des Anti-Clogging und der Perfect Forward Secrecy zu nutzen oder, sich auf eine Teilmenge der Eigenschaften zu beschränken. Die Authentifizierung kann auf einer symmetrischen Verschlüsselung basieren, aber auch auf Algorithmen, die keinerlei Verschlüsselung verwenden. Diese Flexibilität wurde bewusst integriert, um es den Kommunikationspartnern zu erlauben, die Eigenschaften zu verwenden, die am besten deren Sicherheits- und Performance-Anforderungen entsprechen.

OAKLEY ist eng angelehnt an die Arbeit, die in Photuris von Karn und Simpson durchgeführt wurde und wird. Auch einige Eigenschaften von ISAKMP wurden in OAKLEY übernommen. So wurde OAKLEY von Anfang an so entwickelt, dass es eine kompatible Komponente von ISAKMP zur Verwaltung von SAs sein kann. Hierbei wird das UDP-Protokoll mit einem Well-Known-Port verwendet. Technische Voraussetzung für die Protokollumgebung ist allerdings, dass der zugrunde liegende Protokoll-Stack die Internet-Adresse des jeweils anderen Kommunikationspartners für jede Nachricht zur Verfügung stellen muss. Theoretisch kann daher OAKLEY direkt über IP bzw. über UDP betrieben werden, wenn jeweils Zuweisungen von Protokoll- oder Port-Nummern verfügbar sind.

OAKLEY wird dazu verwendet, einen gemeinsam verwendeten Schlüssel einzurichten, dem neben einem Identifier auch die authentifizierte Identität der Kommunikationspartner zugewiesen wird. Der Name des Schlüssels kann später dazu verwendet werden, um Security Associations für die Protokolle AH und ESP (als Teil von IPsec) abzuleiten oder um andere Ziele der Netzwerksicherheit zu verwirklichen.

Jeder Schlüssel ist mit Algorithmen assoziiert, die zur Authentifizierung, zur Gewährleistung der Vertraulichkeit und zur Berechnung von Einwegefunktionen dienen. Diese Algorithmen sind allerdings unter dem Aspekt optional, dass ihre Verwendung in der anschließenden Definition von Security Associations, die von anderen Protokollen abgeleitet sind, nicht fest vorgeschrieben ist.

Anti-Clogging-Tokens bzw. Cookies stellen lediglich eine schwache Form der Identifikation der Quelladresse der beiden Kommunikationspartner dar, wie bereits im Zusammenhang von ISAKMP erläutert wurde. Der Austausch der Cookies kann abgeschlossen sein, bevor der rechenintensive Teil der Protokollabarbeitung einsetzt (bspw. Exponentenberechnung).

In OAKLEY dienen Cookies zwei Zwecken: dem Anti-Clogging und der Namensvergabe der Schlüssel. Beide Kommunikationspartner stellen zu Beginn der Einrichtungsphase der Schlüssel je ein Cookie bereit. Das Paar aus beiden Cookies wird anschließend zum sog. *Identifier des Schlüssels* (sog. KEYID), einem wiederverwendbaren Namen für Schlüsselmaterial. Aufgrund dieser Dualität wird das Paar aus Cookies (COOKIE-I, COOKIE-R) meist auch synonym mit KEYID bezeichnet.

Schlüsselaustausch in OAKLEY

Ziel des Schlüsselaustauschs in OAKLEY ist die sichere Einrichtung einer Schlüsselumgebung der beiden Kommunikationspartner, bei der auch Zustandsinformationen gespeichert werden, die die Abarbeitung des Protokolls betreffen. Diese Umgebung besteht aus dem Schlüsselnamen, geheimem Schlüsselmaterial, der Identifikation der beiden Partner und aus drei Algorithmen, die während der Authentifizierungsphase verwendet werden:

- dem *Verschlüsselungsalgorithmus* zur Geheimhaltung der Identität der beiden Partner,
- dem *Hash-Algorithmus*, einer Pseudo-Zufallszahlenfunktion zum Schutz der Integrität der Nachrichten und zur Authentifizierung der Nachrichtenfelder und
- der *gegenseitigen Authentifizierung* der Kommunikationspartner.

Der Austausch im sog. *Main-Mode* weist fünf optionale Eigenschaften auf:

- den zustandslosen Austausch von Cookies,
- die Perfect Forward Secrecy (PFS) für Schlüsselmaterial,
- die Geheimhaltung der Identität der Kommunikationspartner,
- die Perfect Forward Secrecy für die Geheimhaltung der Identität und
- Signaturen (Non-Repudiation).

Beide Kommunikationspartner können eine beliebige Kombination dieser Eigenschaften verwenden. Die Grundfunktionalität des Protokolls ist wie folgt:

- Der Initiator des Schlüsselaustauschs beginnt, indem er dem Partner soviel Information in der ersten Nachricht zur Verfügung stellt, wie er für notwendig erachtet.
- Der Responder antwortet auf diese Nachricht, indem er ebenfalls nur soviel Information zur Verfügung stellt, wie er für notwendig erachtet.
- Beide Partner tauschen anschließend Nachrichten aus, in denen sie jedes Mal mehr Informationen zur Verfügung stellen, bis die Mindestanforderungen beider Partner erfüllt sind.

Die Auswahl, wie viel Information in jeder Nachricht enthalten sein soll, hängt vor allem davon ab, welche Optionen von den Partnern gewünscht werden. Wenn bspw. zustandslose Cookies, die Geheimhaltung der Identität und die PFS für das Schlüsselmaterial nicht erforderlich sind und wenn Signaturen akzeptabel sind, so kann der Austausch mit drei Nachrichten abgehandelt werden. Die Anforderung weiterer Eigenschaften erhöht die Anzahl der Roundtrips, die zur Bestimmung des Schlüsselmaterials notwendig sind.

ISAKMP stellt Felder zur Verfügung, in denen die Parameter der Security Association angegeben werden können, die in den Protokollen AH und ESP verwendet werden. Diese sog. *Payload-Typen* einer Security Association sind im ISAKMP-

RFC 2408 spezifiziert [MSST98]. Die Payload-Typen können mit Schlüsselmaterial und mit den Algorithmen von OAKLEY geschützt werden.

Nachrichtenaufbau des Schlüsselaustauschs in OAKLEY

Im Folgenden werden die Felder betrachtet, die in OAKLEY zum Schlüsselaustausch definiert sind. OAKLEY-Nachrichten zum Schlüsselaustausch verwenden insgesamt 12 Felder, die allerdings nicht alle in jeder Nachricht auftreten müssen. Ist ein Feld nicht relevant, so kann es mit einem Null-Wert belegt werden oder auch ausgelassen werden (*No Payload*). Die Bedeutung der Felder ist in Tab. 4-3 angegeben.

Feldname	Bedeutung
CKY-I	Cookie des Initiators
CKY-R	Cookie des Responders
MSGTYPE	Nachrichtentyp für den Schlüsselaustausch, kann die Werte `ISA_KE&AUTH_REQ` oder `ISA_KE&AUTH_REP` annehmen. Für die Definition neuer Gruppen werden die Werte `ISA_NEW_GROUP_REQ` oder `ISA_NEW_GROUP_REP` verwendet.
GRP	Name der Diffie-Hellman-Gruppe, die für den Austausch verwendet wird.
g^x bzw. g^y	Ganzzahl variabler Länge, die den Exponent eines Gruppengenerators repräsentiert.
EHAO	Angebotene (offered) Verschlüsselungs-, Hash- und Authentifizierungsfunktionen
EHAS	Ausgewählte (selected) Verschlüsselungs-, Hash- und Authentifizierungsfunktionen
IDP	Anzeige, ob eine Verschlüsselung mit g^{xy} folgt oder nicht (PFS für IDs)
ID(I)	Identität des Initiators
ID(R)	Identität des Responders
Ni	Ausdruck, der vom Initiator zur Verfügung gestellt wird.
Nr	Ausdruck, der vom Responder zur Verfügung gestellt wird.

Tab. 4-3 Felder der OAKLEY-Nachrichten zum Schlüsselaustausch

Der Aufbau der Cookies hängt jeweils von der Implementierung ab. Nach einer Empfehlung von Phil Karn sollten sie aber das Resultat einer Ein-Wege-Hash-Funktion sein, die auf einen geheimen periodisch zu wechselnden Wert, auf die lokale und die entfernte IP-Adresse und auf den lokalen und den entfernten UDP-Port angewendet wird. Auf diese Weise ist garantiert, dass die Cookies zustandslos bleiben und zudem periodisch ihre Gültigkeit verlieren. Es sollte beachtet werden, dass in OAKLEY dadurch auch die KEY-IDs ablaufen, die von diesem geheimen Wert abgeleitet sind, wodurch das Löschen jeglicher Zustandsinformationen notwendig wird, die damit assoziiert sind.

Um die Vorabverteilung von Schlüsseln zu unterstützen, sollte eine Implementierung einen gewissen Anteil an verfügbaren Cookies für permanente Schlüssel reservieren. Die Kodierung dieser Cookies hängt hierbei ausschließlich von der lokalen Implementierung ab.

Die in OAKLEY verwendeten Verschlüsselungsfunktionen müssen kryptographische Transformationen sein, die die Geheimhaltung und die Integrität der Nachrichten gewährleisten. Die ausschließliche Verwendung von DES im CBC-Modus ist hierbei nicht zulässig. Die als MANDATORY bzw. als OPTIONAL bezeichneten Transformationen beinhalten jegliche Verfahren, die diesen Kriterien genügen und die zur Verwendung im Rahmen des RFC 2406 (ESP) definiert sind.

Die Ein-Wege-Hash-Funktion, die in OAKLEY verwendet wird, muss eine kryptographische Transformation sein, die entweder als Keyed-Hash-Funktion (Pseudo-Zufallszahl) oder als Non-Keyed-Transformation eingesetzt wird. Als MANDATORY bzw. als OPTIONAL bezeichnete Transformationen beinhalten solche Operationen, die im Rahmen des RFC 2406 (AH) definiert sind.

Sollen zur Verschlüsselung Ausdrücke eingesetzt werden, so werden Ganzzahlen variabler Präzision mit einem Entropiewert verwendet, der dem Attribut strength der Diffie-Hellman-Gruppe entspricht, das für den Austausch eingesetzt wird. Wird keine derartige Gruppe angegeben, so müssen die Ausdrücke mindestens 90 bit lang sein. Der Generator für Pseudo-Zufallszahlen für diese Ausdrücke sollte hierbei stets mit Daten beginnen, die nach RFC 1750 eine Entropie von mindestens 90 bit aufweisen.

Die genaue Zahl und der Inhalt der Nachrichten, die während eines OAKLEY-Schlüsselaustauschs versendet werden, hängen davon ab, welche Optionen der Initiator und der Responder einsetzen wollen. Ein Schlüsselaustausch kann in Abhängigkeit von diesen Optionen mit drei oder mehr Nachrichten vervollständigt werden.

Die drei Komponenten des Protokolls zur Schlüsselbestimmung sind

1. der optionale zustandslose Austausch von Cookies,

2. der optionale Diffie-Hellman-Austausch von Halbschlüsseln, der für die Umsetzung der PFS essentiell ist und

3. die Authentifizierung, wobei die Optionen in diesem Fall die Geheimhaltung der IDs, die Geheimhaltung der IDs mit PFS und die Non-Repudiation sind.

Der Initiator kann in OAKLEY bspw. so wenig Information übermitteln, dass lediglich eine Austauschanforderung versendet wird, die keine zusätzliche Information enthält. Auf der anderen Seite kann er aber auch alle Informationen übermitteln, die der Responder benötigt, um die Anforderung zu authentifizieren und um die Schlüsselbestimmung rasch abzuwickeln, wenn der Responder sich dazu entscheidet, die Vorschläge des Initiators zu akzeptieren. Lehnt der Responder die Vorschläge ab, so kann er mit einer minimalen Informationsmenge antworten, mindestens aber mit einem Cookie.

Die Authentifizierung kann in OAKLEY mit digitalen Signaturen, mit einer Public-Key-Verschlüsselung oder mit symmetrischen Schlüsseln, die Out-of-Band gesendet werden, durchgeführt werden. Diese drei Varianten führen zu leicht unterschiedlichen Nachrichten, die im Folgenden erläutert werden.

Der Initiator ist dafür verantwortlich, Nachrichten erneut zu übertragen, wenn das Protokoll nicht rechtzeitig terminiert. Der Responder muss deshalb vermeiden, Antwortinformationen zu löschen, bis er im Protokollablauf eine Empfangsbestätigung des Initiators erhalten hat.

OAKLEY-Beispiel

Im Folgenden wird anhand eines Beispiel ein Ablauf des OAKLEY-Protokolls dargestellt. Weitere Beispiele sind in der Protokollspezifikation von OAKLEY angegeben.

Im Beispiel wird aufgezeigt, wie zwei Parteien einen Schlüsselaustausch in drei Nachrichten abwickeln können. Hierbei sind die Identitäten der Partner nicht geheim. Das abgeleitete Schlüsselmaterial wird mittels PFS geschützt.

Durch die Verwendung digitaler Signaturen erhalten die Kommunikationspartner die Möglichkeit, die Kommunikation beweisbar aufzuzeichnen und diese Daten später auch Dritten zu präsentieren.

Das Schlüsselmaterial, das von den Gruppenexponenten bestimmt wird, wird für die Vervollständigung des Schlüsselaustauschs nicht benötigt. Soll die Berechnung verzögert werden, so kann die Implementierung die Werte x und g^x speichern und das Schlüsselmaterial als *unberechnet* markieren. Die Berechnung kann dann später erfolgen. Der Nachrichtenaustausch ist in Tab. 4-4 angegeben; die notwendige Erklärung findet sich im Anschluss an die Tabelle.

Senderichtung	Nachricht
Initiator an Responder	CKY-I, 0, OK_KEYX, GRP, g^x, EHAO, NIDP, ID(I), ID(R), Ni, 0, S{ID(I) I ID(R) I Ni I 0 I GRP I g^x I 0 I EHAO}Ki
Responder an Initiator	CKY-R, CKY-I, OK_KEYX, GRP, g^y, EHAS, NIDP, ID(R), ID(I), Nr, Ni, S{ID(R) I ID(I) I Nr I Ni I GRP I g^y I g^x I EHAS}Kr
Initiator an Responder	CKY-I, CKY-R, OK_KEYX, GRP, g^x, EHAS, NIDP, ID(I), ID(R), Ni, Nr, S{ID(I) I ID(R) I Ni I Nr I GRP I g^x I g^y I EHAS}Ki

Tab. 4-4 Nachrichtenaustausch des Beispiels

NIDP bedeutet, dass die PFS-Option zum Verbergen der Identität der Kommunikationspartner nicht verwendet wird, dass also die Identitäten nicht mittels eines Schlüssels, der auf g^x basiert, verschlüsselt werden.

Die Felder sind im Beispiel durch Kommata getrennt. Die tatsächlichen Protokollnachrichten werden allerdings in ihrer kodierten Form direkt aneinandergehängt, wie durch ISAKMP/OAKLEY spezifiziert.

Das Ergebnis dieser Austauschoperation ist ein Schlüssel mit der KEYID = CKY-I|CKY-R und dem Wert sKEYID = prf(Ni | Nr, g^{xy} | CKY-I | CKY-R).

Die Verarbeitung dieses Austauschs wird wie folgt durchgeführt:

- *Initiierung*
  Der Initiator erzeugt ein eindeutiges Cookie und assoziiert dieses mit der erwarteten IP-Adresse des Responders und mit der gewählten Zustandsinformation: Der Gruppenidentifikation GRP, einem pseudo-zufällig gewählten Exponent x, g^x, der EHAO-Liste, einem Ausdruck und den Identitäten. Die erste Authentifizierungswahl in der EHAO-Liste ist ein Algorithmus, der digitale Signaturen unterstützt und der zur Signatur der IDs, des Ausdrucks und der Gruppen-ID verwendet wird. Der Initiator gibt weiterhin an, dass der Schlüssel im Anfangszustand „unauthentifiziert" ist und setzt einen Timer für die mögliche Neuübertragung und/oder die Terminierung der Anforderung.

- Empfängt der Responder die Nachricht, so kann er alle angegebenen Informationen ignorieren und die Nachricht als Anforderung eines Cookies verstehen, wobei kein Zustand eingerichtet wird. Wenn das Cookie CKY-I nicht bereits von der Quelladresse des IP-Headers verwendet wird, erzeugt der Responder ein eindeutiges Cookie CKY-R. Die nächsten Schritte hängen von den Präferenzen des Responders ab. Die minimal erforderliche Antwort sieht so aus, dass das erste Cookie-Feld auf den Wert Null gesetzt wird und CKY-R im zweiten Feld. In diesem Beispiel soll der Responder aber aggressiver reagieren und daher die folgenden Daten akzeptieren:
  - Gruppe mit Identifier GRP,
  - erste Authentifizierungswahl, die die digitale Signaturmethode sein muss, die zur Signatur der Nachricht des Initiators verwendet wird,
  - fehlende Perfect Forward Secrecy zum Schutz der Identitäten,
  - Identitäten ID(I) und ID(R).

Im Beispiel entscheidet der Responder, alle Informationen zu akzeptieren, die vom Initiator angeboten werden. Er wertet daher die Signatur des signierten Teils der Nachricht aus und assoziiert das Paar (CKY-I, CKY-R) mit der folgenden Zustandsinformation:

- Quell- und Zieladressen der Nachricht,
- Schlüsselzustand „unauthentifiziert",
- erster Algorithmus aus dem Authentifizierungsangebot ,

- Gruppe GRP, ein Exponentenwert y in der Gruppe GRP und g^x aus der Nachricht,
- Ausdruck N_i und ein pseudo-zufällig gewählter Wert N_r,
- Timer für das eventuelle Löschen des Zustands.

Der Responder berechnet anschließend g^y, baut die Antwortnachricht auf, signiert die ID und den Ausdruck mit dem privaten Schlüssel der ID(R) und sendet dies an den Initiator. In allen Austauschprozessen sollte jeder Partner sicherstellen, dass er weder den Wert 1 noch $g^{(p-1)}$ als Exponent verwendet.

Im Beispiel wird der Protokollablauf dadurch beschleunigt, dass der Responder implizit den ersten Algorithmus der Authentifizierungsklasse der EHAO-Liste akzeptiert. Dies liegt daran, dass er die Signatur des Initiator nicht überprüfen kann, ohne vorher den Algorithmus zu akzeptieren, der für die Signatur verwendet wird. Die EHAS-Liste des Responders reflektiert diese Übereinkunft.

- Der Initiator empfängt die Antwortnachricht und überprüft, dass das Cookie CKY-I eine gültige Zuordnung zur Netzwerkadresse der eingehenden Nachricht hat. Anschließend fügt der Initiator den CKY-R-Wert zum Zustand des Paares (CKY-I, Netzwerkadresse) hinzu und assoziiert die verfügbare Zustandsinformation mit dem Paar (CKY-I, CKY-R). Der Initiator überprüft dann die Signatur des Responders im Zusammenhang mit der Zustandsinformation. Sollte diese Prüfung fehlschlagen, so wird die Nachricht gelöscht. Die einzelnen Aufgaben, die hierbei abgearbeitet werden, sind:
  - Hinzufügen von g^y zur Zustandsinformation,
  - Speicherung der EHA-Auswahl im Zustand,
  - optionale Berechnung des Ausdrucks $(g^y)^x$ $(= g^{xy})$. Diese Operation kann verzögert werden, bis die Antwortnachricht gesendet wurde,
  - Senden der Antwortnachricht, die mit dem Public Key von ID(I) signiert wird,
  - Markierung der KEYID (CKY-I|CKY-R) als authentifiziert,
  - Aufbau der Antwortnachricht und der Signatur.

Empfängt der Responder die Nachricht des Initiators, so markiert er den Schlüssel mit dem Zustand „authentifiziert", wenn die Signatur gültig ist. Hierbei sollte der Term g^{xy} berechnet werden und mit der Variablen KEYID assoziiert werden.

Obwohl in diesem Beispiel die PFS zum Schutz der Identität nicht verwendet wird, wird die PFS für das abgeleitete Schlüsselmaterial eingesetzt, da die Diffie-Hellman-Halbschlüssel g^x und g^y ausgetauscht werden.

Auch wenn der Responder lediglich Teile der Informationen des Initiators akzeptiert, betrachtet der Initiator den Protokollablauf als regulär. In diesem Fall nimmt der Initiator an, dass die Felder, die vom Responder nicht akzeptiert wurden, von diesem nicht aufgezeichnet wurden. Wenn der Responder den aggressiven Austauschmodus nicht akzeptiert und einen anderen Algorithmus für die Authentifizierungsfunktion auswählt, so verwendet das Protokoll weder den Signaturalgorithmus noch die Signatur der ersten Nachricht.

ISAKMP und OAKLEY

Alle Felder von OAKLEY-Nachrichten entsprechen Payloads von ISAKMP-Nachrichten oder Payload-Komponenten. Die hierbei wichtigen Felder sind die SA-Payload, die AUTH-Payload, die Certificate-Payload und die Key-Exchange-Payload. Das Framework des ISAKMP-Protokolls ist allerdings derzeit noch in der Entwicklung und die genaue Abbildung von Feldern von OAKLEY-Nachrichten auf ISAKMP-Payloads wird sich daher auch noch leicht verändern. Diese Abbildung wird auch im sog. *Resolution-Dokument* von ISAKMP beschrieben.

Einige der ISAKMP-Header und der Payload-Felder sind mit konstanten Werten belegt, wenn OAKLEY verwendet wird. Der genaue Wert, der hierbei verwendet werden muss, ist in einer Domain of Interpretation angegeben, die zusammen mit dem Resolution-Dokument veröffentlicht ist.

In Tab. 4-5 ist angegeben, an welcher Stelle ein OAKLEY-Feld in der Nachrichtenstruktur von ISAKMP verwendet wird. Diese Abbildung ist im Resolution-Dokument angegeben.

Feld in OAKLEY	Feld in ISAKMP
CKY-I	ISAKMP-Header
CKY-R	ISAKMP-Header
MSGTYPE	Message Type im ISAKMP-Header
GRP	SA-Payload, Proposal-Sektion
g^x bzw. g^y	Key-Exchange-Payload, kodiert als Ganzzahl variabler Präzision
EHAO und EHAS	SA-Payload, Proposal-Sektion
IDP	Ein Bit im RESERVED-Feld im AUTH-Header
ID(I)	AUTH-Payload, Identity-Feld
ID(R)	AUTH-Payload, Identity-Feld
Ni	AUTH-Payload, Nonce-Feld
Nr	AUTH-Payload, Nonce-Feld
S{...}Kx	AUTH-Payload, Data-Feld
prf{K,...}	AUTH-Payload, Data-Feld

Tab. 4-5 Abbildung von OAKLEY auf ISAKMP

Bedeutung von OAKLEY

In der Vergangenheit existierte eine Vielzahl von Gruppen, die das eine oder das andere Key-Management-Protokoll unterstützten. Es wurde erwartet, dass sich ein Standard herauskristallisieren würde, der die Eigenschaften vieler Protokolle vereint. Diese Hoffnung hat sich jedoch Ende 1996 zerschlagen. Die IETF veröffentlichte daraufhin ein Dokument, um die Kontroverse zu beenden. In diesem Dokument wurde festgelegt, dass in IPsec verschiedene Protokollvarianten existieren können, dass aber jede Protokollklasse mit anderen Klassen kommunizieren können muss. Eine vorgeschriebene Abbildung der Protokolle aufeinander ist sicherlich nicht immer die optimale Lösung. Die ESP-Transformation schreibt bspw. die Verwendung von DES im CBC-Modus vor. DES ist allerdings ein langsamer Algorithmus. Anwendungen, die einen schnellen Datendurchsatz benötigen, könnten daher bequemer mit einem schnelleren Algorithmus arbeiten, bspw. mit IDEA.

Das primäre Ziel eines vorgeschriebenen Protokolls ist aber die Umsetzung der Interoperabilität und der starken Sicherheit. Für die Entwicklung des IKMP-Standards wurden daher vor allem SKEME und OAKLEY/ISAKMP in Betracht gezogen. Die IETF empfiehlt seitdem die Verwendung von OAKLEY/ISAKMP. Nach dieser Empfehlung wurden eine Reihe von RFCs veröffentlicht, die den Ansatz von OAKLEY/ISAKMP weiter verfeinerten.

Bei der Verwendung von OAKLEY/ISAKMP gilt es zu bedenken, dass beide Protokolle auf UDP als Transportprotokoll basieren. Hierdurch ergeben sich allerdings einige Sicherheitsprobleme. UDP ist ein unzuverlässiges Protokoll, wohingegen ein Key-Management-Protokoll zuverlässig arbeiten muss. Obwohl die Protokolle UDP einsetzen, verwenden sie üblicherweise keinerlei UDP-Information für die Verarbeitung. Hierbei muss auch die Verwendung von Firewalls betrachtet werden. Viele Firewall-Filter blockieren UDP-Datagramme und erschweren so die Arbeitsweise der Key-Management-Protokolle.

4.3.4 Internet Key Exchange (IKE)

ISAKMP (siehe Kapitel 4.3.1) ist ein Framework zur Authentifizierung und zum Schlüsselaustausch. Weder die Authentifizierung noch der Schlüsselaustausch werden allerdings in ISAKMP definiert. Dies liegt vor allem daran, dass ISAKMP dazu entwickelt wurde, unabhängig vom Schlüsselaustauschverfahren zu sein.

Das Protokoll OAKLEY (siehe Kapitel 4.3.3) beschreibt eine Serie von Verfahren zum Schlüsselaustausch, die in OAKLEY als *Modes* bezeichnet werden, sowie Details dieser Dienste (bspw. eine vollständige Weiterleitungssicherheit für Schlüssel, den Schutz der Identität und die Authentifizierung).

SKEME [Kra96] beschreibt eine Technik zum gegenseitigen Schlüsselaustausch, die die Anonymität und die Non-Repudiation gewährleistet und zudem für eine schnelle Auffrischung von Schlüsseln sorgt.

Im Folgenden wird das Protokoll *Internet Key Exchange* (IKE) beschrieben, das einen Teil von OAKLEY und einen Teil von SKEME zusammen mit ISAKMP verwendet, um authentifiziertes Schlüsselmaterial zur Verwendung in ISAKMP und für andere Security Associations (SA) wie bspw. AH und ESP (siehe Kapitel 4.2 zu IPsec) zu erhalten [DH98]. IKE implementiert nicht das vollständige OAKLEY-Protokoll, sondern nur eine Teilmenge, die zur Erreichung der Ziele von IKE notwendig sind. Aus diesem Grund besteht auch keine Konformität zwischen OAKLEY und IKE, bzw. IKE ist von OAKLEY unabhängig. IKE ist weiterhin auch keine Implementierung des vollständigen SKEME-Protokolls, da nur die Methode der Verschlüsselung mit Public Keys zur Authentifizierung und das Konzept der Neuaushandlung von Schlüsseln mittels eines Ad-Hoc-Austausches übernommen wurden. IKE ist deshalb auch unabhängig von SKEME zu verstehen.

IKE ist ein hybrides Protokoll, das authentifiziertes Schlüsselmaterial aushandeln und zur Verfügung stellen soll. Einsatzgebiete von IKE sind bspw. Virtual Private Networks (VPNs) sowie der Zugriff auf abgesicherte Hosts oder Netzwerke von entfernten Benutzern in einer entfernten Site, deren IP-Adresse nicht vorab bekannt sein muss.

Schlüsselaustausch

In OAKLEY und in SKEME sind Methoden definiert, um einen authentifizierten Schlüsselaustausch einzurichten. Dies umfasst den Aufbau der Payload, die Daten, die in der Payload enthalten sind, die Reihenfolge, in der diese Daten verarbeitet werden und die Art und Weise, wie diese Daten verwendet werden.

In OAKLEY werden hierzu *Modes* definiert, während ISAKMP sog. *Phasen* spezifiziert. Die Beziehung zwischen beiden ist offensichtlich. IKE repräsentiert unterschiedliche Austauscharten als *Modes*, die in einer der folgenden beiden Phasen operieren:

- *Phase 1*
  In Phase 1 etablieren zwei Partner, die ISAKMP verwenden, einen sicheren und authentifizierten Kanal, über den sie miteinander kommunizieren. Dieser Kanal wird auch als *Security Association* (SA) bezeichnet. Der Schlüsselaustausch in Phase 1 kann entweder im Main Mode oder im Aggressive Mode erfolgen. Beide Modi dürfen nur in Phase 1 verwendet werden.
- *Phase 2*
  In Phase 2 werden Security Associations als Basis für die Sicherung anderer Dienste ausgehandelt. Beispiele für derartige Dienste sind IPsec oder andere, die Schlüsselmaterial und/oder eine Aushandlung von Parametern benötigen. In Phase 2 wird immer im Quick Mode gearbeitet. Dieser Modus darf nur in Phase 2 verwendet werden.

Zusätzlich kann der New Group Mode zur Einrichtung einer neuen Diffie-Hellman-Gruppe verwendet werden. Dieser Modus lässt sich keiner der zwei Phasen zuordnen. Er folgt auf die erste Phase und dient dazu, eine neue Gruppe einzurichten, die in zukünftigen Aushandlungen verwendet werden kann. Der New Group Mode darf nur nach der ersten Phase verwendet werden.

Weiterhin kann die in ISAKMP bereits erläuterte Austauschart *Informational Exchange* dazu eingesetzt werden, um Verwaltungsinformationen nur in eine Richtung zu übertragen, die für das Management der Security Association verwendet werden. SAs sind in ISAKMP grundsätzlich bidirektional. Einmal in Phase 1 aufgebaut, kann jede Partei den Austausch von Schlüsselmaterial oder Parametern im Quick Mode, im Informational Mode und im New Group Mode initiieren. Die SA wird in ISAKMP durch den Cookie desjenigen identifiziert, der den Austausch initiiert. Darauf folgt das Cookie des anderen Partners. Die Rolle jeder Partei im Austausch in Phase 1 schreibt hierbei vor, welcher Cookie der des Initiators ist. Die Reihenfolge der Cookies, die im Austausch in der Phase 1 etabliert wird, wird auch im Folgenden dazu verwendet, die ISAKMP-SA zu identifizieren. Dies ist unabhängig davon, welche Übertragungsrichtung der Austausch im Quick Mode, im Informational Mode oder im New Group Mode verwendet. Die Cookies dürfen also auf keinen Fall ausgetauscht werden, wenn die Richtung der ISAKMP-SA sich ändert.

Bei der Anwendung der ISAKMP-Phasen kann eine Implementierung einen sehr schnellen Schlüsselzugriff realisieren, wenn dies erforderlich ist. Hierbei kann eine einzelne Aushandlung in der Phase 1 für mehrere Aushandlungen in der Phase 2 verwendet werden. Zusätzlich kann eine einzelne Aushandlung der Phase 2 mehrere Security Associations anfordern. Durch diese Optimierung kann eine Implementierung mit weniger als einem Roundtrip pro SA arbeiten bzw. mit weniger als einer Diffie-Hellman-Exponentenberechnung pro SA. Ein *Roundtrip* bezeichnet hierbei eine Datenübertragung von einem Sender zu einem Empfänger und zurück.

Das Protokoll IKE definiert keine eigene Domain of Interpretation (DoI) per se. Die ISAKMP-SA, die in Phase 1 aufgebaut wird, kann die DoI und die Situation eines Dienstes verwenden, der nicht nach ISAKMP arbeitet (bspw. die DoI von IPSec [Pip98c]). In diesem Fall kann eine Implementierung die eingeschränkte Verwendung der ISAKMP-SA zum Aufbau von SAs für Dienste derselben DoI wählen. Alternativ kann eine ISAKMP-SA mit dem Wert Null für die DoI und die Situation eingerichtet werden, um diese Felder zu beschreiben [MSST98]. In diesem Fall haben Implementierungen die Wahl, Sicherheitsdienste für jede DoI zu etablieren, indem die ISAKMP-SA verwendet wird. Eine DoI mit dem Wert Null wird hierbei dazu verwendet, um eine SA der Phase 1 einzurichten. Die Syntax der Identitäts-Payload, die in der Phase 1 verwendet wird, ist dann die in [MSST98] definierte und nicht die einer anderen DoI (bspw. [Pip98c]), die die Syntax und die Semantik der Identitäten zusätzlich erweitern kann.

Attribute in IKE

In IKE werden die folgenden Attribute verwendet und als Teil der Security Association von ISAKMP ausgehandelt. Diese Attribute sind lediglich Teil einer Security Association von ISAKMP und nicht Teil anderer Security Associations, die ISAKMP für andere Dienste aushandelt:

- Verschlüsselungsalgorithmus
- Hash-Funktion

- Authentifizierungsmethode
- Information über eine Gruppe, über die der Diffie-Hellman-Algorithmus berechnet wird.

Diese Attribute sind verpflichtend und müssen ausgehandelt werden. Zusätzlich ist es möglich, optional eine Pseudo-Zufallszahl auszuhandeln. Wird eine derartige Zahl nicht ausgehandelt, so wird die HMAC-Version (siehe [KBC97]) des ausgehandelten Hash-Algorithmus als Pseudo-Zufallsfunktion verwendet. IKE-Implementierungen müssen die folgenden Attributwerte unterstützen:

- DES [X3.83] im CBC-Modus mit einer schwachen und einer mittleren Schlüsselüberprüfung. Die Stärke der Schlüsselüberprüfung ist bspw. in [Sch96] angegeben.
- MD5 [Riv92] und SHA [NIS94b].
- Authentifizierung mittels gemeinsam verwendeter Schlüssel.
- MODP (siehe OAKLEY) über die Standardgruppennummer 1.

Die IKE-Modi müssen implementiert werden, wenn IPsec implementiert wird. Andere DoIs können die hier beschriebenen Modi verwenden.

Schlüsselaustausch in IKE

In IKE existieren zwei Methoden, um einen authentifizierten Schlüsselaustausch zu etablieren: Der *Main Mode* und der *Aggressive Mode*. Jede Methode generiert authentifiziertes Schlüsselmaterial durch einen Diffie-Hellman-Austausch. Der Main Mode muss von jeder Implementierung angeboten werden, der Aggressive Mode sollte implementiert werden. Zusätzlich muss der Quick Mode als Mechanismus implementiert werden, um neues Schlüsselmaterial zu erzeugen und um Sicherheitsdienste auszuhandeln, die nicht ISAKMP-konform sind. Weiterhin sollte der New Group Mode als Mechanismus implementiert werden, um private Gruppen für den Diffie-Hellman-Austausch definieren zu können. Während der Informational Exchange werden Verwaltungsinformationen ausgetauscht. Implementierungen dürfen allerdings den Austauschtyp nicht während eines gerade ablaufenden Austauschs wechseln.

Der Main Mode ist eine Instanz des Identity Protect Exchange von ISAKMP. In den ersten zwei Nachrichten wird die Policy ausgehandelt, in den darauf folgenden zwei Nachrichten werden die öffentlichen Diffie-Hellman-Werte und sonstige Daten (bspw. Ausdrücke bzw. Nonces), die für den Austausch notwendig sind, ausgetauscht. Mittels der dann folgenden zwei Nachrichten wird der Diffie-Hellman-Austausch authentifiziert. Die Authentifizierungsmethode, die als Teil des ersten ISAKMP-Austauschs ausgehandelt wird, beeinflusst zwar den Aufbau der Payloads, nicht aber deren Einsatzzweck. Die hierzu im Main Mode verwendete XCHG-Nachricht entspricht dem Identitätsschutz von ISAKMP.

In ähnlicher Art und Weise ist der Aggressive Mode eine Instanz des Aggressive Exchange von ISAKMP. Mittels der ersten beiden Nachrichten werden die Policy ausgehandelt, die öffentlichen Diffie-Hellman-Werte und sonstige Daten, die für den Austausch notwendig sind, sowie die Identitäten ausgetauscht. Zusätzlich authentifiziert die zweite Nachricht den Responder. Die dritte Nachricht authentifiziert den Initiator und realisiert die Beweisbarkeit der Teilnahme im Austausch. Die XCHG-Nachricht im Aggressive Mode entspricht der Aggressive-Phase von ISAKMP. Die letzte Nachricht kann auch außerhalb des Schutzes einer ISAKMP-SA gesendet werden, so dass jede Kommunikationspartei die Berechnung der Exponenten später ausführen kann. Dies geht aber nur solange, bis die Aushandlung dieses Austauschvorgangs abgeschlossen ist.

Die Aushandlung der Security Association ist im Aggressive Mode eingeschränkt. Aufgrund der Anforderungen des Nachrichtenaufbaus kann die Gruppe, in der der Diffie-Hellman-Austausch durchgeführt wird, nicht verhandelt werden. Zusätzlich können unterschiedliche Authentifizierungsmethoden die Aushandlung der Attribute weiter einschränken. Die Authentifizierung mit einer Verschlüsselung mit Public-Key-Verfahren kann bspw. nicht verhandelt werden. In Situationen, in denen die vollständige Funktionalität der Attributaushandlung von IKE erforderlich ist, muss daher der Main Mode verwendet werden.

Der Quick Mode und der New Group Mode finden in ISAKMP keine Entsprechung. Die XCHG-Werte für den Quick Mode und für den New Group Mode werden in Anhang A des IKE-RFCs definiert.

Im Main Mode, im Aggressive Mode und auch im Quick Mode können Security Associations ausgehandelt werden. Ein Vorschlag für eine Security Association wird in der (den) Tranform Payload(s) in der (den) Proposal Payload(s) gekapselt, die wiederum in Security-Associations-Payload(s) gekapselt werden. Wenn im Rahmen der Phase 1 mehrere Vorschläge existieren (Main Mode und Aggressive Mode), so muss die Form eingehalten werden, dass mehrere Transform-Payloads einer Proposal-Payload in einer SA-Payload enthalten sind. Dies ist gleichbedeutend damit, dass in einem Austausch der Phase 1 nicht mehrere Proposal-Payloads in einer einzelnen SA-Payload enthalten sind, bzw. dass mehrfache SA-Payloads nicht zulässig sind. Diese Regelung bezieht sich für IKE allerdings nicht auf einen Austausch in der Phase 2.

Während der Aushandlung der Security Association erstellen Initiatoren Vorschläge für mögliche Security Associations, die an Responder geschickt werden. Diese dürfen mit Ausnahme der Attributkodierung die Attribute der Vorschläge nicht verändern. Wenn der Initiator eines Austausches bemerkt, dass doch eine Veränderung der Attribute stattgefunden hat, bzw. dass Attribute hinzugefügt bzw. gelöscht wurden, so muss die Antwort des Responders zurückgewiesen werden.

In IKE sind sowohl im Main Mode als auch im Agressive Mode vier verschiedene Authentifizierungsmethoden zulässig. Hierzu zählen digitale Signaturen, zwei Arten der Authentifizierung mit einer Public-Key-Verschlüsselung und vorab verteilte Schlüssel. Für jede der im Folgenden aufgeführten Authentifizierungsmethoden wird hierbei der Wert SKEYID separat berechnet. Der Wert prf (Schlüssel, Nachricht) ist die verschlüsselte Pseudo-Zufallszahlenfunktion (oftmals eine verschlüsselte Hash-Funktion), die dazu verwendet wird, eine deterministische Ausgabe zu erzeugen, die dennoch als Zufallszahl erscheint. prf-Funktionen werden sowohl zur Ableitung von Schlüsseln als auch zur Authentifizierung (als verschlüsselter MAC) verwendet.

- Signaturen: SKEYID = prf (Ni_b | Nr_b, g^{xy})
- Public-Key-Verschlüsselung: SKEYID = prf (hash(Ni_b | Nr_b), CKY-I | CKY-R)
- Vorab verteilte Schlüssel: SKEYID = prf (vorab verteilter Schlüssel, Ni_b | Nr_b)

Das Ergebnis des Main Mode bzw. des Aggressive Mode sind drei Gruppen authentifizierten Schlüsselmaterials:

- SKEYID_d = prf (SKEYID, g^{xy} | CKY-I | CKY-R | 0)
- SKEYID_a = prf (SKEYID, SKEYID_d | g^{xy} | CKY-I | CKY-R | 1)
- SKEYID_e = prf (SKEYID, SKEYID_a | g^{xy} | CKY-I | CKY-R | 2)

Die oben angegebenen Werte 0, 1 und 2 werden hierbei durch ein einzelnes Byte repräsentiert. Der Schlüssel, der für die Verschlüsselung verwendet wird, wird von SKEYID_e in einer algorithmenspezifischen Art und Weise abgeleitet. Dies ist auch in Anhang B der IKE-Spezifikation festgelegt.

Um einen beliebigen Austausch zu authentifizieren, generiert der Initiator des Protokolls den Wert HASH_I sowie der Responder den Wert HASH_R, wobei beide Werte wie folgt festgelegt sind:

- HASH_I = prf (SKEYID, $g^{x}i$ | $g^{x}r$ | CKY-I | CKY-R | SAi_b | IDii_b)
- HASH_R = prf (SKEYID, $g^{x}r$ | $g^{x}i$ | CKY-R | CKY-I | SAi_b | IDir_b)

Zur Authentifizierung mittels digitaler Signaturen werden die Werte HASH_I und HASH_R signiert und überprüft. Findet die Authentifizierung entweder mit einer Public-Key-Verschlüsselung oder mit vorab verteilten Schlüsseln statt, so authentifizieren die Werte HASH_I und HASH_R den Austausch direkt. Die vollständige ID-Payload (ID-Typ, Port und Protokoll, aber kein generischer Header) wird hierbei sowohl auf HASH_I als auch auf HASH_R per Hash abgebildet.

Wie bereits erwähnt, beeinflusst die ausgehandelte Authentifizierungsmethode den Inhalt und die Verwendung von Nachrichten in den Modi der Phase 1, nicht aber deren Einsatzzweck. Werden Public Keys zur Authentifizierung eingesetzt, so kann der Austausch in der Phase 1 durchgeführt werden, indem entweder Signaturen oder eine Public-Key-Verschlüsselung eingesetzt werden, wenn der Algorithmus dies unterstützt.

IKE-Format

Der Austausch in IKE ist konform zur Payload-Syntax von ISAKMP, zur Kodierung der Attribute, zu Timeouts und Neuübertragungen von Nachrichten und zu Informationsnachrichten. So wird bspw. eine Benachrichtigungsantwort gesendet, wenn ein Austauschvorschlag nicht akzeptabel ist oder wenn eine Signaturüberprüfung oder eine Entschlüsselung fehlgeschlagen ist.

Die SA-Payload muss in einem Austausch der Phase 1 wie auch in ISAKMP allen anderen Payloads vorangestellt werden. Ansonsten gibt es üblicherweise keine Vorschrift, in welcher Reihenfolge die Payloads angeordnet werden müssen.

Perfect Forward Secrecy in IKE

IKE kann die Perfect Forward Secrecy sowohl für Schlüssel als auch für die Identität der Partner wahren. Die Identitäten der beiden ISAKMP-Partner können mit PFS gesichert werden. Um sowohl die PFS der Schlüssel und aller Identitäten zu sichern, würden die Kommunikationspartner die folgenden Schritte ausführen:

- Austausch im Main Mode, um die Identitäten der ISAKMP-Partner zu schützen. Hierdurch wird eine ISAKMP-SA eingerichtet.
- Austausch im Quick Mode, um weiteren Schutz durch andere Sicherheitsprotokolle auszuhandeln. Hierdurch wird auf jeder Seite eine SA des jeweiligen Protokolls eingerichtet.
- Löschen der ISAKMP-SA und der damit verbundenen Zustandsinformation.

Da der Schlüssel, der in der außerhalb von ISAKMP liegenden SA eingesetzt wird, von einem einzigen Diffie-Hellman-Austausch abgeleitet wird, wird die PFS gewahrt.

Um lediglich die Perfect Forward Secrecy der Schlüssel einer außerhalb von ISAKMP liegenden SA zu wahren, muss allerdings kein Austausch der Phase 1 durchgeführt werden, wenn eine ISAKMP-SA zwischen beiden Partnern bereits existiert. Hierzu reicht ein einzelner Austausch im Quick Mode aus, in dem optional die KE-Payload übergeben wird und zusätzlich ein weiterer Diffie-Hellman-Austausch durchgeführt wird. Es muss dann aber beachtet werden, dass der Zustand, der sich aus dem Quick Mode ableitet, aus der ISAKMP-SA gelöscht wird.

Zusammenfassung

Im Rahmen der Vorstellung der Key-Management-Protokolle wurde auch IKE beschrieben, das Teile von OAKLEY und SKEME zusammen mit ISAKMP verwendet. IKE stellt damit ein Protokoll dar, das anders als die bisher vorgestellten Protokolle seine Eigenschaften aus Teilen anderer Protokolle übernimmt. Anhand von IKE kann daher gut die Wechselwirkung der verschiedenen Protokolle betrachtet werden, die bisher vorgestellt wurden. Zudem kommt IKE im Zusammenhang mit IPsec eine wichtige Bedeutung zu.

4.3.5 SKIP

Zum Abschluss der Beschreibung der Verfahren zur Schlüsselverwaltung soll noch eine sehr einfache Variante zu den bisher erläuterten Mechanismen vorgestellt werden. Das *Simple Key Management for Internet Protocols* (SKIP) wurde von der Firma Sun Microsystems entwickelt, um verbindungslosen Datenverkehr (bspw. IP)

abzusichern. Im Gegensatz zu anderen Protokollen verwendet SKIP keine sitzungs-
bezogenen Schlüssel, sondern paketbezogene Schlüssel, die jeweils zusammen mit
den gesicherten Paketen übertragen werden. Die Besonderheit von SKIP ist somit,
dass vor der gesicherten Kommunikation keine Kommunikation für den Schlüsselaustausch notwendig ist. Voraussetzung von SKIP ist, dass jeder Kommunikationsteilnehmer einen zertifizierten, öffentlichen Diffie-Hellman-Schlüssel besitzt. Dazu
benötigt SKIP eine Möglichkeit (wie z. B. das *Certificate Discovery Protocol* CDP),
die zertifizierten, öffentlichen Diffie-Hellman-Schlüssel zu verteilen. Sind die öffentlichen Schlüssel aller potentiellen Kommunikationsteilnehmer verteilt, so können zwei Rechner direkt und ohne explizite Schlüsselaushandlung für diese Kommunikation mit dem gesicherten Datenaustausch beginnen. Falls die
Kommunikationspartner über einen öffentlichen Diffie-Hellman Schlüssel verfügen, teilen sie sich zugleich ein gemeinsames Geheimnis. Aus diesem gemeinsamen
Geheimnis leiten Sender und Empfänger einen Master-Key ab. Dieser Master-Key
wird mittels einer Hash-Funktion über das gemeinsame Geheimnis und über einen
Zähler, der in den gesendeten Paketen inkrementiert wird, gebildet. Damit ändert
sich der Master-Key fortlaufend, um eine etwaige Kryptoanalyse zu erschweren und
um die Wiederverwendung kompromittierter Schlüssel zu verhindern. Ein SKIP-
Paket wird folgendermaßen erzeugt:

- Ein Schlüssel wird basierend auf einer Zufallszahl erzeugt. Dieser Schlüssel
  dient als *Paketschlüssel*.
- Der Paketschlüssel wird verwendet, um das Paket abzusichern.
- Der Paketschlüssel wird mit dem Master-Key gesichert.
- Das gesicherte Paket und der verschlüsselte Paketschlüssel werden in ein neues
  IP-Paket eingepackt.

Mittels dieses Verfahrens können die Paketschlüssel sehr schnell geändert werden,
im besten Fall mit jedem neu gesendeten Paket. Ein SKIP-IP-Paket hat bei der Verwendung von ESP im Tunnelmodus das in Abb. 4-17 dargestellte Aussehen:

Enthält den verschlüsselten Paketschlüssel

Abb. 4-17 SKIP-Paket mit ESP im Tunnelmodus

Durch SKIP wurde eine Möglichkeit geschaffen, IPsec-Mechanismen in der Realität einfach zu implementieren und anzuwenden. Mittlerweile sind mehrere SKIP-
Implementierungen verfügbar, die untereinander kompatibel sind. Diese Implementierungen existieren für verschiedene Betriebsysteme, unter anderem Sun-Solaris,
FreeBSD, Windows 95 und Windows NT.

4.4 IPsec und IPv6

Da das heute verwendete Internet-Protokoll der Version 4 (*IPv4*) einige Unzulänglichkeiten aufweist, wurde eine neue Version des Protokolls (*IPv6*) 1997 von der
IETF in Form eines sog. *Draft Standard* verabschiedet. Neben verschiedenen Ver-
besserungen, wie bspw. die Vergrößerung des Adressraums, wurde beim Design
dieser neuen Protokollversion vorab an die Integration von Sicherheitsdiensten ge-
dacht. Die innerhalb des Protokolls IPv6 angebotenen Sicherheitsdienste werden
dabei mit Hilfe von IPsec realisiert.

Das IPv6 besitzt im Gegensatz zu seinem Vorgänger IPv4 einen Header, der nur
das unbedingt notwendige Minimum enthält. Dieser Ansatz ermöglicht es, die
Hardware und die Software, die diese Header verarbeiten müssen, einfacher als bisher aufzubauen (z. B. Router). Dadurch werden eine schnellere Bearbeitung der Pakete und ein beschleunigter Datentransport durch das Netz möglich. Um alle bisher
benutzten Funktionen, sowie zusätzliche neue IPv6-Funktionen unterbringen zu
können, ist eine Erweiterung des minimalen IPv6-Headers nötig. Bei IPv4 wurden
zusätzliche Funktionen mit Hilfe eines Optionsfelds mit variabler Länge realisiert.
Bei IPv6 wird das Einbringen neuer Funktionen durch das Verketten beliebig vieler
zusätzlicher Header realisiert. Die unterschiedlichen Header von IPv4 und IPv6 sind
in Abb. 4-18 dargestellt.

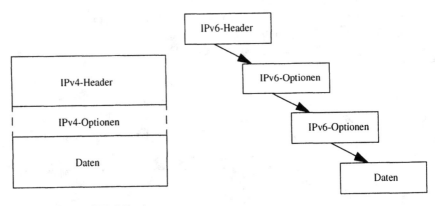

Abb. 4-18 IPv4- und IPv6-Header

Da sich innerhalb des IPv4-Protokolls nicht in allen Fällen die nötigen Optionen innerhalb des Headers unterbringen ließen, wurden teilweise Informationen der IP-
Schicht innerhalb des Datenfelds übertragen. Ein solcher Fall ist das IPsec-Protokoll
innerhalb von IPv4, dort werden die AH- und ESP-Header innerhalb des Datenfelds
verschickt. Bei IPv6 können solche zusätzlichen Informationen einfach als zusätzliche Options-Header in die IPv6-Header-Struktur eingeklinkt werden.

Das innerhalb von IPv6 verwendete IPsec-Protokoll entspricht dem unter IPv4
verwendeten. Der wesentliche Unterschied liegt in der Anordnung der einzelnen

IPsec-Header (AH und ESP). Abb. 4-19 zeigt ein IPv4- und ein IPv6-Paket, die durch das AH-Protokoll gesichert wurden.

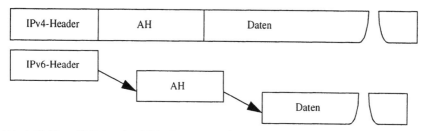

Abb. 4-19 IPsec-IP-Pakete bei AH im Transportmodus

Die Bildung des AH-Headers erfolgt analog zur Beschreibung in Abschnitt 4.2.3; Grundlage der Berechnung ist allerdings ein IPv6-Header.

4.5 Probleme und offene Punkte

Der Einsatz der in den vorherigen Abschnitten beschriebenen Methoden bringt einen erheblichen Gewinn an Sicherheit. Neben dem Vorteil der höheren Sicherheit beinhalten diese Methoden aber auch einige Einschränkungen und Nachteile. Dieser Abschnitt zeigt die wesentlichen Einschränkungen und Nachteile auf, die bei einer Nutzung der IP-Layer-Security entstehen können.

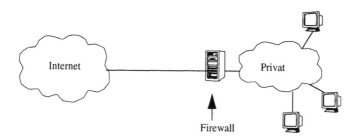

Abb. 4-20 Firewall

4.5.1 Firewalls

Firewalls haben im Rahmen einer *Security Policy* die Aufgabe, ein privates Netz vor unerlaubten Zugriffen aus einem externen Netz zu schützen, aber auch unerwünschte Zugriffe der Anwender innerhalb des privaten Netzes auf Dienste des externen

Netzes zu unterbinden. Firewalls werden deshalb an Netzgrenzen eingesetzt, um den Datenverkehr zwischen den angeschlossenen Netzen zu regulieren und zu überwachen. Ein Firewall-Szenario, in dem ein privates Netz über eine Firewall an das Internet angeschlossen ist, könnte wie in Abb. 4-20 dargestellt vorliegen.

Die Firewall ermöglicht es, Zugriffe zwischen internen und externen Rechnern an einem zentralem Punkt, der Firewall, zu regulieren. Die Regulierung erfolgt durch das Umsetzen einer Security Policy auf der Firewall. Dieselbe Regulierung kann aber auch erreicht werden, indem die Security Policy auf allen Rechnern innerhalb des privaten Netzes umgesetzt wird. In einem privaten Netz mit vielen hundert Rechnern ist es dann aber sehr schwer, zu garantieren, dass die Security Policy auch auf jedem Rechner umgesetzt wird und dass keiner der Rechner vergessen wurde. Durch die Verwendung einer Firewall lässt sich eine Security Policy, die den Verkehr zwischen internen und externen Rechnern beschreibt, umfassend umsetzen. Eine Security Policy, die den Verkehr zwischen Rechnern innerhalb des privaten Netzes beschreibt, lässt sich durch eine Firewall hingegen nicht umsetzen. Eine Firewall kann deshalb in den meisten Fällen nicht alle Elemente einer Security Policy innerhalb eines Unternehmens umsetzen, sondern nur den Teil der Kommunikationsbeziehungen mit der Außenwelt beschreiben.

Die Verwendung von Sicherheitsmechanismen auf Ebene des Internet Layers hat eine große Bedeutung für Firewalls. Zum einen hat IP Layer Security Auswirkungen auf die Funktionsweise und Einsetzbarkeit von bestehen Firewalls, zum anderen kann IP Layer Security teilweise auch als Konkurrenztechnologie zu Firewalls gesehen werden. Mechanismen der IP Layer Security können ebenso wie eine Firewall dazu verwendet werden, eine Security Policy umzusetzen, die den Verkehr zwischen internen und externen Rechnern beschreibt. Zumindest in der näheren Zukunft wird aber die IP Layer Security nicht die Firewall-Systeme ablösen. Es ist deshalb wichtig, dass beide Methoden sich gegenseitig nicht beeinflussen. Dies ist nicht immer gegeben; bestehende Firewalls haben an vielen Stellen Probleme, in einer IP-Layer-geschützten Umgebung ihre Aufgaben zu erfüllen.

Im nachfolgenden Abschnitt werden die einzelnen Komponenten beschrieben, die innerhalb einer Firewall verwendet werden können. Im Anschluss daran wird gezeigt, wo diese einzelnen Komponenten Probleme beim Betrieb in einer IPsec-Umgebung erzeugen. Innerhalb eines Firewall-Systems werden folgende Elemente eingesetzt:

- *Paketfilter*
  Paketfilter verwenden ein sehr einfach zu realisierendes, zumeist statisches Verfahren zur Sicherung eines privaten Netzes. Ein IP-Filter untersucht die IP- und/oder TCP- bzw. UDP-Header eines Datenpakets und entscheidet anhand der Liste seiner Regeln, ob das betreffende Paket blockiert oder weitergeleitet wird. Damit selektiert der Paketfilter Datenpakete nach inhaltlichen Merkmalen, die konkreten Byte-Folgen an einem speziellen Offset zugeordnet sind, wie bspw. Protokolltyp (ICMP, TCP oder UDP), IP-Quell- und Zieladresse, TCP/UDP-Quell- und Ziel-Port oder auch ICMP-Nachrichtentyp. Ein einfacher Paketfilter arbeitet nur auf der Ebene der Transportschicht.

- *Stateful Filter*
  Damit Paketfilter auch die Zusammenhänge komplexerer Protokolle verstehen können, gibt es weitergehende Anstrengungen, IP-Filter um eine sog. *dynamische Komponente* zu erweitern. Diese führt eine protokollspezifische Analyse des Datenanteils eines TCP-Pakets durch. Gelingt es, die Daten zu interpretieren und die ausgehandelten Kommunikationsparameter zu bestimmen, dann können dynamisch neue Regeln erzeugt werden. Dieses Verfahren wird auch *Stateful Inspection Firewall Technology* oder *Stateful Filtering Firewall* genannt. Zur Realisierung der dynamischen Filter ist eine genaue Kenntnis der Anwendungsprotokolle notwendig; die dynamische Komponente wird für jede Anwendung spezifisch im Code der Firewall implementiert.

- *Proxy*
  Im Gegensatz zu einem Paketfilter greift ein Proxy oder *Application Level Gateway* auf Anwendungsebene in eine Verbindung ein. Bei seinem Einsatz wird die direkte Verbindung zwischen den angeschlossenen Netzen grundsätzlich oder für den vom Proxy umzusetzenden Dienst unterbunden. Dies kann man z. B. durch einen entsprechend konfigurierten Paketfilter erreichen. Eintreffende Pakete werden durch diesen nicht an die eigentliche Zieladresse versandt, sondern dem Proxy übergeben. Dieser kennt das jeweilige Anwendungsprotokoll, interpretiert die Daten und simuliert den eigentlichen Zielrechner, zu dem er eine eigene Verbindung aufbaut. Dabei ist er auch in der Lage, selektiv in den Datenstrom einzugreifen und Teile zu unterdrücken, zu verändern oder hinzuzufügen. Durch die Kenntnis der Semantik der übertragenen Daten ist es möglich, einzelne Interaktionen auf Anwendungsebene zu erlauben oder zu verbieten (z. B. Sperren des get-Befehls in FTP). Des Weiteren können vom Proxy zusätzliche Funktionen ausgeführt werden, z. B. die Anforderung einer Authentifizierung des Benutzers. Auch die Protokollierung und Auswertung von Aktivitäten zur Entdeckung von Angriffsversuchen ist realisierbar.

Diese einzelnen Firewall-Komponenten verursachen in einer IPsec-Umgebung folgende Probleme:

- *Paketfilter*
  Ein Paketfilter benötigt den Zugriff auf die Header der innerhalb der IP-Pakete transportierten Protokolle der Schichten 3 und 4. Ist das IP-Paket gegen das Abhören gesichert, also der Inhalt verschlüsselt, so kann der Paketfilter für seine Entscheidung, ob das Paket die Netzgrenze passieren darf oder nicht, nur die Felder innerhalb des IP-Headers verwenden. Die Header der Schicht 4 (z. B. TCP-Header oder UDP-Header) sind verschlüsselt und damit nicht zugänglich. Ein Paketfilter lässt sich in einer solchen Umgebung nur betreiben, wenn entweder auf einen Teil seiner Sicherheitsfunktion verzichtet wird, oder wenn er in die Verschlüsselung einbezogen wird. Wird der Paketfilter in die Verschlüsselung mit einbezogen, so bedeutet dies, dass er die IP-Pakete zuerst empfängt, dann entschlüsselt, danach analysiert, und sie dann gegebenenfalls wieder verschlüsselt und weiterleitet. Dieses Verfahren widerspricht dann aber der eigentlichen Inten-

tion der IP Layer Security, dass die Ende-zu-Ende-Verbindung zwischen den Kommunikationspartnern vertraulich ablaufen soll und kein Teilnehmer auf dem Kommunikationspfad die Daten einsehen kann.

- *Stateful Filter*
  Stateful Filter sind in der gleichen Art und Weise wie Paketfilter durch den Einsatz von IP Layer Security in ihrer Funktionsweise beschränkt. Zusätzlich zu den Informationen aus den IP- bzw. TCP- oder UDP-Headern benötigt ein Stateful Filter auch Informationen aus den Protokollen des Application Layers, um die Zusammenhänge komplexer Protokolle zu verstehen. Da diese Informationen ebenfalls nur verschlüsselt vorliegen, kann der Stateful Filter diese nicht nutzen. In einer IP-Security-Umgebung kann ein Stateful Filter nur wie ein eingeschränkter Paketfilter arbeiten.

- *Proxy*
  Ein Proxy lässt sich in ein derartiges Kommunikationsszenario besser integrieren. Er benötigt zwar noch weit mehr Einblick in die Kommunikation als ein Paketfilter, die Endsysteme kommunizieren aber auch direkt mit ihm. Es ist dann möglich, dass das Endgerät gesichert mit dem Proxy kommuniziert, dieser kommuniziert dann wiederum gesichert mit dem eigentlichen Zielsystem.

Firewall-Hersteller sind derzeit bestrebt, Systeme anzubieten, die beide Arten der Sicherung unterstützen. Dazu integrieren die Hersteller in den meisten Fällen ein IPsec-Security-Gateway in ihre bestehende Firewall-Architektur. Herkömmlicher Netzwerkverkehr wird durch die Firewall in gewohnter Art und Weise durch die Filter und Proxys gehandhabt; IPsec-Verkehr wird vom IPsec-Security-Gateway innerhalb der Firewall bearbeitet.

4.5.2 Network Address Translation (NAT)

Endbenutzer schließen sich in der Regel über einen Internet Service Provider (ISP) an das Internet an. Dieser stellt dem Kunden neben dem Einwahlpunkt weitere Leistungen zur Verfügung. Unter anderem erhält der Kunde von seinem ISP eine oder mehrere IP-Adressen, die seine Rechner dann im Internet eindeutig identifizieren und adressierbar machen. In den meisten Fällen bindet der ISP die Anzahl der zugeteilten IP-Adressen an den Preis, den der Kunde für seinen Internet-Anschluss bezahlen muss. Aus diesem Grund versuchen die meisten Kunden, mit möglichst wenigen IP-Adressen auszukommen. Eine Methode, mit lediglich einer gültigen (vom ISP zugeteilten) Adresse mehrere Rechner an das Internet anzuschließen, ist die *Network Adress Translation* (NAT). Die Funktionsweise von NAT kann anhand von Abb. 4-21 erläutert werden.

Am Ausgang des privaten Netzwerks eines Kunden befindet sich ein Router, der die IP-Pakete, die für das Internet bestimmt sind, zum ISP weiterleitet, der diese dann in das Internet weiterleitet. Für Pakete, die aus dem Internet an einen Rechner in diesem Netz weitergeleitet werden sollen, wird dieser Weg in umgekehrter Richtung durchlaufen. Der NAT-Router des Kunden ist nun so konfiguriert, dass sein externes Interface eine gültige, vom ISP zugewiesene IP-Adresse verwendet. Das interne Interface des Routers verwendet dagegen eine IP-Adresse, die im Internet keine Gültigkeit besitzt (bzw. besitzen darf, wenn sie jemand dort benutzt). Alle Rechner im privaten Netz verwenden ebenfalls derartige im Internet ungültige IP-Adressen. Soll nun ein IP-Paket aus dem privaten Netz in das Internet transportiert werden, so wird dieses Paket zuerst an den NAT-Router weitergeleitet. Dieser empfängt das Paket auf seinem internen Interface. Bevor der NAT-Router das Paket an den ISP weiterleitet, ersetzt er die IP-Quelladresse innerhalb des IP-Pakets durch die IP-Adresse seines externen Interfaces (die vom ISP zugeteilte Adresse). Diese Ersetzung merkt sich der NAT-Router in einer internen NAT-Tabelle. Danach wird das Paket an den ISP-Router weitergereicht und von dort an den Zielrechner im Internet. Der Zielrechner im Internet empfängt nun ein Paket mit der Quelladresse des NAT-Routers; an diesen werden nun auch die Antworten gesendet. Kommt nun ein Antwortpaket am NAT-Router an, so kann dieser anhand seiner NAT-Tabelle zuordnen, für welchen Rechner im privaten Netz das Paket eigentlich bestimmt ist. Der NAT-Router ersetzt nun die IP-Zieladresse innerhalb des Pakets durch die Zieladresse des Rechners, für den das Paket bestimmt ist.

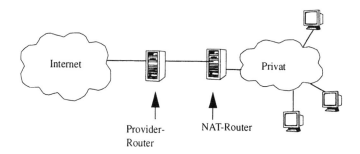

Abb. 4-21 Network Address Translation

Neben anderen Einschränkungen beeinflusst diese häufig verwendete Technik auch die Anwendungen von Sicherheitsfunktionen innerhalb des IP-Layers. Durch die Adressumsetzung innerhalb der IP-Header werden während des Transports des IP-Pakets durch das Netz IP-Header-Felder beeinflusst, die sich laut IP-Spezifikation aber nicht ändern dürften. Dies hat dann Auswirkungen, wenn ein IP-Sicherheitsdienst diese Felder gegen Veränderungen absichert. Die zur Sicherung verwendete Funktion wird die Felder aussparen, die sich nach der IP-Spezifikation auf dem Transportweg sowieso ändern müssen. Die IP-Adressfelder des IP-Pakets werden aber in die Sicherung einbezogen. Der Empfänger eines solchen Pakets muss dann annehmen, dass es auf dem Transportweg durch einen Angreifer verändert wurde und wird das Paket verwerfen. IP-Layer-Sicherheitsdienste, die solche Sicherungsfunktionen verwenden, können in einer NAT-Umgebung nicht funktionieren. Dies betrifft z. B. das AH-Protokoll im Transportmodus, das in einer NAT-Umgebung nicht verwendet werden kann. IPsec kann in einer solchen Umgebung zurzeit nur mit einer verminderten Schutzfunktionalität eingesetzt werden.

4.6 Zusammenfassung

Die Integration der Sicherheitsdienste auf der Ebene der Schicht 3 stellt den allgemeinsten und zugleich einfachsten Ansatz zur Absicherung der Kommunikation in IP-basierten Netzen dar. Es besteht zwar nicht mehr die Möglichkeit, auch andere Protokolle der Schicht 3 (z. B. IPX oder Appletalk) über eine gemeinsame Schnittstelle abzusichern, dafür sind Implementierungen der Internet Layer Security in IP-Netzen wesentlich flexibler als Implementierungen der Data Link Layer Security. Ziel der Integration von Sicherheitsdiensten innerhalb des Internet Layers ist es, mit möglichst wenigen Änderungen der Kommunikationssysteme umfassende Sicherheitsfunktionen für alle Kommunikationsverbindungen zu erhalten.

In diesem Kapitel wurden Sicherheitsdienste und Sicherheitsmechanismen auf der Ebene des IP-Layers beschrieben. Nach einer ausführlichen Beschreibung der Zusammenhänge von IPsec wurden eine Reihe von Protokollen zum Schlüsselaustausch betrachtet. Nach einer Beschreibung der Unterschiede zwischen IPv4 und IPv6 wurden am Ende des Kapitels die Probleme betrachtet, die sich bei der Verwendung der Sicherheit auf Ebene des IP-Layers ergeben können.

Der Leser sollte neben der eigentlichen Funktionalität von IPsec (AH und ESP) den Zusammenhang der verschiedenen Protokolle zum Schlüsselmanagement kennen. Sicherlich ist vor allem das Management von Security Associations ein anspruchsvolles Thema. Das genaue Studium der komplexen Zusammenhänge erlaubt aber ein hervorragendes Verständnis der Aspekte, die hier für die Sicherheit eine Rolle spielen.

Transport Layer Security

In diesem Kapitel werden Sicherheitsdienste und Sicherheitsmechanismen betrachtet, die auf Ebene der Transportschicht arbeiten. Zunächst wird das Protokoll *Secure Socket Layer* (SSL) im Detail erläutert, das eine Basis für die im Folgenden beschriebenen Protokolle *Private Communication Technology, Transport Layer Security* und *Server Gated Cryptography* bildet. Weiterer Bestandteil dieses Kapitels ist die *Secure Shell* (ssh).

Nach der Lektüre dieses Kapitels sollte der Leser die Sicherheitskonzepte verstanden haben, die auf Ebene der Transportschicht eine Rolle spielen. Auch die Entwicklungen, die hauptsächlich von den Firmen Microsoft und Netscape sowie von der IETF vorangetrieben werden, sollte der Leser beurteilen können.

5.1 Secure Socket Layer Protocol

Bei der Übertragung von Daten über das World Wide Web ist vor allem das ungenügende Maß an Sicherheit, die einem Anwender zur Übertragung von vertraulichen Informationen zur Verfügung steht, zu bedenken. Um Datenübertragungen über das World Wide Web abzusichern, verwenden viele Internet-Server ein zusätzliches Protokoll, das *Secure Socket Layer Protocol (SSL)*.

5.1.1 Einleitung

Das nicht proprietäre SSL wurde 1994 von der Firma Netscape entwickelt, um sichere Verbindungen im World Wide Web zu realisieren. Im Februar 1995 folgte die Version 2.0. Mittlerweile liegt die Version 3.0 vom November 1996 als Internet Draft vor. Durch die weite Verbreitung ist SSL ein De-facto-Standard, der der Internet Engineering Task Force (IETF) übergeben wurde, um als Teil des offiziellen Standards für die Sicherheit auf Transportschichtebene (*Transport Layer Security*) integriert zu werden.

Das Protokoll SSL ermöglicht die Authentifizierung zweier Kommunikationspartner (*Client* und *Server*) und gewährleistet die Vertraulichkeit, Integrität und Authentizität der zwischen Client und Server ausgetauschten Anwendungsdaten. Dies

wird erreicht, indem sich in einem der eigentlichen Übertragung der Anwendungsdaten vorausgehenden *Handshake* Client und Server gegenseitig authentifizieren
können und u. a. symmetrische Schlüssel aushandeln, mit denen die Anwendungsdaten verschlüsselt werden. Es wird also eine kryptographisch sichere Verbindung
über einen unsicheren Kanal aufgebaut.

SSL verwendet das Verschlüsselungsverfahren *RSA* auf der Basis von *Public
Keys*. Netscape hat hierzu RSA von der Firma *RSA Data Security Inc.* speziell für
den Einsatzbereich der Authentifizierung in Lizenz genommen. SSL hat die folgenden Eigenschaften:

- Offenes, nicht proprietäres Protokoll
- Datenverschlüsselung, Server-Authentifizierung, Datenintegrität und optional
  Client-Authentifizierung für TCP/IP-Verbindungen
- Kompatibel mit Firewalls
- Kompatibel mit *Tunnelverbindungen*. Tunnelverbindungen sind u. a. Wählver-
  bindungen, die den Zugriff auf globale Netze und Intra-Netzwerke erlauben
- Verwendet S/MIME, um abgesicherte Daten zu übertragen.

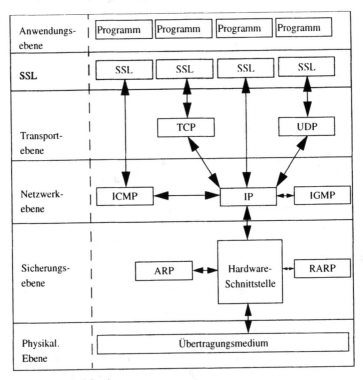

Abb. 5-1 SSL im Protokoll-Stack

5.1.2 Architektur von SSL

Abb. 5-1 zeigt, wo SSL in den verschiedenen Protokollschichten anzusiedeln ist und auf welchen Protokollen SSL aufsetzen kann. Es werden die folgenden Abkürzungen verwendet:

- *UDP*: User Datagram Protocol
- *ICMP*: Internet Control Message Protocol
- *IGMP*: Internet Group Management Protocol
- *ARP*: Address Resolution Protocol
- *RARP*: Reverse Address Resolution Protocol

Zur Erklärung der Funktionalität dieser Protokolle sei der Leser auf die entsprechende Fachliteratur verwiesen [Tan96].

SSL ist *anwendungsunabhängig*, d. h. beliebige Protokolle der Anwendungsebene können durch SSL um die erwähnten Sicherheitsattribute ergänzt werden. Es ist ein Protokoll der *Session-Schicht*, das auf einem Transportprotokoll aufbaut, das den Erhalt versendeter Nachrichtenpakete in der richtigen Reihenfolge gewährleistet (z. B. TCP).

SSL ist ein *zweischichtiges Protokoll*. Zu unterst ist das Record-Protokoll, das alle übergebenen Daten in Pakete fragmentiert, diese komprimiert, mit einem *Message Authentication Code (MAC)* versieht und verschlüsselt. Der MAC ist eine kryptographische Prüfsumme zur Sicherung der Integrität und Authentizität von Nachrichten. Eingabeparameter sind die Nachricht und ein geheimer Schlüssel. Auf dem Record-Protokoll setzen *Handshake-*, *Change-Cipher-Spec-* und *Alert-Protokolle* zum Austausch von SSL-Kontrollnachrichten auf (siehe Abb. 5-2).

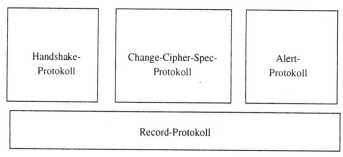

Abb. 5-2 Aufbau von SSL

Das *Handshake-Protokoll* legt den Ablauf der gegenseitigen Authentifizierung von Server und Client fest. Das *Change-Cipher-Spec-Protokoll* regelt den Wechsel zu einer neu ausgehandelten Cipher Spec. Diese enthält den in SSL verwendeten symmetrischen Verschlüsselungsalgorithmus, deren Schlüssel, sowie die Hash-Funktion zur Berechnung des MAC. Das *Alert-Protokoll* signalisiert Fehler im Ablauf von SSL.

SSL verwendet zur plattformunabhängigen Darstellung seiner Datenstrukturen das von der Firma Sun Microsystems entwickelte Protokoll *External Data Representation* (XDR). Dieses garantiert, daß auch Rechner Daten austauschen können, die eine unterschiedliche interne Maschinenrepräsentation von Daten verwenden, zum Beispiel *Big Endian* oder *Little Endian* (siehe auch Abb. 5-3 bzw. Abb. 5-4 und Abb. 5-5).

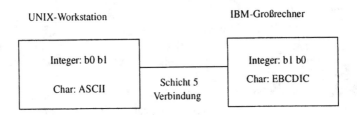

Abb. 5-3 Maschinenrepräsentation von Daten

Beispiel für ein Darstellungsproblem: Ganzzahlen (Integers)

- Motorola 68x0, IBM 370 (Big Endian)

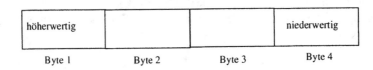

Abb. 5-4 Big-Endian-Darstellung

- Intel 80x86 (Little Endian)

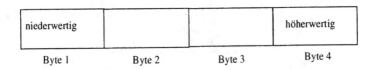

Abb. 5-5 Little-Endian-Darstellung

5.1.3 Das Session-Konzept von SSL

SSL unterscheidet zwischen *Sessions* und *Verbindungen*. Jede Verbindung gehört zu genau einer Session, umgekehrt kann es aber zu einer Session mehrere, auch zeitgleiche Verbindungen geben. Kontaktiert ein Client das erste Mal einen Server (z. B. mittels HTTP-Request), so wird eine Verbindung zwischen diesen beiden Kommunikationspartnern aufgebaut und damit auch eine neue Session. Nach erfolgreicher Authentifizierung und Aushandlung der Sicherheitsparameter in einem Handshake, das der Übertragung der Anwendungsdaten vorausgeht, werden folgende Parameter in der zur Verbindung gehörenden Session gespeichert:

- Session-ID (32 Bytes)
- Zertifikat des Kommunikationspartners
- Symmetrischer Verschlüsselungsalgorithmus zum Verschlüsseln der Daten
- Hash-Funktion zur Berechnung der MACs
- Kompressionsmethode. Kompression benutzt man, um die zu übertragende Datenmenge effizient zu verkleinern.
- Master-Secret (48 Bytes), das zur Berechnung von symmetrischen Schlüsseln, MAC-Geheimnissen und eventuellen Initialisierungsvektoren der zur Session gehörenden Verbindungen dient. Ein Initialisierungsvektor (IV) wird von blockorientierten symmetrischen Verschlüsselungsalgorithmen im CBC-Modus zur Verschlüsselung des ersten Blocks benötigt.
- is_resumable-Flag, das anzeigt, ob die Sicherheitsparameter dieser Session von einer neuen Verbindung zwischen den Kommunikationspartnern der Session erneut verwendet werden können.

Möchten derselbe Client und derselbe Server eine weitere Verbindung aufbauen, z. B. zum Laden eines Bildes, das im Dokument, das in der ersten Verbindung angefordert wurde, enthalten ist, so können sie sich dazu entschließen, die Verbindung der Session zuzuordnen und dadurch deren bereits ausgehandelte Sicherheitsparameter auch für die neue Verbindung zu verwenden. Dazu muss der Client die Session-ID, deren Verschlüsselungs-, Hash- und Kompressionsalgorithmus kennen und das is_resumable-Flag gesetzt sein. In diesem Fall kann das der eigentlichen Übertragung der Anwendungsdaten vorausgehende Handshake verkürzt werden. Ansonsten wird erneut ein vollständiges Handshake zwischen Client und Server ausgeführt und der Verbindung eine neue Session zugeordnet. Das Konzept der *Session* dient also nur der Verkürzung des jeder Verbindung vorausgehenden Handshakes. Eine Verbindung enthält folgende Sicherheitsparameter:

- Client Challenge (32 Byte Zufallszahl)
- Server Challenge (32 Byte Zufallszahl)
- MAC-Geheimnis des Clients
- MAC-Geheimnis des Servers
- Symmetrischer Schlüssel des Clients
- Symmetrischer Schlüssel des Servers
- Initialisierungsvektor des Clients bei blockorientiertem symmetrischen Verschlüsselungsalgorithmus im CBC-Modus.

- Initialisierungsvektor des Servers bei blockorientiertem symmetrischen Verschlüsselungsalgorithmus im CBC-Modus
- Sequenznummer für versendete Datenpakete
- Sequenznummer für empfangene Datenpakete

Die zu einer Session gehörenden Verbindungen sind unabhängig voneinander. Zwar sind bei allen derartigen Verbindungen symmetrischer Verschlüsselungsalgorithmus, Hash-Funktion, Kompressionsmethode und Master-Secret identisch, doch aufgrund der paarweise verschiedenen Client- und Server-Challenges sind symmetrische Schlüssel, MAC-Geheimnisse und eventuelle Initialisierungsvektoren immer unterschiedlich. Dies bedeutet, dass, selbst wenn eine Verbindung einer Session erfolgreich angegriffen wird, alle übrigen Verbindungen dieser Session sicher bleiben. In solch einem Falle löscht der Server das `is_resumable`-Flag, um keine weiteren Verbindungen zu dieser Session zuzulassen, so dass der Angreifer mit seinem bis jetzt gewonnen Wissen keinen weiteren Schaden anrichten kann.

SSL schlägt aus Sicherheitsgründen eine maximale Session-Lebensdauer von 24 Stunden vor. Danach wird das `is_resumable`-Flag gelöscht.

5.1.4 Das Record-Protokoll in SSL

Das Record-Protokoll realisiert die *Vertraulichkeit*, *Integrität* und *Authentizität* der zwischen Client und Server versendeten Daten.

Senderseitig bekommt die Record-Schicht Anwendungsdaten oder Kontrollnachrichten der höheren Schichten des SSL-Protokolls übergeben. Diese werden in einem ersten Schritt in Pakete fragmentiert. Ein Paket kann dabei mehrere Nachrichten, genau eine oder auch nur einen Teil einer längeren Nachricht umfassen.

Als nächstes werden die Daten eines Pakets mit dem Kompressionsalgorithmus der zugehörigen Session komprimiert, um die zu übertragende Datenrate zu senken. Danach wird der MAC zur Gewährleistung der Integrität und Authentizität des Pakets mit der Hash-Funktion der zugeordneten Session berechnet. Als Hash-Funktionen stehen *MD5* und *SHA* zur Verfügung.

Abschließend werden komprimierte Daten und MAC mit dem symmetrischen Schlüssel des Senders und dem Verschlüsselungsalgorithmus der zugeordneten Session verschlüsselt und an die Transportebene übergeben. Als Verschlüsselungsalgorithmen stehen *RC2-CBC*, *RC4*, *DES-CBC*, *3DES-EDE-CBC*, *IDEA-CBC* und *Skipjack-CBC* zur Auswahl. Es kann auf eine Verschlüsselung des Pakets verzichtet werden, wenn die Daten nicht vertraulich sind. *Skipjack* ist ein symmetrischer blockorientierter Verschlüsselungsalgorithmus, der 1990 von der NSA vorgeschlagen wurde.

Auf Empfängerseite liefert die Transportebene verschlüsselte Datenpakete, die als erstes mit dem symmetrischen Schlüssel des Senders und dem Verschlüsselungsalgorithmus der zugeordneten Session entschlüsselt werden. Danach werden die noch komprimierten Daten des Pakets verifiziert, indem der MAC mit der Hash-Funktion der zugehörigen Session berechnet und mit dem empfangenen MAC verglichen wird. Anschließend werden die Daten dekomprimiert und die Nachrichten wieder aus den Paketen zusammengesetzt.

Bricht ein Angreifer einen symmetrischen Schlüssel, so kann er alle mit diesem Schlüssel verschlüsselten Nachrichten lesen. Da diese Nachrichten aber noch durch einen MAC gesichert sind und der MAC mitverschlüsselt wird, müsste der Angreifer auch noch das entsprechende MAC-Geheimnis dechiffrieren, um Nachrichten dieses Senders aktiv zu verändern. Die Länge der MAC-Geheimnisse ist unabhängig von der Länge der verwendeten symmetrischen Schlüssel.

5.1.5 Handshake-Protokoll

Zu Beginn jeder neuen Verbindung findet ein der eigentlichen Übertragung der Anwendungsdaten vorausgehendes Handshake zwischen Client und Server statt, in dem die beiden Kommunikationspartner sich gegenseitig authentifizieren können und die vom Record-Protokoll benötigten Sicherheitsparameter aushandeln.

Zu den Sicherheitsparametern gehören der *symmetrische Verschlüsselungsalgorithmus*, dessen Schlüssel für Client und Server, Initialisierungsvektoren im Falle eines blockorientierten Verschlüsselungsalgorithmus im CBC-Modus und MAC-Geheimnisse für Client und Server. In SSL existieren 3 Authentifizierungsmodi:

* Beidseitige Authentifizierung
* Authentifizierung des Servers und anonymer Client
* Keine Authentifizierung

Ein anonymer Server kann keine Client-Authentifizierung verlangen. Eine anonyme Session, bei der weder Client noch Server authentifiziert sind, ist nicht gegen Man-in-the-Middle-Angriffe geschützt. Sie gewährleistet lediglich die Integrität und Vertraulichkeit der versendeten Nachrichten. Die Authentifizierung erfolgt mittels *X.509v3*-Zertifikatsketten und bestimmten Handshake-Nachrichten, in denen der Sender beweist, daß er tatsächlich der Inhaber des dem Empfänger zugesandten Zertifikats ist. Als Authentifizierungsmethoden stehen die asymmetrischen Algorithmen *RSA*, *Diffie-Hellman* und *Fortezza-KEA* zur Verfügung. Fortezza-KEA ist der *Fortezza-Key-Exchange-Algorithm*us, ein asymmetrisches Schlüsselaustauschverfahren ähnlich DH, ein 1994 von der NSA entwickelter geheimer Algorithmus.

Mit Hilfe eines Algorithmus zum Schlüsselaustausch generieren Client und Server ein *Pre-Master-Secret*, das nur ihnen bekannt ist. Aus diesem Pre-Master-Secret wird das *Master-Secret* der Session berechnet, das in die Generierung der symmetrischen Schlüssel, Initialisierungsvektoren und MAC-Geheimnisse einfließt und der Sicherung des kompletten Handshakes dient. Als Schlüsselaustauschmethoden sind die asymmetrischen Algorithmen RSA, DH und Fortezza-KEA vorgesehen.

SSL verwendet das Konzept der *Cipher Suite*, eine Kombination aus Schlüsselaustausch-, Verschlüsselungs- und Hash-Algorithmus, die für eine Session gelten. Die Schlüsselaustauschmethode bestimmt dabei den Authentifizierungsalgorithmus und die Länge des symmetrischen Schlüssels.

Client und Server einigen sich während des Handshakes auf eine Cipher Suite oder brechen die Verbindung ab. Es existieren Cipher Suites mit unterschiedlichen Graden an Sicherheit. Welche Cipher Suite im Einzelfall die richtige ist, hängt von den Sicherheitsansprüchen der Anwendung ab.

Beispiel für eine Cipher Suite

`SSL_RSA_WITH_DES_CBC_SHA`

umfasst RSA als Schlüsselaustauschalgorithmus mit Schlüsseln beliebiger Länge, `DES-CBC` als Verschlüsselungsmethode mit Schlüsseln der Länge 56 bit und SHA als Hash-Funktion. Als Authentifizierungsalgorithmus kann RSA oder DSA verwendet werden. Der *Digital Signature Algorithm* (DSA) ist ein asymmetrischer Verschlüsselungsalgorithmus zum Generieren digitaler Signaturen. Der Directory System Agent (DSA) verwaltet einen Teilbereich eines öffentlichen Verzeichnisdienstes, z. B. X.500, nimmt Anfragen eines DUAs (*Directory User Agent*) oder anderer DSAs entgegen, bearbeitet diese und liefert das Ergebnis an den anfragenden DUA bzw. DSA zurück. Der DUA kontaktiert einen DSA eines öffentlichen Verzeichnisdienstes, z. B. X.500, und übermittelt diesem den Auftrag des Benutzers. Nach der Abarbeitung erhält er vom DSA das Ergebnis zurück und liefert dieses an den Benutzer weiter.

Folgende Cipher Suites sind in SSL definiert:

`SSL_NULL_WITH_NULL_NULL`	`SSL_RSA_WITH_NULL_MD5`
`SSL_RSA_WITH_NULL_SHA`	`SSL_RSA_EXPORT_WITH_RC4_40_MD5`
`SSL_RSA_WITH_RC4_128_MD5`	`SSL_RSA_WITH_RC4_128_SHA`
`SSL_RSA_EXPORT_WITH_RC2_CBC_40_M D5`	`SSL_RSA_WITH_IDEA_CBC_ SHA`
`SSL_RSA_EXPORT_WITH_ DES40_CBC_SHA`	`SSL_RSA_WITH_DES_CBC_ SHA`
`SSL_RSA_WITH_3DES_EDE_ CBC_SHA`	`SSL_DH_DSS_EXPORT_WITH_DES40_CBC _SHA`
`SSL_DH_DSS_WITH_DES_CBC_SHA`	`SSL_DH_DSS_WITH_3DES_ EDE_CBC_SHA`
`SSL_DH_RSA_EXPORT_WITH_DES40_CBC _SHA`	`SSL_DH_RSA_WITH_DES_CBC_SHA`
`SSL_DH_RSA_WITH_3DES_ EDE_CBC_SHA`	`SSL_DHE_DSS_EXPORT_WITH_DES40_CB C_SHA *`
`SSL_DHE_DSS_WITH_DES_ CBC_SHA`	`SSL_DHE_DSS_WITH_3DES_ EDE_CBC_SHA`

Tab. 5-1 Cipher-Suites in SSL

SSL_DHE_RSA_EXPORT_WITH_DES40_CB C_SHA	SSL_DHE_RSA_WITH_DES_CBC_SHA
SSL_DHE_RSA_WITH_3DES_ EDE_CBC_SHA	SSL_DH_anon_EXPORT_WITH_RC4_40_M D5
SSL_DH_anon_WITH_RC4_128_MD5	SSL_DH_anon_EXPORT_WITH_DES40_CB C_SHA
SSL_DH_anon_WITH_DES_CBC_SHA	SSL_DH_anon_WITH_3DES_ EDE_CBC_SHA
SSL_FORTEZZA_DMS_WITH_ NULL_SHA	SSL_FORTEZZA_DMS_WITH_ FORTEZZA_CBC_SHA
SSL_FORTEZZA_DMS_WITH_ RC4_128_SHA	

Tab. 5-1 Cipher-Suites in SSL

Im Folgenden wird beispielhaft der Ablauf eines vollständigen Handshakes, wie er typischerweise beim Aufbau einer Verbindung zu einer neuen Session erfolgt, vorgestellt.

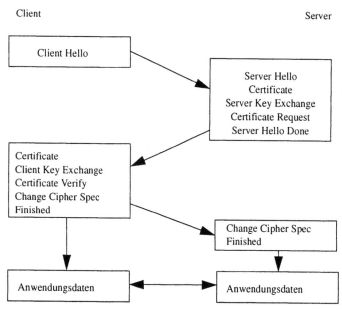

Abb. 5-6 Vollständiges Handshake in SSL

Client Hello

Der Client beginnt das Handshake und sendet sein client Hello an den Server. Die Nachricht enthält:

- die SSL-Protokoll-Versionsnummer, die der Client für diese Verbindung sprechen möchte,
- das *Client Challenge*, eine 32 byte lange Zufallszahl,
- die 32 byte lange Session-ID der Session, deren Sicherheitsparameter für die neue Verbindung benutzt werden sollen,
- die Liste der Cipher Suites, die der Client unterstützt, in der von ihm bevorzugten Reihenfolge und
- die Liste der Kompressionsmethoden, die der Client kennt, in der von ihm bevorzugten Reihenfolge.

Server Hello

Enthält das client Hello eine Session-ID, so schaut der Server nach, ob er diese Session noch gespeichert hat und ob deren is_resumable-Flag gesetzt ist. Ist dies der Fall, und ist auch noch die Cipher Suite und Kompressionsmethode der Session in den Listen des Clients enthalten, so können die Sicherheitsparameter der Session für die neue Verbindung verwendet werden. Der Server bestätigt dann die betreffende Session-ID samt Cipher Suite und Kompressionsmethode in seinem Server Hello. Fehlen diese Daten, so generiert der Server eine neue Session. Er wählt dazu aus den Listen der Cipher Suites und Kompressionsmethoden des Clients jeweils die erste von ihm selbst unterstützte aus und sendet diese in seinem Server Hello an den Client zurück. Möchte der Server unterbinden, dass die Sicherheitsparameter der Session von weiteren Verbindungen benutzt werden können, so sendet er keine Session-ID zurück. Ansonsten enthält das Server Hello die Session-ID der neuen, dieser Verbindung zugeordneten, Session. Das Server Hello umfasst folgende Felder:

- die Versionsnummer des SSL-Protokolls, die der Server für diese Verbindung verwendet,
- das Server Challenge, eine 32 byte lange Zufallszahl,
- die Session-ID (32 byte) der dieser Verbindung zugeordneten Session (oder leer),
- die Cipher Suite für diese Verbindung und
- die Kompressionsmethode für diese Verbindung.

Server Certificate

Verlangt die Cipher Suite, auf die man sich geeinigt hat, eine Server-Authentifizierung, so muss der Server nun dem Client eine X.509v3 *Zertifikatskette* senden, die zum Authentifizierungsalgorithmus der Cipher Suite passt. Die Zertifikatskette ist eine geordnete Liste von X.509v3-Zertifikaten mit dem Server-Zertifikat an erster Position und dem *Root-Certification-Authority*-Zertifikat zuletzt. Die Zertifikate werden DER-kodiert. *Certification Authorities* sind z. B. *VeriSign* oder *Thawte*.

Der Client muss nach Erhalt dieser Nachricht die Zertifikatskette verifizieren und überprüfen, ob das Server-Zertifikat wirklich von demjenigen Server stammt, von dem er es angefordert hatte. Letztere Aufgabe ist durch eine Überprüfung des Domain Name Systems (DNS) nur bedingt automatisierbar. Das *DNS* [Moc87a], [Moc87b] stellt eine Methode zur Konvertierung zwischen IP-Namen und IP-Adressen zur Verfügung. Um einen Maskerade-Angriff zu verhindern, muss der Benutzer das Zertifikat aktiv begutachten.

Server Key Exchange

Mit Hilfe der *Server-Key-Exchange-Nachricht* kann der Server dem Client einen temporären öffentlichen RSA-Verschlüsselungsschlüssel bzw. einen temporären öffentlichen DH- oder Fortezza-Wert bekannt machen. Dieser dient dem Client dazu, das Pre-Master-Secret sicher an den Server zu übertragen, wenn er keinen geeigneten Verschlüsselungsschlüssel mit dem Server-Zertifikat erhalten hat. Die Nachricht `Server Key Exchange` muss in 5 Fällen gesendet werden:

1. Client und Server haben sich auf eine anonyme Cipher Suite geeinigt, so dass keine `Server-Certificate`-Nachricht versendet wurde.

2. Client und Server haben sich auf eine Cipher Suite geeinigt, die DH mit temporär generierten DH-Schlüsseln als Schlüsselaustauschalgorithmus vorsieht.

3. Client und Server haben sich auf eine Cipher Suite geeinigt, die Fortezza als Schlüsselaustauschalgorithmus beinhaltet.

4. Der im Server-Zertifikat enthaltene öffentliche Schlüssel darf nur zum Signieren verwendet werden.

5. Client und Server haben sich auf eine Export Cipher Suite geeinigt und der Verschlüsselungsschlüssel des Servers ist länger als 512 bit.

Der Server generiert in diesen Fällen ein geeignetes RSA-Schlüsselpaar, DH-Schlüssel bzw. eine Fortezza-Zufallszahl. Die Signatur der Parameter gewährleistet nicht nur ihre Integrität und Authentizität, sondern bindet sie auch an dieses Handshake, wodurch ein Schutz gegen Replay-Angriffe erreicht wird. Anonyme Cipher Suites bieten diesen Schutz nicht.

Certificate Request

Ein authentifizierter Server kann vom Client verlangen, dass dieser sich ihm gegenüber authentifiziert. Dazu sendet er dem Client die Nachricht `Certificate Request`. Sie enthält:

- die Liste mit den zum Schlüsselaustauschalgorithmus der Cipher Suite passenden und vom Server akzeptierten zertifizierten Schlüsseltypen in der von ihm bevorzugten Reihenfolge. Zur Auswahl stehen u. a. RSA, DSA, DH_RSA, DH_DSA und Fortezza.
- die Liste mit den DER-kodierten *Distinguished Names* der vom Server akzeptierten Certification Authorities in der von ihm bevorzugten Reihenfolge.

Server Hello Done

Mit dem Server Hello Done signalisiert der Server dem Client, dass er mit dem Hello-Teil des Handshakes fertig ist und auf die entsprechenden Antworten vom Client wartet.

Client Certificate

Verlangt der Server vom Client, sich zu authentifizieren, so muss nun der Client dem Server eine X.509v3-Zertifikatskette senden. Die Zertifikatskette hat das gleiche Format wie die des Servers, mit dem Client-Zertifikat an erster Position, das einen Schlüssel eines vom Server gewünschten Typs enthält, und einem vom Server akzeptierten Certification-Authority-Zertifikat zuletzt. Stehen mehrere Kandidaten zur Auswahl, so muss jeweils der erste Kandidat aus den Listen der Certificate-Request-Nachricht genommen werden. Hat der Client keine geeignete Zertifikatskette, antwortet er mit einer no_certificate-Warnung. Der Server kann daraufhin die Verbindung abbrechen, falls er auf die Client-Authentifizierung besteht.

Client Key Exchange

Die Nachricht Client Key Exchange dient der Generierung eines Pre-Master-Secrets (PMS), das nur noch dem Client und dem Server bekannt ist. Der Inhalt dieser Nachricht ist abhängig vom Schlüsselaustauschalgorithmus der Cipher Suite, auf die sich die beiden Kommunikationspartner geeinigt haben:

- *RSA*
  Der Client generiert das Pre-Master-Secret, das aus der größtmöglichen SSL-Protokoll-Versionsnummer, die der Client sprechen will, und einer 46 byte langen Zufallszahl besteht, und verschlüsselt es mit dem öffentlichen Verschlüsselungsschlüssel des Servers, der entweder im Zertifikat des Servers enthalten war oder den er mit der Nachricht Server Key Exchange erhalten hatte. Dadurch kann nur noch der Server das *Pre-Master-Secret* entschlüsseln. Die Versionsnummer dient der Verhinderung von solchen Angriffen, bei denen ein Angreifer versucht, Client und Server zum Benutzen einer älteren (potentiell unsicheren) Protokollversion zu bewegen. Der Server muss dazu überprüfen, dass diese Versionsnummer mit der aus dem Client Hello übereinstimmt.
- *Fortezza*
  Der Client generiert mit Hilfe des Schlüsselaustauschalgorithmus Fortezza

(*KEA*) einen Token-Verschlüsselungsschlüssel (*TEK*). Parameter sind der zertifizierte öffentliche Wert des Kommunikationspartners und private Werte im eigenen Token. Anschließend generiert der Client symmetrische Schlüssel und Initialisierungsvektoren für sich und für den Server sowie das *Pre-Master-Secret* und verschlüsselt diese jeweils mit dem TEK. All diese Daten schickt er dann gemeinsam mit den vom KEA des Servers zur Generierung des TEK benötigten Informationen, die er zuvor noch signiert, an den Server. Der Server kann daraufhin den TEK generieren und mit diesem das *Pre-Master-Secret* und die symmetrischen Schlüssel und Initialisierungsvektoren beider Kommunikationspartner entschlüsseln. Der Grund dafür, dass hier die symmetrischen Schlüssel und Initialisierungsvektoren nicht aus dem *Pre-Master-Secret* gewonnen werden, sondern getrennt generiert werden, liegt darin, dass bei Fortezza keine unverschlüsselten Schlüssel außerhalb des Tokens zur Verfügung stehen. Das aus dem *Pre-Master-Secret* abgeleitete *Master-Secret* dient also nur noch der Generierung der MAC-Geheimnisse.

Da nun die beiden Kommunikationspartner über ein gemeinsames Geheimnis verfügen, können sie jetzt aus diesem die vom Record-Protokoll benötigten Sicherheitsparameter berechnen: Symmetrische Schlüssel, eventuelle Initialisierungsvektoren, falls man sich auf einen symmetrischen Verschlüsselungsalgorithmus im CBC-Modus geeinigt hat, und die MAC-Geheimnisse. Dazu wird zunächst das 48 byte große *Master-Secret (MS)* für die Session berechnet. Aus diesem Master-Secret wird dann ein Block mit Schlüsselmaterial generiert, dessen Größe von der Länge der benötigten Sicherheitsparameter abhängt.

Da in die Generierung des Schlüsselmaterials außer dem Master-Secret der der aktuellen Verbindung zugeordneten Session auch Client- und Server-Challenges einfließen, gewährleistet dies die kryptographische Unabhängigkeit aller einer Session zugeordneten Verbindungen. Aus dem Schlüsselblock werden dann in der angegebenen Reihenfolge MAC-Geheimnis des Clients, MAC-Geheimnis des Servers, symmetrischer Schlüssel des Clients, symmetrischer Schlüssel des Servers, Initialisierungsvektor des Clients und Initialisierungsvektor des Servers in den benötigten Längen „ausgeschnitten". Fortezza gewinnt nur die MAC-Geheimnisse aus dem Schlüsselblock.

Certificate Verify

Im Falle einer Client-Authentifizierung muss der Client noch beweisen, dass er auch tatsächlich der Inhaber des dem Server in der Certificate-Nachricht zugesandten Zertifikats ist. Im Falle eines Schlüsselaustauschs mit RSA erfolgt der Beweis, indem der Client die Nachricht `Certificate Verify` mit seinem privaten Schlüssel signiert, der zu dem im Zertifikat enthaltenen öffentlichen Schlüssel passt. Kann der Server die Signatur mit dem öffentlichen Schlüssel aus dem Client-Zertifikat verifizieren, so ist der Beweis erbracht. Das Signaturformat der Nachricht `Certificate Verify` ist dem Format der Nachricht `Server Key Exchange` ähnlich.

Als nächstes versendet der Client seine Change Cipher Spec-Nachricht und signalisiert damit dem Server, dass er alle nachfolgenden Daten mit der neuen, gerade ausgehandelten Cipher Spec sichern wird.

Client Finished

Die Finished-Nachricht des Clients ist die erste Nachricht, die der Client mit dem soeben vereinbarten symmetrischen Verschlüsselungsalgorithmus, dem symmetrischen Schlüssel und dem MAC-Geheimnis sichert. Sie dient der Sicherung des Handshakes, dessen Nachrichten bis zu diesem Zeitpunkt potentiell unverschlüsselt und nicht durch einen MAC gesichert über das Netz gesendet wurden.

Da die meisten SSL-Implementierungen in der Regel auch *Export Cipher Suites* unterstützen, eventuell sogar Cipher Suites ohne Verschlüsselung und/oder ohne MAC, könnte ein Angreifer versuchen, das Handshake dahingehend zu beeinflussen, dass Client und Server sich auf eine kryptographisch schwächere Cipher Suite einigen als normalerweise. Dazu müsste der Angreifer aktiv zumindest eine Handshake-Nachricht, nämlich das Client Hello, ändern. In diesem Fall berechnen aber Client und Server unterschiedliche Finished-Werte und der Angriff fällt auf. Um seinen Angriff zu verschleiern, müsste der Angreifer das Master-Secret kennen.

Im Falle eines Schlüsselaustauschs mit DH und einer vom Server geforderten Authentifizierung des Clients mittels DH_RSA oder DH_DSA ist der Client bisher den Nachweis seiner im Zertifikat vorgegebenen Identität schuldig geblieben. Dies holt er nun mit der Finished-Nachricht nach. Indem die Finished-Nachricht den gleichen Hash-Wert beinhaltet, den auch der Server berechnet hat, beweist der Client, dass er das gleiche Master-Secret erzeugen konnte, da er den zum öffentlichen, im Zertifikat enthaltenen DH-Wert passenden privaten DH-Wert besitzt.

Nach Versenden der Finished-Nachricht kann der Client mit dem Versenden der Anwendungsdaten beginnen. Nach Überprüfung der Finished-Nachricht des Clients auf Korrektheit sendet der Server seine Change-Cipher-Spec-Nachricht und signalisiert damit seinerseits, dass er alle weiteren Daten dieser Verbindung mit der neuen Cipher Spec sichern wird.

Server Finished

Die Finished-Nachricht des Servers ist die erste Nachricht, die der Server mit dem soeben vereinbarten symmetrischen Verschlüsselungsalgorithmus, dem symmetrischen Schlüssel und dem MAC-Geheimnis sichert. Sie dient nicht nur der Sicherung des jetzt vollständigen Handshakes, sondern auch seiner eigenen Authentifizierung. Dazu muss man sich ins Gedächtnis zurückrufen, dass der Server dem Client bis jetzt lediglich ein Zertifikat gesendet hat. Der Beweis, dass der Server auch tatsächlich der Inhaber dieses Zertifikats ist, stand bis zu diesem Zeitpunkt noch aus. Dieser Nachweis geschieht nun implizit mit der korrekten Berechnung der Finished-Nachricht. Sie hat das gleiche Format wie die Finished-Nachricht des Clients. Nach Versenden dieser Nachricht kann jetzt auch der Server mit dem Versenden von Anwendungsdaten beginnen. Der Client muss die Finished-Nachricht des Servers noch auf Korrektheit prüfen, indem er sie mit seinem eigenen berechneten Wert vergleicht.

Den Nachweis der Identität des Servers durch seine Finished-Nachricht verdeutlicht folgende Induktionskette:

- Indem der Server die korrekten Hash-Werte berechnet, beweist er, dass er das Master-Secret kennt.
- Indem der Server das Master-Secret kennt, beweist er, dass er das Pre-Master-Secret kennt.
- Indem der Server das Pre-Master-Secret kennt, beweist er, dass er den passenden privaten Schlüssel zu dem öffentlichen Schlüssel aus dem Zertifikat besitzt, das er zuvor dem Client gesendet hat, denn nur mit diesem Schlüssel konnte er das vom Client verschlüsselte Pre-Master-Secret wieder entschlüsseln.

Hello Request

SSL sieht weiterhin die Möglichkeit vor, dynamisch neue Sicherheitsparameter für eine Verbindung auszuhandeln. Der Client schickt dazu einfach ein neues Client Hello. Der Server hingegen signalisiert diesen Wunsch mit der Hello-Request-Nachricht und fordert damit den Client auf, ein neues Handshake zu starten.

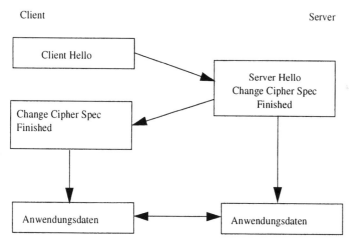

Abb. 5-7 *Verkürztes Handshake in SSL*

Möchte der Client die Sicherheitsparameter einer bereits bestehenden Session benutzen, so teilt er dies dem Server mit, indem er deren Session-ID, Cipher Suite und Kompressionsmethode in sein Client Hello aufnimmt. Ist der Server damit einverstanden, d. h. hat er diese Session noch gespeichert und ist deren is_resumable-Flag gesetzt, so kann ein verkürztes Handshake stattfinden. Die Authentifizierung findet in diesem Fall implizit mit einer Art Passwort statt. Indem Client und Server korrekte `Finished`-Nachrichten generieren, beweisen sie, dass sie das gemeinsame Master-Secret kennen, folglich der gewünschte Kommunikationspartner sind. Andernfalls wird die Verbindung einer neuen Session zugeordnet und ein vollständiges Handshake nach der weiter oben beschriebenen Art und Weise durchgeführt.

5.1.6 Ports für SSL

Die folgende Auswahl an Ports ist von der *Internet Assigned Numbers Authority* (IANA) für die Benutzung von SSL reserviert worden (jeweils für TCP und UDP).

Portnummer	Funktion
261	IIOP Name Service über SSL (NSIIOPS)
443	HTTP über SSL (HTTPS)
465	SMTP über SSL (SMTPS)
563	NNTP über SSL (NNTPS)
614	SSLshell (SShell)
989	FTP-Daten über SSL (FTPS-data)
990	FTP-Kontrollnachrichten über SSL (FTPS)
992	Telnet über SSL (TelnetS)
993	IMAP4 über SSL (IMAPS)
995	POP3 über SSL (POP3S)

Tab. 5-2 Ports für SSL

5.1.7 Probleme von SSL

Die momentan aktuelle Version von SSL ist SSLv3. Diese behebt viele Schwachstellen, die noch in SSLv2 enthalten waren. Bedingt durch die vorgesehene Abwärtskompatibilität von SSLv3 und die vorhandenen Sicherheitslücken in SSLv2 ist SSLv3 potentiell nur genauso (un)sicher wie SSLv2. Will man SSLv3 sicher betreiben, darf man den Abwärtskompatibilitätsmodus nicht implementieren. Aus dem gleichen Grund sollte man von der Verwendung von SSLv2 absehen.

SSL erlaubt, direkt nach dem Versenden der letzten Handshake-Nachricht mit der Übertragung der eigentlichen Anwendungsdaten zu beginnen, ohne die Antwort des Kommunikationspartners abwarten zu müssen. Folgender Angriff ist in einem solchen Fall möglich: Ein Angreifer bringt die beiden Kommunikationspartner dazu, eine schwächere Cipher Suite zu wählen, als dies eigentlich geplant war. Dazu muss er die unverschlüsselte *Client-Hello*-Nachricht entsprechend ändern. Es sei weiterhin angenommen, dass keine Client-Authentifizierung gefordert wird. Der Client beendet das Handshake mit seiner *Finished*-Nachricht. Bevor der Server nun merkt, dass der in der *Finished*-Nachricht enthaltene Hash-Wert sich von seinem selbst berechneten Hash-Wert unterscheidet und den Client warnen kann, dass ein Angreifer das Handshake manipuliert hat, sendet der Client bereits ungenügend gesicherte Daten. Bis der Client das Alert vom Server erhält und die Verbindung abbricht, sammelt der Angreifer die gesendeten Daten.

Weitere Probleme können bei der Zusammenarbeit verschiedener SSLv3-Implementierungen auftreten, verursacht durch Mehrdeutigkeiten in der Protokollspezifikation. Hier sollten sich Entwickler an die Referenzimplementierung SSLRef 3.0 von der Firma Netscape halten. Zu den Bereichen, in denen die Autoren die nötige Sorgfalt bei der Spezifikation des Protokolls vermissen ließen, gehören:

• Keine klare Trennung zwischen Authentifizierungs- und Schlüsselaustauschalgorithmus. Der Authentifizierungsalgorithmus wird vom Schlüsselaustauschalgorithmus, der Bestandteil der Cipher Suite ist, teilweise vorweggenommen. Er soll zum Schlüsselaustauschsalgorithmus „passend" sein. Verstehen Client und Server darunter verschiedene Algorithmen, wird die Verbindung abgebrochen. Dies ist auf SSLv2 zurückzuführen, das nur RSA als Schlüsselaustausch- und Authentifizierungsmethode kennt.

• Bezeichnung der SHA1-Hash-Funktion als SHA. Benutzen der Client SHA und der Server SHA1 als Hash-Funktion oder umgekehrt, so wird das Handshake abgebrochen, da ein Angriff vermutet wird.

• Die Spezifikation erläutert ausführlich den Ablauf einer anonymen Session, bei der RSA zum Schlüsselaustausch verwendet wird, ohne dass eine derartige Cipher Suite definiert ist.

• Die Spezifikation enthält widersprüchliche Aussagen darüber, wann das Record-Protokoll damit beginnt, die Daten mit der ausgehandelten Kompressionsmethode zu komprimieren. Da es bis zu dem heutigen Zeitpunkt keine Kompressionsmethode für SSL gibt, ist diese Funktionalität wohl in letzter Minute in das Protokoll aufgenommen worden. Die Kompressionsmethode muss zur Cipher Spec gehören und nach dem Versenden der `Change-Cipher-Spec`-Nachricht anfangen, die Daten zu komprimieren.

5.1.8 Der SSL-Dämon SSLD

Neben anderen Aufgaben ist im UNIX-Bereich ein sog. *Dämon* dazu in der Lage, Kommunikations- und Transaktions-Logging auszuführen. Für SSL existiert hierzu der Dämon SSLD, der hauptsächlich als SSL-Proxy für nicht SSL-fähige TCP-basierte Anwendungen verwendet wird. Dazu baut der SSLD im Auftrag eines nicht SSL-fähigen Clients mit einem SSL-fähigen Server eine Verbindung auf. Ebenso kann SSLD dazu benutzt werden, als Proxy eine sichere SSL-Verbindung zwischen zwei SSL-fähigen Clients über einen nicht SSL-fähigen Server aufzubauen (siehe Abb. 5-8). Die Syntax für SSLD ist die folgende:

```
SSLD-* [-i] [-D] [-d keydir] [-c conffile] [-c chrootdir]
```

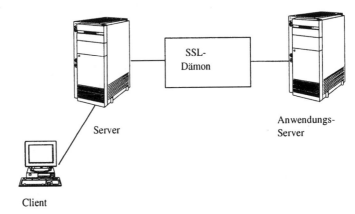

Abb. 5-8 SSL-Proxy vom unsicheren Client zum sicheren Server

Die Bedeutung der Parameter ist in Tab. 5-3 angegeben.

Parameter	Beschreibung
*	Der Asteriskus * kennzeichnet die US-Version, ein x die internationale Version von SSLD.
-i	Interaktiver Modus von SSLD.
-D	Interaktiver Modus mit Verzeichnisinformation.
-d	SSLD liest Schlüssel- und Zertifikatsdateien aus dem Verzeichnis Keydir. Wird diese Option ausgelassen, wird per Default das Verzeichnis /usr/etc/SSL verwendet. SSL speichert in diesem Verzeichnis Zertifikate in der Datei cert.db, Schlüssel in key.db.
-c	Gibt die SSLD-Konfigurationsdatei an. Default: SSLD.conf.
-C	Gibt das Wurzelverzeichnis für SSLD an.

Tab. 5-3 Parameter des Dämons SSLD

Zur Kontrolle der Aktivitäten des SSLD-Dämons kann eine Konfigurationsdatei verwendet werden. Für SSLD besteht diese Datei aus aufeinander folgenden Zeilen, die jeweils die Information für einen Port enthalten, den SSL überwacht. Jede dieser

Zeilen besteht aus 6 Einträgen `port`, `mode`, `acl`, `keyname`, `certname` und `action` der folgenden Form:

Eintrag	Beschreibung
port	Port-Nummer oder Dienstname, den SSLD überwacht. Die weiteren Parameter spezifizieren die Verbindungen dieses Ports.
mode	Gibt die Art der Verbindung an (siehe folgende Tabelle).
acl	Name der Datei, die die Zugriffskontrolle für diesen Port beinhaltet. Ein - gibt an, dass keine derartige Kontrolle existiert. In der Datei steht in jeder Zeile ein Name und die Zugriffsrechte für diesen. Mindestens einer der Namen muss zum Namensfeld des Zertifikats des Clients passen, um die Verbindung zu erlauben.
keyname	Enthält den Namen des Schlüssels, den SSLD aus der Datei key.db ausliest.
certname	Analog der Name des Zertifikats, das in das Datei cert.db steht.
action	Kommandos `forward` oder `exec` (siehe folgende Tabelle).

Tab. 5-4 SSLD-Konfigurationseinträge

Werte des mode-Feldes	Beschreibung
client	SSLD kommuniziert mit der eingehenden Verbindung unverschlüsselt und agiert per SSL-Handshake als Client.
auth-client	Analog, aber der SSLD-Client authentifiziert sich mit dem SSLD-Zertifikat.
server	Die eingehende Verbindung benutzt SSL, die ausgehende wird unverschlüsselt übertragen. SSLD agiert im Handshake als Server.
auth-server	Analog, aber SSLD verlangt vom Client, sich zu authentifizieren. Dazu prüft SSLD die Authentifizierung gegen die in der Zugriffskontrollliste gespeicherte.

Tab. 5-5 Mode-Feld in SSLD

Werte des action-Feldes	Beschreibung
forward	Argument ist ein String der Form host:port, wobei host die IP-Adresse eines Hosts angibt, port den entsprechenden Port auf diesem Rechner. SSLD baut bei einem forward-Kommando eine mit SSL gesicherte Kommunikation mit diesem Rechner auf und schickt alle einkommenden Daten in Abhängigkeit des gesetzten mode-Feldes an diesen weiter.
exec	Pfadname eines Programms, das SSLD ausführen soll, gefolgt vom Programmnamen und möglichen Parametern.

Tab. 5-6 Action-Feld in SSLD

Bei der Konfiguration von SSLD sind folgende Punkte zu beachten:

- Alle als auth-client angegebenen Ports sind vorsichtig einzurichten (evtl. unter Ausnutzung einer vorhandenen Firewall), da jeder, der sich mit einem dieser Ports verbinden kann, eine SSL-Authentifizierung im Namen von SSLD durchführen kann. Diese Art von Port sollte nur verwendet werden, falls unbedingt erforderlich.

- Alle Ports im client-Modus sind vorsichtig einzurichten, da jeder Benutzer, der sich mit diesen Ports verbinden darf, Daten an andere Maschinen schicken darf, als ob er die Maschine wäre, auf der SSLD läuft.

5.2 Secure Shell (ssh)

Die *Secure Shell* (ssh) wurde von Tatu Ylönen von der University of Technology in Helsinki, Finnland, entwickelt, um verschiedene Sicherheitsprobleme bei entferntem Login zu lösen und um sicher auf einer entfernten Maschine arbeiten zu können. In dieser Funktion ist die Secure Shell ein vollwertiger Ersatz für die potentiell unsicheren Berkeley-r-Tools (rlogin, rsh, rcp und rdist) bzw. auch für Telnet. Die ssh bietet unter anderem (siehe ssh-FAQ):

- Erweiterte Authentifizierungsmechanismen
- Verschlüsselung auf dem Datenkanal
- Tunnelung von anderen Protokollen über Port-Umleitungen über den verschlüsselten Kanal
- Maschinenauthentifizierung der beteiligten Kommunikationspartner

ssh wie auch F-Secure ssh verwenden ein generisches Protokoll der Transport Layer Security. Über TCP/IP erwartet ein Server hier Verbindungen normalerweise über den Port 22. Dies ist der offiziell bei der IANA registrierte Port für ssh. Das ssh-Protokoll unterstützt sowohl die Host-Authentifizierung als auch die Benutzer-Authentifizierung, aber auch die Datenkompression, die Vertraulichkeit der Daten und den

Schutz der Integrität. Ein Nachteil von ssh ist allerdings, dass Public Keys eingesetzt werden, die manuell verteilt werden und die vorkonfiguriert sind. Hier wäre der Einsatz einer auf Zertifikaten basierenden Schlüsselverwaltung wünschenswert. Zum Aufbau der Verbindung werden Session Keys mittels des RSA-Mechanismus ausgetauscht. Die eigentliche Verbindung wird mittels symmetrischer Schlüssel (3DES oder auch andere Cipher) verschlüsselt. RSA wird hierbei auch zur Authentifizierung verwendet. Der Schlüssel, der zum Verschlüsseln der Verbindungsschlüssel verwendet wird, wird nie auf der Festplatte gespeichert und üblicherweise stündlich geändert. Für die Rechnerauthentifizierung wird die Verwendung von Dateien als Speicher der öffentlichen Schlüssel der Server, wie auch eine Public-Key-Infrastruktur verwendet. Für die Übergangsphase bis zur weitestgehenden Akzeptanz der ssh als Ersatz für rlogin und Telnet ist auch der Verbindungsaufbau bei unbekanntem öffentlichen Schlüssel des Servers vorgesehen.

Soll die Benutzer-Authentifizierung verwendet werden, so initiiert der Client den Austausch, indem eine Authentifizierungsanforderung an den Server gesendet wird. Dieser Request enthält den Benutzernamen des Anwenders, der sich beim Server anmelden möchte. In Abhängigkeit von der Authentifizierungsmethode kann der Dialog zwischen Client und Server unterschiedlich ablaufen. In der F-Secure ssh in der Version 1.0 werden derzeit die folgenden Authentifizierungsmethoden angeboten:

- *Passwort-Authentifizierung*
  Bei der Passwort-Authentifizierung wird das Passwort des Anwenders über den Kanal übertragen, der transparent durch die ssh verschlüsselt wird.
- *RSA-Authentifizierung*
  Bei der RSA-Authentifizierung sendet der Server eine Challenge an den Client, also eine Zufallszahl, die mit dem Public Key des Anwenders verschlüsselt ist. In diesem Fall muss der Server Zugriff auf eine Datenbank haben, die manuell verteilte und vorkonfigurierte Public Keys registrierter Benutzer enthält. Der Client kann die Challenge nur dann entschlüsseln, wenn er den privaten Schlüssel des Benutzers kennt. Er verlangt daher die temporäre Freigabe des privaten Schlüssels des Anwenders. Um sich gegenüber dem Server zu authentifizieren, muss der Client einen korrekten MD5-Hash-Wert der entschlüsselten Challenge sowie zusätzliche Daten, die das Resultat an die derzeitige Session binden, an den Server senden.

In beiden Fällen muss der Server melden, ob die Authentifizierung erfolgreich verlief oder nicht. Nachdem die Anmeldung erfolgreich abgeschlossen wurde, kann der Client sich bspw. sicher im entfernten System anmelden (slogin), Kommandos ausführen (ssh) oder auch Dateien transferieren (scp).

Die ssh wurde auf nahezu alle existierende UNIX-Systeme portiert. Diese Implementierungen sind kostenlos erhältlich. Für die Windows-Portierung existiert die kommerzielle Implementierung F-Secure ssh (`http://www.datafellows.com`), sowie weitgehend unbekannte frei verfügbare Implementierungen (`http://public.srce.hr/~cigaly/ssh/` bzw. `http://www.cs.hut.fi/ssh`).

Probleme bei der Verwendung von ssh

Die Verschlüsselung bereits beim Verbindungsaufbau erlaubt es nicht, ssh-Verbindungen über SOCKS-Proxies zu leiten. Diese werden üblicherweise auf Übergangsrechnern (auch auf Proxy-Firewalls) zu externen Netzen installiert und erlauben eine Verbindungskontrolle auf Basis einer Positivliste. Sie stellen sich, vereinfacht ausgedrückt, als Man-in-the-Middle dar, der beiden Kommunikationspartnern eine direkte Ende-zu-Ende Verbindung vorspiegelt. Da die ssh eine Ende-zu-Ende-Verschlüsselung bietet, können solche Mechanismen nicht eingesetzt werden. Dies bedeutet, dass man sämtliche Verbindungen vom Port 22 auf dem Firewall freischalten muss. Dies erlaubt es Angreifern, beliebige Verbindungen über diesen freigeschalteten Kanal zu tunneln. Eine Authentifizierung der Verbindung ist schwierig zu erreichen.

5.3 Private Communication Technology (PCT)

Das Protokoll *Private Communication Technology* (PCT) in der Version 1.0 ist ein Sicherheitsprotokoll, das die Abhörsicherheit in der Datenkommunikation über das Internet gewährleisten soll. Wie auch SSL (siehe Kapitel 5.1) wurde das Protokoll dazu entwickelt, Lauschangriffe bei einer Kommunikation in einer Client-Server-Anwendung zu verhindern, wobei Server sich immer authentifizieren müssen und Clients authentifiziert werden können, wenn der Server dies anfordert. PCT wurde vor allem deshalb von der Firma Microsoft entwickelt, um Schwachstellen von SSL in der Version 2 zu verbessern bzw. zu korrigieren. Wie auch SSL fließt PCT in die im Folgenden beschriebene Transport Layer Security (TLS) mit ein.

PCT basiert auf einem zuverlässigen Transportprotokoll (bspw. TCP) zur Übertragung und zum Empfang der Daten. Hierbei arbeitet das PCT-Protokoll aber unabhängig vom Anwendungsprotokoll. Aus diesem Grund kann ein Anwendungsprotokoll (bspw. HTTP, FTP oder Telnet) transparent auf PCT aufgesetzt werden.

PCT besteht wie auch SSL aus zwei Schichten, dem *Record-Protokoll* und dem *Handshake-Protokoll*. Das Record-Protokoll wird dazu verwendet, Handshake-Daten und Anwendungsdaten in PCT-Records (siehe unten) zu kapseln. Das Handshake-Protokoll setzt auf dem Record-Protokoll auf. Im Handshake authentifiziert sich der Server gegenüber dem Client bzw. optional auch umgekehrt. Weiterhin werden hier die Art der Verschlüsselung, MAC-Algorithmen und entsprechende Schlüssel ausgehandelt.

5.3.1 Record-Protokoll

Damit PCT mit SSL kompatibel ist, verwendet das PCT-Protokoll dasselbe grundlegende Record-Format wie SSL. In PCT werden alle gesendeten Daten in einem sog. *Record* gekapselt. Ein Record ist daher ein Objekt, das aus einem Header und den Nutzdaten besteht. Jeder Record-Header beinhaltet ein Längenfeld, das 2 byte oder 3 byte lang sein darf. Wenn das Most-Significant-Bit (MSB) im ersten Byte der Record-Länge gesetzt ist, so wird im Record kein Padding verwendet und die Header-Länge entspricht 2 byte. Anderenfalls wird im Record das Padding verwendet und die Gesamtlänge des Headers entspricht 3 byte. Werden im Header 3 byte verwendet, so kommt dem zweiten Most-Significant-Bit eine spezielle Bedeutung zu. Ist dieses Bit 0, so befördert der Record Nutzdaten. Enthält dieses Bit aber den Wert 1, so wird eine Security-Escape-Sequenz übertragen. In diesem Fall enthält das erste Byte des Records den Typ-Code der Escape-Sequenz. Meist werden zwei Escape-Sequenzen verwendet:

- *Out-of-Band-Daten*
  Out-of-Band-Daten werden üblicherweise auf der Protokollebene von TCP/IP definiert. Aufgrund der Erweiterungen der Abhörsicherheit in PCT und wegen der Unterstützung der Blockverschlüsselung ist dies schwierig zu realisieren. Der Record, der auf einen Escape-Record folgt, wird dann als Out-of-Band-Information interpretiert und dem Empfänger mittels eines (in PCT nicht näher spezifizierten) Mechanismus übergeben, der sich von dem des regulären Datenempfangs unterscheidet. Der Escape-Record und der übertragene Daten-Record werden ansonsten aber regulär mit Verschlüsselung, MAC-Berechnung und Blockchiffre-Padding übertragen.

- *Redo-Handshake*
  PCT erlaubt entweder dem Client oder dem Server, zu jeder Zeit, nachdem die Handshake-Phase für eine Verbindung abgeschlossen wurde, ein erneutes Handshake anzufordern. Jeder Kommunikationspartner muss bspw. eine neue Handshake-Phase anfordern, wenn die in TCP verwendeten Sequenznummern den Wert 0xFFFFFFFF überschreiten. Zusätzlich wird empfohlen, dass alle Implementierungen die Zeitdauer von Verbindungen und Sessions im Hinblick auf die insgesamt übertragenen Bytes, auf die Anzahl der gesendeten Records, auf die Zeit, die seit Beginn der Verbindung oder der Session vergangen ist und im Falle einer Session auf die Anzahl wieder aufgebauter Sessions beschränken. Diese Beschränkung dient dazu, sicherzustellen, dass Schlüssel nur solange verwendet werden, wie ein Sicherheitsmaß gegeben ist. Die Beschränkung hängt daher vor allem vom Typ und von der Stärke des Chiffres, vom verwendeten Schlüsselaustausch und von der Authentifizierung ab.

In jedem Fall beschreibt der Längen-Code, wie viele Daten im zu übertragenden Record enthalten sind. Der Umfang dieser Daten kann hierbei größer sein als der Datenumfang nach der Entschlüsselung, insbesondere, wenn bspw. zur Verhinderung der Verkehrsanalyse das Padding verwendet wird.

5.3.2 Handshake-Protokoll

Wie auch in SSL beginnt das PCT-Protokoll mit einer Handshake-Phase, in der der Verschlüsselungsalgorithmus und (symmetrische) Session-Schlüssel ausgehandelt werden. Weiterhin muss sich der Server mittels zertifizierter Public Keys gegenüber dem Client authentifizieren bzw. optional auch der Client gegenüber dem Server.

Während der Übertragungsphase von Daten des Anwendungsprotokolls werden alle Daten verschlüsselt, indem der Session Key verwendet wird, der während des Handshakes ausgehandelt wurde.

Im Allgemeinen werden im Handshake-Protokoll die Sicherheitserweiterungen für Daten ausgehandelt, die mit dem Record-Protokoll gesendet werden. Diese Erweiterungen beziehen sich auf die Vertraulichkeit der Daten, auf die Authentifizierung und auf die Integrität. Wie auch in SSL unterstützt PCT den Schlüsselaustausch mittels RSA und Diffie-Hellman bzw. mittels des Token-basierten Verfahrens Fortezza.

Das Handshake in PCT besteht aus den folgenden vier Schritten:

1. Der Client sendet ein CLIENT_HELLO an den Server.

2. Der Server antwortet mit einem SERVER_HELLO.

3. Der Client sendet eine CLIENT_MASTER_KEY-Nachricht an den Server.

4. Der Server antwortet mit einer SERVER_VERIFY-Nachricht.

Der generelle Inhalt dieser Nachrichten hängt vor allem davon ab, ob eine Verbindung die Fortsetzung einer früheren Session darstellt oder neu eingerichtet wird, bzw. ob der Client authentifiziert werden muss oder nicht.

Im ersten Schritt sendet der Client ein CLIENT_HELLO an den Server. Diese Nachricht enthält eine 32 bit lange Authentifizierungsanforderung an den Server und die Anforderung des Typs und der Stärke eines kryptographischen Schutzes, der während der Session verwendet werden soll. Insbesondere schickt der Client eine Liste der Verschlüsselungsalgorithmen und Schlüsselaustauschverfahren, der Hash-Funktionen und der Typen der Server-Zertifikate mit, die er unterstützt. Hierbei gibt die Reihenfolge die Präferenz des Clients an.

Im zweiten Schritt antwortet der Server mit einem SERVER_HELLO. Im Fall einer neuen Session enthält diese Nachricht ein Server-Zertifikat und eine zufällig gewählte Verbindungsnummer, die auch als Authentifizierungs-Challenge fungiert, wenn der Server eine Authentifizierung des Clients verlangt. Des Weiteren bestimmt der Server einen Verschlüsselungsalgorithmus, ein Schlüsselaustauschverfahren, eine Hash-Funktion und das Server-Zertifikat mit Hilfe der Liste, die der Client im ersten Schritt übertragen hat. Fordert der Server eine Client-Authentifizierung an, so sendet er in der Antwort eine Liste der entsprechenden Client-Zertifikatstypen und der Signaturalgorithmen in der Reihenfolge seiner Präferenz.

Wird eine neue Session eingerichtet, so sendet der Client im dritten Schritt eine CLIENT_MASTER_KEY-Nachricht an den Server, die den Master-Key der Session enthält. Wie auch schon in SSL unterstützt PCT hierzu das RSA-Verfahren, das Diffie-Hellman-Verfahren und Fortezza. Die im dritten Schritt gesendete Nachricht kann weiterhin ein Client-Zertifikat und eine Antwort an die Authentifizierungs-Challenge des Servers enthalten, wenn der Server eine Client-Authentifizierung verlangt. In diesem Fall signiert der Client die Authentifizierungs-Challenge des Servers mit seinem privaten Schlüssel. Um garantieren zu können, dass Handshake-Nachrichten, die vorher nicht verschlüsselt wurden, nicht kompromittiert wurden, enthält die CLIENT_MASTER_KEY-Nachricht einen verschlüsselten MAC-Wert für die CLIENT_HELLO-Nachricht bzw. für die SERVER_HELLO-Nachricht.

Im vierten Schritt des Handshakes sendet der Server ein SERVER_VERIFY. Diese Nachricht enthält eine zufällig gewählte Session-Identifikationsnummer und eine Antwort auf die Authentifizierungs-Challenge des Clients. Die verschiedenen Schlüssel, die zur kryptographischen Sicherung der Session verwendet werden, können nun auf beiden Seiten aus dem Master-Key abgeleitet werden.

Das PCT-Protokoll spezifiziert keine Einzelheiten über die Verifikation von Zertifikaten im Hinblick auf Certification Authorities oder Widerrufslisten von Zertifikaten. In PCT nimmt man an, dass Protokollimplementierungen Zugriff auf eine „Black Box" haben, die ein Regelwerk beinhaltet, mit dem entschieden werden kann, ob empfangene Zertifikate auf eine Art und Weise Gültigkeit haben, die den Anforderungen des Benutzers entspricht. Ein derartiges Regelwerk kann bspw. einen entfernten Mechanismus beinhalten, der mittels eines vertrauenswürdigen Dienstes konsultiert wird, oder der vom Benutzer mittels einer Textschnittstelle oder mittels einer grafischen Oberfläche nach der Gültigkeit eines Zertifikats befragt wird.

Neben der Verschlüsselung und der Authentifizierung verifiziert das PCT-Protokoll die Integrität von Nachrichten, indem ein Message Authentication Code (MAC) verwendet wird, der auf Hash-Funktionen basiert.

5.3.3 Unterschiede zwischen PCT und SSL

Grundsätzlich ist das Protokollformat von PCT mit dem von SSL in der Version 2 kompatibel. Server, die beide Protokolle implementieren, können zwischen PCT-Clients und SSL-Clients unterscheiden, da das Feld Protokollversionsnummer in beiden Protokollen an derselben Stelle in der ersten Handshake-Nachricht vorkommt. In PCT ist zudem das Most-Significant-Bit (MSB) der Versionsnummer des Protokolls auf den Wert 1 gesetzt.

PCT unterscheidet sich von SSL hinsichtlich des Aufbaus der Handshake-Phase in den folgenden Punkten:

- *Protokolleffizienz*
  Die verwendeten Nachrichtenstrukturen sind erheblich kürzer und auch einfacher aufgebaut als in SSL. Um eine Session ohne Client-Authentifizierung wieder zu starten, genügt es bspw., eine einzige Nachricht in beide Kommunikationsrichtungen zu schicken. In PCT erfordert keiner der Verbindungstypen das Versenden von mehr als zwei Nachrichten in jede Richtung.
- *Parameteraushandlung*
  Die Aushandlung der kryptographischen Algorithmen und der Formate, die in einer Session verwendet werden sollen, wurde in PCT dahingehend erweitert, dass weitere Protokollcharakteristika abgedeckt werden können und auch dahingehend, dass verschiedene Eigenschaften voneinander unabhängig ausgehandelt werden können. In PCT handeln der Client und der Server zusätzlich zu einem

Chiffrierungstyp und dem Typ des Server-Zertifikats den Typ der Hash-Funktion und des Schlüsselaustauschs aus. Wenn eine Authentifizierung des Client angefordert wird, werden weiterhin ein Client-Zertifikat und ein Signaturtyp ausgehandelt.

- *Authentifizierung*
  Die Authentifizierung von Nachrichten wurde dahingehend überarbeitet, dass nun zur Authentifizierung Schlüssel verwendet werden, die sich von denen unterscheiden, die zur Verschlüsselung eingesetzt werden. Schlüssel zur Authentifizierung von Nachrichten können daher wesentlich länger sein als solche, mit denen die Verschlüsselung durchgeführt wird. In PCT kann also sichergestellt werden, dass die Authentifizierung von Nachrichten sehr sicher arbeitet, während die zur Verschlüsselung eingesetzten Schlüssel schwächer oder sogar nicht existent sein können.

- *Challenge Response der Client-Authentifizierung*
  Gegenüber SSL wurde die Challenge Response der Client-Authentifizierung dahingehend überarbeitet, dass sie in PCT vom Cipher-Typ abhängt, der für die Session ausgehandelt wurde. Die Client-Authentifizierung in SSL ist hingegen unabhängig von der Stärke des Chiffres, der in der Session verwendet wird und ebenfalls unabhängig davon, ob die Authentifizierung zur Wiederaufnahme einer Session oder zur Einrichtung einer neuen Session verwendet wird. Bei einem Man-in-the-Middle-Angriff kann dann ein Problem entstehen, wenn ein Angreifer den Session Key für eine Session erhalten hat, die eine schwache Verschlüsselung verwendet. Der Angreifer kann dann die Session, in die er eingebrochen ist, dazu verwenden, um sich als Client für eine Session zu authentifizieren, die eine starke Verschlüsselung verwendet. Wenn bspw. ein Server für bestimmte sicherheitskritische Funktionen nur Sessions anbietet, die mit starker Verschlüsselung arbeiten, so kann ein Angreifer diese Restriktion in SSL leicht umgehen. Es sei aber darauf hingewiesen, dass in der aktuellen SSL-Version dieses Problem mittlerweile behoben ist.

- *Verify Prelude*
  In PCT wurde das Feld `Verify-Prelude` in die Handshake-Phase aufgenommen. Mit Hilfe dieses Feldes können der Client und der Server überprüfen, dass der Chiffretyp und andere Daten, die im Klartext ausgehandelt wurden, nicht kompromittiert wurden. In SSL in der Version 3 existiert ein ähnlicher Mechanismus, der aber aufgrund der Kompatibilität mit SSL in der Version 2 negiert werden kann, indem es Angreifern ermöglicht wird, die Versionsnummern und auch die Chiffretypen zu verändern.

Zusammenfassend lässt sich feststellen, dass SSL 2.0 und PCT 1.0 sehr ähnlich sind. Welches der zwei Protokolle effizienter arbeitet und tatsächlich einen besseren Funktionsumfang anbietet, ist aber schwer einzuschätzen. Sicherlich wäre es sinnvoll, wenn die Firmen Microsoft und Netscape hier enger zusammenarbeiten würden, um gemeinsam einen effizienten Standard zu definieren.

5.4 Transport Layer Security

Ziel des in RFC 2246 [DA99] spezifizierten Protokolls *Transport Layer Security* (TLS) ist es, die Abhörsicherheit und die Integrität der Kommunikation zweier Anwendungen zu garantieren. Hierzu wurden die Spezifikationen von SSL in der Version 3.0, PCT in der Version 1.0 und ssh in der Version 2.0 als Basis von TLS verwendet.

5.4.1 Ziele von TLS

Die Ziele von TLS sind in der Reihe ihrer Wichtigkeit:

1. *Kryptographiesicherheit*
   TLS sollte dazu eingesetzt werden, eine sichere Verbindung zwischen zwei Kommunikationspartnern einzurichten.

2. *Interoperabilität*
   Programmierer sollten unabhängig voneinander in der Lage sein, Anwendungen zu entwickeln, die TLS verwenden und die erfolgreich kryptographische Parameter austauschen können, ohne den Code anderer TLS-Implementierungen zu kennen.

3. *Erweiterbarkeit*
   TLS soll ein Framework darstellen, in das neue Public-Key-Verfahren und sonstige Verschlüsselungsmethoden bei Bedarf integriert werden können. Hierdurch werden auch zwei Unterziele erreicht: Zum einen muss kein neues Protokoll entwickelt werden, wodurch auch neue Schwächen entstehen könnten und zum anderen muss auch jeweils keine neue Security-Library erstellt werden.

4. *Relative Effizienz*
   Kryptographische Operationen sind meist CPU-intensiv, insbesondere die Public-Key-Verfahren. Aus diesem Grund beinhaltet das TLS-Protokoll ein optionales Schema zum Caching von Sessions, um die Zahl der Verbindungen reduzieren zu können, die von Grund auf neu erstellt werden müssen. Zusätzlich wird hierdurch die Netzwerkauslastung reduziert.

5.4.2 Aufbau von TLS

Wie auch SSL in der Version 3.0 besteht TLS aus zwei Schichten, wobei während der Standardisierung entschieden wurde, TLS an SSL auszurichten und nicht an PCT oder ssh:

* dem Record Protocol und
* dem Handshake Protocol.

Record Protocol in TLS

Aufsetzend auf einem zuverlässigen Transportprotokoll (bspw. TCP) ist das *Record Protocol* angesiedelt. Dieses Protokoll realisiert die Kommunikationssicherheit bzw. speziell die folgenden Eigenschaften:

- *Abhörsicherheit der Verbindung*
  Hierbei wird die symmetrische Verschlüsselung eingesetzt, bspw. DES [X3.83] oder RC4 [Ince]. Die Schlüssel werden hierbei für jede Verbindung neu generiert und basieren auf einem Master-Secret, das von einem anderen Protokoll, bspw. vom Handshake Protocol von TLS, ausgehandelt wird. Das Record Protocol kann auch ohne Verschlüsselung verwendet werden.
- *Zuverlässigkeit der Verbindung*
  Der Nachrichtentransport über das Record Protocol beinhaltet eine Integritätsprüfung, die einen MAC verwendet. Sichere Hash-Funktionen (bspw. SHA oder MD5) werden zur Berechnung des MAC eingesetzt. Das Record Protocol kann auch ohne MAC operieren, wird aber meist nur in diesem Modus verwendet, wenn ein anderes Protokoll das Record Protocol als Transportmedium zur Aushandlung von Sicherheitsparametern verwendet.

Der Ablauf des Record-Protokolls besteht daher beim Senden aus der Kompression der Daten (Hash-Wert), der Verschlüsselung und der Authentifizierung, wobei auch die hierzu notwendigen Parameter festgelegt werden (Schlüssel, MAC und Initialisierungsvektoren). Grundsätzliche Elemente des Record-Protokolls sind auch die Lese- bzw. Schreibrechte von Daten. Diese Rechte können mit Hilfe des im Folgenden beschriebenen Handshake-Protokolls geändert werden.

Das Record Protocol in TLS wird insbesondere zur Kapselung von verschiedenen Protokollen der höheren Schichten verwendet. Eines dieser gekapselten Protokolle ist das Handshake Protocol von TLS.

Handshake Protocol in TLS

Das Handshake Protocol von TLS erlaubt es dem Server und dem Client, sich zu authentifizieren und einen Verschlüsselungsalgorithmus und Schlüssel auszuhandeln, bevor das Anwendungsprotokoll Daten sendet oder empfängt. Das Handshake Protocol von TLS realisiert die Verbindungssicherheit insbesondere mit den folgenden Parametern:

- *Identität des Partners*
  Die Identität des Partners kann authentifiziert werden, indem ein asymmetrisches oder ein Public-Key-Verschlüsselungsverfahren, bspw. RSA [RSA78] oder DSS [NIS94a] verwendet wird. Die Authentifizierung kann hierbei optional sein, wird aber in der Regel für mindestens einen der beiden Kommunikationspartner vorgeschrieben.

- *Aushandlung eines sicheren gemeinsamen Geheimnisses*
  Die Aushandlung eines gemeinsamen Geheimnisses erfolgt in einem sicheren Modus. Das ausgehandelte Geheimnis kann nicht abgehört werden und kann für eine einmal authentifizierte Verbindung auch nicht durch eine Man-in-the-Middle-Attacke ausgespäht werden.

- *Zuverlässigkeit*
  Die Aushandlung ist zuverlässig, da kein Angreifer die Aushandlung der Kommunikation modifizieren kann, ohne von den Kommunikationspartnern entdeckt zu werden.

Eigenschaften, die vom Handshake-Protokoll ausgehandelt werden, sind also insbesondere der Bezeichner einer Session, ein Zertifikat, eine Kompressionsmethode (Hash-Funktion), eine Cipher Spec, ein Master-Key und ein Flag, das anzeigt, ob eine einmal unterbrochene Session wieder aufgenommen werden kann, bzw. ob neue Verbindungen mit den existierenden Daten erstellt werden können. Diese Funktion wurde bereits im Rahmen von SSL vorgestellt.

Das Handshake-Protokoll besteht aus den folgenden Teilprotokollen (siehe auch SSL):

- *Alert-Protokoll*
  Das Alert-Protokoll wird dazu verwendet, Alarmnachrichten zu verschicken, die die Wichtigkeit der Nachricht und eine Beschreibung des Alarmtyps enthalten. Auch Alert-Nachrichten werden komprimiert, authentifiziert und verschlüsselt. Hierbei werden die Parameter angewendet, die durch den Status der gerade verwendeten Verbindung angegeben sind.

- *Change-Cipher-Spec-Protokoll*
  Mittels des Change-Cipher-Spec-Protokolls kann eine CHANGECIPHERSPEC-Nachricht versendet werden. Mittels dieser Nachricht können der Server bzw. der Client die Änderung einer Cipher Spec anfordern, nachdem die Sicherheitsparameter ausgehandelt wurden, aber bevor die FINISHED-Nachricht gesendet wurde, die der Verifikation dient.

- *Handshake-Protokoll*
  Das eigentliche Handshake-Protokoll wird wie in SSL dazu verwendet, einen Sitzungsstatus auszuhandeln. Wenn ein Client eine Kommunikation mit einem Server aufnimmt, werden die folgenden Informationen ausgehandelt:
  - Protokollversion
  - Auswahl kryptographischer Algorithmen
  - Optionale gegenseitige Authentifizierung
  - Erzeugung eines Master-Secrets und eines Session Keys mittels Public-Key-Verfahren

Nach der Durchführung des Handshakes können der Client und der Server ähnlich wie in SSL Anwendungsdaten austauschen. Die Nachrichten werden hierbei durch das Record-Protokoll befördert, also fragmentiert, komprimiert, authentifiziert und entsprechend verschlüsselt. Dies erfolgt als Dienst für das Handshake-Protokoll transparent.

Einer der Vorteile von TLS liegt in der Tatsache, dass das Protokoll unabhängig von der Art des Anwendungsprotokolls ist. Die Protokolle der höheren Schichten können daher auf dem TLS-Protokoll transparent aufgesetzt werden. Es muss aber beachtet werden, dass der TLS-Standard nicht spezifiziert, wie Protokolle mittels TLS sicherer gemacht werden können. Die Entscheidung, wie das Handshake in TLS initiiert werden soll und wie die ausgetauschten Authentifizierungszertifikate interpretiert werden müssen, liegt daher beim Entwickler von den Protokollen, die auf TLS aufsetzen.

5.4.3 TLS und SSL

TLS basiert auf der von der Firma Netscape veröffentlichten Protokollspezifikation SSL 3.0. Die Unterschiede zwischen TLS und SSL 3.0 sind zwar nur klein, aber doch so gravierend, dass TLS in der Version 1.0 und SSL in der Version 3.0 nicht zusammenarbeiten können. Dies mag überraschend erscheinen, wenn man bedenkt, dass TLS 1.0 einen Mechanismus beinhaltet, mit dem eine TLS-Implementierung auf SSL 3.0 abgebildet werden kann. Man mag sich nun fragen, warum mit SSL und TLS zwei Mechanismen existieren, die bis auf kleinere Unterschiede denselben Funktionsumfang aufweisen. Dies liegt aber vor allem daran, dass TLS eher unabhängig von einer kommerziellen Firma zu sehen ist.

Die Unterschiede zwischen TLS 1.0 und SSL 3.0 sind im Einzelnen:

- In TLS 1.0 wird das HMAC-Konstrukt, das von der Working Group IPsec der IETF entwickelt wurde, in einer leicht veränderten Version verwendet.
- In TLS wird das Token-basierte Schlüsselaustauschverfahren Fortezza nicht verwendet, da es proprietär ist und eine unveröffentlichte Technologie darstellt.
- Das Record Protocol und das Handshake Protocol von TLS werden separiert und in einzelnen Dokumenten standardisiert.

Nach Durchführung dieser Modifikationen wurde das TLS-Protokoll im Jahr 1997 als Internet-Draft spezifiziert.

Ein Problem vieler Sicherheitsprodukte liegt darin, dass amerikanische Entwicklungen aufgrund der strengen Exportkontrollen der USA nur unter großen Schwierigkeiten exportiert werden können. Im Folgenden wird die Server Gated Cryptography vorgestellt, ein Produkt, das in seiner internationalen Version eine starke Verschlüsselung bereitstellt.

5.5 Server Gated Cryptography

Das Konzept der *Server Gated Cryptography* (SGC) wurde dazu entwickelt, um Finanzeinrichtungen dahingehend zu unterstützen, dass Sessions des Online-Bankings mit einer starken 128 bit-Verschlüsselung geschützt werden können. Bis heute war es aufgrund der strengen Exportbestimmungen der USA unmöglich, Banken und andere Finanzdienstleister weltweit mit Sicherheitskonzepten für das World Wide Web auszustatten, die in Nordamerika entwickelt wurden. Mittels SGC kann eine starke Verschlüsselung angeboten werden, die weltweit verfügbar ist. SGC wurde im Hinblick auf eine Erweiterung von SSL bzw. von TLS entwickelt. Im Folgenden ist der Entwurf der Firma Microsoft dargestellt. Es existieren auch andere SGC-Entwicklungen, bspw. der Ansatz der Firma Netscape, die jedoch im Wesentlichen ähnlich arbeiten. Die Unterschiede zwischen den Entwicklungen der Firmen Microsoft und Netscape sind im Folgenden dargestellt.

SGC ist eine Erweiterung des SSL-Protokolls (siehe Kapitel 5.1), das für sichere Sessions im Internet eingesetzt wird. Im Unterschied zu SSL, das in einer internationalen Version mit Schlüsseln von 40 bit arbeitet bzw. in einer nordamerikanischen Form mit Schlüsseln der Länge 128 bit, steht mit SGC ein Produkt zur Verfügung, das weltweit mit Schlüsseln der Länge 128 bit arbeitet. Dies ist vor allem deshalb möglich, da das U. S. Department of Commerce entschieden hat, den Export von Produkten mit starker Verschlüsselung in den Fällen zu erlauben, in denen der Einsatz auf Finanzdienstleister eingeschränkt werden kann.

Indem SGC eingesetzt wird, können Finanzdienstleister sichere Internet-Dienste anbieten, ohne dass die Software des Webbrowsers oder des Servers geändert werden muss.

SGC ist eine Technologie, die es einem Web-Client bzw. der Server-Software erlaubt, dynamisch die Verschlüsselungsstärke einer SSL-Session zu bestimmen. Die Implementierung von SGC erfolgt daher auch als Erweiterung des SSL-Protokolls und des damit in Zusammenhang stehenden TLS-Protokolls (siehe Kapitel 5.4). Um SGC verwenden zu können, müssen sowohl der Client als auch der Server die Software ausführen, die SGC implementiert. Weiterhin muss die Bank, die SGC einsetzt, ein digitales Zertifikat verwenden, das von einer Certificate Authority (CA) stammt.

Richtet ein Kunde eine Verbindung mit einer Web-Site ein, die mit SGC gesichert ist, so initiieren die Software des Browsers und die des Webservers zunächst eine reguläre SSL-Verbindung. Während des Handshakes dieser Session überprüft der Client das digitale Zertifikat des Servers und analysiert, ob im Zertifikat spezielle Daten enthalten sind, die anzeigen, dass der Server an einer SGC-Session teilnehmen kann. Befinden sich derartige Daten nicht im Zertifikat des Servers, so findet eine Aushandlung einer regulären SSL-Session statt, die mit Schlüsseln der Länge 40 bit abgesichert wird. In dem Fall jedoch, in dem derartige spezielle Daten im Zertifikat enthalten sind, setzt der Client das Handshake zurück und handelt eine neue Session aus, indem er einen der folgenden Algorithmen bzw. dazugehörigen Schlüssel verwendet:

- 128 bit RC4
- 128 bit RC2
- 56 bit DES
- 3Key 3DES

Als Erweiterung des SSL-Protokolls in der Version 3 liegt der wichtigste Unterschied zwischen SGC und SSL im Ablauf des Handshakes. Nachdem das Handshake einmal beendet ist, arbeiten SSL und SGC in exakt derselben Art und Weise. Zur besseren Vergleichbarkeit von SSL und SGC wird zunächst der schematisierte Ablauf von SSL wiederholt:

1. Client sendet CLIENT-HELLO an Server.

2. Server antwortet mit SERVER-HELLO und Zertifikat.

3. Client verifiziert Server-Zertifikat, extrahiert den öffentlichen Schlüssel aus dem Zertifikat, wählt einen Verschlüsselungsalgorithmus c aus, erzeugt einen Session Key k und sendet k an den Server, wobei hierzu k mit dem öffentlichen Schlüssel des Servers verschlüsselt wird. Hierzu sendet der Client eine CHANGECIPHERSPEC-Nachricht.

4. Anschließend sendet der Client eine FINISHED-Nachricht, die mit dem Session Key verschlüsselt ist.

5. Der Server antwortet mit einer CHANGECIPHERSPEC-Nachricht, die er mit dem Session Key verschlüsselt.

6. Der Server schließt das Handshake mit einer FINISHED-Nachricht ab, die ebenfalls mit dem Session Key verschlüsselt ist.

In SGC beginnt das Handshake als reguläres SSL-Handshake. Wenn der Client jedoch das Zertifikat des Servers untersucht, so findet er einen speziellen Wert in einem der Felder des Zertifikats (Feld Key Usage), der angibt, dass es sich in diesem Fall um ein SGC-Zertifikat handelt. Der Client setzt dann das Handshake zurück und beginnt ein neues Handshake mit einem Verschlüsselungsalgorithmus, der Schlüssel der Länge 128 bit verwendet. Dies geschieht in den folgenden Schritten:

1. Client sendet CLIENT-HELLO an Server.

2. Server antwortet mit SERVER-HELLO und Zertifikat.

3. Client verifiziert Server-Zertifikat und stellt fest, dass es sich um ein SGC-Zertifikat handelt. Der Client sendet nun eine RESET-Nachricht an den Server.

4. Client sendet neues CLIENT-HELLO an Server.

5. Server antwortet mit SERVER-HELLO und Zertifikat.

6. Client verifiziert Server-Zertifikat, extrahiert den öffentlichen Schlüssel aus dem Zertifikat, wählt einen 128 bit-Verschlüsselungsalgorithmus c aus, erzeugt einen Session Key k und sendet k an den Server, wobei hierzu k mit dem öffentlichen Schlüssel des Servers verschlüsselt wird. Hierzu sendet der Client eine CHANGE-CIPHERSPEC-Nachricht.

7. Anschließend sendet der Client eine FINISHED-Nachricht, die mit dem Session Key verschlüsselt ist.

8. Der Server antwortet mit einer CHANGECIPHERSPEC-Nachricht, die er mit dem Session Key verschlüsselt.

9. Der Server schließt das Handshake mit einer FINISHED-Nachricht ab, die ebenfalls mit dem Session Key verschlüsselt ist.

Um SGC verwenden zu können, muss der Finanzdienstleister ein gültiges digitales SGC-Zertifikat in der Software des Webservers installiert haben. Um ein solches Zertifikat zu erhalten, muss ein Finanzdienstleister aber zuerst seine Bonität beweisen. Üblicherweise erfolgt dies, indem eine Nummer der Firma Dun & Bradstreet bzw. eine Nummer der American Banking Association angegeben werden. Eine weitere Möglichkeit besteht darin, Dokumente einer staatlichen Einrichtung vorzulegen, die beweisen, dass eine Institution als Finanzdienstleister arbeiten darf. Diese Art der Beweisführung ist vor allem daher nötig, da hiermit die Auflagen, die das U.S. Department of Commerce an den Export von SGC-Lizenzen knüpft, erfüllt werden können. Die Hauptbedingung hierfür ist eben die Tatsache, dass es sich beim Anwender um einen Finanzdienstleister handelt. Ausnahmen hierfür sind Banken und Finanzdienstleister, die in Ländern angesiedelt sind, die einem Embargo der USA unterliegen. Nachdem ein derartiges Zertifikat ausgestellt wurde, kann es in derselben Art und Weise installiert werden, wie ein SSL-Zertifikat.

Implementierungen von SGC

Die Firma Netscape hat eine unterschiedliche Implementierung von SGC vorgeschlagen. Wie auch bei der Implementierung der Firma Microsoft liegen die Unterschiede zwischen SGC und SSL in der veränderten Handshake-Sequenz. In der Implementierung der Firma Netscape führen der Client und der Server zunächst ein vollständiges SSL-Handshake durch. Der Client untersucht anschließend das Zertifikat des Servers und stellt fest, ob es sich um ein SGC-Zertifikat handelt. Ist dies der Fall, so wird die Verbindung zurückgesetzt und eine neue Handshake-Sequenz initiiert, wobei nun eine Session mit einer 128 bit-Verschlüsselung gewählt wird.

Obwohl sowohl Microsoft als auch Netscape dasselbe Zertifikatsfeld dazu verwenden, um anzugeben, dass eine SGC-Session eingerichtet werden soll, unterscheiden sich die Werte, die in diesem Feld platziert werden. Durch diesen Unterschied wird es ermöglicht, dass die Software des Clients und des Servers herausfinden könne, welche Handshake-Sequenz verwendet werden soll. Die Firma Microsoft hat weiterhin die SGC-Implementierung der Firma Netscape in ihrer Software für Client und Server integriert. Netscape verwendet einen ähnlichen Ansatz, wodurch es möglich wird, dass die Produkte beider Firmen interoperabel arbeiten können.

5.6 Zusammenfassung

In diesem Kapitel wurden die Sicherheitsdienste und die Sicherheitsmechanismen vorgestellt, die auf der Ebene der Transportschicht eine Rolle spielen. Basis für diese Entwicklungen ist das Protokoll SSL. Ausgehend hiervon wurden auch die Protokolle ssh, PCT und TLS erläutert. Das am Ende dieses Kapitels erläuterte Protokoll SGC ermöglicht es Finanzdienstleistern, eine starke Verschlüsselung unabhängig von den strengen Exportkontrollen der USA zu verwenden.

Nach der Lektüre dieses Kapitels sollte der Leser die besondere Bedeutung kennen, die dem Protokoll SSL zukommt. Auch das Problem des Exports von Verschlüsselungsmechanismen, die in den USA entwickelt werden, sollte verstanden sein. Ansätze, die dieses Problem zu umgehen versuchen, liegen mittlerweile vor. Ein Beispiel hierfür ist SGC.

Application Layer Security

In den beiden vorangegangenen Kapiteln wurden Sicherheitsmechanismen auf den Schichten bis zur Transportebene eines Kommunikationssystems vorgestellt. Im Folgenden wird die Sicherheit auf der Ebene der Anwendungsschicht erläutert. In der Anwendungsschicht sind, wie in Kapitel 1 beschrieben, eine Vielzahl von Diensten angeordnet. Hierzu zählt die WWW-Kommunikation nach dem HTTP-Protokoll, der Dateitransfer, E-Mail und Telnet, aber auch Dateisysteme.

Sollen diese Dienste gegen Angriffe gesichert werden, so bieten sich grundsätzlich drei Möglichkeiten an. Zum einen können die gesicherten Dienste der darunter liegenden Schichten verwendet werden, Sicherheitsmechanismen in die Anwendungsprotokolle integriert werden oder die Inhalte der Kommunikation vor der Übertragung verschlüsselt und dann über eine ungesicherte Kommunikationsverbindung übertragen werden. Die Fragestellung lautet also grundsätzlich, auf welcher Schicht die Sicherheitsmechanismen lokalisiert werden sollen. Im Folgenden werden die verschiedenen Möglichkeiten zunächst allgemein vorgestellt. Im Anschluss daran werden dann einzelne Internet-Dienste erklärt und die jeweiligen Lösungen, die dem Leser zur Absicherung von Internet-Diensten zur Verfügung stehen, beschrieben. Im folgenden Kapitel 7 werden anschließend komplexere Anwendungen vorgestellt, die im Internet angeboten werden. Dabei erfolgt bei diesen Anwendungen zumeist ein integrierter Einsatz mehrerer Sicherheitsmechanismen.

Der Leser soll durch dieses Kapitel dafür sensibilisiert werden, dass eine Vielzahl von Diensten im Internet ohne Verwendung spezieller Anwendungen, die kryptographische Verfahren implementieren, unsicher sind. Er sollte zudem in die Lage versetzt werden, sichere Applikationen auszuwählen, und zu erkennen, wo er selbst manuell kryptographische Verfahren anwenden muss.

6.1 Sichere Dienste der Anwendungsschicht

Wie einleitend bereits erläutert, soll nun die Fragestellung erörtert werden, welche Sicherheitsmechanismen der unteren Schichten zur Sicherung von Internet-Diensten verwendet werden können bzw., ob in der Anwendungsschicht neue Mechanismen notwendig sind. Grundsätzlich bestehen viele Möglichkeiten, eine Anwendung zu sichern (siehe auch Abb. 6-1). Daher werden zunächst allgemein die zur Verfügung stehenden Möglichkeiten erläutern und deren Vor- und Nachteile diskutiert.

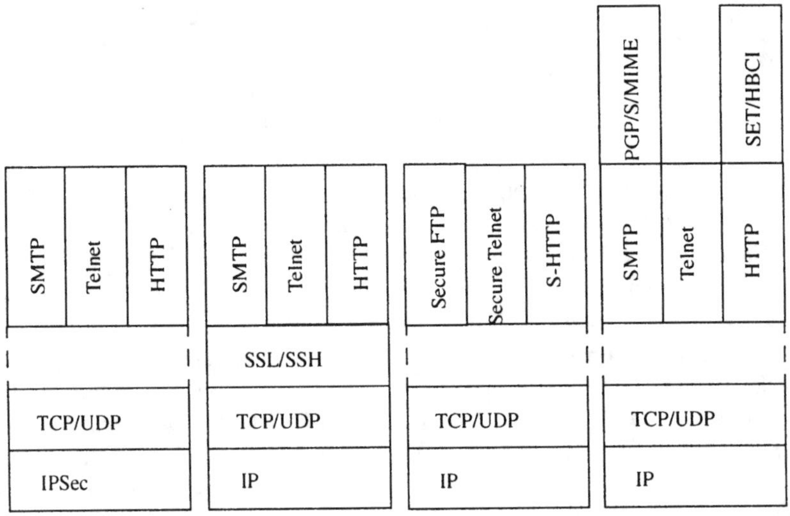

Abb. 6-1 Möglichkeiten der Sicherung von Anwendungen

Nutzung von Sicherheitsmechanismen auf Ebene der Sicherungsschicht

Im Rahmen der Sicherungsschicht wurden bereits einige Sicherheitsmechanismen vorgestellt. Diese sichern aber nur die Verbindung zwischen zwei benachbarten Rechnern im Internet, wie ja auch die Protokolle der Sicherungsschicht nur zwischen zwei benachbarten Rechnern kommunizieren. Es wird somit keine Ende-zu-Ende-Sicherheit realisiert. Der Anwender kann keinerlei Einfluss auf die Art der Sicherheit nehmen. Vielmehr werden die Mechanismen vom jeweiligen Netzbetreiber eingesetzt, um bspw. den Datenverkehr auf einer Funkstrecke abzusichern. Sicherheitsmechanismen auf der Ebene der Sicherungsschicht sind also zur Sicherung von Internet-Diensten weitestgehend ungeeignet.

Nutzung von Sicherheitsmechanismen auf Ebene der Vermittlungsschicht

In der Vermittlungsschicht wurde IPsec als wichtigstes Verfahren zur Sicherung der Kommunikation im Internet vorgestellt. Über eine mittels IPsec gesicherte Verbindung können Anwendungen sicher kommunizieren. Da IPsec von UDP oder TCP direkt genutzt wird (IPsec ersetzt in diesem Fall IP), bleibt diese Änderung für die Anwendungen völlig transparent. Die Anwendungen müssen somit zum Zweck der Implementierung von Sicherheit nicht modifiziert werden, haben aber andererseits keine Möglichkeit der Einflussnahme auf die ausgewählten Sicherheitsmechanismen.

Es ist z. B. möglich, mittels des *Simple Mail Transfer Protocols* (SMTP) sicher E-Mails zu versenden oder mittels des Hypertext Transfer Protocols (HTTP) sicher auf WWW-Dokumente zuzugreifen, wie in Abb. 6-1 dargestellt. HTTP baut, wie in Kapitel 1.3.7 beschrieben, mehrere TCP-Verbindungen auf, die dann jeweils eine IPsec-Verbindung nutzen können. Webbrowser und Webserver müssen zu diesem Zweck nicht verändert werden. Ein Nachteil besteht darin, dass der gesamte Datenverkehr zwischen zwei Rechnern mittels IPsec geschützt wird, da IP-Pakete und auch IPsec-Pakete keine Port-Adresse enthalten und somit auch kein Dienst identifiziert werden kann. Dies kann z. B. bei einem Zugriff auf einen Webserver sehr ineffizient sein kann, da diese Daten oftmals öffentlich verfügbar sind und eigentlich nicht vertraulich behandelt werden müssen.

IPsec weist für Anwendungsdienste im Internet einen weiteren großen Nachteil auf, der in der komplexen Schlüsselverwaltung begründet liegt. Es ist heute leider noch nicht Realität, dass alle Internet-Teilnehmer, seien es Anbieter oder Kunden, über einen zertifizierten öffentlichen Schlüssel verfügen und dieser in Verzeichnisdiensten abfragbar ist (vgl. Kapitel 2.7). Ein solches Zertifikat wird aber für eine gesicherte Kommunikation über IPsec benötigt. Daher wird IPsec zumeist nicht für die allgemein angebotenen Internet-Dienste verwendet und es kommen weitere Alternativen zum Einsatz.

Nutzung von sicheren Transportverbindungen

In der Transportschicht wurde SSL als wichtigstes Protokoll vorgestellt. Es bietet die Möglichkeit, sicher zwischen Diensten auf entfernten Rechnern zu kommunizieren. In ähnlicher Weise wie über IPsec kann eine Anwendung auch auf SSL zugreifen und eine sichere SSL-Verbindung nutzen. Tatsächlich wurde SSL gerade dazu entwickelt, um die HTTP-Kommunikation zwischen Webserver und Web-Client abzusichern. Die sicherheitsspezifischen Anforderungen, die ein Anwender an Dienste im WWW stellt, sind in Kapitel 6.2 im Detail beschrieben.

Ein wesentlicher Vorteil der Verwendung von Sicherheitsmechanismen auf Ebene der Transportschicht besteht darin, dass jeder Dienst bzw. jede Anwendung unabhängig entscheiden kann, ob eine gesicherte oder eine ungesicherte Transportverbindung genutzt wird. Durch die Anordnung von SSL zwischen der Anwendungsschicht und der Transportschicht kann der Dienst der Anwendungsschicht SSL direkt nutzen und ist somit auch in der Lage, Einfluss auf die Auswahl der Sicherheitsmechanismen zu nehmen. So handeln bei SSL Client und Server die kryptographischen Parameter untereinander aus. Dazu wird zumeist die SSL-Implementierung mit in die Anwendung integriert. Des Weiteren kann die Anwendung selbst bestimmen, welche Transportverbindung abgesichert wird. So muss bspw.

nicht jede HTTP-Verbindung gesichert werden, sondern nur solche, die vertrauliche Daten übertragen.

Die Nutzung von Sicherheitsmechanismen auf Ebene der Transportschicht bringt aber einen allgemeinen Nachteil mit sich. Dieser liegt darin begründet, dass diese Protokolle TCP und UDP verwenden und damit die IP-Adressen und Port-Nummern unverschlüsselt übertragen werden. Somit kann ein Angreifer über eine Analyse des Kommunikationsverhaltens unter Umständen interessante Informationen über die verwendeten Anwendungen gewinnen. Bei IPsec hingegen werden die Port-Nummern ebenfalls verschlüsselt. Somit erfährt ein potentieller Angreifer nur, dass zwischen zwei Rechnern Daten ausgetauscht werden. Er kann aber aus einer Analyse der Daten nicht ableiten, um welche Anwendungen es sich handelt.

Weiterhin bietet die Nutzung von Sicherheitsmechanismen auf Ebene der Transportschicht für einige Anwendungen den Nachteil, dass die Daten der Anwendung auf Empfängerseite unverschlüsselt übergeben werden. Dies ist unproblematisch, wenn die Anwendung auf Empfängerseite auch tatsächlich dem Adressaten entspricht. E-Mails werden aber von einem zentralen Mail-Server auf der Ebene der Anwendungsschicht empfangen und dann vom tatsächlichen Adressaten abgefragt. Somit stimmen Empfänger und Adressat nicht überein und der Empfänger kann unberechtigt Nachrichten lesen.

Integration von Sicherheitsmechanismen in Anwendungsprotokolle

Eine weitere Möglichkeit besteht in der Integration von Sicherheitsmechanismen in die Protokolle der Anwendungsschicht. Mit diesem Ansatz kann optimale Sicherheit für die jeweilige Anwendung erreicht werden, da die Sicherheitsmechanismen völlig flexibel eingesetzt werden können. Das Anwendungsprogramm muss dann die Verschlüsselungs-, Authentifizierungs- und Signaturmechanismen zur Verfügung stellen. Mit diesem Ansatz besteht aber auch die Notwendigkeit, für Dienste jeweils neue Anwendungen zu entwickeln, die auf den Protokollerweiterungen basieren. Ein weiterer Nachteil besteht darin, dass diese neuen Anwendungen jeweils beiden Kommunikationspartnern zur Verfügung stehen müssen. Es gibt einige Protokolle, die diesen Ansatz verfolgen. Beispiele für die Integration sind das *Secure Hypertext Transfer Protocol* (S-HTTP), eine Erweiterung des HTTP-Protokolls, oder *Secure Telnet*, eine sichere Telnet-Variante. Aufgrund der geringen praktischen Bedeutung werden diese im Folgenden nur kurz vorgestellt.

Sicherheitsmechanismen oberhalb der Anwendungsschicht

Die letzte Möglichkeit, die ebenfalls für die Praxis von Bedeutung ist, besteht in der Gewährleistung der Sicherheitsdienste oberhalb der Anwendungsschicht. Dann können die bestehenden ungeschützten Anwendungen weiterhin benutzt werden. Ein Beispiel dafür sind die manuelle Verschlüsselung und Signatur von E-Mails mittels PGP, die dann mittels eines herkömmliches Mail-Programms gefahrlos versendet werden können. Dieses Vorgehen ist ebenfalls in Abb. 6-1 dargestellt. Ein weiteres Beispiel ist die Übermittlung von PINs von einem Web-Client zu einem

Webserver zum Zweck der Authentifizierung des Clients in einer WWW-Homebanking-Seite.

Eine grundsätzliche Aussage, auf welcher Schicht Sicherheitsmechanismen angeordnet sein sollten, kann nicht getroffen werden. Es muss vielmehr in Abhängigkeit von der Art der Anwendung entschieden werden, welches der beste Ansatz ist. Oftmals müssen aber auch Mechanismen auf verschiedenen Ebenen kombiniert eingesetzt werden. So wird im Falle des Beispiels der Homebanking-Anwendung kein vorsichtiger Anwender seine PIN eingeben, wenn nicht eine gesicherte Transportverbindung genutzt wird, die vor dem Abhören des PINs durch einen Angreifer schützt.

Wenn man die Vielzahl der Internet-Dienste beobachtet, so kann man feststellen, dass sich die Nutzung von Sicherheitsmechanismen auf der Ebene des Transportprotokolls zunehmend durchsetzt, da diese Sicherheitsprotokolle eine ausreichende Qualität bieten. Für spezielle Anwendungen oder spezielle Rahmenbedingungen lassen sich diese Dienste hingegen nicht oder nur schlecht verwenden. Im Folgenden und auch in Kapitel 7 werden daher einige Beispiele für alle diskutierten Alternativen vorgestellt.

6.2 Sicherheit im World Wide Web

Neben E-Mail hat sich das WWW mit dem dort verwendeten HTTP-Protokoll (siehe Kapitel 1.3) zur wichtigsten Anwendung im Internet entwickelt. Heute werden über das WWW nicht mehr nur Informationen öffentlich angeboten, sondern auch vertrauliche Daten abgerufen oder sogar Geschäfte getätigt, indem z. B. Formulare ausgefüllt werden und diese an den Anbieter im WWW gesendet werden. Jeder Leser wird bereits Links verwendet haben, an denen zur Eingabe einer Benutzerkennung und des zugehörigen Passworts aufgefordert wird. Auch das Ausfüllen von Formularen und die Eingabe einer Kreditkartennummer bzw. allgemeiner die Tätigung geschäftlicher Transaktionen sind wichtige Anwendungen des WWW.

Sicherheitsanforderungen im WWW

Aus den immer vielfältigeren Anwendungsfeldern des WWW erwachsen auch eine Vielzahl von neuen Anforderungen an die Sicherheit. Diese werden in der Folge erläutert. Solange im WWW zunächst alle Information öffentlich waren, benötigte man keine Mechanismen, um einzelne HTML-Seiten vor dem Zugriff durch Anwender zu schützen. Dies wird aber zunehmend notwendig, da die Informations-bereitstellung im WWW teilweise gebührenpflichtig oder auf geschlossene Benutzergruppen beschränkt sein soll. Damit ist eine *Authentifizierung des Clients* beim Server notwendig. Sollen diese Daten auch vertraulich übertragen werden, so dass eine Angreifer sie nicht abhören kann, so benötigt man zudem eine Gewährleistung der *Vertraulichkeit der übertragenen Daten*. Komplexer werden die Anforderungen, wenn auch geschäftliche Transaktionen über das WWW durchgeführt werden. Füllt ein Anwender bspw. ein Formular eines Anbieters aus, so will er sichergehen, dass die Daten tatsächlich auch an denjenigen übermittelt werden, an den er sie senden will. Dies kann nur über eine *Authentifizierung des Servers* erfolgen. Außerdem muss in diesem Fall zusätzlich wiederum die Vertraulichkeit gewährleistet werden. Zusätzlich stellt der Anwender aber noch weitere Anforderungen. So will er auch sichergehen, dass die Daten ohne Veränderung durch einen Angreifer oder Datenverlust durch einen Kommunikationsfehler an den Server übertragen werden. Die *Integrität der übertragenen Daten* muss daher gegeben sein. Aus Sicht des Anbieters ist es zusätzlich notwendig, dass die getätigte Transaktion vom Kunden nicht bestritten werden kann. Die *Nachweisbarkeit der Transaktion* ist daher eine weitere Anforderung.

Passwortverfahren

Eine einfache Form der Authentifizierung des Clients ist in HTTP bereits in den Versionen 1.0 und 1.1 [RF97] vorgesehen. Es handelt sich dabei um ein einfaches Challenge-Response-Verfahren, bei dem der Server eine Anfrage an den Client stellt und dieser seine Authentfizierungsinformationen an der Server überträgt. Bei den Authentifizierungsinformationen sind grundsätzlich verschiedene Arten möglich. HTTP 1.0 definiert aber nur die Verwendung von Benutzerkennung und Passwort als Authentifizierungsschema. Zusätzlich wird in [JF97] für HTTP 1.1 ein zweites Schema, das sog. *Digest Access Authentication Scheme*, definiert. Dieses Schema wird aber heute von vielen Servern und Browsern nicht unterstützt

Ein Anwender muss zur Anwendung dieses Verfahren im HTML-Code seiner Seite vermerken, dass der Zugriff auf diese Seite eine Authentifizierung verlangt und welche Benutzer oder Gruppen zum Zugriff berechtigt sind. Fordert der Client diese Seite an, erkennt der Server, dass die Seite geschützt ist und sendet zunächst eine Statusnachricht „`Client Error 401 Unauthorized`" zurück und integriert in diese Statusnachricht eine WWW-Authentication-Response. In dieser Response wird auch das Authentifizierungsschema angegeben. Der Browser auf Client-Seite, der diese Response-Nachricht erhält, fragt dann den Anwender nach Benutzerkennung und Passwort und stellt eine neue Anfrage nach der Seite. In diese Anfrage integriert er einen Authentication Header, der Passwort und Benutzerkennung enthält. Der Server überprüft, ob die erhaltenen Authentifizierungsinformationen mit den gespeicherten Authentifizierungsinformationen übereinstimmen und sendet dann die angeforderte Seite. Andernfalls sendet er wiederum eine Statusnachricht „`Client Error 401 Unauthorized`". Alle diese Nachrichten, also insbesondere auch die Response des Clients, werden als HTTP-Nachricht im Klartext übertragen.

Das Verfahren stellt somit nur eine sehr schwache Authentifizierung zur Verfügung, denn Benutzername und Passwort werden unverschlüsselt übertragen und können von einem Angreifer abgehört werden. Über die Authentifizierung des Clients hinaus bietet HTTP außerdem keine weiteren Sicherheitsmechanismen. Dennoch wird dieses Verfahren immer noch häufig angewandt, wenn es sich um weniger vertrauliche Informationen handelt und der Anbieter bspw. primär überprüfen möchte, wer auf seine Informationen zugreift.

S-HTTP

Aufgrund des Fehlens geeigneter Sicherheitsmechanismen in HTTP wurde als Erweiterung das *Secure Hypertext Transfer Protocol* (S-HTTP) entwickelt. Es handelt sich bei S-HTTP um ein Beispiel für die Integration von Sicherheitsmechanismen in der Anwendungsschicht. S-HTTP ist kompatibel zu HTTP und erweitert HTTP um Header-Typen, mit denen die Kommunikationspartner die kryptographischen Algorithmen aushandeln können. Dabei sieht S-HTTP die Nutzung aller wesentlichen Verfahren vor. S-HTTP wird in der IETF-Arbeitsgruppe *Web Transaction Security* (WTS) noch immer diskutiert, ist bis heute aber noch nicht als RFC veröffentlicht worden. In der Praxis hat sich S-HTTP bisher nicht durchgesetzt. Daher wird dieses Konzept an dieser Stelle auch nicht vertieft dargestellt, sondern auf den aktuellen Internet-Draft in [Res98] verwiesen.

SSL

SSL kann viele der Anforderungen an die Sicherheit im WWW und insbesondere an die Transaktionssicherheit gut erfüllen. SSL wurde von der Firma Netscape gerade zu diesem Zweck entwickelt. So erfolgt eine Authentifizierung des Servers mittels eines SSL-Zertifikats. Auch die Vertraulichkeit und die Integrität einer Transaktion werden mittels SSL gewährleistet. Neue Versionen von SSL-fähigen Webservern und Webbrowsern unterstützen auch die Authentifizierung des Clients. Dazu muss allerdings der Anwender ebenfalls über ein SSL-Zertifikat verfügen, was nicht der Regelfall sein wird. Die Nachweisbarkeit einer getätigten Transaktion kann von SSL nicht geleistet werden. Dazu sind Mechanismen in der Anwendung zu realisieren. Da SSL bereits in Kapitel 5.1 detailliert vorgestellt wurde, erfolgt keine explizite Wiederholung im Rahmen dieses Kapitels.

6.3 Electronic Mail

Die Nutzung von E-Mail zur Kommunikation setzt sich im geschäftlichen und auch im privaten Umfeld zunehmend durch. In vielen Bereichen ersetzt die E-Mail inzwischen teilweise Telefon oder Fax als Kommunikationsform. Wie alle anderen Anwendungen im Internet ist aber auch dieser Dienst der Bedrohung durch potentielle Angreifer ausgesetzt. In Kapitel 1.3 wurden die Grundzüge der E-Mail und die MIME-Erweiterung vorgestellt. Das SMTP-Protokoll, mit dem E-Mails zwischen zwei Rechnern versendet werden, besitzt keinerlei kryptographische Sicherheitsmechanismen. Es ist vielmehr so einfach gehalten, dass es sogar von einem geschulten Benutzer über eine einfache Telnet-Verbindung simuliert werden kann. Damit kann ein Angreifer E-Mails abhören und fälschen. Eine weitere Gefahr besteht darin, dass E-Mails in der Regel nicht an den Adressaten direkt versendet werden, sondern an einen Mail-Server. Von diesem Mail-Server kann der Adressat seine Mails abrufen (siehe Abb. 6-2). Dies ist notwendig, da der Adressat einer E-Mail nicht immer mit dem Internet verbunden sein wird. Eine ständige Verbindung zum Internet würde insbesondere im privaten Bereich zu enormen Kosten für Kommunikationsverbindungen führen. Oftmals werden E-Mails zudem nicht direkt vom Mail-Server des Senders an den Mail-Server des Adressaten geschickt, sondern über andere Mail-Server (z. B. in der Zentrale einer Firma) weitergeleitet. Dies erkennt man im `Received`-Feld, wenn man sich in einem Mail-Client sämtliche Header-Felder einer empfangenen E-Mail anzeigen lässt.

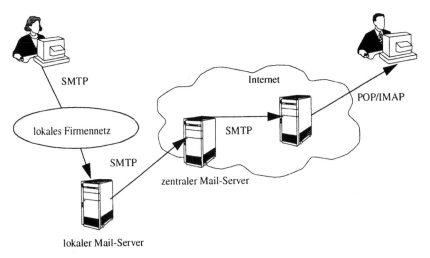

Abb. 6-2 *Versand einer E-Mail mittels SMTP und POP*

Aus der Beschreibung dieses Verfahrens kann man entnehmen, dass E-Mails nicht nur der Gefahr ausgesetzt sind, von einem Angreifer während der Übertragung zwischen dem Mail-Server des Senders und dem des Adressaten abgehört oder manipuliert zu werden. Sie sind auch durch Angriffe auf die beteiligten Mail-Server, die man beim Versand einer E-Mail zudem meist nicht kennen muss, gefährdet. Zusätzlich kann auch der Abruf der E-Mail aus der Mailbox angegriffen werden.

Im Folgenden wird zunächst allgemein das Verfahren vorgestellt, mit dem alle wichtigen Programme E-Mails sichern. Es handelt sich dabei um ein Beispiel für die Nutzung von Sicherheitsmechanismen oberhalb der Anwendungsschicht, denn zum Versand der E-Mail wird weiterhin das unsichere SMTP-Protokoll über eine unsichere Verbindung eingesetzt. Die Nutzung von Sicherheitsmechanismen auf Ebene der Vermittlungsschicht oder der Transportschicht scheidet für den Versand von E-Mails auch aus, da mittels dieser Mechanismen lediglich die Kommunikation zwischen zwei benachbarten Mail-Servern geschützt würde. Dies reicht aber, wie oben erläutert, nicht aus. Im Anschluss an die Vorstellung des allgemeinen Verfahrens werden die zwei bedeutsamsten Anwendungen PGP und S/MIME vorgestellt.

Offline-Verschlüsselung und Signatur von E-Mails

Will Alice eine vertrauliche E-Mail an Bob senden, so erzeugt sie zunächst einen Session-Schlüssel. Mittels dieses Schlüssels chiffriert sie ihre Nachricht an Bob (siehe Abb. 6-3).

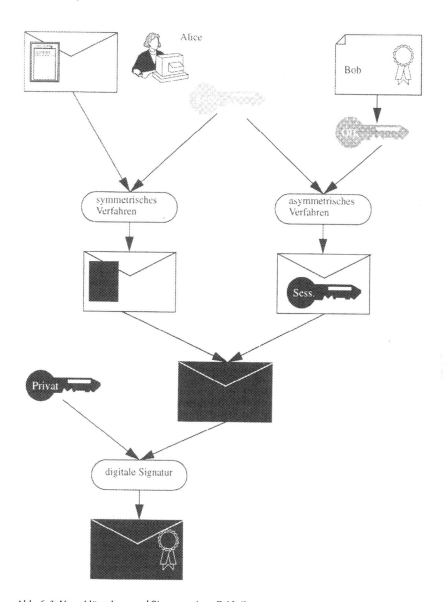

Abb. 6-3 Verschlüsselung und Signatur einer E-Mail

Dazu verwendet sie ein symmetrisches Verfahren. Da Bob den Session-Schlüssel nicht kennt, muss Alice diesen zusammen mit der verschlüsselten Nachricht an Bob senden. Um den Session-Schlüssel zu sichern, nutzt Alice die asymmetrische Verschlüsselung mit Hilfe von Bobs Public Key, den sie aus seinem Zertifikat oder auf direktem Wege von ihm erhält. Diesen verschlüsselten Session-Schlüssel sowie weitere Informationen hängt Alice an die Nachricht an und schickt sie an Bob. In ihrer Gesamtheit werden diese Daten auch *Token* oder *Empfängerinformation* genannt. Damit ist die Vertraulichkeit der E-Mail gewährleistet, da nur Bob den privaten Schlüssel zur Entschlüsselung des Session-Schlüssels besitzt.

Das Token besteht in aller Regel nicht nur aus dem verschlüsselten Session-Schlüssel. Es wird zusätzlich der Empfänger, d. h. derjenige, dessen öffentlicher Schlüssel verwendet wurde, identifiziert. Diese Identifikation erfolgt oftmals anhand der Seriennummer des Zertifikats. Als weitere Information wird zudem oft der zur Verschlüsselung verwendete Algorithmus und eine Angabe des Token-Formats in das Token eingebracht. Damit wird eine allgemeinere implementierungsunabhängige Verwendung der Tokens ermöglicht. Eine Standardisierung des Token-Formats findet sich beispielhaft in [Kal98b].

Will Alice zusätzlich zur Vertraulichkeit die Authentizität der E-Mail nachweisen, so muss sie die gesamte E-Mail vor dem Versand an Bob noch digital signieren. Dazu nutzt Alice ihren privaten Schlüssel. Dieses grundsätzliche Verfahren wird in den wichtigsten Anwendungen zum gesicherten Versand von E-Mails eingesetzt. In seiner einfachsten Form verschlüsseln die Verfahren tatsächlich die gesamte Nachricht. Sie gehen davon aus, dass es sich einzig und allein um eine Textnachricht handelt. In Kapitel 1.3.7 wurde allerdings bereits darauf hingewiesen, dass eine E-Mail heute nicht mehr nur ausschließlich aus Texten besteht. Unterstützt ein Mail-Client die MIME-Extensions, so können auch andere Dateiformate als Attachment versendet werden. MIME fügt, wie bereits erläutert, automatisch Informationen über die Dateiformate und Trenner zwischen einzelnen Teilen der Mail ein. Dies führt bei der Verwendung von Verschlüsselungsverfahren zu Problemen, da diese Informationen mit verschlüsselt werden und somit für den Empfänger verloren gehen. Er ist somit nicht mehr in der Lage, die Dateiformate zu interpretieren. Eine Lösung für dieses Problem besteht darin, die Teile einer E-Mail einzeln zu verschlüsseln und diese zu signieren.

6.3.1 Pretty Good Privacy (PGP)

Im Jahr 1993 wurde *Privacy Enhanced Mail* (PEM) als Standard für den vertraulichen Versand von E-Mails vorgestellt (siehe auch Kapitel 2.6.2). PEM hat sich allerdings nie tatsächlich durchgesetzt und aufgrund einiger Schwächen ist es heute nicht von praktischer Bedeutung. Bereits 1991 veröffentlichte Phil Zimmermann sein Software-Paket *Pretty Good Privacy* (PGP) zur Verschlüsselung von Dateien und insbesondere von E-Mail. PGP wurde zwar nie standardisiert, stellt heute aber einen De-facto-Standard für die E-Mail-Verschlüsselung dar. Dies liegt wohl darin begründet, dass PGP insbesondere in den USA viel politisches Aufsehen erregte und außerdem für den Privatanwender international unter der URL http://www.pg-

`pi.com/` frei verfügbar ist. Für einen kommerziellen Einsatz ist PGP lizenzpflichtig und wird über die Firma Network Associates Inc. vertrieben.

PGP arbeitet nach dem oben allgemein vorgestellten Verfahren. Zur Offline-Verschlüsselung der Dateien oder Mails nutzt PGP entweder IDEA oder Triple DES als symmetrisches Verfahren. Als asymmetrisches Verfahren zur Token-Bildung und für digitale Signaturen wird RSA mit einer Schlüssellänge von bis zu 2048 bit oder eine Kombination aus dem Diffie-Hellman-Verfahren und DSS mit einer Schlüssellänge von bis zu 4096 bit für das Diffie-Hellman-Verfahren eingesetzt. Als Hash-Funktionen nutzt PGP alternativ MD5, RIPEMD-160 oder SHA-1. Hatte Phil Zimmermann ursprünglich nur eine kommandozeilenbasierte benutzerunfreundliche Version seiner Software angeboten, so gibt es heute grafische Versionen für alle wichtigen Betriebssysteme, was sicherlich auch zur Popularität von PGP beigetragen hat. Zusätzlich gibt es Plug-Ins für die E-Mail-Programme Microsoft Exchange und Outlook Express. PGP enthält keine explizite Unterstützung für MIME-Nachrichten. Dateien, die vertraulich versendet werden sollen, müssen einzeln mit PGP verschlüsselt werden und dann als Attachment an die Nachricht angehängt werden.

PGP ist aber eben nicht nur ein Programm zur Verschlüsselung von Dateien und E-Mails, sondern bietet auch Module zur Generierung von Schlüsselpaaren, zur Erzeugung von Zertifikaten und zur Verwaltung von Schlüsseln und Zertifikaten. Diese Funktionalität wurde bereits in Kapitel 2.6.5 beschrieben.

6.3.2 Secure Multipurpose Internet Mail Extensions (S/MIME)

Im Gegensatz zu PGP sind die *Secure Multipurpose Internet Mail Extensions* (S/MIME) keine Anwendung, sondern eine Standardisierung für Formate von gesicherten E-Mails. S/MIME erweitert MIME um einzelne Typen, die angeben, mit welchem Verfahren die einzelnen Bestandteile der E-Mail jeweils verschlüsselt und signiert wurden. Diese in [SD98b] beschrieben Typen sind in Tab. 6-1 dargestellt.

MIME-Typ	Parameter	File-Suffix
`application/pkcs7-mime`	any	any
`application/pkcs10`	any	any
`multipart/signed`	`protocol="application/pkcs7-signature"`	any
`application/octet-stream`	any	`p7m, p7s, aps, p7c, p10`

Tab. 6-1 Typen von S/MIME

S/MIME integriert drei symmetrische Verschlüsselungsalgorithmen: DES, Triple-DES und RC2. Der Algorithmus RC2 ist ein Block-Cipher-Verfahren, das eine variable Schlüssellänge unterstützt. Als asymmetrisches Verfahren wird RSA benötigt. Dabei werden im RFC die Standards PKCS#7 und PKCS#10 referenziert. Dies liegt auch darin begründet, dass S/MIME 1995 von einer Firmengruppe unter der Leitung der Firma RSA Data Security Inc. entworfen wurde. S/MIME ist somit nur ein Beschreibungsformat für E-Mails. Eine Anwendung, z.B. ein E-Mail-Client, der S/MIME unterstützt, muss also die vorgeschlagenen kryptographischen Algorithmen selbst implementieren. Heute existiert bereits eine Vielzahl von Anwendungen, die S/MIME unterstützen. Eine aktuelle Übersicht über diese Programme veröffentlicht RSA Data Security Inc. unter der Adresse `http://www.rsa.com/smime.html`.

Zusätzlich existiert mit [SD98a] ein Standard, der die Zertifikatsbehandlung beschreibt. Dabei wird eine hierarchische Zertifizierungsinfrastruktur vorgeschlagen. Auch damit unterscheidet sich S/MIME wesentlich von dem in PGP verwendeten *Web of Trust*.

6.3.3 Abholen von E-Mails (POP und IMAP)

Es wurde bereits erläutert, dass E-Mails normalerweise von einem zentralen Mail-Server empfangen werden und von diesem in eine Mailbox des Adressaten abgelegt werden. Aus dieser Mailbox kann der Adressat seine E-Mails abrufen. Dazu muss er nicht lokal mit dem Mail-Server verbunden sein. Er kann dies auch über das Internet oder mittels einer Modemverbindung realisieren und verwendet dazu alternativ das *Post-Office-Protocol* (POP) oder das *Internet Message Access Protocol* (IMAP).

Damit ergeben sich natürlich weitere Angriffsmöglichkeiten. Indem ein Angreifer versucht, Zugriff auf die Mailbox eines Benutzers zu gewinnen, kann er E-Mails lesen, manipulieren oder löschen. Eine weitere Gefahr besteht darin, dass die Datenübertragung beim Laden der E-Mails aus der entfernten Mailbox zum Rechner des Empfängers abgehört werden kann. Gegen diese Angriffsformen schützt die soeben vorgestellte Offline-Verschlüsselung von E-Mails nur teilweise. Gelingt einem Angreifer der Zugriff auf eine fremde Mailbox, so kann er zwar die verschlüsselte Nachricht nicht lesen, er weiss aber, von wem der Empfänger wann Mails bekommen hat, da die Header-Felder der E-Mail unverschlüsselt bleiben. Die Protokolle POP und IMAP sowie ihre Sicherheitsmechanismen werden im Folgenden im Detail aufgezeigt.

Post-Office-Protokoll

Das Post-Office-Protokoll (POP) besteht seit mehreren Jahren unverändert in der Version 3 [JM94]. Bei POP meldet sich ein Benutzer mit seiner Benutzerkennung am POP-Server an und überträgt zur Autorisierung und Authentifizierung sein Passwort. Ist dies erfolgreich, werden aus der Mailbox sämtliche E-Mails sequentiell an den Benutzerrechner übertragen. Anschließend werden die E-Mails in der Mailbox entweder gelöscht oder sie bleiben unverändert gespeichert.

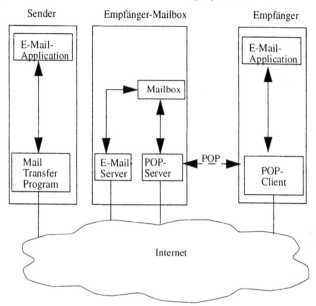

Abb. 6-4 Funktionsweise POP

POP verfügt wie viele Protokolle aus den Anfangszeiten des Internets über keinerlei Sicherheitsmechanismen. Sämtliche E-Mails wie auch die Benutzerkennung und das Passwort, mittels derer die Authentifizierung am POP-Server erfolgt, werden unverschlüsselt übertragen. Somit kann ein Angreifer leicht Benutzerkennung und Passwort erspähen oder einen Replay-Angriff durchführen und sich im Folgenden selbst als autorisierter Benutzer ausgeben. Wenn die Benutzerkennung und das Passwort vom Benutzer nicht nur für den Mailbox-Zugriff, sondern als allgemeine Benutzerkennung verwendet werden, so kann der Angreifer dies auch für andere Dienste wie z. B. FTP und Telnet nutzen und damit noch größeren Schaden anrichten. Der Leser sei damit gewarnt, dass nicht genutzte Sicherheitsmechanismen für den in seinen Augen evtl. wenig sicherheitsrelevanten E-Mail-Dienst gravierende Auswirkungen haben können.

In [JM94] wird dieses Sicherheitsdefizit bereits angemerkt und ein Verfahren, das auf einem gemeinsamen Geheimnis von POP-Server und POP-Client basiert, beschrieben. Dazu sendet der Server bei jedem Verbindungswunsch eine Zeitmarke an den Client. Der Client bildet über die Zeitmarke mit angehängtem Geheimnis einen MD5-Hash und sendet diesen statt eines Passworts an den Server. In [Mye94b] wird POP um ein zusätzliches AUTH-Kommando erweitert. Mittels dieses Kommandos kann der POP-Client dem POP-Server ein anderes Authentifizierungsverfahren und optional einen Verschlüsselungsmechanismus, mit dem die weitere Kommunikation geschützt wird, vorschlagen. Allerdings liegt ein großer Nachteil darin, dass der POP-Server andere Authentifizierungsverfahren nicht anbieten muss. Er kann somit das AUTH-Kommando des Clients zurückweisen, was in der Praxis auch zumeist der Fall sein wird, da diese Erweiterung von POP3 nur in wenigen Fällen implementiert ist.

Will man POP nutzen, so sollte man die Verbindung zwischen Mailbox und entferntem Rechner daher unbedingt mittels SSL absichern. Diese Empfehlung wird heute auch von vielen Rechenzentren ausgesprochen. Die IANA hat für POP3 mit SSL die Portnummer 995 reserviert.

Internet Message Access Protocol

Das *Internet Message Access Protocol* [Cri94] unterscheidet sich von POP in einem wesentlichen Aspekt. Die E-Mails werden in IMAP nicht mehr sequentiell auf den Rechner des Benutzer geladen, sondern der Benutzer kann Informationen über vorhandene E-Mails abfragen und E-Mails einzeln laden. Die E-Mails selbst bleiben solange in der Mailbox gespeichert, bis sie vom Benutzer explizit gelöscht werden. Zur besseren Verwaltung kann sich der Benutzer in der Mailbox verschiedene Verzeichnisse zur Ablage seiner E-Mails einrichten und die E-Mails manipulieren ohne sie auf den eigenen Rechner zu übertragen. Ein wesentlicher Vorteil liegt damit insbesondere darin, dass der Anwender jederzeit, auch an unterschiedlichen Rechnern, auf alle seine neuen und gespeicherten E-Mails zugreifen kann. Damit birgt eine gefälschte Authentifizierung noch größere Risikopotentiale.

Wie POP ist auch IMAP in den ersten Versionen zunächst mit wenig Sicherheitsvorkehrungen versehen. Die Übertragung von Informationen über E-Mails und der E-Mails selbst kann unverschlüsselt erfolgen. Neben Benutzerkennung und Passwort sind wie bei POP in [Mye94a] weitere Authentifizierungsmechanismen und in [JK97] Challenge-Response-Verfahren vorgesehen. Allerdings gilt auch hier, dass diese vom IMAP-Server nicht unterstützt werden müssen. Daher empfiehlt es sich, bei der Verwendung genau zu prüfen, welche Mechanismen unterstützt werden oder bei der Nutzung von IMAP ebenfalls eine gesicherte SSL-Verbindung zu verwenden.

6.4 File Transfer

Zur entfernten Manipulation von Dateien und insbesondere zum Dateitransfer zwischen zwei oder mehreren Rechnern wurde in Kapitel 1.3 das FTP-Protokoll als bedeutender Dienst im Internet vorgestellt. FTP verfügt wie Telnet ebenfalls nicht über Sicherheitsmechanismen. Der Client wird lediglich aufgefordert, mittels des USER-Kommandos seine Benutzerkennung und mittels des PASS-Kommandos sein Passwort anzugeben, bevor er auf dem Server Dateien manipulieren kann. Weder die ausgetauschten Daten der Kontrollverbindung noch die der Datenverbindungen werden verschlüsselt übertragen.

Eine einfache Möglichkeit, FTP abzusichern, besteht in der Nutzung einer gesicherten SSH-Verbindung. SSH bietet mittels eines Umlenkens von Ports die Möglichkeit, andere textbasierte Protokolle zu tunneln (siehe Kapitel 5.2). Durch diesen Ansatz können sowohl die Kontrollverbindung als auch die Datenverbindung geschützt werden.

FTP-Security-Extensions

Ähnlich wie mit S-HTTP für HTTP werden in der IETF auch Erweiterungen für FTP entwickelt. Es handelt sich hierbei um die *FTP Security Extensions*, die in [MH97] beschrieben sind. Die Security Extensions erweitern FTP um die Möglichkeit, Mechanismen zur Authentifizierung, zur Integritätssicherung und zur Verschlüsselung sowohl auf dem Kontrollkanal als auch auf den Datenkanälen zu verwenden. Die Security Extensions erweitern das Protokoll um folgende optionale Befehle:

- AUTH (Authentication/Security Mechanism),
- ADAT (Authentication/Security Data),
- PROT (Data Channel Protection Level),
- PBSZ (Protection Buffer Size),
- CCC (Clear Command Channel),
- MIC (Integrity Protected Command),
- CONF (Confidentiality Protected Command) und
- ENC (Privacy Protected Command).

Mittels dieser Kommandos können die Kommunikationspartner zu Beginn einer Verbindung aushandeln, welche kryptographischen Algorithmen im Folgenden verwendet werden sollen. Dabei erfolgt keine Einschränkung auf spezielle Verfahren.

Für die Security Extensions von FTP gilt allerdings dasselbe, was auch für S-HTTP schon gesagt wurde. In der Praxis hat sich dieser Ansatz bisher nicht durchgesetzt. Auf FTP-Servern werden primär nur in geringem Umfang vertrauliche Dateien abgelegt, für die umfangreiche Sicherheitsmechanismen nicht angemessen erscheinen. Sollen vertraulichere Dateien anderen Partnern per Internet zur Verfügung gestellt werden, so kann man diese bspw. auch mittels PGP verschlüsseln und als E-Mail-Attachment versenden.

6.5 Telnet

Telnet stellt ein virtuelles Terminal zu einem entfernter Rechner zur Verfügung (siehe Kapitel 1.3). Telnet überträgt die Tastatureingaben des Anwenders und die Ausgaben des entfernten Rechners unverschlüsselt über das Internet. Auch das Passwort des Anwenders, mit dem er sich am entfernten Rechner authentifiziert, wird nicht verschlüsselt. So kann ein Angreifer Benutzerkennung und Passwort abhören und damit die Möglichkeit erhalten, sich selbst am entfernten Rechner anzumelden und damit vollen Zugriff auf Dateien und Anwendungen zu erlangen. Durch diese Möglichkeit kann er auf vertrauliche Informationen zugreifen, diese löschen, aber auch auf dem entfernten Rechner Anwendungen starten. Damit ist Telnet ein höchst unsicheres Protokoll, das nur in geschützten Umgebungen genutzt werden sollte. In Kapitel 5.2 wurde bereits SSH vorgestellt. SSH-Implementierungen stellen eine gesicherte Verbindung zu einem entfernten Rechner zur Verfügung und ermöglichen so das gesicherte Arbeiten auf einem entfernten Rechner. Im Gegensatz zu HTTP und FTP gibt es innerhalb der IETF keine Anstrengungen, Telnet um Sicherheitsmechanismen zu erweitern. Vielmehr ist SSH inzwischen auch als IETF-Internet-Draft veröffentlicht. Damit besteht keine dringende Notwendigkeit für solche Aktivitäten.

Zusätzlich ist es auch möglich, über eine Verbindung Telnet zu nutzen, die mittels SSL gesichert ist. Es gibt aber auch Erweiterungen von Telnet um Sicherheitsmechanismen, die allerdings wenig praktische Bedeutung besitzen und nur auf bestimmte Systemplattformen beschränkt sind. Diese sind im Folgenden der Vollständigkeit halber aufgeführt.

Secure RPC Authentication

Secure RPC Authentication (SRA) basiert auf dem Secure Remote Procedure Call (RPC) der Firma Sun Microsystems. In SRA werden über den Diffie-Hellman-Algorithmus Schlüssel ausgetauscht, mit denen dann die Benutzerkennung und das Passwort verschlüsselt werden. Die weitere Kommunikation erfolgt unverschlüsselt [Saf95]. Allerdings kann SRA, auch wenn man sich mit einer sicheren Authentifizierung begnügt, nicht zur Benutzung empfohlen werden, da das Konzept selbst und auch der verwendete Secure RPC gravierende Mängel aufweisen.

Secure Telnet

Secure Telnet (STEL) ist ebenfalls keine Protokollerweiterung, sondern ein Software-Paket, das vom italienischen Computer Emergency Response Team (CERT) in Kooperation mit der Universität Mailand entwickelt wurde. Als Motivation geben die Entwickler Schwächen von SRA an, nämlich die zu geringe Länge des Diffie-Hellman-Schlüssels und die Beschränkung der Verschlüsselung auf die Benutzerkennung und das Passwort. Andere auf Kerberos basierende Lösungen hingegen sind zu komplex [Vin95].

STEL verwendet wie SRA den Diffie-Hellman-Algorithmus zum Schlüsselaustausch und erlaubt die Verwendung von DES, Triple DES und IDEA zur Verschlüsselung des Datenverkehrs. Dabei werden alle Kommandos des Benutzers und Ausgaben des entfernten Rechners verschlüsselt, womit ein verschlüsselter Kommunikationskanal aufgebaut wird. Als Alternative zur Verwendung der Benutzerkennung und des Passworts zur Authentifizierung ist S/Key in STEL integriert. STEL ist allerdings nicht kompatibel zu einem Standard-Telnet-System. So kann eine Telnet-Sitzung mittels des STEL-Clients nur zu einem Rechner aufgebaut werden, auf dem der STEL-Server gestartet ist. Durch diesen Nachteil und aufgrund der eingeschränkten Verfügbarkeit von STEL für spezielle UNIX-Plattformen ist die Nutzbarkeit von STEL wesentlich einschränkt.

6.6 Sichere Dateisysteme

Dateisysteme sind Bestandteil aller Betriebssysteme. Sie verwalten alle Informationen, die zur Datenorganisation notwendig sind und stellen für den Benutzer den sichbarsten Bereich eines Betriebssystems dar. Dateisysteme bieten dem Benutzer oder den Anwendungen Mechanismen zum Zugriff auf Dateien und zur Speicherung von Dateien an. Sie ermöglichen somit eine Abstraktion von der internen Datenorganisation in Blöcken und der Adressverwaltung. Einfache Dateisysteme, wie z. B. das FAT-Dateisystem von MS-DOS verwalten nur Daten auf lokalen Laufwerken wie Festplatten oder Disketten. Für verteilte Systeme werden komplexere Dateisysteme benötigt. Sie ermöglichen dem Benutzer einen transparenten Zugriff auf Daten, die nicht nur auf lokalen Laufwerken, sondern auch auf anderen zentralen (File-Server) oder dezentralen Systemen gespeichert sind. In diesem Zusammenhang werden Dateisysteme hier auch als Dienste der Anwendungsebene vorgestellt.

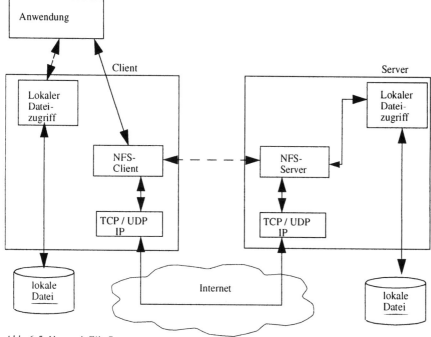

Abb. 6-5 Network File System

Einer der ersten und bedeutendsten Vertreter verteilter Dateisysteme ist das von der Firma Sun entwickelte *Network File System* (NFS). NFS arbeitet nach dem Client-Server-Modell. Will eine Anwendung oder ein Benutzer auf eine entfernt gespeicherte Datei zugreifen, so stellt der Client eine Anfrage an den NFS-Server, auf dem die Datei physikalisch gespeichert ist. Diese Anfrage wird über UDP oder TCP übertragen. Der NFS-Server liest die Datei oder auch Teile der Datei von seinem lokalen Speichermedium, wie in Abb. 6-5 dargestellt. War der lokale Dateizugriff des Servers erfolgreich, überträgt er die Daten wiederum über TCP oder UDP an den Client. Dieser Vorgang erfolgt transparent für den Benutzer, der gar nicht merkt, dass die Daten von einem entfernten Laufwerk gelesen werden.

Mit diesem Vorgehen ergeben sich einige potentielle Sicherheitsrisiken, die berücksichtigt werden müssen. Die Anfrage des Clients an den Server wird ebenso mittels der Internet-Protokolle UDP oder TCP übertragen wie die Inhalte der Datei. Damit ist ohne spezielle Verschlüsselungsmechanismen die Vertraulichkeit der Daten gefährdet. Weiterhin können sowohl in lokalen als auch in verteilten Dateisystemen Zugriffsberechtigungen auf Dateien oder Verzeichnisse vergeben werden. Nicht jeder Anwender darf jede Datei lesen oder manipulieren. Daher muss sich der Anwender in geeigneter Weise authentifizieren, bevor das File-System ihm den Zugriff auf die Dateien erlaubt. In NFS sind diese Anforderungen nur unzureichend erfüllt. Im Folgenden wird beschrieben, wie diese Anforderungen in verschiedenen anderen Dateisystemen berücksichtigt werden.

6.6.1 Andrew File System und Distributed File System

Das *Andrew File System* (AFS) wurde an der Carnegy Mellon University als Alternative zu NFS entwickelt. Mit AFS sind einige Schwächen von NFS behoben. AFS erschien 1986 in der ersten Version und wurde schnell von anderen Institutionen nachgefragt. 1989 wechselten viele der AFS-Entwickler zur Transarc Corporation. Seitdem wird AFS von Transarc, seit 1994 ein IBM-Tochterunternehmen, weiterentwickelt und vertrieben. AFS existiert heute in der Version 3 sowie in der Version 4.0, die unter der Bezeichnung *Distributed File System* (DFS) die File-System-Komponente im *Distributed Computing Environment* (DCE) der *Open Software Foundation* (OSF) ist [Cam98].

Im Wesentlichen ist die Funktionsweise von AFS analog zu derjenigen von NFS. Es wurden allerdings eine Vielzahl von Mechanismen insbesondere zur Gewährleitung einer höheren Sicherheit integriert. Hier ist zunächst ein gegenüber NFS wesentlich sichereres Verfahren zur Authentifizierung zu nennen. Die Clients authentifizieren sich beim Server und die Server untereinander mittels eines speziellen Authentifizierungsverfahrens, das im folgenden Abschnitt detailliert beschrieben wird. Dieser Authentifizierungsmechanismus wird aber nicht bei jeder neuen Anfrage des Clients an der Server ausgeführt. Vielmehr erhält der Benutzer als Nachweis seiner erfolgreichen Authentifizierung ein *Token*, das im sog. *AFS Cache Manager* gespeichert wird. Sollen jetzt Daten vom AFS-Server geladen werden oder andere Funktionen des AFS-Servers ausgeführt werden, so muss der Anwender nur noch sein Token vorlegen. Dazu sendet er sein Token gemeinsam mit der Dienstanforderung an den Server. So werden die Authentifizierung und die Zugriffskontrolle einheitlich realisiert. Neben den UNIX-Modes werden in AFS spezielle Access-Control-Lists (ACL) verwendet, um zu bestimmen, ob und wie ein Benutzer auf Dateien zugreifen darf. Die ACLs werden über spezielle AFS-Befehle bearbeitet, die ebenfalls einer speziellen Authentifizierung bedürfen und dann vom berechtigten Benutzer ausgeführt werden können [Koep94]. Ein Vergleich von NFS und AFS findet sich in Tab. 6-2.

	Transarc DFS	Sun NFS v3
Authentifizierung	Kerberos Version 4	Unverschlüsselte USER-IDs, vertrauenswürdige Benutzer und Systeme optional „Kerberos"
Verschlüsselung der Dateiattribute	ja	nein
Dateizugriffsrechte	Access Control Lists	UNIX-Modes
Definition von Benutzergruppen	durch Benutzer	durch Systemadministrator
Client-Server-Kommunikation	immer „Secure RPC"	optional „Secure RPC"

Tab. 6-2 Sicherheitsmechanismen in AFS und NFS

Authentifizierung

AFS verwendet als Authentifizierungsmechanismus das *Kerberos*-Verfahren. Kerberos ist ein Mechanismus, der in einem Projekt vom MIT zusammen mit den Firmen IBM und Digital (heute Compaq) entwickelt wurde [Koh94]. Kerberos basiert auf dem Vertrauen aller Kommunikationspartner in eine zentrale Instanz. Diese zentrale Instanz verwaltet eine Datenbank, in der alle Clients und anderen Server sowie deren Private Keys gespeichert sind. Ein Private Key ist nur dem Client selbst und der *Kerberos-Datenbank* bekannt. Ist der Client ein Benutzer, so handelt es sich bei dem Private Key um sein verschlüsseltes Passwort. In AFS wurde die Kerberos-Version 4 den speziellen Anforderungen von AFS angepasst. Kerberos soll hier nicht genauer erläutert werden. Die Grundidee findet sich aber im nachfolgend beschriebenen AFS-Verfahren wieder.

AFS-Client bzw. der jeweilige Benutzer und AFS-Server authentifizieren sich gegenseitig. Dazu ist ein spezieller AFS-Authentication-Server implementiert, dem alle vertrauen. Der Mechanismus wird als *Mutual Authentication* (gegenseitige Authentifizierung) bezeichnet. Dabei müssen zwei Ausprägungen (simple und complex Mutual Authentication) in Abhängigkeit von der Anzahl der verwendeten Schlüssel und beteiligten Partner unterschieden werden.

Simple Mutual Authentication

Die *Simple Mutual Authentication* ist üblicherweise die erste Stufe der Authentifizierung. Sie erfolgt während der Anmeldung des Benutzers an seinem Client. Der

Nutzer meldet sich dazu mittels eines speziellen login am System an und beweist durch die Kenntnis seines Passworts seine Identität. Unterstützt der Client kein AFS-Login, so muss sich der Benutzer gegenüber dem AFS später nochmals explizit mittels des Befehles klog authentifizieren. Das AFS-login-Programm berechnet nach einem festen Verfahren aus dem eingegebenen Passwort einen Schlüssel K_e. Mit diesem Schlüssel K_C verschlüsselt das Programm eine Nachricht C und sendet diese verschlüsselte Nachricht $\{C\}K_C$ als Challenge-Nachricht an den AFS-Authentication-Server. Der Authentication-Server versucht nun, diese Nachricht zu entschlüsseln. Dazu verwendet er den in seiner Authentication-Database eingetragenen Schlüssel K_C. Die entschlüsselte Nachricht C ist Bestandteil der Bitfolge der Response-Nachricht R, die der Server ebenfalls mit K_C verschlüsselt zurück an den Client schickt. Dieser entschlüsselt die Response-Nachricht R wiederum und prüft, ob sie sein Challenge C enthält. Damit haben sich Client und Server gegenseitig authentifiziert.

Das Verfahren nutzt ein gemeinsames Geheimnis, nämlich den Schlüssel K_C, mit dem Challenge und Response verschlüsselt werden. Der Benutzer kennt das Passwort, aus dem sich K_C ableiten lässt und der Authentication-Server hat K_C in seiner Authentication-Database gespeichert. Gibt der Benutzer ein falsches Passwort ein, so kann der Server die Challenge-Nachricht nicht entschlüsseln, da der Client einen falschen Schlüssel erzeugt und zur Verschlüsselung verwendet hat. Verfügt der Server nicht über den richtigen Schlüssel, so kann er das Challenge nicht entschlüsseln und nicht in seine Response integrieren. Der Vergleich zwischen Challenge und Response des Clients wird also fehlschlagen, wenn der Server keinen Zugriff auf die Authentication-Database hat. Voraussetzung des Verfahrens ist, das alle Beteiligten dem Authentication-Server a priori vertrauen. Die Schritte des Verfahrens sind nachfolgend noch einmal kurz zusammengefasst:

1. Das login-Programm auf der AFS-Client-Workstation sendet eine Challenge-Nachricht, die mit dem Encryption Key, der vom login-Prozess aus dem Passwort berechnet ist, verschlüsselt wurde, an den Authentication-Server.

2. Der Authentication-Server entschlüsselt die Nachricht mit dem in der Datenbank eingetragenen und aus dem Benutzer-Passwort erzeugten Schlüssel.

3. Der Authentication-Server erzeugt eine Antwort, in der die Originalbotschaft enthalten ist.

4. Der Authentication-Server sendet diese mit demselben Schlüssel kodiert zurück an den login-Prozess.

5. Der login-Prozess entschlüsselt diese und prüft sie mit der Originalbotschaft.

Complex Mutual Authentication

Sind mehrere Partner, z. B. verschiedene AFS-Server, an der Erbringung der AFS-Dienste beteiligt, wird das Verfahren der Complex Mutual Authentication verwendet. Authentication-Server und alle AFS-Server einer Zelle besitzen dazu einen Schlüssel K_S als gemeinsames Geheimnis. Dieser ist nur dem Authentication-Server, in dessen Authentication-Database er eingetragen ist, und allen AFS-Servern bekannt. Die AFS-Server speichern ihn in einer nur dem jeweiligen Benutzer root zugänglichen Datei.

Das Verfahren der Complex Mutual Authentication besteht aus zwei Schritten. Der erste Schritt findet ebenfalls innerhalb des Logins statt. Als Ergebnis dieses Vorgangs erhält der Client bzw. genauer der AFS-Cache-Manager, der die Anfragen an die AFS-Server stellt, ein Token. Dazu erfolgt zunächst eine Simple Mutual Authentication. Das Verfahren ist aber danach nicht abgeschlossen, denn der Ticket-Granter, eine Komponente des Authentication-Servers, sendet dem login-Programm bzw. dem Client ein Token. Dieses Token besteht unter anderem aus einem mit K_S verschlüsselten Server-Ticket T. Mittels dieses verschlüsselten Tickets bestätigt der Authentication-Server, dass er die Identität des Nutzers geprüft hat. Der Client kann das Ticket nicht entschlüsseln, da er nicht über K_S verfügt, wohl aber jeder AFS-Server der Zelle.

Neben dem Ticket enthält das Token zusätzlich einen weiteren Schlüssel $K_{C,S}$. Diesen Session Key wird vom Ticket-Granter zufällig bestimmt und dient als gemeinsames Geheimnis zwischen Client und AFS-Servern. Er ist einmal Bestandteil des Token und zum anderen im Ticket T enthalten, das vom Authentication-Server mit K_S verschlüsselt ist. Außerdem sind in das Ticket noch zusätzliche Informationen I integriert, wie Angaben, für welche Server das Ticket geeignet ist und wie lange das Ticket gültig ist. Der Ticket-Granter verschlüsselt das gesamte Token mit dem ihm bekannten Schlüssel K_C. Es hat dann folgendes Aussehen: {{I, KC,S}KS, KC,S}KC, wobei das Ticket T=I, $K_{C,S}$ ist.

Der Client bzw. der Login-Prozess dechiffriert das Token und übergibt es an den AFS-Cache-Manager. Nach diesem Schritt ist der Client authentifiziert und kann die Dienste der AFS-Server nutzen. Bemerkenswert ist, dass der AFS-Cache-Manager nur das Token, also den Session Key $K_{C,S}$ und das verschlüsselte Ticket {T}K_S, besitzt. Er kennt weder das Passwort des Nutzers noch den daraus abgeleiteten Schlüssel K_C. Dieser wird nur während des Logins oder zur Ausführung des Befehles klog benötigt.

Wenn der Client nun z. B. auf eine Datei auf einem AFS-Server zugreifen oder andere Dienste nutzen will, so erfolgt der zweite Schritt der Complex Mutual Authentication. Der Client generiert eine Anfrage an den Server. Diese Anfrage wird vom AFS-Cache-Manager mit dem Session Key $K_{C,S}$ verschlüsselt an den AFS-Server geschickt. Zusätzlich sendet der Cache-Manager auch das verschlüsselte Ticket {T}K_S an den AFS-Server. Der AFS-Server entschlüsselt das Ticket und erhält damit den Session Key, den er vorher noch nicht besaß. Mit diesem Session Key kann er dann die eigentliche Anfrage entschlüsseln. Die Antwort auf die Anfrage wird nun vom Server wiederum mit dem Session Key verschlüsselt, so dass nur der Client sie entschlüsseln kann.

Über den Session Key beweisen sich AFS-Client und AFS-Server gegenseitig ihre Identität, denn der Client verfügt nur über den Session Key, wenn er das Token mit dem aus seinem eingegebenen Passwort gebildeten Schlüssel K_C richtig entschlüsseln konnte. Der AFS-Server kann den Session Key nur entschlüsseln, wenn er das Ticket korrekt entschlüsseln konnte, wozu er den Schlüssel K_S benötigt, den aber nur AFS-Server besitzen. Außerdem erhält der Client nur ein Ticket, wenn er seine Authentizität mittels der Simple Mutual Authentication schon nachgewiesen hat. Die einzelnen Schritte des umfangreichen Verfahrens sind die Folgenden:

1. Mittels der Simple Mutual Authentication authentifizieren sich Authentication-Server und Client gegenseitig.

2. Der Ticket-Granter liefert dem login-Prozess ein Token. Dieses enthält:

- *Session Key $K_{C,S}$*
  Der Session Key wird als Zufallszahl vom Ticket-Granter ermittelt. Er ist dann gemeinsames Geheimnis zwischen Client und AFS-Servern. $K_{C,S}$ ist Bestandteil des Tickets und außerdem unverschlüsselt im Token enthalten.

- *Ticket T*
  Das Ticket T entspricht einer Bestätigung für die erfolgreiche Prüfung der Identität des Nutzers. T ist mit dem Schlüssel K_S verschlüsselt. K_S ist das gemeinsame Geheimnis der AFS-Server und des Authentication-Servers einer Zelle. Der Client kann daher T nicht entschlüsseln. Das Ticket besteht aus:

  - $K_{C,S}$
  - Kennzeichnung, für welche Server das Ticket gilt
  - Gültigkeitsdauer des Tickets

- Das gesamte Token wird mit dem Schlüssel K_C, den Client und Authentification-Server kennen, verschlüsselt. Mit dem Token erhält der Cache-Manager des Clients nach der Entschlüsselung das verschlüsselte Ticket $\{T\}K_S$ und den Session-Schlüssel $K_{C,S}$.

3. Bei einer Anfrage an einen AFS-Server sendet der AFS-Cache-Manager das verschlüsselte Ticket und die mit dem Session-Key $K_{C,S}$ verschlüsselte Dienstanforderung.

4. Der AFS-Server dechiffriert das Ticket, um den Session Key zu erfahren.

5. Der AFS-Server sendet die mit den Session Key verschlüsselte Antwort.

Im gesamten Verfahren müssen alle Beteiligten dem Authentication-Server und dem Ticket-Granter vertrauen. Diese bilden also die zentrale Instanz, die im Kerberos-Verfahren notwendig ist.

Zugriffsschutz in AFS

AFS verwendet spezielle Möglichkeiten des Zugriffsschutzes auf Dateien. Die Zugriffsrechte verschiedener Benutzer oder Benutzergruppen werden in sog. Access-Control-Lists (ACL) definiert, die für jedes AFS-Verzeichnis existieren müssen. Sie legen fest, wer auf die Dateien im Verzeichnis wie zugreifen darf. Der Geltungsbereich einer ACL erstreckt sich dabei auf alle Dateien im Verzeichnis. Die einzelnen Zugriffsrechte können vom Benutzer vergeben werden, sofern er selbst wiederum die entsprechenden Rechte besitzt. Zur Manipulation der Zugriffsrechte über die entsprechenden AFS-Befehle muss der Benutzer wiederum seine Authentizität mittels des Tokens nachweisen. Die Zugriffsrechte unterscheiden sich dabei von den regulären UNIX-Rechten. Sie sind hier aber nur von geringerem Interesse. Interessant ist die in AFS gegebene Möglichkeit, Gruppen zu definieren. In AFS kann jeder Benutzer Gruppen definieren und zu ACLs hinzufügen. Damit wird eine wesentlich größere Flexibilität für die Benutzer geschaffen.

6.6.2 Cryptographic File System

Das Cryptographic File System (CFS) verfolgt in weiten Teilen eine andere Zielsetzung als AFS [Bal93]. Aufgabe von CFS ist es, Daten zu verschlüsseln, wenn sie:

- auf lokalen Laufwerken gespeichert werden,
- zu File-Servern gesendet werden,
- auf File-Servern gespeichert sind und
- ein Backup von ihnen erzeugt wird.

Die Verschlüsselung soll für den Benutzer vollständig transparent erfolgen. Der Benutzer kennzeichnet zu diesem Zweck ein Verzeichnis als *vertraulich*, ordnet diesem einen Schlüssel zu und alle Dateien dieses Verzeichnisses werden von CFS mittels kryptographischer Verfahren bei Schreibvorgängen verschlüsselt und bei Lesevorgängen des Benutzers wieder entschlüsselt. Neben den Dateien werden von CFS aber auch einige Dateiattribute und -namen verschlüsselt.

CFS basiert auf jedem beliebigen UNIX-File-System und insbesondere auch auf NFS. Es arbeitet an der Schnittstelle zum Client-File-System-Interface, wie in Abb. 6-6 dargestellt.

Mittels CFS wird ein „virtuelles" File-System, z. B. /crypt auf dem Client-Rechner gemountet. Über dieses File-System greifen die Benutzer auf ihre verschlüsselten Dateien zu. Mit Hilfe eines speziellen CFS-Kommandos (attach) werden innerhalb des virtuellen File-Systems Verzeichniseinträge erstellt, die auf beliebige andere Verzeichniseinträge des eigentlichen File-Systems (z. B. NFS oder AFS) verweisen. Im eigentlichen File-System werden Dateien und wichtige Attribute verschlüsselt gespeichert und sind somit für andere Benutzer unlesbar, da sie nicht über das virtuelle File-System verfügen. Die Schlüssel zur Verschlüsselung gibt der Benutzer entweder über eine Phrase, aus der ein Schlüssel berechnet wird, manuell ein oder sie werden von SmartCards gelesen. CFS verwendet dann eine Kombination verschiedener DES-Modi als Verschlüsselungsverfahren.

Ein wichtiger Vorteil dieses Verfahrens ist es, dass Dateien auch in verteilten Dateisystemen verschlüsselt gespeichert werden. Sie werden auf dem Client-Rechner verschlüsselt, dann an den File-Server übertragen und auch dort verschlüsselt gespeichert. Somit kann auch der File-Server ein nicht vertrauenswürdiges System sein, da er keinen Schlüssel zur Dechiffrierung besitzt. Er muss nicht einmal über eine Implementierung der kryptographischen Verfahren verfügen.

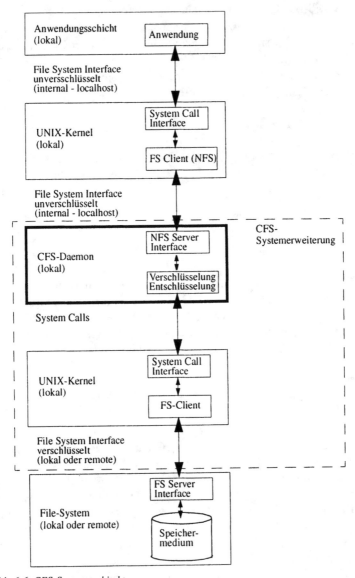

Abb. 6-6 CFS-Systemarchitektur

Sobald die Dateien von der Anwendung benötigt werden, werden sie entschlüsselt und·sind nicht mehr geschützt. Damit sind sie dann auch für Angriffe auf den Client-Rechner anfällig. Außerdem besteht eine Gefahr darin, dass die Schlüssel aus manuell eingegebenen Passwörtern oder Phrasen erzeugt werden, die von Anwendern oftmals nicht sinnvoll gewählt werden, so dass eine Wörterbuchattacke erfolgreich sein kann.

6.6.3 Windows Encrypting File System

Das *Windows Encrypting File System* (EFS) verfolgt einen ähnlichen Ansatz wie CFS. EFS stellt die Lösung der Firma Microsoft zur verschlüsselten Speicherung von Dateien innerhalb des File-Systems von Windows NT dar und ist Bestandteil von Windows 2000 [Mic99]. EFS unterstützt auch die Verschlüsselung und Entschlüsselung von Dateien auf entfernten File-Servern. Allerdings werden die Dateien unverschlüsselt zwischen File-Server und Client-Rechner übertragen. Microsoft empfiehlt für eine verschlüsselte Übertragung die Verwendung von SSL oder IPsec. Damit werden mittels EFS andere Sicherheitsdienste als mit AFS oder CFS realisiert. Dennoch sollen an dieser Stelle kurz die EFS zugrunde liegenden Konzepte vorgestellt werden.

Microsoft stellt in Windows eine Architektur eines Crypto-APIs zur Verfügung. Diese Architektur unterstützt die Generierung eines Schlüsselpaars aus öffentlichem und privatem Schlüssel für jeden Benutzer. Dieses Schlüsselpaar wird für jeden Benutzer automatisch generiert und der öffentliche Schlüssel wird von einer CA zertifiziert. Ist keine CA an das System angebunden, so stellt man sich das Zertifikat selbst aus. Microsoft verwendet das Zertifikatsformat X.509v3. Das Crypto-API unterstützt eine Speicherung des privaten Schlüssels auf einer SmartCard oder in einer Software-gestützten sicheren Umgebung.

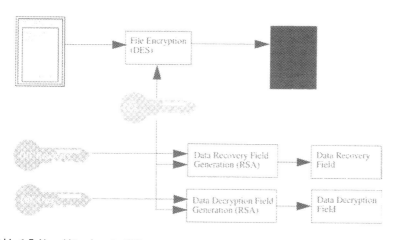

Abb. 6-7 Verschlüsselung in EFS

EFS basiert auf einem hybriden Verfahren. Jede Datei, die auf ein Laufwerk geschrieben wird, wird mittels eines zufällig generierten Schlüssels und mittels eines symmetrischen Verfahrens (DESX) verschlüsselt. Dieser Schlüssel heißt *File Encryption Key* (FEK) und wird seinerseits mittels der öffentlichen Schlüssel der Dateiinhaber, die aus deren X.509-Zertifikaten entnommen werden können, verschlüsselt. Damit erhält man beim Schreiben einer Datei eine Liste des verschlüsselten FEKs dieser Datei. Diese Liste wird zusammen mit der Datei, somit als Dateiattribut, im *Data Decryption Field* (DDF) gespeichert. Der Vorgang der Verschlüsselung ist in Abb. 6-7 dargestellt.

Der FEK wird allerdings nicht nur mit einem oder mehreren öffentlichen Schlüsseln der Dateiinhaber verschlüsselt, sondern zusätzlich noch mit einem oder mehreren öffentlichen Schlüsseln von *Recovery-Agenten*. Die entstehende Liste des verschlüsselten FEKs wird analog zum DDF im Attribut *Data Recovery Field* (DRF) gespeichert. Damit wird gewährleistet, dass die Dateien bspw. bei Abwesenheit des Dateiinhabers oder bei dessen Ausscheiden aus dem Unternehmen notfalls durch eine berechtigte Stelle entschlüsselt werden können. Die Recovery-Agenten besitzen spezielle *Recovery-Zertifikate*.

Beim lesenden Zugriff wird die Datei dann wieder entschlüsselt, wie in Abb. 6-8 gezeigt. Der Benutzer verwendet seinen privaten Schlüssel, um den ihm zugehörigen Eintrag aus dem DDF zu entschlüsseln, womit er über den FEK verfügt. Mit diesem FEK kann er nun die Datei entschlüsseln.

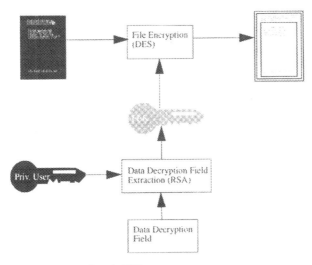

Abb. 6-8 Entschlüsselung in EFS

Der Recovery-Fall ist in Abb. 6-9 dargestellt. Hier dient der private Schlüssel des Recovery-Agenten zur Entschlüsselung des entsprechenden DRF, womit der Recovery-Agent ebenfalls den FEK erhält.

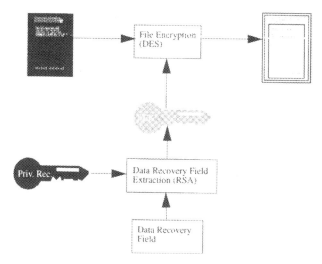

Abb. 6-9 Recovery in EFS

Systemarchitektur

Die EFS-Architektur muss in die Architektur des File-Systems von Windows NT eingebunden sein. Dazu ist EFS, bestehend aus einem *EFS-Treiber* und einer *File System Run Time Library* (FSRTL), zwischen dem I/O-Manager und dem NT-File-System lokalisiert. Die EFS-Dienste nutzen das Crypto-API und sind zuständig für die Erzeugung von Schlüsseln und die Ver- und Entschlüsselung der FEKs. Die Gesamtarchitektur ist in Abb. 6-10 dargestellt.

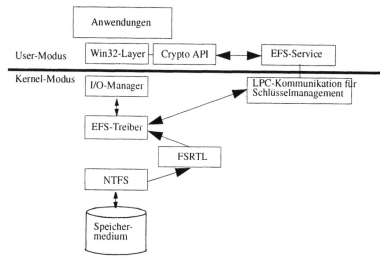

Abb. 6-10 EFS-Systemarchitektur

6.7 Zusammenfassung

In diesem Kapitel wurden Internet-Dienste vorgestellt, die auf der Ebene der Anwendungsschicht arbeiten. Dabei wurden insbesondere auch Gefahren aufgezeigt, damit der Leser diese Dienste verantwortungsbewusst einsetzen kann. Außerdem wurde vorgestellt, wie Sicherheitsmechanismen in die Anwendungsebene integriert werden können, so dass die Dienste, von Telnet über Web-Transaktionen bis zu E-Mail, sicher erbracht werden.

Ausgewählte Kommunikations-anwendungen im Internet

In den vorangegangenen Kapiteln wurden verschiedene Mechanismen zur Gewährleistung von Sicherheit auf den verschiedenen Schichten des Kommunikationsmo-
dells der ISO/OSI vorgestellt. Dabei wurde insbesondere im letzten Kapitel gezeigt,
wie weitverbreitete Dienste im Internet geschützt werden können. Es existieren jedoch weitere Anwendungen, die teilweise sehr komplex sind. Einige dieser Anwendungen, die IP-Telefonie und das Internet-Banking, werden im folgenden Kapitel
exemplarisch vorgestellt. Dabei ist bemerkenswert, dass entweder eine Vielzahl der
bereits betrachteten Sicherheitsmechanismen zusammenspielen müssen, um einen
sicheren Dienst zu realisieren, oder auch neue Verfahren und Protokolle notwendig
sind. Die Liste der betrachteten Themen erhebt hierbei keinen Anspruch auf Vollständigkeit.

7.1 Internet-Telefonie

Am Beispiel der Internet-Telefonie soll dem Leser die Komplexität und das Zusammenspiel der notwendigen Verfahren zur Sicherung umfangreicher Internet-Dienste
erläutert werden. Insbesondere existieren heute noch keine wirklich sicheren Applikationen für Internet-Telefonie, die ein Anwender nutzen könnte. Das Thema Internet-Telefonie ist in vielen Bereichen noch Gegenstand der Forschung und Standardisierung. Es ist aber durchaus ein Anwendungsfeld, mit dem in naher Zukunft viele
Anwender in Berührung kommen werden.

7.1.1 Ausprägungen und Protokolle der Internet-Telefonie

Die zunehmende Verbreitung des Internets, die bereits in Kapitel 1 dargestellt wurde, und die Vergrößerung der Bandbreiten hat dazu geführt, dass das Internet auch

zunehmend als Übertragungsmedium für multimediale Datenströme genutzt wird. Zu multimedialen Datenströmen zählt man auch Sprachdaten. Unter *Internet-Telefonie* wird dann im engeren Sinne eine Echtzeit-Übertragung von Sprachdaten über das Internet verstanden. Im weiteren Sinne kann aber auch die Übertragung anderer multimedialer Daten über das Internet Bestandteil der Internet-Telefonie sein. Insbesondere die Übertragung von Audio- und Videodaten für Videokonferenzen ist dazu zu zählen. Aber nicht nur das Internet, sondern auch firmeninterne Netze (Intranets) können zur Übertragung von Sprachdaten genutzt werden. Dieser Dienst wird dann oftmals als „Voice-over-IP" bezeichnet.

Ausgangspunkt der Entwicklung der Internet-Telefonie war 1995 das Produkt *Internet Phone* der Firma Vocaltec. Es handelt sich dabei um eine Software-Lösung, die es ermöglicht, über das Internet zu telefonieren. Voraussetzungen zum Einsatz dieser Anwendung sind auf beiden Seiten der Gesprächspartner je ein PC, eine Soundkarte mit Mikrofon und Lautsprecher sowie eine Internet-Verbindung. Möchte ein Teilnehmer mit dem anderen telefonieren, so gibt er die IP-Adresse des Zielrechners an. Das Programm baut dann über das Internet die Verbindung auf. Nimmt die Gegenseite nach entsprechender Signalisierung das eingehende Gespräch an, können beide über das Internet miteinander sprechen. War im Anfang die Qualität der Sprachübertragung über das Internet noch sehr gering, so hat sich diese durch technische Weiterentwicklungen insbesondere in Form von optimierten CoDecs und durch größere Bandbreiten wesentlich verbessert. Die Internet-Telefonie hat sich nicht zuletzt deswegen zwischenzeitlich aus dem Forschungsstadium in das Stadium der Produkteinführung begeben und wurde somit kommerziell einsetzbar.

Motivation

Die Motivation für die Entwicklung der Internet-Telefonie lag anfänglich in der Erwartung, erhebliche Kosten für Fern- und Auslandsgespräche einsparen zu können. Die Gesprächsteilnehmer wählen sich jeweils nur zum günstigen Ortstarif in das Internet ein. Wie groß die physikalische Entfernung zwischen den Gesprächsteilnehmern dann auf der IP-Strecke ist, spielt für die Berechnung der Gesprächskosten keine Rolle. Die Liberalisierung im Telekommunikationsmarkt und die damit einhergehende Reduktion der Gebühren lassen diese Vorteile heute weniger attraktiv erscheinen. Vorteile der Internet-Telefonie werden heute aber in der einfachen Realisierung von Mehrwertdiensten und in Kosteneinsparungen durch eine Diensteintegration und Nutzung einer einheitlichen Infrastruktur gesehen. Anhand der folgenden Szenarien und Beispiele lassen sich diese Vorteile einfach darstellen.

Szenarien

Das klassische Szenario der Internet-Telefonie, wie es in Abb. 7-1 dargestellt ist, ist heute nur von geringem kommerziellen Interesse, aber für einen Privatanwender zu Testzwecken durchaus interessant.

Abb. 7-1 Internet-Telefonie von PC zu PC

Neue Szenarien ergeben sich durch den Einsatz von Internet-Telefonie-Gateways, die eine Sprachkommunikation zwischen IP-basiertem Netz, also dem Internet oder Intranet, und dem klassischen leitungsvermittelten Netz oder ISDN-Netz ermöglichen. Diese Gateways haben dabei die folgenden primären Aufgaben:

* Übersetzung zwischen unterschiedlichen Übertragungsformaten und Kommunikationsprozeduren,
* Verbindungsaufbau und -abbau sowohl auf der paketvermittelten Seite als auch auf der klassisch leitungsvermittelten Telefonie-Seite,
* Übersetzung zwischen unterschiedlichen Video-, Audio- und Datenformaten.

Solche Gateways werden sowohl von Internet Service Providern als auch in privaten Firmennetzen betrieben. So bieten heute bereits viele Dienstanbieter im Internet eine Gesprächsvermittlung über ein Internet-Telefonie-Gateway, wie in Abb. 7-2 dargestellt, an.

Abb. 7-2 Internet-Telefonie von PC zu Telefon

Innerhalb dieses Szenarios muss man zwei Ausprägungen unterscheiden. In der ersten Ausprägung werden die Gebühren der konventionellen Telefonverbindung vom Angerufenen übernommen. Dies wird insbesondere von Kataloganbietern mit Servicenummern genutzt. Der Anbieter integriert in seinen Web-Auftritt einen Anruf-Button. Betätigt der Anwender in seinem Browser den Button, so wird ein Plug-In geladen und der Provider baut über das konventionelle Telefonnetz eine Verbindung zum Angerufenen auf. Diese wird dann mittels der Gateway-Funktionalität mit der Internet-Verbindung verbunden. Auch die Deutsche Telekom AG bietet für Anbieter den entsprechenden Dienst „*freecall online*" an [DTA99].

In der zweiten Ausprägung ist der Dienst des Gateway-Providers für den Anrufer kostenpflichtig. Dabei lädt der Anwender in seinem Browser die WWW-Seite eines

Providers oder eine spezielle Applikation und gibt dann in ein HTML Formular die Nummer des gewünschten Gesprächspartners ein. Sendet er dieses Formular an den Provider, so wird ebenfalls über das Gateway eine Verbindung aufgebaut. Solche Dienste sind zur Zeit noch primär in den USA z. B. erreichbar unter:

- `http://www.prepaidphonecall.com/`
- `http://www.net2phone.com/english/`
- `http://www.itxc.com/`

Ein anderes Einsatzfeld von Gateways und damit ein weiteres Szenario trifft man insbesondere im Umfeld von großen Firmen mit räumlich getrennten Niederlassungen an. Diese verfügen zwischen ihren Standorten oftmals über reservierte Leitungen für die Datenkommunikation. Wird die Kapazität dieser Verbindungen durch die Datenkommunikation nicht vollkommen ausgenutzt, so lassen sie sich auch für die Übertragung von Sprachdaten nutzen. Wie in Abb. 7-3 gezeigt, wird dazu in das firmeninterne Telefonnetz ein Gateway integriert, das die Gesprächsdaten über das Intranet zur Niederlassung vermittelt. Auf der Gegenseite steht wiederum ein Gateway, das die umgekehrte Umsetzung vornimmt.

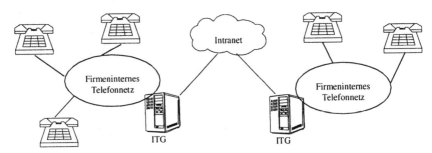

Abb. 7-3 *Internet-Telefonie von Telefon zu Telefon über IP-basierte Infrastruktur*

Ein letztes Szenario, das insbesondere Hersteller von Telekommunikationsendgeräten immer mehr beachten, hat die Zielsetzung, innerhalb einer Firma eine einheitliche Infrastruktur statt zweier getrennter Netze für die Datenkommunikation und für die Telekommunikation zu verwenden. Dazu werden die klassischen leitungsvermittelten Telefonanlagen aufgelöst und deren Funktionalität in die existierenden lokalen, IP-basierten Netze integriert. Wie in Abb. 7-4 dargestellt, gibt es dann nur noch eine lokale IP-basierte Infrastruktur, die dann sowohl für die Datenkommunikation als auch für die Telefonie genutzt wird. Als Telefonie-Endgeräte können dann entweder PCs mit Headsets oder spezielle IP-Telefone verwendet werden.

Protokolle für Internet-Telefonie

Für Entwickler und Anwender der Internet-Telefonie ist die von der ITU entwickelte Protokollfamilie H.323 der wichtigste Standard. Viele existierende Applikationen und Geräte realisieren heute die verschiedenen H.323-Standards. H.323 wurde 1996 veröffentlicht und ist seit 1998 in der erweiterten Version 2 verfügbar [ITU98b]. Es handelt sich dabei um eine ganze Protokollfamilie, deren Aufbau in Abb. 7-5 schematisch dargestellt ist. Alle notwendigen Abläufe vom Aufbau der Verbindung bis zum Übertragen der Multimedia-Ströme sind innerhalb der verschiedenen Standards definiert. Als Basis für alle weiteren Protokolle dienen TCP und UDP. Dabei wird TCP für die Übertragung der Steuerungs- und Signalisierungsinformationen verwendet, wohingegen die multimedialen Datenströme mittels des Real Time Protocol (RTP), das wiederum auf UDP aufbaut, übertragen werden. Diese Daten werden vor der Übertragung mit Hilfe von CoDecs komprimiert. Im H.323-Standard sind alternativ verschiedene Audio- und Video-CoDecs definiert.

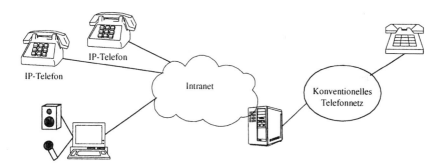

Abb. 7-4 Nutzung IP-basierter Infrastruktur in Firmennetzen

Auf TCP bauen die Protokolle H.245 [ITU97b] und H.225.0 [ITU97a] auf. Mit H.245 verständigen sich die Endgeräte darüber, welche Dienste sie unterstützen. Beispielsweise wird ausgehandelt, ob die Endgeräte nur Audio-Daten oder auch Videodaten senden können und welche CoDecs dabei unterstützt werden. Die Verbindung wird letztendlich mittels des H.225.0-Protokolls hergestellt.

Neben der ITU beschäftigt sich inzwischen auch die IETF mit der Internet-Telefonie [HS98]. Innerhalb der IETF sind im Themenfeld Internet-Telefonie die folgenden Arbeitsgruppen aktiv:

* *iptel*
  IP Telephony
* *pint*
  PSTN and Internet Internetworking
* *mmusic*
  Multiparty Multimedia Session Control
* *megaco*
  Media Gateway Control
* *sigtran*
  Signalling Transport

Als Alternative zu den Protokollen der Familie H.323 wird von diesen Gruppen heute das *Session Initiation Protocol* (SIP) [MH] präferiert. Da aber bisher erst wenige kommerziell verfügbare, auf SIP basierende Internet-Telefonie-Applikationen existieren, soll hierauf an dieser Stelle nicht weiter eingegangen werden.

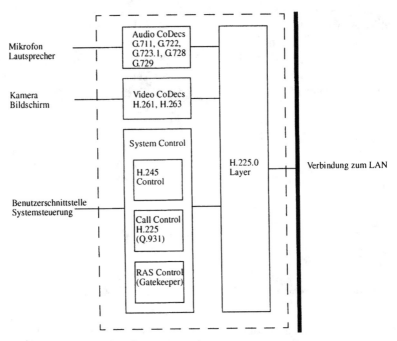

Abb. 7-5 ITU-H.323-Protokollfamilie

7.1.2 Anforderungen an Sicherheitsmechanismen für Internet-Telefonie

Bei der Internet-Telefonie handelt es sich, wie bei anderen Internet-Diensten, um eine spezielle Form der Kommunikation im Internet. Diese Kommunikation ist daher den bereits mehrfach dargestellten Gefahren ausgesetzt, die bei der klassischen Telefonie im leitungsvermittelten Telefonnetz nur eine untergeordnete Rolle spielen. In leitungsvermittelten Netzen geht der Anwender a priori von einem hohen Sicherheitsstandard aus. Angriffe, bspw. durch Abhören und Manipulation, sind dort nur schwer zu realisieren, wenn der Angreifer physikalischen Zugang zur Leitung erlangt. Zusätzlich bestehen zwischen dem Dienstanbieter, wie z. B. der Deutschen Telekom AG, und dem Kunden vertraglich festgeschriebene Beziehungen und der Dienstanbieter kann den Dienstnutzer anhand seines physikalischen Anschlusses und dessen Rufnummer eindeutig identifizieren.

Im Internet gilt dies alles nicht. Prinzipiell werden die Sprachdaten über Router verschiedener Anbieter übertragen und auch Gateway-Dienste können bereits heute von einer Vielzahl von nicht a priori vertrauenswürdigen Betreibern angeboten werden. Sie alle erhalten einen Zugang zu den übertragenen Sprachdaten. Auch der

Nutzer eines Dienstes ist dem Provider nicht unbedingt bekannt. Er kann nicht über seine Rufnummer identifiziert werden, sondern nur über seine IP-Adresse, die aber leicht manipuliert werden kann. Weiterhin ist zu berücksichtigen, dass in den unterschiedlichen und möglicherweise von verschiedenen Anbietern betriebenen Übertragungssegmenten jeweils Kosten anfallen und entsprechende Abrechnungsinformationen geeignet weitergegeben werden müssen. Aus diesen Überlegungen resultieren eine Reihe von Anforderungen an Sicherheitsmechanismen. Ein Gesprächsteilnehmer stellt die folgenden wichtigsten Anforderungen:

- Vertraulichkeit des Gesprächsinhalts
- Integrität des Gesprächsinhalts
- Vertraulichkeit des Kommunikationsverhaltens – Datenschutz
- Authentifizierung des Gesprächspartners
- Authentifizierung und Autorisierung neuer Gesprächsteilnehmer bei Konferenzen
- Korrekte Abrechnung bei kostenpflichtigen Diensten.

Für den Betreiber eines Internet-Telefonie-Gateways, der mit der Bereitstellung seiner Dienste ein kommerzielles Interesse verbindet, besteht die Notwendigkeit, diese mit den Endteilnehmern und anderen Anbietern korrekt auszuhandeln und widerspruchsfrei abzurechnen. Voraussetzungen dafür sind die:

- Authentifizierung und Autorisierung des Gesprächpartners bzw. des korrespondierenden Gateways im Falle der Inter-Gateway-Kommunikation
- Überprüfung der Integrität der übermittelten Signalisierungsinformationen
- Nichtabstreitbarkeit und Verbindlichkeit eingegangener Kommunikationsbeziehungen.

7.1.3 Sicherheitsmechanismen für Internet-Telefonie

Anders als bei den in Kapitel 6 vorgestellten Anwendungen können die oben beschriebenen Anforderungen nicht durch einen einzelnen Sicherheitsmechanismus oder durch ein einzelnes Protokoll erbracht werden. Vielmehr müssen eine Vielzahl von Mechanismen korrekt zusammenwirken.

In diesem Abschnitt wird daher der Standard H.235 [ITU98a], der gerade Sicherheitsmechanismen für die Internet-Telefonie innerhalb der Protokollfamilie H.323 definiert, vorgestellt. Die einzelnen Verfahren sind aus den vorangegangenen Kapiteln bereits bekannt.

H.235 hat primär die Sicherheitsaspekte *Authentifizierung* und *Vertraulichkeit* der Multimedia-Datenströme zum Gegenstand. Die Verbindlichkeit der Kommunikation wird nicht berücksichtigt. Neben der Sicherung der Multimedia-Datenströme werden auch die Sicherung der Kontrolldaten in H.225 und H.245 behandelt. In Abb. 7-6 werden die einzelnen Bestandteile der H.323-Protokollfamilie, die in H.235 unter Sicherheitsgesichtspunkten behandelt werden, grau markiert. H.235

gibt dabei keine Implementierungsrichtlinien an und sieht an vielen Stellen die Verwendung alternativer kryptographischer Verfahren vor.

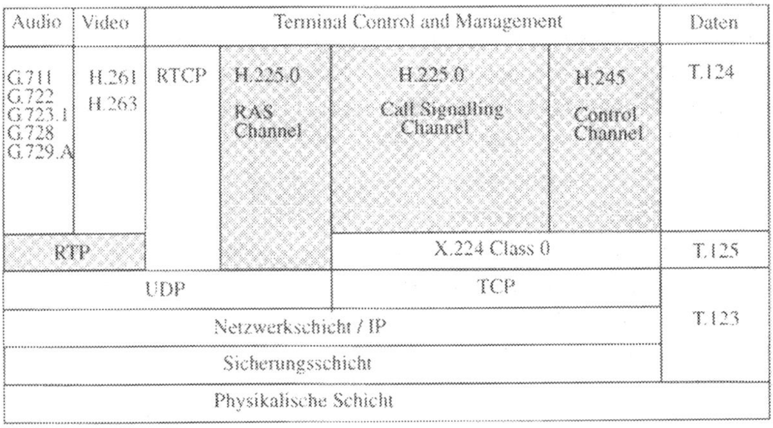

Audio	Video	Terminal Control and Management				Daten
G.711 G.722 G.723.1 G.728 G.729.A	H.261 H.263	RTCP	H.225.0 RAS Channel	H.225.0 Call Signalling Channel	H.245 Control Channel	T.124
RTP				X.224 Class 0		T.125
UDP				TCP		T.123
Netzwerkschicht / IP						
Sicherungsschicht						
Physikalische Schicht						

Abb. 7-6 H.235-Protokolle

Die Verfahren, die in H.235 definiert werden, gehen davon aus, dass zunächst grundsätzlich ungeschützte Netzwerkdienste für die Telefonie genutzt werden. Solche werden in der Praxis auch zumeist anzutreffen sein. Weiterhin kennen sich die Kommunikationsteilnehmer vor Beginn der Kommunikation nicht und besitzen keine Kenntnisse über die Funktionalitäten der Endgeräte. So ist insbesondere auch nicht bekannt, welche kryptographischen Verfahren vom Endgerät des jeweiligen Kommunikationspartners implementiert sind.

Die einzelnen Phasen des Verbindungsaufbaus und der Kommunikation sowie ihre Unterstützung mittels H.235 sind in Abb. 7-7 dargestellt. Die erstmalige Kommunikation zwischen den beiden Kommunikationspartnern baut auf TCP auf und verwendet das Protokolle H.225. Damit wird die initiale Verbindung zwischen den Teilnehmern hergestellt. H.235 lässt optional die Möglichkeit zu, dass die verwendete TCP-Verbindung mittels der *Transport Layer Security* (TLS) oder IPsec gesichert wird. Welche Verfahren der erste Kommunikationspartner zur Sicherung der weiteren Kontrolldaten-Kommunikation unterstützt, kann er bereits in der ersten H.225-Nachricht beschreiben. Der Empfänger der Nachricht vergleicht dies mit den Möglichkeiten, die er unterstützt, und wählt ein Verfahren aus. Gibt es kein Verfahren, das beide Partner unterstützen, so kann er den Verbindungswunsch ablehnen oder eine ungesicherte Verbindung etablieren.

Nach einem erfolgreichen H.225.0-Verbindungsaufbau kommunizieren die Partner nach dem Protokoll H.245. Dazu wird ebenfalls eine TCP-Verbindung genutzt. Die Kommunikation nach H.245 kann mittels eines kryptographischen Verfahrens geschützt werden, wenn sich die Partner während des H.225.0-Verbindungsaufbaus auf ein Verfahren einigen konnten. Alternativ sieht H.235 aber auch die Verwendung eines ungeschützten Kanals vor. Über H.245 handeln die Kommunikationspartner dann insbesondere aus, welche Fähigkeiten die jeweiligen Endgeräte unterstützen und welche für die folgende Kommunikation verwendet werden sollen. Bei der Internet-Telefonie sind dies z. B. die Audio-CoDecs.

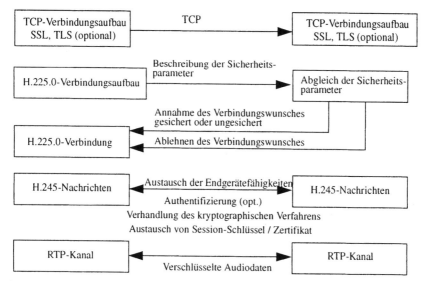

Abb. 7-7 Gesprächsphasen in H.323

Ebenfalls über H.245 kann die Authentifizierung der Kommunikationspartner erfolgen. Falls diese nicht bereits zuvor mittels TLS oder IPsec stattfand, sieht H.235 zwei grundsätzliche Möglichkeiten vor. Zum einen können die Partner gegenseitig Zertifikate austauschen. Welche Form diese Zertifikate haben, wie sie erzeugt werden und wie sie überprüft werden, ist dabei nicht Gegenstand von H.235. Beispiele dafür findet der Leser in Kapitel 2.6. Als weitere Alternative bietet H.235 Kommunikationsmechanismen für Challenge-Response-Verfahren an. So werden Diffie-Hellman-Verfahren und passwortbasierte Verfahren unterstützt.

H.235 definiert, dass über den H.245-Kanal auch das Verfahren für die Verschlüsselung der Multimediadatenströme ausgehandelt sowie der Austausch der Sitzungsschlüssel für die Verschlüsselung der Multimediadatenströme durchgeführt wird. Dabei sieht H.235 drei verschiedene Möglichkeiten vor, den Sitzungsschlüssel auszutauschen:

• Wenn der H.245-Kanal selbst gesichert ist, kann der Sitzungsschlüssel direkt übertragen werden.

• Wenn ein Schlüssel und der Algorithmus außerhalb von H.245 vereinbart wurden, wird dieser Schlüssel zur Sicherung der Übertragung des Sitzungsschlüssels verwendet.

• Wenn kein sicherer H.245-Kanal benutzt wird, können Zertifikate benutzt werden, um den öffentlichen Schlüssel auszutauschen, mit dem dann der Session-Schlüssel verschlüsselt wird.

Für die Schlüsselgenerierung gilt, dass bei jedem Verbindungsaufbau ein Teilnehmer zum „Master" bestimmt wird, der den Session-Schlüssel generiert. Auch während der Sitzung kann jeder Gesprächsteilnehmer einen neuen Schlüssel beim Master anfordern. Der Master generiert daraufhin neue Schlüssel und verschickt sie. Er kann aber auch unabhängig von einer Anfrage neue Schlüssel erzeugen und verteilen.

Die Verschlüsselung der Audio- oder Videodaten erfolgt mit dem per H.245 ausgehandelten Verschlüsselungsverfahren, wie in Abb. 7-8 dargestellt.

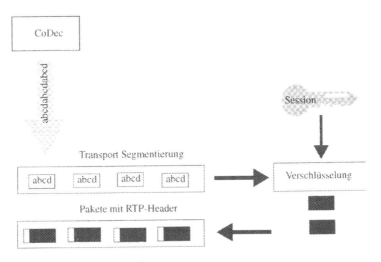

Abb. 7-8 Verschlüsselung der Audiodaten in H.235

Jedes Datenpaket wird einzeln verschlüsselt. Der RTP-Header wird nicht verschlüsselt. Die verschlüsselten Pakete gewährleisten die Vertraulichkeit der Daten. Wenn neue Schlüssel beim Sender ankommen und für die Verschlüsselung benutzt werden, wird dies im RTP-Header vermerkt, so dass der Empfänger weiss, dass er den neuen Schlüssel benutzen soll. Wenn ein Datenpaket beim Empfänger angekommen ist, wird zuerst der Header analysiert (vgl. Abb. 7-9). Mit dem entsprechenden Schlüssel wird das Paket anschließend dekodiert und kann als einfaches Datenpaket weitergeleitet werden.

Es soll an dieser Stelle nochmals bemerkt werden, dass die im Standard H.235 vorgeschlagenen Verfahren nicht alle in Kapitel 7.1.2 identifizierten Anforderungen (z. B. nicht die Nachweisbarkeit) berücksichtigen. Auch die notwendigen Mechanismen und Infrastrukturen, z. B. für die Zertifikatsevaluierung, wie in [CR99] dargestellt, sind nicht Gegenstand des Standards, vielmehr werden nur die notwendigen Kommunikationsmechanismen bereitgestellt. Auch existieren heute (nach Kenntnis der Autoren) noch keine Anwendungen, die tatsächlich den Standard vollständig implementieren. Es gibt einige wenige Anwendungen, wie PGPFone [Zim96] oder

SpeakFreely [Wil99], die eine Online-Verschlüsselung der Audiodaten vorsehen, doch sind diese nicht weit verbreitet.

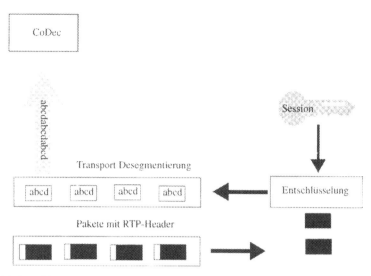

Abb. 7-9 Entschlüsselung der Audiodaten in H.235

7.2 Internet-Banking

Die schnelle weltweite Ausbreitung der Internet-Nutzung ist einer der Hauptgründe für die Entwicklung des Electronic Commerce (EC). Die digitale Geschäftsabwicklung ermöglicht die Ausweitung der eigenen Absatzmärkte bei gleichzeitiger Reduktion der Kosten, wie viele Anbieter und Berater versprechen. Die zahlreichen Facetten des Electronic Commerce erstrecken sich dabei von der Online-Präsentation über Online-Shopping bis hin zu hochkomplexen Online-Transaktionssystemen. In diesem Teil des Kapitels sollen beispielhaft Anwendungen des Internet-Banking betrachtet werden, hierbei vor allem die *Open Financial Exchange* (OFX), das *Home-Banking Computer Interface* (HBCI) sowie *Micropayments* am Beispiel des Protokolls *MilliCent.*

Zahlungssysteme sind ein wettbewerbsentscheidender Faktor und müssen beim Auftritt eines jeden Unternehmens, das Geschäfte über das Internet abwickeln will, beachtet werden. Nach Umfragen besteht das größte Hemmnis beim Online-Kauf darin, die zu kaufende Ware zu bezahlen. Solange die Bezahlung über die bisher bekannten Wege wie Rechnung oder Nachnahme abgewickelt werden kann, bestehen nur bezüglich der Übermittlung der persönlichen Adressdaten Sicherheitsängste bei den Kunden. Sobald die Kunden aber mit Kreditkarte oder per Bankeinzug (Lastschriftverfahren) zahlen müssen, nimmt die Hemmschwelle enorm zu, da der Käufer oftmals Angst hat, seine persönlichen Daten, wie Kreditkartennummer oder Kontonummer über das Internet zu übertragen. Weiterhin muss beachtet werden, welches Zahlungsmittel für welches Produkt einsetzbar ist. Ein Unternehmen, das Produkte zu einem höheren Preis anbietet, muss die Möglichkeit bieten, mit Kreditkarte zu bezahlen. Ebenso sollten Zahlungsmittel wie Elektronisches Geld (E-Cash, bzw. Cybercoin) angeboten werden, wenn Güter verkauft werden, die einen geringen Preis erzielen, z. B. digitale Produkte wie Bilder oder Informationen.

Im Folgenden werden zunächst die Anforderungen an Zahlungssysteme im Internet beschrieben, mit denen sichergestellt werden kann, dass deren Anwendung eine breite Basis bei den Anwendern findet. Man unterscheidet zwischen *allgemeinen Sicherheitsanforderungen* und *Sicherheitsanforderungen an Zahlungssysteme*. Allgemeine Sicherheitsanforderungen sind beispielsweise:

- *Akzeptanz eines Zahlungsmittels*
  Ein Zahlungsmittel sollte von einer großen Zahl von Händlern und Kunden verwendet werden.

- *Deckung durch eine Zentralbank oder Regierung*
  Wenn ein Zahlungssystem in Form einer eigenen Währung realisiert werden soll (digitales Geld), so muss diesem Zahlungsmittel bzw. seinem tatsächlichen Wert vertraut werden. Dieses Vertrauen wird allgemein einer Zentralbank oder einer Regierung entgegengebracht. Es wäre denkbar, daß dieses Vertrauen auch privatwirtschaftliche Institutionen genießen.

- *Effizienz*
  Unter *Effizienz* bzw. unter dem *Einsatzgebiet eines Zahlungssystems* versteht man die verschiedenen Größenordnungen von Beträgen. Man unterscheidet hier:

  - *Micropayment*
    Micropayments sind Zahlungen unter einer und bis zu fünf Deutsche Mark. Zahlungsmittel ist hier vor allem digitales Geld, wie z. B. E-Cash oder Cybercoin. Mit Micropayments können z. B. Informationen oder Datenabrufe sowie Zeittakte bezahlt werden. Denkbar wäre auch die Bezahlung von einzelnen Artikeln oder Musiktiteln, die direkt über das Internet bezogen werden können. Ein Beispiel für Micropayments ist in Kapitel 7.2.3 beschrieben.

  - *Macropayment*
    Macropayments sind Zahlungen größer als fünf Deutsche Mark, aber kleiner als hunderttausend Deutsche Mark. Geeignetes Zahlungsmittel ist hier vor allem die Kreditkarte. Mit Macropayments können alle Produkte aus der realen Welt bezahlt werden.

  - *High-Value Payment*
    High-Value Payments sind Zahlungen über hunderttausend Deutsche Mark. High-Value Payments werden zwischen Finanzinstituten in sog. *Clearing-Systemen* eingesetzt, um große Geldvolumina auszutauschen.

- *Skalierbarkeit*
  Mit Skalierbarkeit ist die Möglichkeit der Anpassung von Zahlungssystemen an zukünftige Anforderungen gemeint. Anforderungen können hierbei z. B. die zu erwartenden steigenden Teilnehmerzahlen sein, die die technischen Kapazitäten

der Infrastruktur eines Anbieters überschreiten, wodurch ein Leistungsverlust entsteht.

- *Zahlungszeitpunkt*
  Der Zeitpunkt der Zahlung in einem Zahlungssystem kann ebenfalls ein Auswahlkriterium für den Kunden darstellen. Zu unterscheiden sind hier:

  - *Pre-Paid-Zahlungen*
    Pre-Paid-Zahlungen sind Zahlungen, die mit Hilfe einer Geldkarte (z. B. Telefonkarte) getätigt werden. Hierbei wird ein Betrag auf die Geldkarte geladen, der dann in einzelnen Schritten verbraucht werden kann. Hier entsteht eine Zeitspanne zwischen dem Einzahlen des Geldes und der Ausgabe.

  - *Pay-Now-Zahlungen*
    Pay-Now-Zahlungen sind Zahlungen, die sofort beim Auslösen der Zahlung zu einer Belastung auf dem Bankkonto des Kunden führen.

  - *Post-Paid-Zahlungen*
    Post-Paid-Zahlungen sind Zahlungen, die mit Hilfe der Kreditkarte getätigt werden. Die Zahlung entspricht hier eher einer Zahlungsanweisung, da erst nach einem bestimmten Zeitintervall die Abbuchung auf dem Bankkonto des Kunden erfolgt.

Bei den Sicherheitsanforderungen an Zahlungssysteme müssen die folgenden Aspekte beachtet werden:

- *Vertraulichkeit*
  Unter Vertraulichkeit versteht man, dass bestimmte Einzelheiten der Transaktion (bspw. Preis, Produkt oder Identität des Käufers und Verkäufers) nur den beteiligten Parteien bekannt sind. Sichergestellt werden kann die Vertraulichkeit mit Hilfe der Verschlüsselung.

- *Integrität*
  Unter Integrität versteht man die Unversehrtheit der Nachricht, also die Identität der gesendeten Nachricht mit der empfangenen Nachricht. Mit Unversehrtheit bezeichnet man, dass die Nachricht weder dupliziert, abgeändert, umgeordnet oder zerstört wird. Die Integrität kann mit digitalen Signaturen gewährleistet werden.

- *Authentifizierung*
  Bei Geschäftstransaktionen müssen beide Parteien ihre Identität beweisbar kennen. Eine einfache Sicherstellung der Authentifizierung kann mit Hilfe von Passwörtern erfolgen. Eine höhere Sicherheit bei der Identifizierung bieten digitale Signaturen und Zertifikate. Diese Sicherheitsstufe ist aber mit einem höherem Aufwand verbunden.

- *Autorisierung*
  Um einen unberechtigten Zugriff zu vermeiden, muss mittels einer Autorisierung festgestellt werden, wer auf eine Ressource wie zugreifen kann. Hierbei verwaltet eine Instanz die Zugriffsrechte auf Ressourcen bzw. Funktionen in Form von Lese-, Schreib- und Ausführungsrechten in einer Datenbank. Um Autorisie-

rungsentscheidungen auszuführen, verwendet diese Instanz ein sicheres Wissen über die Personenidentität. Die Autorisierung wird mit Hilfe von Passwörtern, digitalen Signaturen und Zertifikaten erreicht.

- *Beweisbarkeit von Transaktionen*
  Bei der Beweisbarkeit von Transaktionen muss sichergestellt werden, dass keiner der am Geschäftsvorgang beteiligten Partner diese Aktion leugnen kann. Hierbei muss der Anbieter vor dem Kunden geschützt werden, der eine Bestellung leugnen will. Ebenso muss der Kunde vor dem Anbieter geschützt werden, der den Empfang leugnen will. Die Beweisbarkeit von Transaktionen wird mittels digitalen Signaturen und Zertifikaten sichergestellt.

Zur Durchführung von E-Commerce-Geschäften im Internet sind Systeme notwendig, mit denen man elektronisch bezahlen kann:

- *Electronic Cash*
  Digitales oder elektronisches Geld (E-Cash) ist ein elektronisches Pendant zum physikalischen Geld der realen Welt. Eine Bank gibt hier E-Cash aus, das von Kunden zum Kauf von Gütern oder Dienstleistungen verwendet werden kann. Ein Beispiel für ein Unternehmen, das in diesem Bereich arbeitet, ist die Firma DigiCash (http://www.digicash.com).

- *Elektronische Schecks*
  Elektronische Schecks sind das Pendant zu Papierschecks der realen Welt. Ein Beispiel für ein Unternehmen, das in diesem Bereich arbeitet, ist die Firma CyberCash (http://www.cybercash.com).

- *Kreditkartensysteme*
  Die Verwendung von Kreditkarten hat in den letzten Jahren in starkem Maße zugenommen. Ein wichtiges Protokoll, das in diesem Bereich zum Einsatz kommt, ist das *Secure Electronic Transaction Protocol* (SET). Secure Electronic Transaction ist ein Protokoll, das von den Firmen VISA, Mastercard sowie Netscape, IBM, Microsoft, SAIC, GTE, TerisaSystems und VeriSign entwickelt wurde. Mit SET ist eine sichere Kreditkartenzahlung im Internet möglich. Dazu benutzt SET moderne Verschlüsselungsmechanismen und digitale Zertifikate. SET verwendet symmetrische (56 bit DES) und asymmetrische Verschlüsselungsverfahren (1024 bit RSA). SET wird ständig weiterentwickelt, um eine größtmögliche Sicherheit gewährleisten zu können. Die aktuelle SET-Spezifikation steht auf der Homepage der Firma Setco in englischer Sprache zum Download bereit (http://www.setco.org/set_specifications.html). Die Version besteht aus einer Geschäftsbeschreibung, einer Protokollbeschreibung und einem Programmiererhandbuch. Nähere Informationen finden sich auch bei [Opp98].

- *Micropayments*
  Zur Abwicklung von Käufen geringwertiger Güter und Dienstleistungen sind Micropayments erforderlich. Ein Protokoll, das hierbei anwendbar ist, ist das im Folgenden beschriebene *MilliCent-Protokoll*.

Im Folgenden werden drei Ansätze zur Abwicklung von Finanztransaktionen näher betrachtet: Open Financial Exchange, Home-Banking Computer Interface und MilliCent.

7.2.1 Open Financial Exchange

Die *Open Financial Exchange*, die von den Firmen CheckFree, Intuit und Microsoft im Jahr 1997 entwickelt wurde, spezifiziert den elektronischen Austausch von Finanzdaten zwischen Finanzinstituten, sonstigen kommerziellen Institutionen und Konsumenten über das Internet. Open Financial Exchange unterstützt eine Vielzahl von Finanztransaktionen, bspw. das Banking, Abrechnungen und Investment-Aktivitäten (Aktien, Anleihen und Fonds) von Konsumenten und kleineren Unternehmen. Andere Finanzdienste, bspw. die Finanzplanung und Versicherungen, sollen hinzukommen und werden dann Teil der Spezifikation sein.

Open Financial Exchange stellt durch eine Unterstützung von Transaktionskonzepten für Web-Sites, durch Client-Software und durch persönliche Finanz-Software die Prozesse zur Verfügung, die Finanzinstitutionen benötigen, um eine Vielzahl von Kunden-Interfaces, von Prozessoren und Systemen miteinander zu verbinden.

Die Spezifikation der Open Financial Exchange ist frei verfügbar (siehe http://www.ofx.org) und wird derzeit von den Firmen CheckFree, Intuit und Microsoft dazu eingesetzt, um den Austausch von Finanzdaten in ihren Produkten und Diensten zu realisieren.

Idee der *Open Financial Exchange*

Open Financial Exchange (OFX) stellt eine Lösung dar, mit der Finanzdienstleister auf eine einfache Art und Weise Daten mit Kunden und kleineren Unternehmen austauschen können. Als technische Spezifikation, die auf dem Client-Server- bzw. auf dem Request-Response-Modell basiert, definiert die Open Financial Exchange, wie Finanzdienstleister Finanzdaten über das Internet austauschen können, indem Web-Sites mit Transaktionsunterstützung verwendet werden.

Einer der großen Vorteile von OFX liegt daher darin, dass eigentlich zum ersten Mal Finanzdienstleister auf der Basis von Produkt, Preis und Dienstleistung miteinander konkurrieren können, seitdem das Internet zum bedeutenden Marketing- und Auslieferungskanal wurde. Die beteiligten Unternehmen können sich daher auf ihre eigentliche Markttätigkeit konzentrieren, ohne auf die technische Umsetzung zuviel Arbeit verwenden zu müssen.

Die Open Financial Exchange ermöglicht es Finanzdienstleistern weiterhin, Plattformen, Prozessoren und Systeme, auf denen OFX arbeiten soll, frei zu bestimmen. Dieses Konzept ist bei vielen anderen Initiativen (mit Ausnahme der Programmiersprache Java) keine Selbstverständlichkeit, führt aber dazu, dass durch eine Einführung von OFX die Kosten begrenzt werden können.

Ursprünglich wurde die Open Financial Exchange in enger Zusammenarbeit mit Finanzdienstleistern entwickelt. Die Spezifikation der Open Financial Exchange reflektiert daher die Beteiligung führender Unternehmen dieser Branche, bspw. der Bank of America, der Chase Manhattan Bank, der Citibank, der First Technology Credit Union, der KeyBank, der Wells Fargo oder der Woodforest National Bank, die Mitglieder des Komitees sind, das die Entwicklung der Open Financial Exchange vorantreibt.

Führende Maklerunternehmen wie bspw. Fidelity Investments, Charles Schwab und Dean Witter sind Mitglieder des sog. *Brokerage Steering Committee* und geben hier die Richtung vor, wie in OFX Investment- und Maklerdienste behandelt werden sollen. Die Industrie, die Client-Software herstellt (repräsentiert durch die Mitglieder Home Financial Network, MECA, Peachtree und Vertigo des Steering Committees), assistiert in diesem Vorgang.

Derzeit werden Komittees für die Abrechnung von Rechnungen und für Versicherungsunternehmen gebildet. Weitere Steering Committees zur Vertretung der Interessen der Verkäufer von Server-Hardware, der Service-Büros und der Gemeinschaft der Online-Finanzdienste werden in naher Zukunft hinzukommen.

Auch in der Welt der Technologie-Provider findet die Open Financial Exchange erhebliche Beachtung. Diese Provider (bspw. Andersen Consulting, CFI ProServices, Edify, EDS, Intelidata, Logica, Microsoft, Sun Online Resources, Security First Technologies und weitere) entwickeln derzeit Server für die Open Financial Exchange oder beraten Finanzinstitute bei der Entwicklung eigener Lösungen.

Zum Qualitätsmanagement steht für die Finanzdienstleister ein Zertifizierungsprogramm zur Verfügung, das von der Firma Prosoft Engineering entwickelt wurde. Mit Hilfe dieses Programms kann gewährleistet werden, dass die implementierten Server der Spezifikation der Open Financial Exchange korrekt entsprechen und dass die Server die gewünschte Funktionalität auch umsetzen. Das Zertifizierungsprogramm kann zudem von Finanzdienstleistern an ihre Kunden weitergegeben werden, um das Vertrauen in die Online-Dienste zu steigern.

Die Open Financial Exchange ist ein Client-Server-System für das Internet, das eine direkte Verbindung zwischen einem Client und einem Server eines Finanzdienstleisters bietet, indem ein Request-Response-Modell verwendet wird. Das Modell beinhaltet eine vollständige Datensynchronisation und eine Fehlerbehandlung. Die Spezifikation ist weitgehend auf allgemein akzeptierte Transport- und Sicherheitsprotokolle des Internets aufgebaut. Die Lizenzierung der Spezifikation ist zudem kostenlos, so dass beliebige Software-Entwickler ein Interface entwickeln können, das am Front-End unterstützt wird. Als weitgehend plattformunabhängige Entwicklung unterstützt die Open Financial Exchange die Betriebssysteme Windows 95 und Windows 3.1, UNIX und das Macintosh-Betriebssystem.

Sicherheit in OFX

Zunächst sollen in einer Übersicht die Sicherheitsfunktionen von Open Financial Exchange (OFX) vorgestellt werden, die dann im Detail erläutert werden. Das Sicherheits-Framework für Online-Transaktionen über das Internet beinhaltet die Sicherheitsprotokolle, die im Standard *Open Financial Exchange* (OFX) spezifiziert sind. Mittels dieser Mechanismen kann die Authentifizierung, die Geheimhaltung und die Integrität von Nachrichten realisiert werden. Das Protokoll Secure Socket Layer (SSL), das bereits in Kapitel 5.1 beschrieben wurde, kann als De-facto-Standard für eine sichere Kommunikation über das Internet betrachtet werden. SSL bietet Sicherheitsaspekte, mit denen der Kommunikationskanal zwischen dem Rechner eines Kunden und dem Server-System einer Institution gesichert werden kann. Bestandteile von SSL sind die Authentifizierung des Servers, die Verschlüsselung von Daten und die Gewährleistung der Nachrichtenintegrität.

Mit Hilfe der *Authentifizierung* kann der Empfänger einer Nachricht die Identität des Absenders verifizieren. Digitale Zertifikate werden üblicherweise von einer vertrauenswürdigen Partei ausgegeben, die die Identität des Absenders einer Nachricht verifiziert (siehe auch Kapitel 2.3). Die bekannteste Zertifizierungsinstanz ist heutzutage sicherlich die Firma *VeriSign*. Die für OFX notwendigen Zertifikate werden von VeriSign unterstützt.

Durch die Verwendung der *Verschlüsselung* kann sichergestellt werden, dass eine Nachricht nur von dem Empfänger gelesen werden kann, der die Nachricht empfangen soll. In SSL kann die Datenübertragung verschlüsselt erfolgen, indem eine Vielzahl starker symmetrischer Verschlüsselungsalgorithmen und Schlüssellängen verwendet werden können. Lediglich der beabsichtigte Empfänger einer Nachricht verfügt über den Schlüssel, der zur Entschlüsselung der Nachricht notwendig ist.

Mit Hilfe der *Nachrichtenintegrität* kann sichergestellt werden, dass eine Nachricht nach dem Absenden nicht verändert wurde. SSL realisiert die Nachrichtenintegrität durch einen *Message Authentication Code* (MAC), der mit Hilfe einer kryptographisch sicheren Hash-Funktion berechnet wird.

Jeder Finanzdienstleister kann in OFX bestimmen, wie diese und andere Sicherheitsaspekte, die für Online-Transaktionen über das Internet zur Verfügung stehen sollen, implementiert werden sollen.

Im Folgenden werden detailliert die Sicherheitsfunktionen von OFX betrachtet. Dazu muss zunächst der Mechanismus des Datentransports beschrieben werden.

Datentransport in OFX

Das Design der Open Financial Exchange entspricht einem Client-Server-System. Ein Endanwender verwendet eine Client-Anwendung, um mit einem Server einer Finanzeinrichtung zu kommunizieren. Diese Kommunikationsform besteht aus *Requests*, die der Client an den Server sendet und *Responses*, die der Server zurück an den Client schickt. Die Open Financial Exchange verwendet grundsätzlich das Internet-Protokoll (IP), um den Kommunikationskanal zwischen Client und Server zu betreiben. Clients verwenden in OFX das *Hypertext Transfer Protocol* (HTTP), um mit einem OFX-Server zu kommunizieren. Im Prinzip kann ein Finanzdienstleister daher einen vorgefertigten Webserver dazu verwenden, um die Unterstützung von Open Financial Exchange zu implementieren.

Um mittels Open Financial Exchange über das Internet zu kommunizieren, muss ein Client eine Internet-Verbindung aufbauen. Diese Verbindung kann auch eine Wählverbindung mit Hilfe des Point-to-Point Protocols (PPP) zu einem Internet

Service Provider (ISP) oder eine Verbindung über ein Local Area Network (LAN), das über ein Gateway zum Internet verfügt, sein.

Clients verwenden das HTTP-Kommando POST, um einen Request an die Adresses des gewünschten Finanzdienstleisters (FD), den *Uniform Resource Locator* (URL), zu senden. Die URL identifiziert üblicherweise ein Programm in Form eines Common Gateway Interface (CGI) oder einen anderen Prozess auf dem Server, der OFX-Requests akzeptiert und eine Response erzeugt. Das Kommando POST identifiziert hierbei den verwendeten Datentyp als application/x-ofx. Auch der Typ der zurückgegeben Daten ist application/x-ofx. Alle anderen Felder werden nach der Spezifikation HTTP 1.0 gefüllt. Im folgenden Beispiel ist ein typischer Request angegeben, der der Spezifikation von OFX entnommen wurde.

Code

```
POST http://www.fi.com/ofx.cgi HTTP/1.0 HTTP headers
User-Agent:MyApp 1.0
Content-Type: application/x-ofx
Content-Length: 1032
OFXHEADER:100 OFX headers
DATA:OFXSGML
VERSION:151
SECURITY:TYPE1
ENCODING:USASCII
<OFX> OFX request
  ... Open Financial Exchange requests ...
</OFX>
```

Eine Leerzeile definiert den Übergang vom HTTP-Header zu den Open-Financial-Exchange-Headern. Über eine weitere Leerzeile werden die Open-Financial-Exchange-Header vom Request getrennt. Die Struktur einer Response ähnelt der eines Requests. Hierbei enthält die erste Zeile das standardmäßige HTTP-Ergebnis. Die Länge des Inhalts wird in Bytes angegeben. Das folgende Beispiel gibt eine typische Response wieder, die der Spezifikation von OFX entnommen wurde.

Code

```
HTTP 1.0 200 OK HTTP headers
Content-Type: application/x-ofx
Content-Length: 8732
OFXHEADER:100 OFX headers
DATA:OFXSGML
VERSION:151
SECURITY:TYPE1
ENCODING:USASCII
<OFX> OFX response
  ... Open Financial Exchange responses ...
</OFX>
```

Technische Grundlage der Open Financial Exchange ist das Request-Response-Modell. Hierbei können einer oder mehrere Requests in einer Datei als Batch-Job übergeben werden. Diese Datei enthält typischerweise einen *Signon-Request* und einen oder mehrere dienstspezifische Requests. Erhält der Server eines Finanzdienstleisters eine derartige Datei, so bearbeitet er alle Requests und liefert eine einzige Antwort in Form einer Datei zurück. Das Batch-Modell ist einerseits an den Internet-Transport, andererseits aber auch an andere Offline-Transporte angelehnt. Sowohl Requests als auch Responses sind Textdateien, die mit einer Grammatik auf der Basis der *Standard Generalized Markup Language* (SGML) formatiert werden. Die Syntax der Open Financial Exchange ähnelt der *Hypertext Markup Language* (HT-ML), da sie sog. *Tags* verwendet, um Daten zu identifizieren und um Datenfelder voneinander abzugrenzen. Die Verwendung von Daten und Tags erlaubt es der Open Financial Exchange, über die Zeit weiterentwickelt zu werden, während aber auch ältere Versionen von Client bzw. Server unterstützt werden.

Im Folgenden ist ein einfaches Beispiel angegeben, das die Struktur einer Datei eines Open-Financial-Exchange-Requests wiedergibt. In diesem Beispiel, das der OFX-Spezifikation entnommen ist, werden die Header nicht wiedergegeben. Die Einrückung verschiedener Zeilen dient ausschließlich der besseren Lesbarkeit, ist aber nicht erforderlich.

Code

```
<OFX> <!-- Begin request data -->
   <SIGNONMSGSRQV1>
      <SONRQ> <!-- Begin signon -->
         <DTCLIENT>19961029101000 <!-- Oct. 29, 1996, 10:10:00
            am -->
         <USERID>123-45-6789 <!-- User ID (that is, SSN) -->
         <USERPASS>MyPassword <!-- Password (SSL encrypts
            whole) -->
         <LANGUAGE>ENG <!-- Language used for text -->
         <FI> <!-- ID of receiving institution -->
            <ORG>NCH <!-- Name of ID owner -->
            <FID>1001 <!-- Actual ID -->
         </FI>
         <APPID>MyApp
         <APPVER>0500
      </SONRQ> <!-- End of signon -->
   </SIGNONMSGSRQV1>
   <BANKMSGSRQV1>
      <STMTTRNRQ> <!-- First request in file -->
         <TRNUID>1001
         <STMTRQ> <!-- Begin statement request -->
            <BANKACCTFROM> <!-- Identify the account -->
            <BANKID>121099999 <!-- Routing transit or other FI
               ID -->
            <ACCTID>999988 <!-- Account number -->
            <ACCTTYPE>CHECKING <!-- Account type -->
            </BANKACCTFROM> <!-- End of account ID -->
            <INCTRAN> <!-- Begin include transaction -->
            <INCLUDE>Y <!-- Include transactions -->
            </INCTRAN> <!-- End of include transaction -->
         </STMTRQ> <!-- End of statement request -->
```

```
    </STMTTRNRQ> <!-- End of first request -->
    </BANKMSGSRQV1>
</OFX> <!-- End of request data -->
```

Das Format einer Response weist eine ähnliche Struktur auf. Obwohl eine Response alle Details jeder Transaktion enthält, wird jedes Element mittels Tags identifiziert. Die wichtigste Regel der Syntax der Open Financial Exchange besteht darin, dass jedes Tag entweder ein Element oder ein zusammengesetztes Element ist. Daten folgen immer auf das dazugehörige Element-Tag. Ein zusammengesetztes Tag beginnt mit einer zusammengesetzten Tag-Sequenz, die mit einem entsprechenden Ende-Tag beendet werden muss. Ein Beispiel hierfür ist das Konstrukt <AGGREGATE> ... </AGGREGATE>.

OFX-Sicherheit

OFX beinhaltet verschiedene Optionen, mit denen die Sicherheit der Transaktionen der Kunden gewährleistet werden kann. Im Folgenden werden das Sicherheits-Framework von OFX, die Sicherheitsziele, die Sicherheitstypen und die Verantwortlichkeiten der Finanzdienstleister beschrieben.

Die Sicherheit in OFX bezieht sich auf die Kommunikationspfade zwischen einem Client und einem Profil-Server, einem Client und einem Webserver und einem Client und einem OFX-Server, wenn der OFX-Server vom Webserver getrennt ist.

OFX-Clients verwenden ein sog. *Profil*, um die Fähigkeiten eines OFX-Servers in Erfahrung zu bringen. Die in einem Profil gespeicherte Information beinhaltet allgemeine Eigenschaften, wie bspw. die unterstützten Inhaltstypen, Anforderungen an das Benutzerpasswort, spezielle Nachrichtentypen und wie der Client Requests in einer Batch anordnen sollte bzw. wohin Requests gesendet werden sollten. Ein Client empfängt einen Teil des Profils, wenn ein Benutzer einen Finanzdienstleister auswählt. Der Client erhält die noch fehlende Information, bevor er einen Request an diesen Finanzdienstleister sendet. Der Server verwendet eine Zeitmarke, um anzuzeigen, ob er das Profil aktualisiert hat. Der Client überprüft im Gegenzug periodisch, ob er ein neues Profil anfordern muss. Eine Profil-Response enthält die folgenden Abschnitte, die ein Client unabhängig voneinander anfordern kann:

*   *Nachrichtenmengen* (Message Sets). Listen angeboteter Dienste und generelle Attribute dieser Dienste. Nachrichtenmengen gruppieren meist Funktionalitäten, die in einer Beziehung zueinander stehen und sind so üblicherweise Untermengen der Funktionalität, die der Benutzer als *Dienst* betrachtet.
*   *Signon-Ziele*. Finanzdienstleister können für verschiedene Nachrichtenmengen unterschiedliche *Signons* (User-ID und/oder Passwort) verlangen. Da pro <OFX>-Block nur ein Signon erfolgen kann, muss ein Client wissen, welches Signon der Server anfordert. Anschließend muss der Client das richtige Signon für den jeweiligen Nachrichten-Batch zur Verfügung stellen.

Die Profil-Nachricht besteht wiederum aus einer Nachrichtenmenge. In Dateien verwendet OFX das <PROFMSGSV1>-Aggregat bzw. das <PROFMSGSV2>Aggregat, um diese Profil-Nachrichtenmenge zu identifizieren.

In Abb. 7-10 ist die Anfangsreihenfolge dargestellt, in der diese Kommunikation abläuft, wenn man annimmt, dass der Client bereits über die URL des Profil-Servers des Finanzdienstleisters verfügt. Der Bootstrap-Prozess des Clients läuft in den folgenden Schritten ab:

- Der Client erfragt die URL des Webservers des Finanzdienstleisters vom Profil-Server des Finanzdienstleisters, womit er eine bestimmte Nachrichtenmenge abrufen kann.
- Der Client sendet einen OFX-Request an die URL des Webservers, von dem der Request an den OFX-Server weitergeleitet wird.
- Der OFX-Server sendet über den Webserver eine Response an den Client zurück.

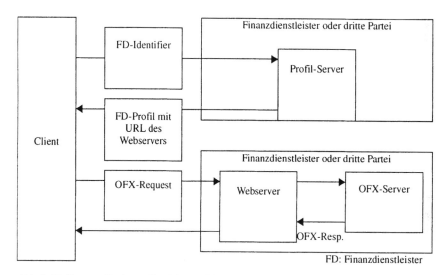

Abb. 7-10 Kommunikationsreihenfolge in OFX

Die Hauptziele der Sicherheit in OFX sind im Folgenden aufgeführt:

- *Geheimhaltung*
  Lediglich der beabsichtigte Empfänger kann eine Nachricht lesen. Zur Gewährleistung der Geheimhaltung werden Verschlüsselungsverfahren eingesetzt.
- *Authentifizierung*
  Der Empfänger einer Nachricht kann die Identität des Absenders verifizieren. In OFX erlauben es Passwörter einem Finanzdienstleister, einen Client zu authentifizieren. Zertifikate erlauben es dem Client, einen Server zu authentifizieren.
- *Integrität*
  Eine Nachricht kann nach der Erzeugung nicht mehr verändert werden. Meist

verwendet man eine kryptographische Hash-Funktion, um die Integritätsverifikation vorzunehmen.

OFX spezifiziert die minimal erforderliche Sicherheit für Internet-Transaktionen und bietet verschiedene Sicherheitsoptionen an, die auf existierenden Standards aufbauen. Über die Auswahl der Sicherheitstechniken und der jeweiligen Optionen kann ein Finanzdienstleister die Geheimhaltung, die Authentifizierung und die Identität mit variierenden Sicherheitsgraden realisieren. Es existieren bspw. verschiedenste Verschlüsselungsalgorithmen, von denen die meisten durch eine Veränderung der Schlüssellänge verstärkt oder abgeschwächt werden können. In OFX werden bspw. die folgenden Standards verwendet:

- Zertifikate (X.509v3) werden zur Identifikation und zur Authentifizierung der Server verwendet und um deren Public Keys zu transportieren.
- Erstellt ein Client einen Transaktions-Request und sendet ihn an den Server, so wird der Blocktyp 2 von PKCS #1 als Verschlüsselungsformat verwendet.
- Zur Verschlüsselung wird RSA eingesetzt.

Wenn ein Client und ein Server bei der Zertifizierung keine gemeinsame CA verwenden, kann der Client das Zertifikat eines Servers nicht validieren. Aus diesem Grund spezifiziert OFX mehrere vertrauenswürdige CAs, die alle Clients akzeptieren müssen und die alle Server verwenden müssen.

Die Sicherheit im Typ 1 (siehe unten) von OFX wird durch Zertifikate hergestellt, die Sicherheit des Kommunikationskanals durch SSL. Das Format hierfür wird in X.509v3 festgelegt.

OFX wurde unter dem Gesichtspunkt entwickelt, dass bei jedem Finanzdienstleister eine Security Policy in Kraft ist. Diese Policy muss eindeutig festlegen, wie Kundendaten gesichert werden und wie Transaktionen derart abgewickelt werden, dass alle Parteien, die an der Transaktion teilnehmen, nach effizient umgesetzten Richtlinien geschützt werden. Die Entscheidung, welche Anwender eine bestimmte Operation für ein gegebenes Konto ausführen dürfen, muss vom Finanzdienstleister getroffen werden. Hierbei muss bspw. festgestellt werden, ob ein Benutzer dazu autorisiert ist, einen Transfer von einem Konto durchzuführen. Der Finanzdienstleister muss weiterhin feststellen, ob ein Benutzer sein Konto überzogen hat, ob eine Kontenaktivität im Hinblick auf Vergangenheitsdaten ungewöhnlich ist, bzw. weitere kontextabhängige Fragen. Obwohl OFX eine Vielzahl von Sicherheitsoptionen anbietet, muss ein Finanzdienstleiser ein minimales Sicherheitsniveau unterstützen. Um eine geeignete Sicherheitskonfiguration zu sichern, muss ein Finanzdienstleister die folgenden Schritte durchführen:

1. Anforderung eines Zertifikats für den Profil-Server. Dieses Zertifikat muss in einer der Certification Authorities (CAs) verankert werden. Das Zertifikat sowie der private Schlüssel müssen weiterhin geeignet geschützt werden.

2. Anforderung eines Zertifikats für jeden OFX-Server, das ebenfalls in einer CA verankert wird. Hierbei spielt es keine Rolle, ob der OFX-Server vom Finanzdienstleister oder von einer dritten Partei betrieben wird.

3. Entscheidung, ob der Typ 1 (siehe unten) der Sicherheit auf Anwendungsebene für beliebige Nachrichtenmengen verwendet werden soll. Für jede Nachrichtenmenge, die durch den Typ 1 gesichert werden soll, muss ein Zertifikat angefordert werden.

Sicherheit vom Typ 1 (siehe unten) kann für beliebige Nachrichtenmengen außer für Profile verwendet werden. In OFX kann die Sicherheit grundsätzlich in zwei Ebenen des Nachrichtenaustauschprozesses verwendet werden:

- *Auf der Ebene des Kanals*
  Diese Sicherheitsstufe ist generell für den Client oder für den Server transparent und in den Kommunikationsprozess integriert, indem Nachrichten zwischen den zwei Endpunkten der Kommunikation geschützt werden. Um Nachrichten während eines HTTP-Transports zu schützen, verwenden Client- und Server-Applikationen das Protokoll *Secure Socket Layer* (SSL). SSL schützt Nachrichten, die zwischen Client und Webserver ausgetauscht werden. SSL authentifiziert weiterhin den Webserver über sein Zertifikat. Zusätzlich wird die Geheimhaltung über die Verschlüsselung und mittels der Record-Integrität geschützt, ein Datenblock, der während einer Übertragung gesendet wird, kann also nicht unentdeckt verändert werden.

- *Auf der Ebene der Anwendungsebene (Typ 1)*
  Diese Sicherheitsstufe ist für den Transportprozess transparent und daher von diesem vollständig unabhängig. Die Sicherheit auf Anwendungsebene schützt das Passwort des Benutzers auf dem vollständigen Weg von der Client-Anwendung zur Server-Applikation, die OFX-Nachrichten verarbeitet. Die Server-Applikation ist üblicherweise hinter dem Ziel-Webserver, bspw. hinter einer Internet-Firewall, angeordnet. Voraussetzung für die Sicherheit auf Anwendungsebene ist die Sicherheit auf Kanalebene.

In Abb. 7-11 ist dargestellt, wie die Sicherheit auf der Kanalebene zur Sicherheit auf Anwendungsebene in Beziehung steht. Hierbei ist dargestellt, welchen Weg der Request eines Clients zum Server nimmt, wenn eine Verschlüsselung auf Anwendungsebene verwendet wird.

Für die meisten Nachrichtenmengen reicht die Sicherheit auf Kanalebene aus, wenn man voraussetzt, dass die Netzwerkarchitektur beim Empfänger (Finanzdienstleister) adäquat gesichert ist. Die Passwortverschlüsselung auf Anwendungsebene erlaubt allerdings eine flexible Back-End-Architektur auf einer höheren Sicherheitsstufe.

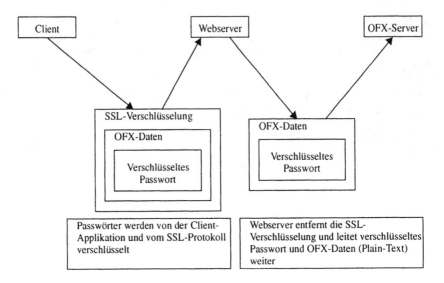

Abb. 7-11 Sicherheit auf Kanalebene und auf Anwendungsebene in OFX

Sicherheitstyp 1 in OFX

Ziel des Typ 1-Protokolls in OFX ist der Schutz des Benutzerpassworts auf dem gesamten Weg vom Anwender zum Ziel-OFX-Server. Wenn keine Client-Zertifikate eingesetzt werden, ist das Benutzerpasswort das wichtigste Hilfsmittel zur Authentifizierung des Clients und muss daher speziell geschützt werden.

Die Sicherheit vom Typ 1 erfordert die Verwendung der Sicherheit auf Kanalebene, also SSL. Obwohl das Passwort selbst bereits auf dem Weg vom Client zum Webserver durch SSL geschützt ist, kann es vorkommen, dass die Netzwerkarchitektur auf der Server-Seite das Passwort nicht genügend sichert, während es vom Webserver zum OFX-Server übertragen wird. Durch die Verwendung des Typ 1 wird sichergestellt, dass das Benutzerpasswort nicht entschlüsselt wird, bis der Request den OFX-Server erreicht. Es ist daher auch verständlich, dass der Typ 1 sich lediglich auf den Request-Teil einer Nachricht bezieht und nicht auf die Server-Response. Ein einfacher Ansatz wäre es bspw., das Typ 1-Server-Zertifikat im Profil zu liefern und dieses zur Verschlüsselung des Passworts zu verwenden. Der große Nachteil wäre aber, dass in diesem Fall Replay-Attacken möglich wären. Ein Angreifer könnte die Daten einer Transaktion und damit auch das verschlüsselte Passwort speichern und die Daten erneut an den Server übertragen. In diesem Fall würde es auch keine Rolle spielen, dass das Passwort während der Übertragung unbekannt bliebe.

Um Replay-Attacken vorzubeugen, fügt der Server Zufallsdaten in die Übertragung ein, die nicht aus vorherigen Übertragungen abgeleitet werden können. Der Client erfragt diese Zufallsdaten mit einem *Challenge-Request*. Der Server antwortet dann mit diesen Daten und mit dem Typ 1-Zertifikat in einer *Challenge-Response*. Anschließend verwendet der Client die Zufallsdaten im Verschlüsselungsprozess und garantiert damit dem Server, dass die Client-Response ausschließlich mit dieser einen Interaktion assoziiert ist. Diese Funktionalität ist auch in Abb. 7-12 dargestellt.

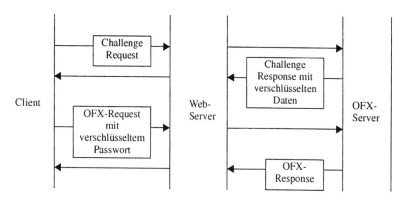

Abb. 7-12 Sicherheit vom Typ 1 in OFX

Implementierung der OFX-Sicherheit

Für jede Nachrichtenmenge, die in der Profil-Response des Finanzdienstleisters enthalten ist, beschreibt das Tag <MSGSETCORE> die Sicherheit auf Kanalebene bzw. auf Anwendungsebene, die für diese Nachrichtenmenge erforderlich ist.

Innerhalb dieses Verbund-Tags beschreibt das Element <TRANSPSEC>, ob die Sicherheit auf Kanalebene erforderlich ist oder nicht. Das Element <TRANSPSEC> kann folglich den Wert N (keine Verwendung der Sicherheit auf Kanalebene) oder Y (Verwendung der Sicherheit auf Kanalebene) annehmen. Alle derzeit definierten Nachrichtenmengen erfordern aber die Verwendung der Sicherheit auf Kanalebene.

Das Element <OFXSEC> definiert den Typ der Sicherheit auf Anwendungsebene, der für die Nachrichtenmenge erforderlich ist. Das Element <OFXSEC> kann einen der im Folgenden beschriebenen Werte annehmen, die auch im SECURITY-Element der OFX-Header verwendet werden:

- NONE: Keine Verwendung der Sicherheit auf Anwendungsebene
- TYPE1: Verwendung der Sicherheit des Typs 1 auf Anwendungsebene

Das Protokoll *Secure Socket Layer* (SSL) ist ein kryptographisches Protokoll, das im Internet häufig zur Gewährleistung der Sicherheit auf Kanalebene eingesetzt wird. Ein zentraler Bestandteil der SSL-Sicherheit ist das Server-Zertifikat, das gewährleistet, dass der Server auch derjenige ist, für den er sich ausgibt. Dieses Zertifikat enthält den Public Key des Servers, den der Client dazu verwenden muss, um die Session-Schlüssel zu verschlüsseln, die er als Teil jeder Verbindung erzeugt.

Die durch SSL angebotene Funktionalität ist verfügbar, ohne dass auf Client- oder auf Server-Seite signifikante Software-Entwicklungen durchgeführt werden müssten. Sowohl der Client als auch der Server müssen allerdings derart konfiguriert sein, dass entsprechende Verschlüsselungsalgorithmen (sog. *Cipher Suites*) eingesetzt werden können. In Tab. 7-1 sind die Cipher Suites angegeben, die in OFX verwendet werden können. Zusätzlich müssen Clients und Server gemeinsam ein vertrauenswürdiges *Root-Zertifikat* verwenden, damit der Client das Zertifikat des Servers validieren kann.

• SSL_RSA_WITH_RC4_128_SHA	• SSL_DH_RSA_WITH_DES_CBC_SHA
• SSL_RSA_WITH_IDEA_CBC_SHA	• SSL_DH_RSA_WITH_3DES_EDE_CBC_SHA
• SSL_RSA_WITH_DES_CBC_SHA	• SSL_DHE_DSS_WITH_DES_CBC_SHA
• SSL_RSA_WITH_3DES_EDE_CBC_SHA	• SSL_DHE_DSS_WITH_3DES_EDE_CBC_SHA
• SSL_DH_DSS_WITH_DES_CBC_SHA	• SSL_DHE_RSA_WITH_DES_CBC_SHA
• SSL_DH_DSS_WITH_3DES_EDE_CBC_SHA	• SSL_DHE_RSA_WITH_3DES_EDE_CBC_SHA

Tab. 7-1 Cipher Suites in OFX

Obwohl SSL Zertifikate auf Client-Seite unterstützt, damit sich ein Client gegenüber einem Server authentifizieren kann, setzt OFX diese derzeit nicht voraus. Um einen Kunden zu identifizieren und zu authentifizieren, sollten die Server die Information verwenden, die im Signon-Request <SONRQ> enthalten ist. Wenn das Tag <TRANSPSEC> auf den Wert Y gesetzt wird, muss der Client SSL in der Version 3 oder höher verwenden.

Sowohl die Sicherheit auf Kanalebene als auch die Sicherheit auf Anwendungsebene können nur dann verwendet werden, wenn Clients und Server mindestens eine vertrauenswürdige *Certification Authority* (CA) gemeinsam verwenden. Um zu gewährleisten, dass Clients die Gültigkeit eines Zertifikats überprüfen können, müssen die Server ihre Zertifikate von einer anerkannten OFX CA 1 signieren lassen. Es wird angenommen, dass die Clients Zugang zu dieser vertrauenswürdigen CA haben.

Die Schlüssel, mit denen in OFX signiert werden kann, können entweder RSA-Schlüssel der Länge 1024 bit oder DSS-Schlüssel der Länge 1024 bit sein. Server-RSA-Schlüssel und Diffie-Hellman-Schlüssel müssen ebenfalls mindestens 1024 bit lang sein.

Im Folgenden werden implementierungsspezifische Details des Type 1 von OFX beschrieben. Hierbei bedeutet der Ausdruck $C = E_A(M)$, dass der Plain Text M entweder symmetrisch oder asymmetrisch mit dem Schlüssel A in den verschlüsselten Text C umgewandelt wird. Der Ausdruck $M = D_A(C)$ bezeichnet die umgekehrte Operation (Entschlüsselung), in der der verschlüsselte Text C unter Verwendung des Schlüssels A in den Klartext M umgewandelt wird. Wenn C asymmetrisch verschlüsselt wurde, so wird A im letzteren Fall als private Komponente des Schlüssels aufgefasst. Der Ausdruck A ‖ B gibt wieder, dass B an A angehängt wird.

Die Typ 1-Sicherheit auf Anwendungsebene integriert eine zusätzliche Passwort-Geheimhaltung. Im Folgenden sind die Schritte aufgeführt, mit denen eine Typ 1-Transaktion durchgeführt wird. Diese Schritte werden anschließend noch im Detail erläutert.

1. Der Client erhält vom Profil-Server das Server-Profil.

2. Der Client baut eine SSL-Verbindung zum Server auf.

3. Der Client sendet eine <CHALLENGERQ>-Nachricht an den Server.

4. Der Server sendet eine <CHALLENGERS>-Nachricht, die einen Ausdruck und das Typ 1-Zertifikat des Servers enthält.

5. Der Client erzeugt einen Transaktions-Request und sendet diesen an den Server.

6. Der Server überprüft den Request, verifiziert das Benutzerpasswort und bearbeitet die Transaktion oder weist sie zurück.

In Tab. 7-2 sind die Datenelemente des Typ 1-Protokolls angegeben.

Feld	Typ	Beschreibung
BT	Oktett-String, Länge 1	Blocktyp. BT = 0x02
CT_1	Oktett-String, Länge 128	Schlüsseltext: PKCS #1-RSA-Verschlüsselung des Felds EB mit dem Feld KS. $CT1 = E_{KS}(EB)$
CT_2	Druckbarer ASCII-Text, Länge 171	Verschlüsselter Schlüsseltext: RADIX-64-Kodierung von CT_1 (siehe RFC 1113, §4.3.2.4 und §4.3.2.5). $CT_2 = RADIX64(CT_1)$
D	Oktett-String, Länge 68	Zu verschlüsselnde Benutzerdaten. D = NC ‖ P ‖ T
EB	Oktett-String, Länge 128	Verschlüsselungsblock: formatierter Klartext, der zur Verschlüsselung bereit ist. EB = 0x00 ‖ BT ‖ PS ‖ 0x00 ‖ D
KS	RSA-Schlüssel, Länge 1024 bit	Typ 1-RSA-Schlüssel des Servers
NC	Oktett-String, Länge 16	Client-Ausdruck (Nonce): String von Zufalls-Oktetten, die vom Client generiert wurden.

Tab. 7-2 Datenelemente des Typ 1-Protokolls

Feld	Typ	Beschreibung
NS	Oktett-String, Länge 16	Server-Ausdruck (Nonce): String von Zufalls-Oktetten, die vom Server generiert wurden.
P	Druckbarer ASCII-Text, mit Nullen aufgefüllt, Länge 32	Passwort, das gemeinsam vom Kunden und vom Finanzdienstleister verwendet wird, zur Rechten mit Nullen aufgefüllt.
PS	Oktett-String, Länge 57	Padding-String: Jedes Element ist eine Pseudo-Zufallszahl und ungleich Null.
T	Oktett-String, Länge 20	Authentifizierungs-Token. $T = SHA1(NS \parallel P \parallel NC)$

Tab. 7-2 Datenelemente des Typ 1-Protokolls

Besonders interessant ist der Aufbau des OFX-Requests, der deshalb im Detail betrachtet werden soll. Hierzu sind die folgenden Schritte zu durchlaufen:

1. Der Client erzeugt 16 Oktette mit Zufallszahlen und platziert sie im Feld NC.

2. Der Client ruft das Benutzerpasswort ab (P).

3. Der Client berechnet den Hash-Wert $T = SHA1(NS \parallel P \parallel NC)$.

4. Der Client erzeugt 57 Pseudo-Zufallszahlen ungleich Null und platziert diese im Feld PS (Das Feld NC kann bspw. dazu verwendet werden, um den Zufallszahlengenerator zu initialisieren).

5. Der Client setzt den Wert $D = NC \parallel P \parallel T$.

6. Der Client setzt den Wert $EB = 0x00 \parallel BT \parallel PS \parallel 0x00 \parallel D$.

7. Der Client verschlüsselt EB mittels RSA und verwendet dazu den Typ 1-Public-Key des Servers, den er mit dem Typ 1-Zertifikat des Servers erhalten hat: $CT_1 = E_{KS}(EB)$.

8. Der Client kodiert den Schlüsseltext für den Transport: $CT_2 = RADIX64(CT_1)$. Das RADIX64-Verfahren ist die Standard-Kodierungsmethode, die bspw von RSA-Bibliotheken unterstützt wird.

9. Der Client erzeugt den Rahmen für den OFX-Request.

10. Der Client kopiert den Wert CT_2 in das <USERPASS>-Feld des OFX-Felds <SON-RQ>.

11. Der Client sendet den vervollständigten OFX-Request an den Server.

Soll anstelle des Benutzerpassworts eine PIN übertragen, so wird das `<PINCHRQ>`-Feld verwendet. Die Schritte sind hierbei identisch mit der Ausnahme, dass im zweiten Schritt das Feld P auf den Wert `<NEWUSERPASS>` gesetzt wird und dass im zehnten Schritt das Feld CT_2 in das `<NEWUSERPASS>`-Feld des `<PINCHRQ>`-Blocks kopiert wird.

Nachdem der OFX-Server den Request erhalten hat, geht er in den folgenden Schritten vor:

1. Der Server liest das `<SECURITY>`-Feld im OFX-Header, um festzustellen, ob für diese Nachricht eine Typ 1-Verarbeitung verwendet werden soll. Ist dies nicht der Fall, so macht er direkt mit Schritt 6 weiter.

2. Der Server extrahiert das Feld CT_2 aus dem `<USERPASS>`-Feld des `<SONRQ>`-Blocks und entfernt die Kodierung, um CT_1 zu erhalten (siehe auch RFC 1113, §4.3.2.4 and §4.3.2.5).

3. Der Server entschlüsselt CT_1, um den Wert EB: $EB = D_{KS}(CT_1)$ zu berechnen.

4. Der Server extrahiert D aus EB und extrahiert anschließend NC, P und T aus D.

5. Der Server schlägt in seiner Datenbank das Passwort des Clients nach und berechnet den Wert SHA1(NS $\parallel$ P $\parallel$ NC). Stimmt das Resultat nicht mit T überein, so beendet der Server die Session und meldet einen Fehler an den Client.

6. Der Server bearbeitet den Request und schickt eine Bestätigung an den Client zurück.

Bei der Übertragung einer PIN mittels `<PINCHRQ>` sind die Schritte mit Ausnahme des zweiten Schritts, in dem CT_2 aus dem `<NEWUSERPASS>`-Feld erhalten wird und mit Ausnahme des fünften Schritts, bei dem der Server das neue Passwort nicht in der Datenbank nachschlägt, identisch.

Zusammenfassung

Sicherlich könnte man über die Open Financial Exchange noch eine Reihe weiterer interessanter Details anführen. Dies ist auch kaum verwunderlich, wenn man bedenkt, dass der Standard eine Länge von 566 Seiten aufweist. Um den Rahmen dieses Buchs nicht zu sprengen wurde die Darstellung jedoch auf die generelle Funktionsweise von OFX und auf die Sicherheitsaspekte beschränkt. Der Leser sollte daher nun insbesondere im Detail wissen, was man unter OFX versteht und wie die Sicherheit auf Kanalebene bzw. auf Anwendungsebene realisiert ist.

7.2.2 Homebanking Computer Interface (HBCI)

Homebanking Computer Interface (HBCI) ist ein Standard des Zentralen Kredit-Ausschusses (ZKA) zur multibankfähigen Kommunikation zwischen intelligenten

Kundensystemen und entsprechenden Bankrechnern zur Durchführung von Homebanking-Transaktionen. Teile der folgenden Darstellung sind dem HBCI-Standard in der Version 2.1 (siehe http://www.hbci-zka.de/) entnommen, sowie der hervorragenden Darstellung von Kurt Haubner (http://www.sixsigma.de).

Derzeit wird Homebanking ausschließlich auf der Basis von T-Online (früher Btx) betrieben. Grundlage hierfür ist ein Online-Dialog auf der Basis von Btx-Seiten, wobei 24x40 Zeichen auf einer Bildschirmseite dargestellt werden können. Auf diese Weise werden nachempfundene Überweisungsformulare vom Kunden ausgefüllt und an das Kreditinstitut gesendet. Zur Absicherung des Banken-Dialogs wird beim Session-Aufbau zum Bankrechner eine sog. „Persönliche Identifikationsnummer" (PIN) gesendet und geprüft. Eine bankfachliche Transaktion wird zusätzlich jeweils durch eine einmalig gültige „Transaktionsnummer" (TAN) abgesichert. Transaktionsnummern werden dem Kunden in Form von TAN-Listen per Briefpost mitgeteilt. Die Verwaltung dieser Listen ist auf Kunden- und Bankseite sehr aufwendig und umständlich.

Dieses Verfahren findet auch bei den meisten der derzeitigen Internet-Lösungen Anwendung – aus dem einfachen Grund, da meist mit Hilfe von Gateways die bestehenden T-Online-Anwendungen verwendet werden.

Die bestehenden Btx-Anwendungen mit dem aufwendigen PIN/TAN-Sicherungsverfahren entsprechen nicht mehr dem aktuellen Standard in bezug auf Benutzerfreundlichkeit und Darstellung. Ein weiterer wichtiger Grund für die Einführung eines neuen Homebanking-Standards ist die Kommerzialisierung des Internet, die in den letzten Jahren zu einer rasanten Entwicklung geführt hat. Diese Plattform ist für alle Kreditinstitute von großem Interesse und zwar nicht nur im Bereich der direkten Bankgeschäfte, sondern auch beim allgemeinen Zahlungsverkehr (Electronic Commerce). Die erweiterten Sicherheitsfunktionen von HBCI sollen den Betrieb in unsicheren Netzen wie dem Internet ermöglichen und den Bedienungskomfort für den Kunden erhöhen.

Im Folgenden sind die generellen Ziele von HBCI aufgeführt:

- Das Daten-Interface muss eine umfangreiche Funktionalität enthalten und flexibel sein.
  - Es muss unabhängig von Präsentationsdiensten sein.
  - Es muss Netzdaten transportieren können und dabei das Datenaufkommen und die Kosten minimieren. Die Vorbereitung von Transaktionen muss im Terminal-Equipment erfolgen.
  - Es muss unabhängig vom Transportnetzwerk sein und derart für alternative Netzwerke (bspw. Internet oder Pay-TV) einsetzbar sein. Die zugrunde liegende Transportschicht muss exakt definiert sein, um ein Banking anzubieten, das unabhängig von Kundensystemen mit einem gemeinsamen Zugriffsprotokoll arbeitet.
- Erweiterte Sicherheitsfunktionen müssen die Arbeit in generell unsicheren Netzwerken ermöglichen und dadurch auch den Kundenkomfort steigern.

- Die HBCI-Lösung muss bankunabhängig arbeiten, um alle gewünschten Konten mit denselben Mechanismen betreuen zu können. HBCI muss auch unabhängig von bestimmten Herstellern arbeiten, um Kompatibilitätsprobleme mit mobilem Terminal-Equipment zu vermeiden (bspw. in Hotel-Lobbies).
- HBCI soll die Attraktivität des Home-Bankings steigern, indem weitere Zugriffsmöglichkeiten verfügbar werden.
- Der Standard muss mit anderen Bankanwendungen zusammenarbeiten, bspw. im Self-Service-Bereich, damit der Kunde mit identischer Funktionalität über verschiedene Dienstkanäle erreichbar ist. Zusätzlich verbessert dieser Ansatz die Entwicklung und die Wartbarkeit von neuen Anwendungen, da lediglich ein Prozess notwendig ist.
- Mit der Entwicklung von HBCI will das deutsche Bankgewerbe sicherstellen, dass Hersteller die langfristige Möglichkeit zur Planung erhalten, wie das Design von kundenfreundlichen Programmen und Systemen für das Homebanking aussehen soll.

Syntax von HBCI

HBCI nutzt eine Nettodatenschnittstelle (ähnlich EDIFACT), die aber weniger komplex ist. Die Daten werden durch Trennzeichen in *syntaktische Einheiten* unterteilt (siehe Tab. 7-3).

Trennzeichen	Bedeutung
+	Ende eines Datenelements
:	Ende einer Gruppe von Datenelementen
'	Segmentende
?	Cancel-Zeichen, mit dem Kontrollzeichen im Text übersprungen werden können.
@	Umschaltung auf Binärdaten

Tab. 7-3 Trennzeichen in HBCI

Die unterste Ebene bilden die *Datenelemente*, wie z. B. eine Bankleitzahl oder Kontonummer. Da Datenelemente vom Typ her festgeschrieben sind, muss nicht mit Nullen oder Leerzeichen aufgefüllt werden (sog. Zero-Padding), auch können nicht benötigte Datenelemente ausgelassen oder abgeschnitten werden. Spezialfälle von Datenelementen sind transparente Formate, die gesamte DTA- oder SWIFT-Formate (SWIFT ist die Abkürzung für *Society for Worldwide Interbank Financial Transactions*) aufnehmen können. Die nächste Hierarchiestufe bilden *Datenelementgruppen*, in denen zusammengehörige Datenelemente zusammengefasst werden können. Ein *Segment* besteht aus Datenelementen und Datenelementgruppen und stellt beispielsweise einen gesamten HBCI-Auftrag, z. B. eine Einzelüberweisung dar.

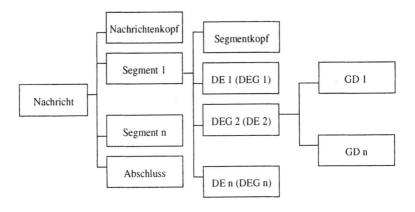

DE: Datenelement
DEG: DE-Gruppe
GD: Gruppendatenelemente

Abb. 7-13 HBCI-Nachricht

Eine *HBCI-Nachricht* schließlich fasst mehrere Aufträge zusammen. Zu einer Nachricht gehören zusätzlich außer Nachrichtenkopf und -abschluss auch noch Sicherheitssegmente für die Aufnahme von elektronischen Signaturen oder Verschlüsselungsinformationen. Die Segmente aus dem Sicherheitsbereich sind von EDIFACT übernommen. Die Struktur einer HBCI-Nachricht ist in Abb. 7-13 dargestellt.

Ein Segment kann immer nur einen einzigen Geschäftsvorfall erfassen. Die Kombination verschiedener Segmente bildet eine HBCI-Nachricht, die in Form einer Kunden- oder einer Banknachricht als einzelne Einheit transferiert werden kann. In einer Nachricht können dabei auch mehrere Segmente enthalten sein, die Geschäftsvorfälle desselben Typs enthalten. Die allgemeine Struktur einer Nachricht ist in Abb. 7-14 angegeben.

Optional existiert ein sog. *Ciphering Header* für die Verschlüsselung bzw. eventuell mehrere zusätzliche Signatur-Header und -Trailer für mehrfache Signaturen. Der Signatur-Header und -Trailer einer Banknachricht ist in jedem Fall optional. Der Nachrichten-Header beinhaltet administrative Information, bspw. eine Nummer, die die Nachricht identifiziert und eine Referenznummer für Kunden- und Banknachrichten. Der Nachrichten-Trailer referenziert den Nachrichten-Header. Dieser Mechanismus wurde aus EDIFACT übernommen.

Der Signatur-Header beinhaltet Informationen über Sicherheitsmechanismen, die eingesetzt werden sollen und zusätzlich eine eindeutige Referenznummer zur Gültigkeitskontrolle von Seiten der Bank. Im Signatur-Trailer ist die elektronische Signatur für die gesamte Nachricht gespeichert.

Die Segmente für Geschäftsvorfälle von Banknachrichten beinhalten Referenzen zu den Kundensegmenten und zusätzlich einen Return-Code pro Segment, der es ermöglicht, Informationen über den Verarbeitungsstatus zu erhalten.

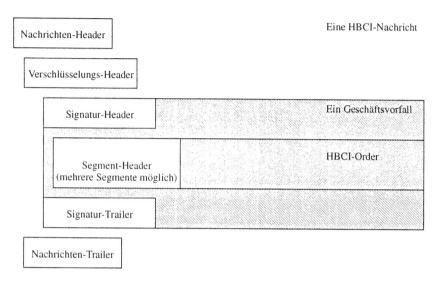

Abb. 7-14 HBCI-Nachricht (2)

Dialoge in HBCI

HBCI-Nachrichten werden in einem sog. *logischen Dialog* zusammengefasst. In einer Dialoginitialisierung werden außer der Authentifizierung von Kunde und Kreditinstitut auch Bank- und Benutzerparameterdaten übertragen, was eine automatische Konfiguration von Kundensystemen erlaubt.

HBCI-Nachrichten sind isolierte Verarbeitungseinheiten, können aber trotzdem nur in einem HBCI-Dialog gesendet werden. Eine Versendung dieser Einheiten per E-Mail ist bspw. nicht zulässig. Der allgemeine Ablauf eines derartigen Dialogs ist in Abb. 7-15 dargestellt.

Die Initiierung eines Dialogs geht stets vom Kunden aus. Auf eine Kundennachricht wird stets mit einer genau definierten Kreditinstitutsnachricht unmittelbar geantwortet. Erst wenn der Kunde diese Kreditinstitutsnachricht vollständig erhalten hat, darf er die nächste Nachricht an das Kreditinstitut übermitteln. Eine Ausnahme hierzu besteht darin, dass nach einem Verbindungsabbruch der Kunde im nächsten Dialog eine Nachricht an das Kreditinstitut sendet, ohne vorher eine vollständige Antwortnachricht erhalten zu haben. Sowohl Kunde als auch Kreditinstitut dürfen jeweils nur eine Nachricht auf einmal übermitteln. Das Kundensystem hat die Pflicht, solange zu warten, bis das Kreditinstitut die entsprechende Antwortnachricht übermittelt hat.

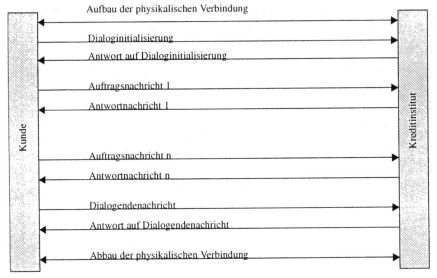

Abb. 7-15 Ablauf eines HBCl-Dialogs

Sollen keine weiteren Auftragsnachrichten mehr gesendet werden, so hat das Kundensystem eine Dialogendenachricht zu senden. Mit der Rückmeldung auf diese Nachricht erhält das Kundensystem die Dialogendebestätigung des Kreditinstituts.

Im Ausnahmefall kann das Kreditinstitut den Dialog auch von sich aus beenden (z. B. bei wiederholter ungültiger Authentifizierung des Kunden). Hierzu sendet es in der Antwort auf eine Kundennachricht den Rückmeldungscode 9800 („Dialog abgebrochen"). Danach kann es die Transportverbindung abbauen. Das Kundenprodukt hat den Dialog in diesem Fall als beendet anzusehen und darf keine Dialogendenachricht mehr schicken.

Sollen Aufträge für mehrere Benutzer gesendet werden, ohne dass die physikalische Verbindung unterbrochen wird, so ist für jede neue Benutzerkennung eine neue Dialoginitialisierung durchzuführen.

Die Initialisierung des Dialogs gewährleistet die gegenseitige Authentifizierung des Kunden und der Bank, nach der die darauf folgenden Nachrichten, die die Order-Segmente enthalten, in einer sicheren Umgebung verarbeitet werden können. Zusätzlich werden während der Initialisierung des Dialogs die Verschlüsselungs- und Kompressionsmethoden ausgehandelt und die Versionen der Bank-Parameterdaten (BPD) und der Benutzer-Parameterdaten (UPD) angepasst. Falls erforderlich, können auch neue Versionen der BPD oder der UPD in der entsprechenden Banknachricht transferiert werden. Ein ähnlicher Prozess wird zum Vergleich der Versionen der Public Keys des Kreditinstituts verwendet. In der Banknachricht können auch kundenspezifische Informationen enthalten sein, bspw. Mitteilungen an den Kunden.

Als besonderer Service ist auch das sog. *anonyme Login* möglich, bei der der Bank-Code das Auswahlkriterium darstellt. Auf diese Art und Weise kann ein Kunde zumindest die aktuell gültige BPD des entsprechenden Kreditinstituts erfahren, um Informationen über verfügbare Transaktionstypen (Geschäftsvorfälle) der Bank herauszufinden.

Nach einer erfolgreichen Dialoginitialisierung und nach dem erfolgreichen Transfer aller Nachrichten (Order-Nachrichten und Antworten) wird der Dialog kontrolliert beendet. Hierdurch wird sichergestellt, dass jede Nachricht vollständig und korrekt übertragen wurde.

Return-Codes

Im Zusammenhang mit der Standardisierung von Banknachrichten werden in HBCI auch standardisierte, also bankunabhängige Return-Codes transferiert. Ein derartiger Code kann fehlerhafte Datenelemente auf der Basis der Referenzinformation im Nachrichten- und im Segment-Header genau feststellen und erlaubt so eine intelligente Reaktion des Kundensystems, da die Bedeutung spezieller Return-Codes ausgewertet werden kann. Die Return-Codes sind in sog. *Error-Klassen* gruppiert, die eine detaillierte Reaktion des Kundensystems ermöglichen. Die in HBCI verfügbaren Tabellen für Fehlerreaktionen erleichtern hierbei die Implementierung.

Status-Protokoll

Um dem Kunden bzw. dem Kundensystem die Möglichkeit zu geben, den Verarbeitungsstatus von Nachrichten abzufragen, wird kreditinstitutsseitig ein *Statusprotokoll* geführt, in dem die Statusinformationen aller Aufträge aufgeführt sind. Dies ist bspw. sinnvoll, um Kunden die Ausführung ihrer Aufträge mitzuteilen, da online im Regelfall lediglich der Empfang der Aufträge bestätigt werden kann und die weitere Verarbeitung offline erfolgt. Ferner dient das Statusprotokoll dazu, nach einem Verbindungsabbruch den Status der übermittelten Aufträge zu erfahren, insbesondere wenn durch das Kundensystem eine Nachricht vollständig an das Kreditinstitut übermittelt wurde, beim Senden der Antwort seitens des Kreditinstituts jedoch ein Fehler auftrat.

Im Gegensatz zu konventionellen Homebanking-Lösungen, in denen nach jeglicher Unterbrechungsart der Zustand der übertragenen Orders unbekannt ist, bietet HBCI zwei Möglichkeiten, um sich mit der Bank zu synchronisieren:

- *Dialoginitialisierung mit Synchronisation*
  Bei dieser Methode wird in die Nachricht zur Dialoginitialisierung ein Synchronisierungselement eingefügt, das die Nachrichtennummer der zuletzt korrekt übertragenen Nachricht zurückliefert.
- *Statusprotokoll*
  In einem speziellen Segment des Typs „status protocol" wird der Kunde über den Status seiner letzten Order in Form von entsprechenden Return-Codes informiert.

Das Statusprotokoll kann den Kunden über den Fortschritt der Verarbeitung seiner Orders auch dann informieren, wenn kein Fehler auftritt. In diesem Fall kann ein Geschäftsvorfall seinen Status in Abhängigkeit von der Verarbeitung verändern, bspw. vom Zustand „Order akzeptiert" zum Zustand „Order abgeschlossen". Diese Statusinformationen sind jedoch bankabhängig. Durch die Verwendung des Statusprotokolls wird auch eine synchrone bzw. eine asynchrone Verarbeitung auf Seiten der Bank möglich.

Synchrone und asynchrone Verarbeitung

Obwohl HBCI als Spezifikation einer Datenschnittstelle nicht zwischen verschiedenen Operationsmodi unterscheidet, kann mit der Hilfe des Statusprotokolls neben der synchronen Verarbeitung auch ein asynchroner Modus angeboten werden:

- *Synchrone Verarbeitung*
  Die Verarbeitung einer Nachricht erfolgt in HBCI ähnlich wie in einem T-Online-Dialog. Hierbei wird eine Transaktionsnachricht vom Bankrechner interpretiert; anschließend werden die einzelnen Orders zu Buchungssystemen geschickt und nach einer Reaktion dieser Systeme wird eine Antwort an den Kunden geschickt. Diese Methode ist für HBCI auch deshalb notwendig, da sog. *Inquiry Orders* verarbeitet werden müssen, mit denen Verkaufsstatistiken und Konteninformationen angefordert werden können. Der Nachteil der Methode ist allerdings, dass eine physikalische Verbindung während der gesamten Verarbeitung aufrechterhalten werden muss.

- *Asynchrone Verarbeitung*
  Bei dieser Methode erhält ein Kunde lediglich eine Bestätigung einer Nachricht (Order akzeptiert), nach deren Empfang das Kundensystem die physikalische Verbindung unterbrechen kann. Die Verarbeitung im Bankrechner erfolgt dann offline. Durch die Verwendung des Statusprotokolls kann der Kunde später über den Bearbeitungsstatus seiner Orders informiert werden.

Bank-Parameterdaten (BPD) und User-Parameterdaten (UPD)

Die Bank-Parameterdaten (BPD) dienen zum einen der automatisierten kreditinstitutsspezifischen Konfiguration von Kundensystemen und zum anderen der dynamischen Anpassung an institutsseitige Vorgaben hinsichtlich der Auftragsgenerierung. Des Weiteren ist es mit Hilfe der BPD möglich, bestimmte Fehler bereits auf der Kundenseite zu erkennen, was sich wiederum positiv auf die institutsseitige Verarbeitung der Auftragsdaten auswirkt.

Die User-Parameterdaten, die kreditinstitutsseitig benutzerbezogen generiert und vorgehalten werden, erlauben eine automatisierte und dynamische Konfiguration von Kundensystemen. In Abgrenzung zu den BPD enthalten die UPD ausschließlich kunden- und kontenspezifische Informationen und sind somit häufigeren Modifikationen unterworfen. Bei Änderungen werden die User-Parameterdaten im Rahmen der Dialoginitialisierung für den sich anmeldenden Benutzer automatisch aktualisiert. Die aktualisierten UPD werden sofort aktiv.

Die Bank- und User-Parameterdaten (BPD und UPD) enthalten Informationen über vom Institut unterstützte Geschäftsvorfälle und dem Kunden zugeordnete Rahmenbedingungen, z. B. Limits. Diese Parameter machen Eingangsprüfungen im Banksystem nicht überflüssig, jedoch kann ein komfortables Kundensystem dem Kunden nur die erlaubten Geschäftsvorfälle anzeigen und Vorgaben aus der UPD berücksichtigen. Somit werden schon bei der Erfassung Fehler vermieden.

Generell haben BPD und UPD keine legale Relevanz, da sie Kundensysteme lediglich informieren, welche Möglichkeiten, Geschäftsvorfälle und Restriktionen auf der Bankseite angeboten werden.

Die Implementierung der BPD und der UPD ist für Kunden- und Banksysteme obligatorisch, da mit dieser Möglichkeit der Betriebskomfort erheblich gesteigert werden kann.

Mit den BPD wird das Kundensystem über die Infrastruktur des entsprechenden Kreditinstituts informiert. Die BPD enthalten die folgenden Komponenten:

- Einen generellen Teil, der die grundlegenden Rahmenbedingungen, also bspw. den genauen Namen des Instituts oder bspw. unterstützte Sprachen, angibt.
- Im *Zugriff auf die Segmentkommunikation* werden die verfügbaren Transportdienste beschrieben.
- Für die Verschlüsselung und für die Kompression werden die Methoden angegeben, die die Bank unterstützt. Derzeit dürfen Kompressionsmethoden allerdings noch nicht eingesetzt werden.
- Die verbleibenden Segmente enthalten die sog. *Segment-Typeigenschaften*, in denen die Restriktionen der Geschäftsfälle beschrieben werden. Hier sind die charakteristischen Parameter abgelegt, bspw. die erlaubte Zahl der autorisierten Signaturen oder die maximale Anzahl von Orders, die pro Nachricht zulässig sind. Der Rest beinhaltet spezifische Restriktionen für einzelne Typen von Geschäftsvorfällen.

Mittels der UPD erhält das Kundensystem Informationen über das Profil eines Benutzers bzw. genauer über eine User-ID. Wird die UPD geeignet eingesetzt, so kann das Kundensystem ein mächtiges Kassenverwaltungssystem erzeugen, da das Kundensystem neben anderen Dingen Informationen über Kontenlimits erhält und so den Cash-Flow optimieren kann.

Unter den allgemeinen User-Parametern findet man Informationen wie bspw. die User-ID und Daten für die Versionshaltung. Die übrigen Segmente haben den Typ *Konteninformation*, der generelle Informationen auf Kontenbasis (bspw. Kontennummern und Produktnamen) und erlaubte Transaktionstypen und entsprechende Kontenlimits enthalten kann.

Allgemeine Sicherheitskonzeption in HBCI

Im Rahmen von HBCI werden zeitgemäße Sicherheitsmechanismen und -methoden eingesetzt, die den Missbrauch der im Bereich des Homebankings eingesetzten Systeme verhindern. Die folgenden Erläuterungen lehnen sich an bestehende deutsche Kreditinstitutstandards (ZKA-Abkommen, bspw. DFÜ-Abkommen, ec-Chipkarte), sowie an internationale Standards (z. B. ISO, UN/EDIFACT) an. Zum Verständnis des allgemeinen Kontext werden im Folgenden zunächst die grundlegenden Determinanten der Sicherheit in HBCI dargestellt.

Die Verarbeitung des *Message Authentication Code (MAC)* erfolgt symmetrisch. Schlüssel, die zur Signatur oder zur Verschlüsselung eingesetzt werden, müssen also beiden Kommunikationspartnern bekannt sein, was impliziert, dass ein Schlüsselaustausch über einen alternativen Pfad vorab erfolgt sein muss. In HBCI bzw. genauer in DES werden zwei Schlüsseltypen verwendet, ein *Signaturschlüssel*, mit dem Nachrichten signiert werden und ein Verschlüsselungsschlüssel, mit dem Nachrichten verschlüsselt werden. Der DES-Algorithmus wird in HBCI durch die Verwendung von Chipkarten unterstützt.

Das *asymmetrische Verfahren RSA* verwendet Schlüsselpaare, die aus einem Private Key und aus einem Public Key bestehen. Hierbei wird die Idee verfolgt, dass ein Kunde ein Schlüsselpaar erzeugt und seine Orders mit dem Private Key unterschreibt. Das Kreditinstitut kann die elektronische Signatur mit Hilfe des Public Key auf Korrektheit überprüfen. Der Public Key beweist daher die Herkunft der Signatur eindeutig. In HBCI werden zwei Paare aus RSA-Schlüsseln verwendet, die zur Signatur und zur Verschlüsselung von Nachrichten eingesetzt werden. Der RSA-Algorithmus wird in HBCI durch eine Software-Lösung unterstützt, die mit Disketten bzw. CD-ROMs zur Verfügung gestellt wird.

Die *Autorisierung* wird im Kontext von HBCI als Überprüfung der User-ID gegenüber dem Sicherheitsmedium verstanden. Während der Autorisierung wird der Benutzer nach einem Passwort oder nach einer PIN gefragt, bevor die Verarbeitung von Sicherheitsfunktionen begonnen wird. Das Passwort wird lokal im Kundensystem überprüft und verlässt daher auch die lokale Umgebung nicht. In DES wird diese Überprüfung in einer SmartCard durchgeführt, in RSA in der PC-Software des Kundensytems.

Durch die *gegenseitige Authentifizierung* wird unter den Kommunikationspartnern ein gegenseitiges Vertrauen etabliert. Die Authentifizierung erfolgt während der Dialoginitialisierung, indem die Kunden- bzw. die Banknachrichten signiert werden. Wenn die Signatur des Partners erfolgreich verifiziert werden kann, wird die Abarbeitung fortgesetzt bzw. anderenfalls abgebrochen. Bei der Verwendung von RSA wird optional eine einseitige Authentifizierung des Kunden vorgenommen.

Werden Orders abgegeben, so muss beachtet werden, dass die *Herkunft einer Nachricht* belegt werden kann (Non-Repudiation der Herkunft). Dies ist nur mit der elektronischen Signatur von RSA möglich, da in RSA der Kunde mittels seines eindeutigen privaten Schlüssels identifiziert werden kann.

Digitale Signaturen sollen beweisen, dass eine HBCI-Nachricht während der Übertragung nicht verändert wurde. Um dies zu erreichen, muss zuerst ein Hash-Wert über die vollständige Nachricht berechnet werden. Mit dem Resultat dieser Operation wird über DES oder RSA eine digitale Signatur berechnet, die im HBCI-Segment *Signature Trailer* gespeichert wird. Der Empfänger berechnet diesen Hash-Wert mit demselben Algorithmus und überprüft die Signatur mit Hilfe des geheimen Schlüssels (DES) oder mit Hilfe des öffentlichen Schlüssels (RSA).

Anders als bei elektronischen Signaturen, bei denen die Lesbarkeit einer Nachricht gewährleistet bleibt, wird bei der Verschlüsselung eine Nachricht unlesbar gemacht. Dieser Vorgang ist bei der *Übertragung vertraulicher Information* (bspw. Verkaufsstatistiken) unerlässlich. Eine kodierte Nachricht ohne Signatur kann aber trotzdem auf dem Kommunikationspfad verändert werden. Lediglich eine Kombination beider Methoden kann daher die gewünschte Sicherheit realisieren. HBCI verwendet generell den Triple-DES-Algorithmus zur Verschlüsselung von Daten. Anstelle eines statischen Schlüsselpaars wird ein dynamischer Schlüssel eingesetzt, der von der jeweiligen Nachricht abhängt. Dieser Schlüssel besteht aus einer Zufallszahl, die für jede HBCI-Nachricht eindeutig ist, und die für MAC bzw. RSA mit dem Verschlüsselungsschlüssel kodiert und vor jede verschlüsselte Nachricht gestellt wird.

Eine der möglichen Angriffsformen in einem kryptographischen System ist die *Replay-Attacke*. Hierbei überwacht ein Angreifer bspw. eine Telefonleitung, speichert die Dialoginformation und sendet die gespeicherten Daten nochmals. Mittels dieser Methode kann ein Angreifer sich zwar keinen finanziellen Vorteil verschaffen, sehr wohl aber dem Kunden schaden. Als Kriterium für die Eindeutigkeit einer Nachricht werden oftmals Zeitmarken verwendet, die allerdings nicht von allen HBCI-Terminals (bpsw. nicht von SmartPhone) unterstützt werden. Weiterhin ist nicht sichergestellt, dass dieser Mechanismus einwandfrei funktioniert, da nicht jede PC-Uhr plausible Zeitmarken zur Verfügung stellt, die von PC zu PC vergleichbar wären. Aus diesem Grund wurde in HBCI eine andere Möglichkeit entwickelt, die Gültigkeit einer Nachricht zu überprüfen. Hierbei wird eine Kombination aus einem Sequenzzähler, der parallel im lokalen Sicherheitsmedium und im Banksystem gespeichert wird, und einer Liste der in einer bestimmten Zeitspanne bereits verwendeten Sequenznummern (Positivliste) bzw. der noch nicht eingereichten Signatur-IDs (Negativliste). Nach einer festgelegten Aufbewahrungsfrist wird eine Referenznummer nicht mehr akzeptiert. Konkret wird ein Kreditinstitut eine Nachricht abweisen, die später als die vereinbarte Frist nach einer Nachricht mit höherer Signatur-ID eintrifft. Die Verwendung der Listen ist notwendig, da auch Offline-Transaktionen angeboten werden sollen. Gerade bei diesen Transaktionen ist aber nicht sicher, dass Orders, die ohne physikalische Verbindung von verschiedenen Personen zu unterschiedlichen Zeiten abgegeben werden, aufsteigende Sequenznummern haben, wenn sie beim Banksystem eintreffen.

Sicherheitsmedium

Grundsätzlich kommen im Rahmen von HBCI zwei verschiedene Sicherheitslösungen zum Einsatz:

- Eine auf dem symmetrischen DES-Verfahren basierende Chipkartenlösung
- Eine auf dem asymmetrischen RSA-Verfahren basierende Lösung.

Die beiden Varianten werden mit *DDV* (DES-DES-Verfahren), respektive *RDH* (RSA-DES-Hybridverfahren) gekennzeichnet. DDV verwendet den MAC als Signatur und verschlüsselt den Nachrichtenschlüssel (nachrichtenbezogener Chiffrierschlüssel) mittels 2-Key-Triple-DES, während RDH mit RSA-EU signiert und den Nachrichtenschlüssel mittels RSA chiffriert.

Angestrebt wird im Sicherheitsbereich einheitlich eine RSA-Chipkartenlösung auf Basis der derzeitigen RDH-Spezifikationen. Da diese Sicherheitskonzeption momentan aufgrund technischer Restriktionen noch nicht flächendeckend umzusetzen ist, kommen bis zur durchgehenden Realisierbarkeit der RSA-Chipkartenlösung sowohl die DDV-Lösung auf Chipkartenbasis als auch die RDH-Lösung auf reiner Software-Basis zum Einsatz.

Bei Verwendung des symmetrischen Verfahrens muss eine vom Kreditinstitut ausgegebene ZKA-Chipkarte eingesetzt werden, die die Berechnung der kryptographischen Funktionen so durchführt, dass die kartenindividuellen Schlüssel niemals die Chipkarte verlassen.

Werden asymmetrische Verfahren eingesetzt, so kann als Sicherheitsmedium eine vom Kreditinstitut ausgegebene RSA-Chipkarte oder eine Datei auf Diskette bzw. Festplatte dienen. Auf dem Sicherheitsmedium wird unter anderem der private Schlüssel des Kunden gespeichert. Es ist aber auch möglich, öffentliche Schlüssel des Kreditinstitutes darauf abzulegen oder aber im Falle einer Chipkarte die kryptographischen Operationen damit durchzuführen. Bei Einsatz einer RSA-Chipkarte müssen die geheimen Daten (z. B. private Schlüssel, Passwörter) gegen unberechtigtes Auslesen geschützt sein.

Es ist zwingend erforderlich, die Daten auf dem Sicherheitsmedium (kryptographisch) zu schützen. Speziell ist im Rahmen der Speicherung der Schlüsselpaare auf Diskette bzw. Festplatte sicherzustellen, dass die Daten unter Einbeziehung eines Passworts (bspw. Banking-PIN) verschlüsselt werden und der Zugriff auf die verschlüsselten Daten nur über die manuelle Eingabe des entsprechenden Passworts möglich ist.

Sicherheitsimplementierung in HBCI

Alle Methoden und Mechanismen, die in diesem Kapitel beschrieben wurden, sind in der HBCI-Spezifikation im Detail aufgeführt. Die Implementierung ist in den meisten Teilen für Kunden- und Banksysteme verpflichtend. Optionale Bestandteile werden bspw. im Zusammenhang mit der Signatur von Banknachrichten beschrieben. Seit HBCI in der Version 2.0 verfügbar ist, ist die Verschlüsselung von Nachrichten für beide Parteien verpflichtend.

Da sich HBCI nicht nur an Privatkunden richtet, sondern auch an kleinere Unternehmen, müssen auch Szenarien mit mehreren Partnern abgebildet werden können. Beispielsweise könnte eine Sekretärin Orders schreiben und diese auf einem Server speichern. Diese Orders werden anschließend von einem Vorgesetzten unterschrieben. Danach könnte die Sekretärin alle Orders des Tages in einem einzigen Dialogablauf an das Banksystem schicken.

Eine effektive Kontrolle, die in HBCI definiert ist, verhindert die doppelte Ausführung der Orders aufgrund von Leitungs- oder Verarbeitungsproblemen. Derartige Prozesse können bspw. mit verschiedenen Sicherheitsmedien ausgeführt werden, die gültige Kontenautorisierungen auf der Bankseite entsprechen müssen. Derartige Autorisierungen zwischen den Kunden und der Bank erfordern eine bilaterale Zustimmung.

Schlüsselmanagement

Bei der Schlüsselverwaltung muss zwischen der Verwendung von symmetrischen Schlüsseln für DDV und asymmetrischen Schlüsseln für RDH unterschieden werden. Gemeinsam gültig sind hingegen für beide Verfahren die verwendeten Schlüsselarten, Schlüsselnamen und die Generierung von Nachrichtenschlüsseln.

Grundsätzlich können Kunde und Kreditinstitut bei beiden Verfahren über zwei Schlüssel bzw. Schlüsselpaare verfügen:

- Über einen Signierschlüssel bzw. -schlüsselpaar
- Über einen Chiffrierschlüssel bzw. -schlüsselpaar

Der *Signaturschlüssel* wird zum Unterzeichnen von Transaktionen verwendet, während der *Chiffrierschlüssel* zum Verschlüsseln von Nachrichten dient.

Die initiale Schlüsselverteilung erfolgt implizit mit der Verteilung der Chipkarte. Beim symmetrischen Verfahren (DDV) ist wegen der Verknüpfung mit der Chipkarte auf elektronische Weise keine Änderung einzelner kartenindividueller Schlüssel möglich. Im Falle einer vermuteten Kompromittierung muss daher ein Kartenaustausch oder ein Ersatz aller Schlüssel und des Nachrichtenfeldes EF_ID erfolgen.

Bei einer Schlüsseländerung wird die Signatur-ID (Sequenzzähler der Chipkarte) auf den Wert 1 zurückgesetzt. Die im Kreditinstitut geführte Liste der eingereichten bzw. noch nicht eingereichten Signatur-IDs (Doppeleinreichungskontrolle) wird gelöscht.

Die Schlüsselverteilung nach einer Kompromittierung erfolgt ebenfalls mittels Vergabe einer neuen Chipkarte bzw. Ersatz aller Schlüssel und des Feldes EF_ID. Die alte Chipkarte bzw. deren Schlüssel werden gesperrt.

HBCI und andere Banking-Standards

Im Folgenden soll vorgestellt werden, welche Bedeutung HBCI in der Landschaft der Banking-Standards zukommt. Dazu wird HBCI zu den wichtigsten Verfahren in Beziehung gesetzt.

Die Entwicklung von HBCI wurde stark durch die Internet-Kommunikation geprägt. Die Banken stehen unter gehörigem Druck, finanzielle Transaktionen auch über das Internet anzubieten. Viele kleinere Firmen und Privatpersonen, die einen Einstieg in das neue Medium suchen, haben eines gemeinsam: Sie verwenden oftmals den konventionellen Zugang über T-Online zum IT-Center. Diese Tatsache bedeutet, dass die Verwendung von PIN/TAN zur Wahrung der Transaktionssicherheit, die bereits zu Beginn kritisiert wurde, weit verbreitet ist. Der Vorteil dieser Lösungen liegt darin, dass existierende T-Online-Anwendungen ohne Modifikation verwendet werden können. Nur mit einer Verbindung über ein geeignetes Gateway sind diese Anwendungen nutzbar. Der Weg vom Gateway über das Internet zu den Kundensystemen wird von verschiedenen Anbietern auf unterschiedliche Art und Weise geschaltet. Diese Möglichkeit gestattet auf der einen Seite einen schnellen Zugang zum Internet, löst aber auf der anderen Seite die oben genannten Probleme des Homebankings nicht. Die nun verfügbare technische Infrastruktur (TCP/IP-Umgebung mit Firewall-Technologie) stellt daher eine gute Übergangslösung für die Einführung neu entwickelter HBCI-Anwendungen dar.

Ein Vergleich von HBCI mit SET ist sehr einfach. Die Firmen Visa und Master-Card, sowie involvierte Unternehmen (bspw. GTE, IBM, Microsoft und Netscape) haben den Standard SET zur generellen Verarbeitung von Kreditkartengeschäften konzipiert. Dies beginnt mit sicheren Zahlungsmöglichkeiten im Bereich des E-Commerce und endet mit der Administration der Kreditkartenkonten. Obwohl manche Übereinstimmungen mit traditionellen Bankgeschäften bestehen, ist die Konzeption dieses Standards doch eher auf den US-amerikanischen Markt ausgerichtet und daher nicht auf die Situation in Deutschland anwendbar. Eine Verbesserung stellt hier der neue Standard SET in der Version 2.0 dar. Als bemerkenswert muss gewertet werden, dass die Sicherheitsmechanismen von SET, die auch die Verwendung von Certification Authorities beinhalten, große Ähnlichkeit mit HBCI aufweisen. Auch der Transportdienst ist gleich, da auch SET auf TCP/IP basiert. Nähere Informationen findet der Leser unter der URL `http://www.visa.com/cgi-bin/vee/nt/ecomm/set/intro.html`.

Die *Open Financial Exchange* basiert auf einer Tag-Sprache, die HTML ähnelt und die SSL zur Umsetzung der Transportsicherheit nutzt. In OFX wird ein Passwort zur Authentifizierung verwendet, das mit einer Zufallszahl verschlüsselt übertragen wird, die vorher ausgetauscht wurde (sog. Challenge-Response-Verarbeitung). Zur Wahrung der Transaktionssicherheit werden in OFX TANs verwendet. Der Standard OFX verwendet als Transportmedium das Internet. Die in der Version 1.02 von OFX aufgeführten Geschäftsfälle betreffen vor allem den US-amerikanischen Markt. Obwohl der Standard offen ist, wird er doch von den Firmen Microsoft, Intuit und CheckFree kontrolliert (siehe `http://www.ofx.net`).

Die Firma Integrion wurde von 18 nordamerikanischen Banken und von der Firma IBM mit dem Ziel gegründet, einen global gültigen Standard für Finanztransaktionen (mit dem Namen *Gold*) zu definieren. Der wichtigste Inhalt von Gold besteht neben einer Vielzahl von Geschäftsfällen aus einem gut strukturierten Application Programming Interface (API) mit Werkzeugen für eine Integration in eine Umgebung, die auf den Programmiersprachen C oder COBOL basiert. Wie auch OFX wird die Authentifizierung mit Hilfe eines Passworts vorgenommen. Eine weitergehende Sicherheitsverarbeitung wird hier durch eine Referenz auf die Standards SSL und PKCS#7 vorgeschlagen. Wie auch in OFX fehlt in Gold eine klar spezifizierte Beschreibung der Mechanismen für die Transaktionssicherheit, wie sie bspw. in HBCI enthalten ist. Die in Gold enthaltenen Geschäftsfälle sind zwar beliebig erweiterbar, derzeit wird allerdings vorwiegend der US-amerikanische Markt betrachtet. Um dieses Problem zu lösen, steht Integrion allerdings in engem Kontakt zu europäischen Partnern. Nähere Information hierzu findet sich unter der URL http://www.integrion.com.

Zusammenfassung

Ziel ist es, HBCI als Industriestandard zu etablieren. Positiv zu verzeichnen ist sicherlich die geschlossene Haltung der deutschen Kreditwirtschaft. Daraus resultiert auch ein enormes Interesse am Markt. Für die Durchsetzung von HBCI dürfte jedoch entscheidend sein, wie schnell die Geschäftsvorfälle der derzeitig verfügbaren Version 2.1 bei Kreditinstituten und Kundenproduktherstellern umgesetzt sein werden, die die Investition in neue Programmaktualisierungen für den Bankkunden rentabel machen. Als Unterstützung hierfür bieten die Verbände geeignete Software Development Kits (SDKs) an, die Sparkassen den HBCI-Kernel und die Privatbanken eine HBCI-API.

Weiterhin hängt der Erfolg auch am Bereich Sicherheit und damit speziell an der Akzeptanz der neuen Chipkartentechnologie beim Kunden. Als letztes muss sich HBCI als nationaler Standard auch im internationalen, speziell im europäischen Umfeld behaupten, wobei hinzukommt, dass im europäischen Ausland ähnliche nationale Eigenentwicklungen im Entstehen sind. Es ist jedoch geplant, HBCI zur Standardisierung in internationale Gremien einzubringen.

7.2.3 E-Commerce und Micropayment

Zur Abwicklung von Electronic-Commerce-Geschäften (E-Commerce) existieren eine Reihe von Protokollen bzw. Protokollvorschlägen, bspw. von DigiCash [Zim96], Open Market [Incd], CyberCash [Inca], First Virtual [Incc] und NetBill [Net]. Diese Entwicklungen sind geeignet für mittlere bzw. größere Transaktionen im Bereich von 5 DM und höher, da die Kosten pro Transaktion typischweise einige Pfennige zuzüglich eines Prozentsatzes der Transaktion betragen. Fallen diese Kosten jedoch bei Transaktionen eines geringeren Volumens an, so sind die Transaktionskosten signifikant bzw. sogar die dominierende Komponente des insgesamt zu entrichtenden Preises für Güter oder Dienste, die unter Verwendung eines derartigen Protokolls erworben werden.

Der Zwang, dass Kosten oberhalb eines gewissen Grenzwerts liegen müssen, schränkt allerdings die Dienstanbieter stark ein. Online-Dienste, die bspw. Zeitungen, Zeitschriften oder Aktienpreise anbieten, liefern Dinge aus, die nur einen geringen Preis kosten, wenn sie separat geliefert werden. Die Möglichkeit, derartige Dinge individuell zu bestellen, würde solche Dienste für gelegentliche Benutzer des Internets wesentlich attraktiver machen. Zusätzlich unterstützen sichere Transaktionen, die wenig kosten, den Bereich des Electronic Publishing. Ein Anwender, der bspw. bei einem unbekannten Verlag nur ungern ein Konto über 10 DM eröffnen würde, könnte durchaus bereit sein, für den Kauf eines interessanten Artikels einige Pfennige zu investieren.

In diesem Teil des Buchs werden die folgenden Optionen für den Handel über das Internet betrachtet:

- *Konten*

  Das einfachste Modell für den E-Commerce besteht darin, dass Kunden bei einem Verkäufer ein Konto einrichten. Möchte ein Kunde eine Transaktion mit einem Verkäufer durchführen, so identifiziert er sich auf eine sichere Art und Weise, woraufhin der Verkäufer dem Kundenkonto die Transaktionskosten belastet. Der Verkäufer pflegt die Kontoinformation und rechnet periodisch mit dem Kunden ab.

  Bei Konten können die Transaktionskosten und damit auch die Preise vergleichsweise niedrig sein; es existiert aber ein beträchtlicher Verwaltungsaufwand. Ein Konto muss üblicherweise vorab eingerichtet werden und über eine lange Zeit verwaltet werden. Dies ist nur dann sinnvoll, wenn eine relativ lange Beziehung zwischen einem Kunden und einem Anbieter existiert. Oftmals ist mit der Führung eines Kontos eine geringe Gebühr verbunden, die monatlich abgerechnet wird. Weiterhin hat ein Kunde separate Konten für verschiedene Anbieter bzw. ein Verkäufer muss für jeden Kunden separate Konten pflegen. Dieser Aufwand hält in der Regel gelegentliche Benutzer davon ab, Gelegenheitskäufe durchzuführen.

- *Aggregation*

  Mittels der Aggregation können Abrechnungskosten durch eine Folge weniger teurer Transaktionen beim Verkäufer amortisiert werden, indem Transaktionen solange akkumuliert werden, bis sie einen gewissen Grenzwert überschreiten. Die Aggregation stellt eine andere Form der Kontenführung dar und weist daher einige der Probleme der Konten auf. Obwohl die Einrichtung eines Kontos etwas leichter ist, hat der Anbieter weiterhin das Problem, das Konto zu pflegen, wenn er Transaktionen solange akkumuliert, bis ein vernünftiger Betrag angesammelt ist. Der Verkäufer muss weiterhin die Transaktionen speichern, um Missverständnisse mit dem Kunden ausräumen zu können. Im Gegenzug muss der Kunde in der Lage sein, mit unterschiedlichen Kosten verschiedener Anbieter umgehen zu können bzw. für sich eine Optimierung der Vorgänge erreichen.

- *Kreditkarten*

  Ein weiteres einfaches Modell für den E-Commerce ist die Verwendung einer Kreditkarte, um einen Einkauf zu bezahlen. Hierbei verwenden Kunden ihre Kreditkarte bei Anbietern, die bei Kreditkartenunternehmen registriert sind. Ein Kunde gibt dann seine Kreditkartennummer an, woraufhin der Anbieter das Kreditkartenunternehmen zur Bezahlung einer Rechnung kontaktiert. Das Kreditkartenunternehmen regelt dann die Abrechnung und die Bezahlung. Es existieren eine Reihe von Methoden, die die sichere Übertragung der Kreditkartennummer vom Kunden zum Anbieter gewährleisten, bspw. das bereits erläuterte Protokoll SSL, das auf der Verschlüsselung mit dem Public-Key-Verfahren RSA beruht.

  Ein Nachteil dieser Transaktionen ist allerdings, dass sie relativ teuer sind, da jeder Kauf die Kommunikation mit einem zentralisierten Dienst für Kreditkartentransaktionen erfordert. Zusätzlich bieten Kreditkartenunternehmen verschiedene Möglichkeiten an, Einkäufe individuell abzurechnen, diese zu versichern und vor Betrug zu schützen. Diese Möglichkeiten müssen zusätzlich bezahlt werden und erhöhen so die Kosten billiger Einkäufe überdimensional. Außerdem sind Kunden möglicherweise nicht bereit, einem Anbieter, der ihnen unbekannt ist, ihre Kreditkartennummer zur Verfügung zu stellen. Obwohl ein Kreditkartenunternehmen den Kunden gegen einen Verlust versichert, hat der Kunde stets das Problem, derartige Vorfälle aufzuklären.

- *Digitales Geld*

  Digitales Geld wird üblicherweise von einer zentralen vertrauenswürdigen Instanz (bspw. von einer Bank) ausgegeben. Die Integrität des digitalen Geldes wird durch die digitale Signatur des Ausgebenden garantiert, so dass die Fälschung derartiger Mittel außerordentlich schwierig ist. Es ist allerdings nicht schwierig, das Bit-Muster eines digitalen Zahlungsmittels zu duplizieren und damit identisches und gleichermaßen authentisches Geld zu produzieren und auszugeben.

  In einem Online-Szenario, in dem ein Anbieter digitales Geld erhält, muss dieser den Ausgebenden des Geldes kontaktieren, um herauszufinden, ob das Zahlungsmittel gültig ist und ob es noch nicht ausgegeben wurde. Diese zusätzliche Kommunikation ist auch der wichtigste Kritikpunkt an diesem Schema, da hierdurch zusätzliche Transaktionskosten entstehen.

  In einem Offline-Szenario, wie es bspw. von der Firma DigiCash [Incb] vorgeschlagen wird, authentifiziert der Anbieter digitales Geld während der Transaktion und transferiert das Geld später zum Ausgebenden des Zahlungsmittels, um zu überprüfen, dass das Geld nicht doppelt ausgegeben wurde. Dieser Ansatz erzeugt zusätzliche Kosten für den Verkäufer, der das digitale Geld authentifizieren muss und führt dazu, dass im Protokoll, das zur Feststellung doppelter Ausgaben verwendet wird, zusätzliche Nachrichtentypen und Verschlüsselungsmethoden zur Verfügung stehen müssen.

MilliCent

Im Folgenden wird im Detail einer der Ansätze betrachtet, die die oben genannten Probleme durch sog. *Micropayments* lösen wollen, *MilliCent* der Firma Digital (heute Compaq) [GMA+95]. Ziel von MilliCent ist es, Transaktionen zu ermöglichen, die zugleich sicher und billig sind. Hierzu werden Konten verwendet, die auf sog. *Scrips* (kleine Taschen bzw. Umschläge) basieren. Scrips werden von Brokern verkauft.

Ein Teil eines Scrips entspricht einem Konto, das ein Kunde bei einem Anbieter eröffnet hat. Zu einem beliebigen Zeitpunkt verfüge nun ein Verkäufer über ausstehende Scrips (offene Konten) mit den Kunden, die zuletzt aktiv waren. Der jeweilige Kontostand wird als Wert des Scrips gespeichert. Tätigt nun ein Kunde mittels Scrip einen Kauf, so werden die Kosten vom Wert des Scrips abgezogen und neues Scrip mit dem neuen Wert bzw. Kontostand als „Wechselgeld" zurückgegeben. Hat ein Kunde eine Serie von Transaktionen abgeschlossen, so kann er den verbleibenden Wert des Scrip auslösen, was einem Schließen des Kontos entspricht.

In diesem Modell dienen *Broker* als Zwischeninstanzen zwischen Kunde und Händler. Kunden gehen daher mit Brokern längerfristige Beziehungen ein, wie sie auch längerfristige Beziehungen mit einer Bank, einem Kreditkartenunternehmen oder einem Internet Service Provider (ISP) eingehen würden. Broker kaufen und verkaufen Scrip als Dienstleitung für Kunden und Händler. Ein Broker-Scrip spielt daher die Rolle einer gemeinsamen Währung für Kunden, wenn sie Händler-Scrip kaufen und für Händler, die nicht verwendetes Scrip zurückzahlen.

MilliCent reduziert den Verwaltungsaufwand für Konten auf die folgende Art und Weise:

- Die Kommunikationskosten werden dadurch reduziert, dass Scrip lokal beim Händler verifiziert wird. Kommunikationskosten für die Verwendung von MilliCent fallen daher während einer regulären Transaktion praktisch kaum an. Weiterhin werden zentralisierte Server oder ein kostspieliges Protokoll zur Abwicklung von Transaktionen nicht benötigt.
  In einem zentralisierten Modell ist oftmals eine zentrale Stelle der Engpass. Ein Provider muss bspw. genügend Rechenleistung zur Verfügung stellen, um Transaktionsraten in Stoßzeiten abarbeiten zu können. Bei MilliCent wird ein zentraler Server nicht verwendet, anstelle dessen können mehrere Broker auftreten, von denen jeder einzelne Broker nur dann in einer Transaktion zwischen Kunde und Händler auftritt, wenn seine Dienste erforderlich sind. Die Transaktionen mit einem Broker erfordern keine nennenswerte Rechenleistung.
- Kosten für die Verwendung kryptographischer Funktionen können dadurch reduziert werden, dass sie an die Größe einer Transaktion angepasst werden können. Da der Wert eines Scrips oftmals niedrig ist, muss zur Verschlüsselung kein teures starkes Kryptographieschema eingesetzt werden. Die Kosten, die zur Aushebelung eines Protokolls anfallen, müssen daher stets größer sein als der Wert des jeweiligen Scrips.

- Die Kosten für die Kontoführung werden dadurch reduziert, dass Broker die Kontenpflege und die Abrechnung übernehmen. Ein Kunde richtet daher ein Konto bei einem Broker ein, der wiederum andere Konten für Händler pflegt. Die Verwendung von Brokern erlaubt es, ein gemeinsamen Konto von Kunde und Händler in zwei Konten aufzuspalten, die zwischen Broker und Kunde bzw. zwischen Broker und Händler bestehen. Durch diesen Ansatz wird die Gesamtzahl der notwendigen Konten reduziert. Anstatt viele verschiedene Konten für jede Kunde-Händler-Kombination zu verwenden, benutzt jeder Kunde nur ein Konto bei einem Broker bzw. Konten bei verschiedenen Brokern. Jeder Händler verwendet ein längerfristig existierendes Konto bei einer geringen Anzahl von Brokern.

  In vielen Modellen, die auf der Verwendung von Konten basieren, überwacht der Händler den Kontostand eines Kunden. In MilliCent überwacht der Kunde selbst den Kontostand, der im Scrip kodiert ist, den er selbst besitzt. Für den Händler existiert daher kein Risiko, da eine digitale Signatur verhindert, dass ein Kunde den Wert eines Scrips verändert. Da ein Scrip den Kontostand und den Beweis für die Korrektheit dieses Werts enthält, muss sich der Händler um den Kontostand des Kunden nicht kümmern.

- Die minimalen monatlich abzurechnenden Kosten für MilliCent stellen deshalb kein Problem dar, da sie sich durch die intensive Verwendung von MilliCent amortisieren. Ein einzelnes Konto zwischen Kunde und Broker unterstützt Transaktionen mit allen Verkäufern. Es ist wahrscheinlich, dass genügend Transaktionen anfallen werden, um die minimalen Kosten für MilliCent zu kompensieren. Indem ein fester Satz mit dem Broker ausgehandelt wird, kann auch die Akkumulation der transaktionsabhängigen Kosten vermieden werden.

  MilliCent ist immer dann gut geeignet, wenn eine Vielzahl von geringwertigen gelegentlichen Transaktionen getätigt werden sollen. Die erstmalige Einrichtung der Konten zwischen Broker, Kunde und Händler werden in MilliCent nicht erfasst, sondern von anderen Protokollen.

Sicherheit in MilliCent

Das Sicherheitsmodell von MilliCent basiert auf der Annahme, dass für Konten mit niedrigem Wert Scrip verwendet wird. Endanwender wie auch Unternehmen arbeiten jeweils mit Münzgeld, kleinen Rechnungen oder größeren Rechnungen auf unterschiedliche Art und Weise. Der Ansatz von MilliCent versteht die Verwendung von Scrips ähnlich wie die Benutzung von Wechselgeld.

Üblicherweise verlangen Käufer keine Quittung, wenn sie geringwertige Güter kaufen. Auch beim Einsatz von Scrip wird daher keine Quittung ausgestellt. Erfolgt die Lieferung einer Ware nicht nach den Vorstellungen eines Kunden, so können traditionelle Beschwerdemechanismen zum Einsatz kommen. Auch der gelegentliche Verlust eines Scrips wird daher nicht zu übermäßigem Ärger führen.

In MilliCent wird angenommen, dass die Anwender jederzeit über eine gewisse Menge an Scrip verfügen. Diese Menge wird allerdings eher niedrig sein und weniger im Bereich von Hunderten von DM. Es rentiert sich daher kaum, Scrip zu stehlen.

Eine der Grundlagen von MilliCent ist, dass zwischen Kunden, Händlern und Brokern asymmetrische Vertrauensbeziehungen gelten. Broker sind hierbei die zuverlässigsten Instanzen, woraufhin die Händler und die Kunden in abnehmendem Vertraulichkeitsgrad folgen. Es existiert nur ein Zeitpunkt, zu dem einem Kunden vertraut werden muss, nämlich dann, wenn ein Kunde sich über Dienstprobleme beschwert.

Broker sind in der Regel große bekannte Finanzdienstleister mit einer entsprechenden Reputation (bspw. die Firmen Visa, MasterCard und Großbanken) oder wichtige ISPs (bspw. die Firmen CompuServe, NETCOM oder AOL). Über die Größe und Zuverlässigkeit der Händler bzw. über die der Kunden kann keine allgemeine Aussage getroffen werden.

Es existieren eine Reihe von Gründen, die den Betrug von Seiten eines Brokers unrentabel machen. Zunächst kann die Software beim Kunden und beim Händler unabhängig vom Broker Scrip überprüfen und den Kontostand pflegen, wodurch ein Betrug von einem Broker entdeckt werden kann. Weiterhin verwenden die Kunden keine größeren Scrip-Beträge, so dass Broker eine Reihe aufwendiger Transaktionen durchführen müssten, um durch einen Betrug einen signifikanten Gewinn zu erzielen. Schließlich spielt für einen Broker die Reputation eine große Rolle, um Neukunden werben zu können. Bei Problemen verliert ein Broker diese Reputation sehr schnell. Das Massengeschäft eines Brokers ist daher wesentlich wichtiger als der Wert, den ein Broker durch Scrip-Betrug gewinnen könnte.

Der Betrug durch einen Händler kann dann erfolgen, wenn Güter nach einer Bezahlung durch Scrip nicht geliefert werden. In diesem Fall werden sich aber Kunden beim Broker beschweren, die dann ihre Geschäftsbeziehungen zu einem Händler abbrechen, wenn zu viele Beschwerden vorliegen. Händler benötigen aber Broker, um am Geschäftsleben mittels MilliCent teilnehmen zu können.

Zusammenfassend kann man feststellen, dass durch das MilliCent-Protokoll ein Kundenbetrug direkt entdeckt werden kann (Fälschung und Doppelausgaben), wohingegen eine indirekte Entdeckung des Betrugs durch Broker und Händler gewährleistet ist.

Die Sicherheit von MilliCent-Transaktionen wird durch die folgenden Aspekte gewährleistet:

- *Schutz aller Transaktionen*
  Jede Transaktion in MilliCent erfordert, dass der Kunde das Geheimnis kennt, das mit einem Scrip assoziiert ist. Das MilliCent-Protokoll sendet dieses Geheimnis allerdings nie im Klartext, so dass Lauschangriffe erfolglos bleiben. Ein Scrip-Teil kann auch niemals doppelt verwendet werden, so dass Replay-Angriffe scheitern. Jede Anforderung wird mit diesem Geheimnis signiert, so dass keine Möglichkeit existiert, Scrips abzufangen und damit andere Anforderungen zu stellen.

- *Der geringe Transaktionswert macht Betrugsversuche unrentabel*
  Geringwertige Transaktionen basieren auf einer geringwertigen Sicherheit. Es ist

wertlos, teure Rechnerleistung dazu zu verwenden, ein geringwertiges Scrip zu stehlen. Zusätzlich wären eine ganze Reihe illegaler Scrip-Verwendungen notwendig, um eine signifikante Menge an Geld zu stehlen. Hierdurch steigt aber die Wahrscheinlichkeit, dass der Betrug auffällt.

- *Betrug kann entdeckt und eventuell rückverfolgt werden*
  Ein Betrug wird entdeckt, wenn ein Kunde die Güter vom Verkäufer nicht erhält, oder wenn der zurückgegeben Scrip-Wert nicht dem erwarteten entspricht. Versucht ein Kunde einen Betrug, so besteht der Verlust des Händlers aus den Kosten, die zur Entdeckung eines gefälschten Scrips und zur Ablehnung der Lieferung entstehen. Versucht der Händler einen Betrug, so wird der Kunde dem Broker sein Problem melden. Stellt nun ein Broker fest, dass sich derartige Beschwerden über einen Händler häufen, so kann er den Betrug anzeigen und die Beziehung zum Händler abbrechen. Versucht ein Broker einen Betrug, so wird der Händler feststellen, dass eine Reihe von Kunden mit ungültigem Scrip bezahlen, die alle von einem Broker stammen. Der Händler kann dann den Broker bei einer geeigneten Stelle anzeigen.

Scrip in MilliCent

Im Folgenden sind die wichtigsten Eigenschaften von Scrip aufgezählt:

- Scrip hat für einen spezifischen Händler einen Wert.
- Scrip kann nur einmal ausgegeben werden.
- Scrip kann nur schwer gefälscht werden.
- Scrip kann nur vom rechtmäßigen Eigentümer ausgegeben werden.
- Scrip kann effektiv produziert und ausgewertet werden.

Diese Eigenschaften werden unter Verwendung der folgenden grundlegenden Techniken realisiert:

- Der Text eines Scrips gibt den Wert an und identifiziert den Verkäufer.
- Scrip beinhaltet eine Seriennummer, um Doppelausgaben zu verhindern.
- Scrip enthält eine digitale Signatur, mit der Fälschungen verhindert werden.
- Ein Kunde signiert ein Scrip bei jeder Verwendung mit einem Geheimnis, das mit dem Scrip assoziiert ist.
- Signaturen können effektiv erzeugt und überprüft werden, indem eine schnelle Einweg-Hash-Funktion (bspw. MD5) verwendet wird.

Um ein Scrip zu erzeugen, auszuwerten und auszugeben, sind drei Geheimnisse notwendig. Dem Kunden wird ein Geheimnis übergeben, das `customer_secret`, mit dem der Besitz des Scrips legitimiert werden kann. Der Verkäufer verwendet ein Geheimnis, das `master_customer_secret`, mit dem das `customer_secret` aus Kundeninformationen im Scrip abgeleitet werden kann. Das dritte Geheimnis, das `master_scrip_secret`, wird vom Verkäufer dazu verwendet, Fälschungen zu verhindern.

Alle Geheimnisse werden derart verwendet, dass eine Instanz beweisen muss, dass sie das Geheimnis kennt, ohne es aber explizit zu nennen. Um eine Nachricht abzusichern, wird das jeweilige Geheimnis zunächst an die Nachricht angehängt. Mittels einer Hash-Funktion wird dann darauf eine Signatur erzeugt. Die Nachricht ohne das Geheimnis beweist zusammen mit der Signatur die Kenntnis des Geheimnisses, da die korrekte Signatur nur abgeleitet werden kann, wenn das Geheimnis bekannt ist.

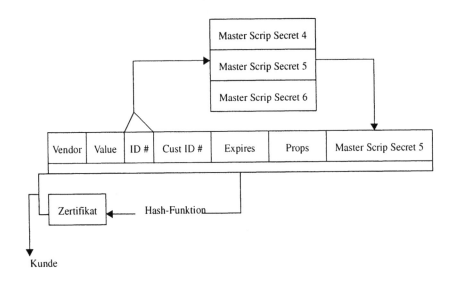

Abb. 7-16 Scrip-Struktur

Scrip verwendet die folgenden Felder (siehe auch Abb. 7-16):

- `Vendor` identifiziert den Verkäufer des Scrips.
- `Value` repräsentiert den Wert des Scrips.
- `ID#` ist die eindeutige Identifikationsnummer des Scrips. Ein Teil dieser Zahl wird zur Auswahl des `master_scrip_secret` zur Zertifizierung verwendet.
- `Cust_ID#` wird dazu verwendet, das Kundengeheimnis zu erzeugen. Ein Teil dieser Zahl wird zur Auswahl des `master_customer_secret` verwendet, das ebenso zur Erzeugung des Kundengeheimnisses dient.
- `Expires` gibt die Lebensdauer eines Scrips an.
- `Props` sind zusätzliche Daten, die dem Verkäufer Kundeneigenschaften (bspw. Anschrift) beschreiben.
- `Certificate` ist die Signatur des Scrips.

Ein Scrip wird in zwei Schritten ausgewertet (siehe Abb. 7-17). Zunächst wird das Zertifikat neu berechnet und mit dem Zertifikat verglichen, das als Teil des Scrips gesendet wurde. Wurde das Scrip verändert, so werden diese beiden Werte nicht übereinstimmen. Anschließend wird die eindeutige Kennzeichnung ID# im Scrip vom Verkäufer dazu verwendet, um eine Doppelausgabe festzustellen. Dazu wird die Nummer mit einer Liste der Scrips verglichen, die bereits ausgegeben wurden. Die Erzeugung und die Auswertung jedes Scrips erfordert eine Textmanipulation und eine Hash-Operation. Solange das hierbei verwendete Geheimnis nicht bekannt wird, kann ein Scrip nicht gefälscht oder verändert werden.

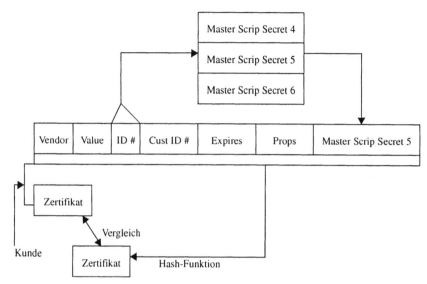

Abb. 7-17 Auswertung eines Scrips

Der Verkäufer speichert die eindeutige Identifikationsnummer jedes Scrip-Teils, das ausgegeben wird, wodurch Doppelausgaben festgestellt werden können. Damit der Verkäufer diese Liste nicht unendlich lange speichern muss, besitzt jedes Scrip eine festgelegte Lebensdauer. Ist ein Scrip abgelaufen, so muss der Verkäufer sich nicht länger darum kümmern, dass das Scrip nochmals ausgegeben wird und kann die Aufzeichnungen dieses Scrips löschen.

Kunden sind dafür verantwortlich, ein Scrip zu erneuern oder einzulösen, bevor es abläuft. Dazu wird ein altes Scrip an den Verkäufer geschickt, der ein neues Scrip mit einer längeren Laufzeit und mit einer neuen Seriennummer zurückgibt. Dieser Dienst kann unter Umständen eine geringe Gebühr beinhalten. Anwender müssen daher dafür Sorge tragen, dass sie nur so viel Scrip besitzen, wie sie in näherer Zukunft auch benötigen.

Ein Scrip speichert auch Informationen, die vom Händler oder vom Verkäufer eingefügt werden, wenn ein Scrip produziert wird. Der genaue Inhalt des property-Feldes hängt von Vereinbarungen zwischen den Brokern und den Händlern ab. Broker erhalten diese Information von den Kunden, wenn deren Konten eingerichtet werden. Händler können in die Scrips, die sie erzeugen, beliebige Informationen einfügen.

Informationen, wie bspw. das Alter oder die Anschrift eines Kunden, helfen dem Händler, Verkaufsentscheidungen zu treffen. Material, das nur für Erwachsene freigegeben ist, kann nur dann gekauft werden, wenn der Eigentümer des Scrips alt genug ist. Die Berechnung von Steuern hängt in den USA davon ab, wo ein Käufer wohnt.

MilliCent-Protokolle

Scrip ist die Basis für eine Gruppe von MilliCent-Protokollen. Im Folgenden werden drei dieser Protokolle unter den Gesichtspunkten *Einfachheit*, *Geheimhaltung* und *Sicherheit* miteinander verglichen. Eine detaillierte Beschreibung dieser Protokolle findet sind in [GMA+95].

Das erste dieser Protokolle, „Scrip im Klartext", ist das einfachste, aber effizienteste Protokoll und gleichzeitig die Basis für die beiden anderen Protokolle. In der Praxis ist dieses Protokoll aber wenig sinnvoll, da unsicher. Das zweite Protokoll, „privates und sicheres Scrip", ist sicher und bietet eine gute Geheimhaltung, ist aber aufwendiger. Das dritte Protokoll, das „sichere Scrip ohne Verschlüsselung", ist ebenfalls sicher, schwächt aber die Geheimhaltung zugunsten einer besseren Effizienz ab.

Im einfachsten MilliCent-Protokoll sendet ein Kunde einen bisher nicht ausgegebenen Scrip-Teil im Klartext zusammen mit einem Request an den Händler. Der Händler liefert das Gut zusammen mit einem neuen Scrip-Teil (dem „Wechselgeld") im Klartext zurück. Dieses Protokoll bietet allerdings praktisch keine Sicherheit. Ein Lauschangriff kann dazu führen, dass das zurückgegebene Scrip abgefangen wird und weiterverwendet wird. Versucht der rechtmäßige Eigentümer später, das Scrip auszugeben, so würde der Händler feststellen, dass das Scrip bereits ausgegeben wurde und die Anforderung zurückweisen.

Im zweiten Protokoll, in dem in MilliCent die Sicherheit und die Geheimhaltung gewährleistet werden kann, muss zwischen zwei Parteien ein gemeinsam verwendetes Geheimnis etabliert werden, das dann zur Einrichtung eines sicheren Kommunikationskanals verwendet werden kann. Hierzu kann eine effiziente symmetrische Verschlüsselungsmethode, bspw. DES oder IDEA benutzt werden. In MilliCent kann ein Scrip zur Einrichtung eines gemeinsam verwendeten Schlüssels benutzt werden. Kauft ein Kunde zum ersten Mal ein Scrip von einem Händler, so wird ein Geheimnis auf der Basis der Kundenidentifikation erzeugt, das zusammen mit dem Scrip sicher übertragen wird (siehe Abb. 7-18). Dieses Vorgehen erfordert, dass die Transaktion mittels eines zusätzlichen sicheren Protokolls abgewickelt wird oder dass das Scrip mittels einer sicheren MilliCent-Transaktion gekauft werden kann. Ein Händler speichert bei diesem Vorgehen das Geheimnis, das mit einem Scrip-Teil assoziiert ist, nur indirekt. Die Kundenidentifikation (Cust_ID#) eines Scrips erlaubt hierbei eine schnelle Neuberechnung des Geheimnisses. Die Kundenidentifikation muss dazu immer dann eindeutig sein, wenn das Scrip an einen Neukunden übertragen wird. Das Scrip muss allerdings keinerlei Bezug zur Identifikation dieses Kunden haben.

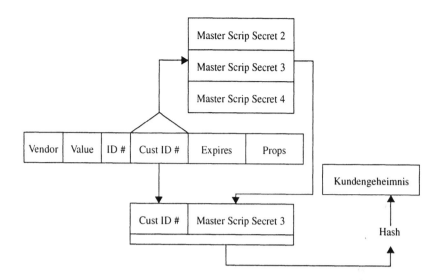

Abb. 7-18 Erzeugung des Kundengeheimnisses

Erhält ein Händler einen Request, so leitet er das Kundengeheimnis aus der Kunden-identifikation im Scrip ab. Anschließend wird der Nachrichtenschlüssel aus dem Kundengeheimnis abgeleitet. Der Nachrichtenschlüssel wird dann dazu verwendet, den Request zu entschlüsseln. Das Wechselgeld-Scrip kann nun im Klartext zurückgegeben werden, während die Response und eventuell neu erzeugte Geheimnisse mit dem Nachrichtenschlüssel kodiert an den Kunden zurückgegeben werden. In dieser Protokollform werden sowohl Request als auch Response absolut geheim gehalten. Wenn ein Angreifer das Kundengeheimnis nicht kennt, kann er die Nachrichten nicht entschlüsseln. Zusätzlich kann ein Angreifer das Scrip nicht stehlen, da er es ohne Kenntnis des Kundengeheimnisses nicht ausgeben kann. Obwohl dieses Protokoll sicher arbeitet, hat es doch einen gravierenden Nachteil. Für einige MilliCent-Anwendungen ist ein vollständig verschlüsselter Kanal zu aufwendig. In der im Folgenden beschriebenen dritten Variante wird dieser Nachteil vermieden.

Beim dritten MilliCent-Protokoll wird die Geheimhaltung eines Requests und einer Response aufgegeben, um die Verschlüsselung nicht verwenden zu müssen. Wie im zweiten Protokoll bekommt ein Kunde auf sichere Art und Weise initial ein Scrip und das Kundengeheimnis. Um einen Kauf zu tätigen, sendet ein Kunde eine Anforderung, das Scrip und eine Art Signatur des Requests an den Verkäufer. Die Signatur wird auf dieselbe Art und Weise erzeugt, wie das Zertifikat des Scrips. Das Scrip und der Request werden mittels des Kundengeheimnisses aneinander gehängt. Ein Kunde verwendet hierzu eine Einweg-Hash-Funktion über den String und sendet das Ergebnis der Berechnung als Signatur. Erhält ein Verkäufer den Request, so leitet er das Kundengeheimnis aus dem Scrip ab und erzeugt die Signatur des Requests erneut. Wenn das Scrip oder der Request verfälscht wurden, so wird die Signatur nicht mit der übertragenen übereinstimmen (siehe Abb. 7-19).

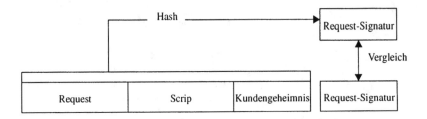

Abb. 7-19 Auswertung eines Requests

Ein Händler verarbeitet in diesem Protokoll den Request und gibt als Wechselgeld ein neues Scrip zurück, das dieselbe Kundenidentifikation verwendet wie das Scrip, das mit dem Request geschickt wurde. Das Original-Kundengeheimnis kann daher auch dazu verwendet werden, das neue Scrip auszugeben. In diesem Modell besteht keine Notwendigkeit, die Response zu verschlüsseln. Ein Angreifer kann das Scrip nicht stehlen, da er die Signatur des Requests nicht erzeugen kann, ohne das Kundengeheimnis zu kennen. Der Händler kann die Response mit dem Kundengeheimnis signieren, um dem Kunden die Authentizität zu beweisen. Durch die Anwendung einiger Hash-Operationen bietet MilliCent auf diese Art und Weise ein wenig komplexes und sicheres Protokoll.

Broker in MilliCent

Broker pflegen die Konten von Kunden bzw. Händlern und wickeln alle Transaktionen ab, bei denen „reales" Geld fließt. Ein Kunde richtet bei einem Broker ein Konto ein – er kauft also Broker-Scrip –, indem ein Verfahren verwendet wird, das nicht Teil von MilliCent ist, bspw. die Anwendung einer Kreditkarte oder ein besonders sicheres E-Commerce-System. Der Kunde verwendet dann das Broker-Scrip, um Händler-Scrip zu kaufen. Es sei noch einmal betont, dass Scrip daher die Rolle einer neuen Währung im Internet spielt.

Händler und Broker haben in aller Regel eine langfristige Geschäftsbeziehung. Der Broker verkauft bspw. Händler-Scrip an die Kunden und bezahlt hierfür den Händler. Es können eine Reihe verschiedener Geschäftsmodelle dafür existieren, wie ein Broker das Händler-Scrip erwerben kann. Beispiele hierfür sind die Vorausbezahlung oder eine lizenzierte Produktion. In allen Modellen ist der Broker aber in der Lage, durch den Verkauf von Scrip einen Gewinn zu erzielen, da er den Händler mit einem Abschlag für einen Block von Scrips bezahlt und individuelle Teile an die Kunden verkauft.

Möchte ein Kunde einen Kauf tätigen, so kontaktiert er den Broker, um das notwendige Händler-Scrip zu bekommen. Der Kunde nutzt unter Verwendung des MilliCent-Protokolls sein Broker-Scrip, um Händler-Scrip zu kaufen. Zum Abschluss dieser Transaktion gibt der Broker neues Händler-Scrip sowie das übrigbleibende Broker-Scrip an den Kunden zurück. Hierbei sind verschiedene Möglichkeiten denkbar, wie der Broker das Händler-Scrip erhält. Im Folgenden werden drei

Möglichkeiten aufgezählt. Beim Modell des „Scrip-Lagers" wird angenommen, dass der Broker und der Händler eher auf einer Gelegenheitsbasis kooperieren. Im Modell der „lizenzierten Scrip-Produktion" wird angenommen, dass eine langfristige feste Bindung zwischen Broker und Händler besteht. Im Modell des „mehrfachen Brokers" sei angenommen, dass eine Beziehung zwischen verschiedenen Brokern besteht, nicht unbedingt aber eine Beziehung zwischen einem speziellen Broker und einem Händler. Diese Modelle werden nun im Detail vorgestellt.

Agiert ein Broker als Scrip-Lager, so kauft er größere Scrip-Teile von einem Händler. Der Broker speichert das Scrip und verkauft es stückweise an seine Kunden (siehe Abb. 7-22 bis Abb. 7-24).

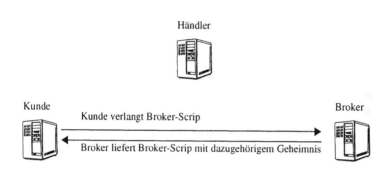

Abb. 7-20 Kunde kauft Broker-Scrip

In diesem Modell wird keine spezielle Beziehung zwischen Händler und Broker angenommen. Das Modell funktioniert dann besonders gut, wenn die Kunden eines Brokers eine Nachfrage nach Scrip eines bestimmten Händlers haben. Der Broker verwendet das MilliCent-Protokoll, um Scrip vom Händler zu kaufen, ebenso wie dies der Kunde tun würde. Der Verkauf von Scrip in großen Margen ist für den Verkäufer effizient, da sich mit zunehmender Größe der Scrip-Margen die Kommunikationskosten bzw. die Kosten für die finanziellen Transaktionen amortisieren. Es sei angenommen, dass ein Verkäufer dem Broker einen Preisnachlass gewährt, wenn dieser Scrip-Blöcke einer gewissen Größe abnimmt (Kaufanreiz). Der Broker erzielt dann einen Gewinn, wenn er Scrip in kleineren Margen zum vollen Preis an die Kunden verkauft. In diesem Modell hängt der Verkäufer vom Broker ab, der sicherstellen muss, dass die Eigenschaften der Kunden im Scrip kodiert sind.

Wenn die Kunden eines Brokers eine größere Menge Scrip von einem speziellen Händler kaufen wollen, so kann der Händler es dem Broker erlauben, Händler-Scrip zu produzieren (Lizenzierung). Der Broker erzeugt in diesem Fall Scrip, das der Händler auswerten und akzeptieren kann. In diesem zweiten Ansatz verkauft also der Händler dem Broker das Recht, Scrip zu produzieren, wozu ein vorgegebenes master_scrip_secret, eine Serie von Scrip-Feldern ID#, das Feld master_customer_secret und eine Serie von Kundenidentifikationsnummern notwendig sind. Der Händler kann das lizenzierte Scrip auswerten, da der Wert master_scrip_secret aus der Serie der Scrip-Felder ID# und der Wert `master_customer_secret` aus der Serie der Kundenidentifikationsnummern bekannt sind.

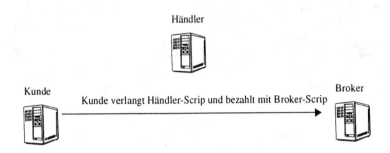

Abb. 7-21 *Kunde kauft Händler-Scrip und bezahlt mit Broker-Scrip*

Broker produzieren Scrip und rechnen mit dem Kunden ab, während die Händler den Wert erfassen, der von einem bestimmten Broker in Scrip „geprägt" wurde. Sind alle Scrips abgelaufen, die in einem bestimmten Kontrakt erzeugt wurden, so kann die Prozedur neu begonnen werden. Ein zusätzlicher Anreiz für den Broker, die Scrip-Produktion zu lizenzieren, liegt in der Tatsache begründet, dass der Händler dem Broker einen Preisnachlass gewährt.

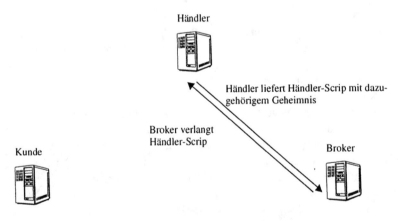

Abb. 7-22 *Broker kauft Händler-Scrip*

Eine Lizenz bezieht sich immer auf eine spezielle Serie von Scrip für eine bestimmte Zeitspanne, die durch einen eindeutigen Bereich von Identifikationsnummern `ID#` festgelegt sind. Die Geheimnisse, die der Broker und der Händler gemeinsam verwenden, beziehen sich immer nur auf die festgelegte Serie. Ein Händler kann Lizenzen auch an unterschiedliche Broker ausgeben, indem er unterschiedliche Serien und Geheimnisse festlegt. Jeder Händler kann aber auch sein eigenes Scrip erzeugen, wozu er dann eine eigene Serie und eigene Geheimnisse verwendet.

Händler

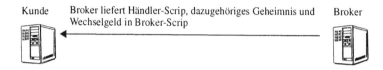

Kunde   Broker liefert Händler-Scrip, dazugehöriges Geheimnis und   Broker
         Wechselgeld in Broker-Scrip

Abb. 7-23 Broker liefert Händler-Scrip und Wechselgeld in Broker-Scrip

Die Lizenzierung der Scrip-Produktion ist für Händler und Broker effizienter als das Modell des Scrip-Lagers, da im Vergleich zur Übertragung von Scrip-Teilen weniger Kommunikationsoperationen dazu notwendig sind, eine Lizenz zu übertragen. Der Händler benötigt weniger Rechenleistung, da er das Scrip nicht selbst erzeugen muss. Der Broker muss keine großen Scrip-Margen speichern, da er Scrip auf Nachfrage produzieren kann. Zusätzlich kann der Broker spezielle Benutzereigenschaften in jedem Scrip-Teil, das er erzeugt, kodieren.

Händler

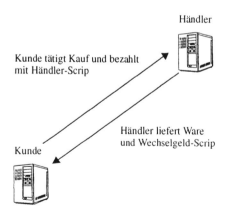

Kunde tätigt Kauf und bezahlt
mit Händler-Scrip

Händler liefert Ware
und Wechselgeld-Scrip

Kunde

Broker

Abb. 7-24 Kunde tätigt Kauf mittels Händler-Scrip

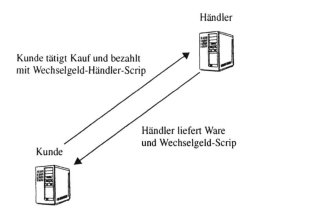

Händler

Kunde tätigt Kauf und bezahlt
mit Wechselgeld-Händler-Scrip

Händler liefert Ware
und Wechselgeld-Scrip

Kunde

Broker

Abb. 7-25 Kunde tätigt Kauf mittels Wechselgeld-Scrip

Arbeiten mehrere Broker zusammen, so kann ein Kunde auch bei einem Händler einkaufen, der mit einem anderen Broker zusammenarbeitet. Möchte der Kunde allerdings nur ein Konto bei seinem Haus-Broker einrichten, so muss er über den Broker des Händlers gehen, um Händler-Scrip zu kaufen. Die hierzu notwendige Transaktion läuft in den folgenden Schritten ab:

- Der Kunde verlangt von seinem Broker Händler-Scrip.
- Der Broker des Kunden versucht, ein Konto für den Händler einzurichten.
- Der Händler teilt dem Broker den Namen seines eigenen Brokers mit.
- Der Broker des Kunden kauft Broker-Scrip vom Broker des Händlers.
- Der Broker des Kunden liefert an seinen Kunden das Broker-Scrip des Händlers.
- Der Kunde kauft Händler-Scrip vom Broker des Händlers.
- Der Kunde verwendet das Händler-Scrip beim jeweiligen Händler.

Die Idee der lizenzierten Scrip-Produktion kann dahingehend erweitert werden, dass Broker auch Broker-Scrip für andere Broker erzeugen können.

Interaktion zwischen Kunde, Händler und Broker

In den Abbildungen 7-20 bis 7-25 sind alle Schritte dargestellt, die zu einer vollständigen MilliCent-Session notwendig sind. Der erste Schritt (Abb. 7-20) erfolgt nur einmal pro Session. Der zweite Schritt (Abb. 7-21) wird jeweils durchgeführt, wenn der Kunde für einen bestimmten Händler kein Scrip mehr besitzt. Der dritte Schritt (Abb. 7-22) erfolgt, wenn ein Broker einen Händler kontaktieren muss, um Scrip zu kaufen. Zur lizenzierten Scrip-Produktion ist dieser Schritt nicht notwendig. Im vierten Schritt (Abb. 7-23) liefert der Broker Händler-Scrip an den Kunden. Im fünften Schritt (Abb. 7-24) kauft der Kunde mittels Scrip Güter bei einem Händler. Im sechsten und letzten Schritt (Abb. 7-25) ist eine typische MilliCent-Transaktion dargestellt. Der Kunde verfügt hier bereits über Händler-Scrip und verwendet es, um einen Kauf zu tätigen. Hierzu sind keine zusätzlichen Nachrichten oder Interaktionen mit dem Broker notwendig.

Erfahrungen mit MilliCent

Im Gegensatz zu OFX und HBCI ist MilliCent ein vielversprechender Ansatz, der allerdings noch im Experimentalstadium ist. Die Möglichkeit eines zuverlässigen und auch vom Verbraucher akzeptierten Micropayment-Verfahrens gilt als eine der wichtigsten Voraussetzungen für den elektronischen Handel. Die hierfür verfügbaren Verfahren haben allerdings noch keine Marktreife.

Das von der Firma Digital gestartete MilliCent-Projekt, das nach der Übernahme des Unternehmens von Compaq weiterentwickelt wurde, könnte diese Situation jedoch ändern. Wie Compaq bekanntgab, konnte ein Test unter Marktbedingungen erfolgreich abgeschlossen werden (siehe http://www.millicent.digital.com/trial/at-a-glance.html). Insgesamt 10.000 Personen testeten dabei als Konsumenten die Möglichkeit, bei 45 Anbietern mit Hilfe des MilliCent-Verfahrens einzukaufen. Weitere 300 Content-Provider ergänzten das Angebot. Insgesamt wurden 100.000 Dollar umgeschlagen. Das Nutzungsverhalten der Anwender bestätigte die Notwendigkeit der Micropayment-Ansätze. Der Median der getätigten Einkäufe lag bei 2 Cent (gleichbedeutend damit, dass die Hälfte aller Kaufentscheidungen diesen Betrag nicht überschritt). Das arithmetische Mittel der Zahlungen lag zwar mit 30 Cent höher, dies erklärt sich jedoch durch einige wenige Einkäufe mit einem Wert, der signifikant über einem Dollar lag. Es mag überraschend erscheinen, dass etwa 50 Prozent der Testpersonen aus Europa stammten. Ebenso überraschend ist die Zahl der Content Provider, die an dem Test teilnehmen wollten. Von Seiten der Firma Compaq wird dies dadurch erklärt, dass es den meisten Content-Anbietern nicht möglich ist, ausreichende Einnahmen durch Werbung zu erlangen. Sie berufen sich danach auf eine Studie von Coopers & Lybrand, wonach genau dies für 99,998% aller Sites gilt. Wie klein die Beträge bei diesem Zahlungssystem sein können, zeigt sich am Beispiel des Oxford Dictionaries. Recherchen in diesem Lexikon kosteten 0,2 Cent. Die höchsten Umsätze erwirtschaftete im Test ein Wirtschaftsverlag, der Buchkapitel und Forschungsberichte für jeweils 2 Dollar verkaufte.

Nach diesem ersten Test ist im Jahr 2000 mit einer ersten Produktversion von MilliCent zu rechnen. Die notwendige Client-Software wird aber vermutlich nur für Microsoft-Betriebssysteme zur Verfügung stehen.

7.3 Zusammenfassung

In diesem Kapitel wurden mit der Internet-Telefonie und mit dem Internet-Banking Anwendungen beschrieben, die auf die in den vorangegangenen Kapiteln beschriebenen Konzepte zurückgreifen. Die Auswahl dieser Anwendungen kann lediglich einen kleinen Aussschnitt der vielfältigen Möglichkeiten erfassen, die im Internet verfügbar sind. Der Leser sollte jedoch in der Lage sein, festzustellen, welche der vorgestellten Konzepte verwendet wurden und wie die Ansätze kombiniert werden müssen, um ein Maximum an Sicherheit für die jeweilige Anwendung umzusetzen.

Literaturverzeichnis

[AB99]   A. Bertsch, K. Rannenberg und H. Bunz. Nachhaltige Überprüf-
            barkeit digitaler Signaturen. In *DuD-Fachbeiträge Sicherheitsin-
            frastrukturen*, S. 39–50, März 1999.

[Ada99]   C. Adams, P. Cain, D. Pinkas und R. Zuccherato. Internet Draft: In-
            ternet X.509 Public Key Infrastructure Time Stamp Protocols, Mai
            1999. draft-ietf-pkix-time-stamp-02.txt.

[AM99]   C. Adams und M. Myers. Internet Draft: Internet X.509 Public Key
            Infrastructure Certificate Management Message Formats, Mai
            1999. draft-ietf-pkixx-cmmf-02.txt.

[Ars99]   S. Arsenault und A. Turner. Internet Draft: Internet X.509 Public
            Key Infrastructure - PKIX Roadmap, März 1999. draft-ietf-pkix-
            roadmap-01.txt.

[Bal93]   M. Balze. A Cryptographic File System for UNIX. In *Proceedings
            of the First ACM Conference on Communications and Computing
            Security*, November 1993.

[BGG99]   A. Berger, A. Giessler und P. Glöckner. Konfigurations-
            überlegungen zu Sperrabfragen nach dem Signaturgesetz. In *DuD-
            Fachbeiträge Sicherheitsinfrastrukturen*, S. 51–64, März 1999.

[BR99]   S. Boeyen, T. Howes und P. Richard. RFC2559: Internet X.509 Pu-
            blic Key Infrastructure Operational Protocols - LDAPv2, April
            1999.

[Bra96]   S. Bradner. RFC 2026: The Internet Standards Process –
            Revision 3, Oktober 1996.

[BS98]   B. Schneier und D. Mudge. Cryptanalysis of Microsoft's Point-to-
            Point Tunneling Protocol (PPTP). In *Proceedings of the Fifth ACM
            Conference on Communications and Computer Security*, S. 132–
            141, Mar 1998.

[BS99]   B. Schneier, D. Mudge und Wagner. Cryptanalysis of Microsoft's
            PPTP Authentication Extensions, September 1999.

[BSI98]   Maßnahmenempfehlungen: Infrastruktur für Zertifizierungsstellen (SigG, SigV), BSI, 1998.

[Cam98]   R. Campbell. *Managing AFS: the Andrew File System.* Prentice Hall, New Jersey, 1998.

[CB94]   W. R. Cheswick und S. M. Bellovin. *Firewalls and Internet Security: Repelling the Wily Hacker.* Addison-Wesley, Reading, Massachusetts, 1994.

[Cer90]   V. Cerf. RFC 1160: The Internet Activities Board, Mai 1990.

[CF99]   S. Cokhani und W. Ford. RFC2527: Internet X.509 Public Key Infrastructure Certificate Policy and Certification Practices Framework, März 1999.

[Com95]   D.E. Comer. *Internetworking with TCP/IP*, Band I. Prentice Hall, Englewood Cliffs, 1995.

[CR99]   C. Rensing, R. Ackermann, U. Roedig, L. Wolf und R. Steinmetz. Sicherheitsunterstützung für Internet-Telefonie. In *DuD-Fachbeiträge Sicherheitsinfrastrukturen*, März 1999.

[Cri94]   M. Crispin. RFC 1730: Internet Message Access Protocol - Version 4, Dezember 1994.

[CT999]   c't CA Policy, Mai 1999.

[DA99]   T. Dierks and C. Allen. RFC 2246: The TLS Protocol Version 1.0, Januar 1999.

[DBP96]   H. Dobbertin, A. Bosselaers und B. Preneel. RIPEMD-160: A stregthened version of RIPEMD. In *Proceedings of Fast Software Encryption Workshop*, S. 71–82, 1996.

[DH98]   D. Carrel und D. Harkins. RFC 2409: The Internet Key Exchange (IKE), November 1998.

[Dob96]   H. Dobbertin. The status of MD5 after a recent attack. *Crypto Bytes*, 2(2), März 1996.

[DTA99]   freecall Online - Telefonieren aus dem Internet, 1999.

[DWVO92]   W. Diffie, M. Wiener und P. Van Oorschot. *Authentication and Authenticated Key Exchanges, Designs, Codes, and Cryptography.* Kluwer Academic Publishers, 1992.

[EC998]   Komission der europäischen Gemeinschaften. Vorschlag für eine Richtlinie des europäischen Parlaments und Rates über gemeinsame Rahmenbedingungen für elektronische Signaturen, Nr. 98/0297, 1998.

[EC999]   Elektronische Signaturen, Amtsblatt der Europäischen Gemeinschaften, C104/40, April 1999.

[EFL+98a]	C.M. Ellison, B. Frant, B. Lampson, R. Rivest, B.M. Thomas und T. Ylonen. Internet Draft: SPKI Certificate Theory, November 1998.
[EFL+98b]	C.M. Ellison, B. Frant, B. Lampson, R. Rivest, B.M. Thomas und T. Ylonen. Internet Draft: SPKI Examples, März 1998.
[FSBS98]	S. Fischer, A. Steinacker, R. Bertram und R. Steinmetz. *Open Security*. Springer Verlag, Berlin Heidelberg, 1998.
[GAI]	Guidelines to authors of internet drafts.
[Gar95]	S. Garfinkel. *PGP:Pretty GoodPrivacy*. O'Reilly and Associates Inc., Sebastopol, 1995.
[GMA+95]	S. Glassman, M. Manasse, M. Abadi, P. Gauthier und P. Sobalvarro. The MilliCent protocol for inexpensive electronic commerce. In *Proceedings of 4th International World Wide Web Conference*, Dezember 1995.
[GMD98]	Interworking Public Key Certification Infrastructure for Commerce, Administration and Research, Juni 1998. http://ice-car.darmstadt.gmd.de/.
[GSP99]	G. S. Pall und G. Zorn. Internet Draft: Microsoft Point-To-Point Encryption (MPPE) Protocol, Mai 1999. draft-ietf-ppext-mppe-03.txt.
[HB199]	American Congress. Digital Signature Act of 1999, House Bill 1572, 1999.
[HFPS99]	R. Housley, W. Ford, W. Polk und D. Solo. RFC 2459: Internet X.509 Public Key Infrastructure Certificate and CRL Profile, Januar 1999.
[HH99]	R. Housley und P. Hoffman. RFC2585: Internet X.509 Public Key Infrastructure Operational Protocols: FTP and HTTP, Juli 1999.
[HLFT94]	S. Hanks, T. Li, D. Farinacci und P. Traina. RFC 1701: Generic Routing Encapsulation (GRE), Oktober 1994.
[HS98]	H. Schulzrinne und J. Rosenberg. Internet Telephony: Architecture and Protocols - an IETF Perspective. 1998.
[HS99]	P. Horster und P. Schartner. Bemerkungen zur Erzeugung dublettenfreier Primzahlen. In *DuD-Fachbeiträge Sicherheitsinfrastrukturen*, S. 358–368, März 1999.
[IEE95]	IEEE. IEEE 802.10c/D10: Standards for interoperable LAN/MAN Security: Clause 3 - Key Management Protocol, September 1995.
[Inca]	CyberCash Inc. Url: http://www.cybercash.com/.
[Incb]	DigiCash Inc. Url: http://www.digicash.com/.

[Incc] First Virtual Holdings Inc. Url: http://www.fv.com/.

[Incd] Open Market Inc. Url: http://www.openmarket.com/.

[Ince] RSA Data Security Inc. RC4.

[Inc97] L0pht Heavy Industries Inc. A L0phtCrack Technical Rant, Juli 1997.

[ITU70] ITU. X.200, Open Systems Interconnection - Basic Reference Model, 1970.

[ITU91] ITU. X.800, Security Architecture for Open Systems Interconnection for CCITT Applications, 1991.

[ITU97a] ITU-T Recommendation H.225.0, Version 2. Line Transmission of non-telephone signals - Media Stream Packetization and Synchronization on Non-Guaranteed Quality of Service LANs, März 1997.

[ITU97b] ITU-T Recommendation H.245, Version 3 - Control Protocol for Multimedia Communication, September 1997.

[ITU98a] ITU. ITU-T Draft Recommendation H.235. Security and Encryption for H. Series (H.323 and other H.245 based) Multimedia Terminals, 1998.

[ITU98b] ITU. ITU-T Recommendation H.323 V.2. Packet based Multimedia Communication Systems, 1998.

[IUK97] Gesetz zur Regelung der Rahmenbedingungen für Informations- und Kommunikationsdienste (Informations- und Kommunikationsdienste-Gesetz - IuKDG), BGBl. I, S. 1870, Juli 1997. http://www.iid.de/rahmen/iukdg.html#a3.

[JF97] J. Franks, P. Hallam-Baker, J. Hostetler, P. Leach, A. Luotonen, E. Sink und L. Stewart. RFC 2069: An Extension to HTTP : Digest Access Authentication, Januar 1997.

[JK97] J. Klensin, R.Catoe und P. Krumviede. RFC 2095: IMAP/POP Authorize Extension for Simple Challenge/Response, Januar 1997.

[JM94] J. Myers und M. Rose. RFC 1725: Post Office Protocol - Version 3, November 1994.

[Kal93] B. S. Kaliski. An Overview of the PKCS Standards, RSA Laboratories, November 1993.

[Kal98a] B. Kaliski. RFC 2313: PKCS 1: RSA Encryption Version 1-5, März 1998.

[Kal98b] B. Kaliski. RFC 2315: PKCS 7: Cryptographic Message Syntax Version 1-5, März 1998.

[KBC97]   H. Krawczyk, M. Bellare und R. Canetti. RFC 2104: HMAC: Keyed-Hashing for Message Authentication, Februar 1997.

[Ken93]   S. Kent. RFC 1422: Privacy Enhancement for Internet Electronic Mail: Part II: Certificate-Based Key Management, Februar 1993.

[KH99]   K. Hamzeh, G. S. Pall, W. Vertheim, J. Taarud, W. A. Little und G. Zorn. Internet Draft: Point-to-Point Tunneling Protocol, April 1999.

[Kla97]   L. Klander. *Hacker Proof.* Gulf Publishing Company, Houston, 1997.

[Koh94]   J. T. Kohl, B. C. Neumann und T. Y. TS'o. The Evolution of the Kerberos authentication system . *Distributed Open Systems*, 1994.

[Koep94]   D. Köpping. AFS - Andrew File System, Eine kurze Einführung, Offene Systeme, Band 3, 1994.

[Kra96]   H. Krawczyk. SKEME: A Versatile Secure Key Exchange Mechanism for Internet. In *IEEE Proceedings of the 1996 Symposium on Network and Distributed Systems Security*, 1996.

[KS99]   P. Karn and B. Simpson. Photuris: Session key management protocol. Work in Progress, 1999.

[Mö99]   B. Möller. Benutzerüberwachte Erzeugung von DSA-Schlüsseln in Chipkarten. In *DuD-Fachbeiträge Sicherheitsinfrastrukturen*, S. 238–245, Mar 1999.

[MA99]   M. Myers, R. Ankney, A. Malpani, S. Galperin und C. Adams. Internet Draft: X.509 Internet Public Key Infrastructure Online Certificate Status Protocol - OCSP, März 1999. draft-ietf-pkix-ocsp-08.txt.

[MH]   M. Handley, H. Schulzrinne, E. Schooler und J. Rosenberg. RFC 2543: SIP: Session Initiation Protocol. März 1999.

[MH97]   M. Horowitz und S. Lunt. RFC 2228: FTP Security Extensions, Oktober 1997.

[Mic99]   Encrypting File System for Windows 2000. White Paper, Microsoft Corporation, 1999.

[MK99]   M. Myers, C. Adams, D. Solo und D. Kemp. RFC 2511: Internet X.509 Certificate Request Message Format, März 1999.

[Moc87a]   P. Mockapetris. Domain names - concepts and facilities, RFC 1034, November 1987.

[Moc87b]   P. Mockapetris. Domain names - implementation and specification, RFC 1035, November 1987.

[MR90]	G. Malkin und J. Reynolds. FYI 1: F.Y.I. on F.Y.I. introduction to the F.Y.I. notes, März 1990.
[MSST98]	D. Maughhan, M. Schertler, M. Schneider und J. Turner. RFC 2408: Internet Security Association and Key Management Protocol (ISAKMP), November 1998.
[Mye94a]	J. Myers. RFC 1731: IMAP4 Authentication Mechanisms, Dezember 1994.
[Mye94b]	J. Myers. RFC 1734: POP3 Authentication Command, Dezember 1994.
[Net]	NetBill. Url: http://www.ini.cmu.edu/netbill/.
[NIS94a]	NIST. Digital Signature Standard (DSS). FIPS PUB 186, Mai 1994.
[NIS94b]	NIST. Secure Hash Standard, FIPS PUB 180-1, Mai 1994.
[NIS95]	NIST. Secure Hash Standard (SHS), April 1995.
[NIS98]	NIST. Sigital Signature Standard(DSS), Dez 1998.
[oiTL98]	United Nations Commission on International Trade Law. Electronic Signatures, Dezember 1998. http://www.uncitral.org/english/sessions/wg_ec/wp-80.htm.
[Opp98]	R. Oppliger. *Internet and Intranet Security*. Artech House Inc., Norwood, 1998.
[Orm98]	H. Orman. RFC 2412: The OAKLEY Key Determination Protocol, November 1998.
[PH99]	P. Wohlmacher, P. Horster und P. Kraaibeek. Sicherheitsinfrastrukturen-Basiskonzepte. In *DuD-Fachbeiträge Sicherheitsinfrastrukturen*, S. 1–16, März 1999.
[Phi99]	A. Philipp. Kryptographische Komponenten eines Trustcenters. In *DuD-Fachbeiträge Sicherheitsinfrastrukturen*, S. 213–221, März 1999.
[Pip98]	D. Piper. RFC 2407: The Internet IP Security Domain of Interpretation for ISAKMP, Nov 1998.
[PK99]	P. Karn und W. Simpson. RFC 2521: ICMP Security Failures Messages, März 1999.
[Pos89]	J. Postel. RFC 11: Request for Comments on Request for Comments, August 1989. ftp://ftp.denic.de/pub/rfc/rfc1111.txt.
[Pos92]	J. Postel. RFC 1311: Introduction to the STD notes, März 1992. ftp://ftp.denic.de/pub/rfc/rfc1311.txt
[Pos94]	J. Postel. RFC 1720: Internet Official Protocol Standards, November 1994.

[Ran96]   D. Rand. RFC 1962: The PPP Compression Control Protocol (CCP), Juni 1996.

[RD92]   R. L. Rivest und S. Dusse. RFC 1321: The MD5 Message-Digest Algorithm, April 1992.

[Red98]   S. Reddy. Internet Draft: WEB based Certificate Access Protocol–WebCAP/1.0, April 1998. draft-ietf-pkix-webcap-00.txt.

[Reg98a]   Regulierungsbehörde für Telekommunikation und Post (RegTP). Maßnahmenkatalog für technische Komponenten nach dem Signaturgesetz, Juli 1998.

[Reg98b]   Regulierungsbehörde für Telekommunikation und Post (RegTP). Maßnahmenkatalog für Zertifizierungsstellen nach dem Signaturgesetz, Juli 1998.

[Reg99]   Regulierungsbehörde für Telekommunikation und Post (RegTP). Digitale Signatur: Fragen und Antworten, 1999. http://www.regtp.de/Fachinfo/Digitalsign/neu/kontakti.htm

[Reia]   A. Reisen. Signaturgesetz und -verordnung: Die ersten Schritte. Bundesamt für Sicherheit in der Informationstechnik. SIS-W V 97, 1997.

[Reib]   A. Reisen. Digitale Signaturen: Anwendung und Sicherungsinfrastruktur. KES Nr. 4, S. 22 ff, SecuMedia-Verlag, 1997.

[Rei99]   C. Reiser. Ein Österreichischer Gesetzesentwurf für die digitale Signatur mit dem Konzept von Sicherheitsklassen. In *DuD-Fachbeiträge Sicherheitsinfrastrukturen*, S. 189–200, März 1999.

[Res98]   A. Rescorla und E. Schiffman. Internet Draft: The Secure Hyper-Text Transfer Protocol, Juni 1998. draft-ietf-wts-shttp-06.txt.

[RF97]   R. Fielding, J. Gettys, J. Mogul, H. Frystyk und T. Berners-Lee. RFC 2068: Hypertext Transfer Protocol – HTTP/1.1., Januar 1997.

[Riv92]   R. Rivest. RFC 1321: The MD5 Message Digest Algorithm, April 1992.

[RL99]   R. Rivest und B. Lampson. SDSI - A Simple Distributed Security Infrastructure (SDSI), 1999. http://theory.lcs.mit.edu/~cis/sdsi.html.

[RSA78]   R.L. Rivest, A. Shamir und L. Adleman. A method for obtaining digital signatures and public-key cryptosystems. *Communications of the ACM*, 21(2):120–126, Februar 1978.

[RT98]   R. Thayer, N. Doraswamy und R. Glenn. RFC 2411: IP Security Document Roadmap, November 1998.

[Saf95]   D. R. Safford, D. K. Hess und D. L. Schales. Secure RPC authenti-
            cation (SRA) for TELNET and FTP. In *Proceedings of the Fifth
            USENIX Security Symposium*, Juni 1995.

[Sch96]   B. Schneier. *Applied Cryptography*. John Wiley & Sons, New
            York, 2. Auflage, 1996.

[SD98a]   S. Dusse, P. Hoffman, B. Ramsdell und J. Weinstein. RFC 2312:
            S/MIME Version 2 Certificate Handling, März 1998.

[SD98b]   S. Dusse, P. Hoffman, B. Ramsdell, L. Lundblade und L. Repka.
            RFC 2311: S/MIME Version 2 Message Specification, März 1998.

[Sig97a]   Gesetz zur digitalen Signatur (Signaturgesetz - SigG), Art. 3
            IuKDG, BGBl., S. 1870, 1872, Juli 1997. http://www.iid.de/rah-
            men/iukdg.html#a3.

[Sig97b]   Verordnung zur digitalen Signatur (Signaturverordnung - SigV),
            1997. http://www.iid.de/rahmen/sigv.html#p2.

[Sim94]   W. Simpson. RFC 1661: The Point-to-Point Protocol (PPP), Juli
            1994.

[Sip96]   W. Simpson. RFC 1994: PPP Challenge Handshake Authentication
            Protocol (CHAP), August 1996.

[SK98a]   S. Kent und R. Atkinson. RFC 2401: Security Architecture for the
            Internet Protocol, Nov 1998.

[SK98b]   S. Kent und R. Atkinson. RFC 2402: IP Authentication Header,
            Nov 1998.

[SK98c]   S. Kent und R. Atkinson. RFC 2406: IP Encapsulating Security
            Payload (ESP), Nov 1998.

[Smi98]   R. E. Smith. *Internet-Kryptographie*. Addison Wesley-Longman,
            1998.

[Ste98]   R. Steinmetz. *Multimedia-Technologie*. Springer-Verlag, Heidel-
            berg, Berlin, 2. Auflage, 1998.

[Tan96]   A. S. Tanenbaum. *Computer Networks*. Prentice Hall, New Jersey,
            2. Auflage, 1996.

[TCT99]   TC TrustCenter for Security in Data Networks GmbH. TC Trust-
            Center Zertifizierungsrichtlinien, März 1999.

[Vin95]   D. Vincenzetti, S. Taino und F. Bolognesi. STEL: Secure TELnet.
            In *Proceedings of the Fifth USENIX Security Symposium*, Juni
            1995.

[Wal98]   W. Wald. Die digitale Signatur, RegTP Regulierungsbehörde für
            Telekommunikation und Post, 1998.

[WT99]   W.M. Towensly, A. Valencia, A. Rubens, G. S. Pall, G. Zorn, und
          B. Palter. Internet Draft: Layer Two Tunneling Protocol "L2TP",
          Juni 1999.

[X3.83]   ANSI X3.106. American National Standard for Information Sy-
          stems – Data Link Encryption, American National Standards Insti-
          tute, 1983.

[Zie99]   T. Zieschang. Hardware-Zufallsgeneratoren auf Chipkarten und
          ihre Auswirkungen auf Trust-Center Sicherheitsinfrastrukturen. In
          DuD-Fachbeiträge Sicherheitsinfrastrukturen, S. 247–256, März
          1999.

[Zim96]   P. R. Zimmermann. PGPFone Owner's Manual, 1996.

Index

Abkürzungsverzeichnis

ACL   Access Control List

ACT   Anti Clogging Token

AFS   Andrew File System

AH   Authentication Header

AOL   America Online

ARP   Address Resolution Protocol

ARPA   Advanced Research Projects Agency

ATM   Asynchronous Transfer Mode

BOF   Birds of a Feather

BPD   Benutzer-Parameterdaten

BSI   Bundesamt für Sicherheit in der Informationstechnik

CA   Certification Authority

CBC   Cipher Block Chaining

CCITT   Comité Consultatif Internationale de Telegraphique et Telephonique

CCP   Compression Control Protocol

CDP   Certificate Discovery Protocol

CERT   Computer Emergency Response Team

CFS   Cryptographic File System

CGI   Common Gateway Interface

CHAP	Challenge Handshake Authentication Protocol
CRL	Certificate Revocation List
DAP	Directory Access Protocol
DCE	Distributed Computing Environment
DDF	Data Decryption Field
DDV	DES-DES-Verfahren
DER	Distinguished Encoding Rules
DES	Digital Encryption Standard
DFN	Deutscher Forschungsnetz e.V.
DFS	Distributed File System
DH	Diffie-Hellman
DIB	Directory Information Base
DNS	Domain Name System
DoI	Domain of Interpretation
DSA	Digital Signature Algorithm
DSS	Digital Signature Standard
DUA	Directory User Agent
EDIFACT	Electronic Data Interchange For Administration, Commerce and Transport
EFS	Encrypting File System
ESP	Encapsulating Security Payload
FAT	File Allocation Table
FEK	File Encryption Key
FTP	File Transfer Protocol
FIPS	Federal Information Processing Standard
GRE	Generic Route Encapsulation Protocol
HBCI	Homebanking Computer Interface
HMAC	Hashed Message Authentication Code
HTML	Hypertext Markup Language
HTTP	Hypertext Transfer Protocol

IAB	Internet Architecture Board
IANA	Internet Assigned Numbers Authority
ICMP	Internet Control Message Protocol
IDEA	International Data Encryption Algorithm
IESG	Internet Engineering Steering Group
IETF	Internet Engineering Task Force
IGMP	Internet Group Management Protocol
IKE	Internet Key Exchange
IKMP	Internet Key Management Protocol
IMAP	Internet Message Access Protocol
IP	Internet Protocol
IPnG	Internet Protocol next Generation
IPsec	IP Security
IRPA	Internet Policy Registration Authority
IRTF	Internet Research Task Force
ISAKMP	Internet Security Association and Key Management Protocol
ISDN	Integrated Services Digital Network
ISO	International Organization for Standardization
ISOC	Internet Society
ISP	Internet Service Provider
ITU	International Telecommunication Union
IuKDG	Informations- und Kommunikationsdienste-Gesetz
IV	Initialisierungsvektor
KDC	Key Distribution Center
KEA	Key Exchange Algorithm
L2F	Layer 2 Forwarding
L2TP	Layer 2 Tunneling Protocol
LAC	L2TP Access Concentrator
LAN	Local Area Network
LCP	Link Control Protocol

LDAP	Lightweight Directory Access Protocol
LNS	L2TP Network Server
MAC	Message Authentication Code
MIME	Multipurpose Internet Mail Extensions
MKMP	Modular Key Management Protocol
MPPE	Microsoft Point-To-Point Encryption Protocol
MTU	Maximum Transfer Unit
NAS	Network Access Server
NAT	Network Address Translation
NCP	Network Control Protocol
NCSA	National Center for Supercomputing Applications
NFS	Network File System
NIS	Network Information Services
NIST	National Institute of Standards and Technology
NVT	Network Virtual Terminal
OFX	Open Financial Exchange
OSF	Open Software Foundation
OSI	Open Systems Interconnection
PAC	PPTP Access Concentrator
PCA	Policy Certification Authority
PCT	Private Communication Technology
PEM	Privacy Enhanced Mail
PFS	Perfect Forward Secrecy
PGP	Pretty Good Privacy
PIN	Personal Identification Number
PKCS	Public Key Cryptography Standards
PKIX	Public Key Infrastructure
PMS	Pre-Master Secret
PNS	PPTP Network Server
POP	Post-Office-Protocol

PPP	Point to Point Protocol
PPTP	Point-to-Point Tunneling Protocol
PSTN	Public Switched Telephone Network
RA	Registration Authority
RARP	Reverse Address Resolution Protocol
RDH	RSA-DES-Hybridverfahren
RFC	Request for Comments
RIPEMD	RACE Integrity Primitives Evaluation Message-Digest
RPC	Remote Procedure Call
RTP	Real Time Protocol
S/MIME	Secure MIME
SA	Security Association
SDSI	Simple Distributed Security Infrastructure
SDU	Service Data Unit
SET	Secure Electronic Transaction Protocol
SGC	Server Gated Cryptography
SGML	Standard Generalized Markup Language
SHA	Secure Hash Algorithm
SigG	Signaturgesetz
SigV	Signaturverordnung
SIP	Session Inititaion Protocol
SKIP	Simple Key Management for Internet Protocols
SMIB	Security Management Information Base
SMTP	Simple Mail Transfer Protocol
SPD	Security Policy Database
SPI	Security Parameter Index
SPKI	Simple Public Key Infrastructure
SRA	Secure RPC Authentication
ssh	Secure Shell
SSL	Secure Socket Layer

STD	Standard-RFC
STEL	Secure Telnet
STS	Station to Station Protocol
SWIFT	Society for Worldwide Interbank Financial Transactions
TAN	Transaktionsnummer
TCP	Transport Control Protocol
TLS	Transport Layer Security
TOS	Type of Service
TTL	Time to Live
UDP	User Datagram Protocol
UPD	User-Parameterdaten
URL	Uniform Resource Locator
UTC	Universal Time Code
VBA	Visual Basic Applications
VC	Virtual Circuit
VPN	Virtuelles Privates Netz
WTS	Web Transaction Security
WWW	World Wide Web
XDR	External Data Representation
ZKA	Zentraler Kredit-Ausschuss

Gesamtherstellung: Druckhaus Beltz, Hemsbach